KB049708

공정한 사회의 길을 묻다

공정한
사회의
길을 묻다

이한주 · 오재호 기획

김석호 외 지음

시공사

공정하고 지속가능한 사회를 기대하며

경기도지사 이재명

세상을 살면서 애써 강조하지 않아도 될 기본이 되는 가치가 있다. 이들 가치는 우리 사회를 정상적으로 유지하기 위해 요구되는 틀이자 전제이다. 공정성과 지속가능성은 그런 가치다. 인류 역사는 공동체가 위태로울 때마다 기본이 되는 가치를 되새기고 다시 세우고자 했다. 『도덕경』에서는, 큰 도가 사라지면 인의(人義)를 강조하게 되고, 거짓과 위선이 난무하면 지혜(智慧)를 구하게 되며, 국가 질서가 무너지면 충신이 나선다고 했다. 코로나19 위기를 극복하고 사회 패러다임의 대전환을 모색하는 지금이야말로 공정성을 회복하고 지속가능한 사회의 기틀을 마련하는 일이 무엇보다 절실하다.

공정성 회복과 지속가능성 구축을 최우선 과제로 꼽는 배경에는 갈수록 더해가는 우리 사회 불평등과 격차, 그리고 생태 위기가 있다. 저출생과 고령화, 저성장, 소득과 자산 양극화, 세대 갈등, 기후변화 위기, 한반도 긴장 등 지금 우리 사회가 마주한 고질적인 문제들은 우리 공동체의 모든 구성원에게 기회와 자원이 골고루 미치지 않는 데서 비롯한다는 공통점이 있다.

우리나라는 급격한 산업화를 바탕으로 선진국 반열에 올랐고, 외형상 눈부신 성과를 거두었다. 그러나 물질적으로 풍요로워졌지만, 과연 우리 모두 행복한가를 물어야 하고, 이러한 물음에 답하며 지금까지 그래왔던 것만큼 앞으로도 지속적으로 성장할 수 있는가를 가늠해보아야 한다. 모든 사회 구성원들은 당장의 현실이 어렵더라도 앞으로 더 나아질 것이라는 희망이 있어야 한다. 불과 50년 전에는 지금과 비교할 수 없을 만큼 경제 수준이 낮았지만, 모두가 노력하면 나라가 살기 좋아지고 개인도 행복해질 것이라는 기대가 있었다. 무엇보다 가난과 시련을 함께 극복한다는 동질감은 절대적 빈곤을 극복하는 큰 동력이었다. 우리나라는 1인당 국민소득 3만 달러를 넘어섰지만, 더 이상 함께 행복하다고 여기기 어려울 만큼 상대적 박탈감을 겪고 있다. 우리 사회가 갈수록 고되고 우울한 것은 지금까지 이룬 성과가 부족해서가 아니라 모두가 함께 누릴 수 없기 때문이다. 일부에게 그리고 현세대에게 자원과 기회가 편중되지 않고 불평등과 격차를 줄이도록 노력할 때, 우리는 행복한 미래를 꿈꿀 수 있다.

선택의 기회가 주어지고 노력을 다한다고 해서 반드시 원하는 결과가 보장되는 것은 아니지만, 건전한 사회라면 세대를 막론하고 모두에게 기회가 열려 있어야 한다. 지금 우리 사회에서 공정성 회복과 지속가능성 기반을 강조하는 것은 사람들 간 격차가 돌이키기 어려울 만큼 커지고, 기회가 골고루 주어지지 않고, 인간 사회와 자연이 조화를 이루며 발전하지 않기 때문이다.

이번에 선보이는 『공정과 지속가능 프로젝트』는 사회, 경제, 복지, 도시·부동산, 민주주의, 한반도 평화 등 여러 영역에서, 우리 사회가 지향해야 할 공정하고 지속가능한 사회에 관한 담론을 다양한 시각에서 다루고 있다. 이 프로젝트의 연속 출간을 계기로 공정과 정의, 환경과 지속가능성, 평화 등 우리 시대의 가치에 대해 더욱 치열한 논의가 이루어지길 기대한다.

발간사

보다 나은 미래를 위한, 공정성 진단

이한주 경기연구원장

『공정한 사회의 길을 묻다』는 공정성의 본래적 의미를 되짚어보는 것을 시작으로, 국가, 교육, 성과 계층, 의료, 이주민, 노동, 행복에 이르기까지 주요 분야에서 요구되는 공정성을 다루고 있다. 공정성이 우리 사회가 겪고 있는 총체적 문제를 해결하는 실마리라고 여기던 차에 각 분야 전문가들이 깊고 오랜 고민을 거쳐 지속하는 사회 조건으로서 공정성을 조명하였다.

우리나라는 짧은 시간에 걸쳐 세계가 주목할 만한 경제발전을 이루었지만, 그 이면에서는 중산층이 줄어들고 사회계층이 양극단으로 몰리는 경향이 뚜렷해지고 있다. 양극화는 우리나라만의 문제가 아니다. 미국과 유럽 선진국에서도 빈곤, 임금 격차, 산업 및 지역 간 양극화, 기업 규모에 따른 양극화에 대응하여 오랫동안 개선의 노력을 해왔으나 그 격차는 오히려 커지고 있다. 어떤 경우든 극단화는 바람직하지 않다. 중산층이 두텁고, 계층 간 이동이 활발할수록 기회가 열려 있는 사회이다. 우리 사회는 저소득층이 크게 늘고, 고소득층이 적은 비대칭적 양극화가 심화하고 있다. 더욱 우려되는 것은 지금 계층이 고착화할수록 다음 세대 계층 이동이 줄어 장기적으로 불평등한 사회를 초래할 수 있다는 사실이다.

세상 이치는 한쪽으로 몰린 것을 덜어내어 빈 곳을 채운다. 낙관적으로 보면, 우리 사회도 오랜 시간이 지나면 경제적 계층 양극화가 자율적으로 완화될지도 모른다. 그러나 우리는 그때를 그저 기다릴 수 없으며, 불평등과 불공정을 개선하려는 노력을 게을리할 수 없다. 기회를 얻고 행복을 누리고자 하는 주체가 우리 자신과 가족들이기 때문이다. 영국의 정치사상가 로크는 우리가 소유하기 위해서는 다른 사람을 위하여 충분하고 좋은 것을 남겨놓아야 한다고 역설했다. 충분하고 좋은 것은 자원이나 자본과 같은 물질적인 것만 아니라 정의로운 제도와 가치를 포괄한다. 모두에게 열린 기회와 공정한 제도는 지속가능한 사회의 조건이며, 세대를 거듭해 확립해야 할 가치다.

보다 나은 세상을 만들어가기에 앞서 먼저 문제를 진단하고 바른 방향을 정해야 한다. 이 책은 각 분야 연구에 천착해온 전문가들이 참여하여 공정성을 중심으로 우리 사회의 현재와 미래를 말하고 있다. 지금, 공정성에 관한 논의가 필요한 시대이다. 대한민국의 밝은 미래를 희망하는 모든 분들에게, 특히 청년들에게 이 책을 권하고자 한다. 미래의 세대가 공정한 사회에서 살아가길 간절히 바란다.

Contents

제1장

·

뉴노멀과 공정성: 다시 돌고 돌아 공정성

김석호

현 서울대학교 사회학과 교수. 서울대학교 사회발전연구소장. 정치사회학, 시민사회, 이주사회 등 연구. 논문으로 「한국사회 세대 간 공정성」, 저서로 『민주주의의 질』 외 다수.

뉴노멀과 공정성

이 책은 한국 사회가 뉴노멀에 직면해 공정성이 뇌관이 된 이유와 그 위기의 양상, 그리고 지속가능성장을 위한 공정성 복원의 길을 모색하고 있다. 뉴노멀은 한국 사회와 한국인의 삶에 급격한 변화와 요동을 초래하고 있으며, 구체적으로 저성장, 저금리, 저물가로 대표되는 경제 침체, 팬데믹에서 나타난 자국중심주의와 포퓰리즘의 발호와 같은 정치 환경의 변화, 인공지능과 로봇으로 구현되는 4차 산업혁명, 기후변화와 지구온난화로 인한 환경 위기 등에서 두드러진다.

우선 생각해봐야 할 것은 공정성이 왜 중요한가 하는 점이다. 우리가 공정성을 높이기 위해 제도적으로 들이는 노력은 실로 헤아릴 수 없이 많다. 대표적인 공정성의 잣대인 사법 절차, 경찰 행정뿐만 아니라 교육과정에 대한 평가나 일반행정 절차에서도 공정한 과정과 결과는 늘 강조된다. 공적인 부분뿐만 아니라 기업 간 거래, 기업 내 승진과 보수의 분배와 같은 사적인 부분, 심지어 스포츠 경기나 예술계, 일상에서의 연인, 가족 관계처럼 공정성이라는 딱딱한 개념과는 크게 연관이 없어 보이는 영역에서도 공정성은 화두가 된다.

이 책은 공정성에 대한 이론적 입장을 검토한 후, 한국 사회에서 공정성이 첨예하게 다뤄지는 지점들을 선정하였다. 공정성을 둘러싼 중요한 사안이 무엇인지에 대해서는 의견이 분분할 수 있다. 필자는 조선일보, 중앙일보, 경향신문, 한겨레신문 등 4개 언론사 기사에 대한 텍스트 마이닝을 수행했고, 그 결과를 토대로 주요 의제를 정할 수 있었다. 분석 결과, 공정(또는 공정성)이 출현하는 제목을 가진 기사에 나오는 단어들은 주로 교육, 대학 입시, 부의 대물림, 정치, 투표, 후보자, 기회, 신뢰, 청년, 여성 등으로 나타났다.

01
····
왜 공정성인가?

1. 공정성이 목표인 사회

혼돈의 연속이다. 박근혜 정권에서 심화한 불평등과 불공정에 국민이 크게 분노하고 촛불이 탄핵으로 단죄한 후, 국민의 기대 속에 문재인 정권이 출범했으나 상황은 점점 더 꼬이고 엉켜만 간다. 저성장의 지속과 양극화의 심화는 삶의 기반을 근본적으로 흔든다. 설상가상으로 코로나19의 사회경제적 파급효과는 모두의 예상을 뛰어넘어 장기화하고 있으며, 그 파국적 영향력도 점점 더 깊어간다. 살기 힘들다고 모두가 아우성이다. 인공지능과 로봇으로 대표되는 과학기술의 빠른 발전은 미래에 대한 설레는 상상을 선사하지만, 정작 현실에서는 당장 나에게 어떤 일이 벌어질지 모르는 답

답함과 불안감이 팽배하다(김석호, 2018). 특히 전 세계적으로 벌어지고 있는 전면적인 디지털 플랫폼 자본주의로의 전환은 전통적인 노동시장 질서에 균열을 만들고 있으며, 노동 그 자체의 근본적인 의미 변화를 초래한다. 여러 차원과 층위에서의 전면적 변화는 뉴노멀을 창출하고 이에 대한 능동적인 대응을 모두에게 요구하고 있다.

공정성은 제한적인 자원을 분배하는 방식과 결과의 정당성, 즉 정의(justice)와 공평(fairness)의 문제와 직결되어 있다. 한국 사회의 만성적인 경기침체와 빠른 사회변동은 한국인의 공정성에 대한 민감성을 높이고 있다(권현지, 2020; 석현호, 1997). 저성장의 지속은 사회경제적 기회와 자원을 더 희소하게 만드는 구조적 제약이 되고, 급격한 기술 발전은 성공한 사람과 그렇지 않은 사람 간 격차를 더 크게 만드는 기제로 작동한다(김홍중, 2014; 신진욱 2012). 불확실성의 증대와 예측 가능성 저하는 기회와 자원을 두고 벌이는 경쟁에서 이기지 못하면 끝이라는 절박감을 확산시킨다(Kim et al., 2017). 그리고 기회와 자원이 희소하고 한 번 뒤처지면 다시 기회가 주어지지 않은 현실에서 공정성은 생활세계와 공적 영역 모두에서 유일무이한 금과옥조가 된다. 특히 일자리, 소득, 부동산, 입시 등 사회경제적 지위와 부의 획득에 직접적인 영향을 미치는 사안에서는 민감성이 더 높다. 최근 공정성 논란이 일었던 굵직한 사안들을 살펴보면, 인천국제공항 비정규직의 정규직 전환, 2018 평창 동계올림픽 국가대표 선발, 조국 전 장관 자녀의 대학 입학, 추미애 전 장관 자녀의 군대 휴가 복귀, 가덕도 신공항 건설 갈등, 한국토지주택공사 임직원의 비행과 부패 등 기회와 자원의 분배와 관련된 것들이다.

공정성은 제한된 기회와 자원을 누가 어떤 과정을 통해 얼마나 정당하게 가져가는가에 대한 평가와 수용의 문제이며, 법·제도 등 게임의 규칙이 적절한가의 문제이다. 게임에서 모두가 동일한 규칙을 공평하게 적용받는가와 더불어 동일한 조건에서 게임을 준비하고 시작할 수 있는가도 중요하다(박효민·김석호, 2016). 취업난이 만성화한 한국 사회에서 부모의 사회경제적 지위에 따라 좋은 일자리를 얻을 확률이 달라지고 가난한 부모를 둔 자녀들은 끈적한 바닥에서 벗어나지 못하는 현실에 분노하는 것은 당연하다. 한국 근현대사에서 볼 때 경제 발전과 부의 재분배, 법과 제도의 운용에 있어서 차별적 적용의 결과가 현재 불평등과 양극화로 이어졌으며, 이에 대해 불공정 논란이 끊이지 않고 있다. 더욱이 연고와 파벌, 권위와 위계가 작동하는 원리. 정치적 민주주의가 경제적 민주주의로 나아가지 못하고 있는 점 등 여러 가지가 공정성에 대한 민감성을 키웠을 것이다. 결과적으로 한국 사회에서 공정성은 평등한 기회, 공평한 과정, 수긍할 만한 결과 모두와 밀접한 관계를 맺고 있으며, 거의 모든 사안에서 규범적으로 지향해야 하는 가치이자 목표가 되었다. 마치 공정성이 목표인 사회가 된 듯하다. 지난 몇 년간 한국 사회에서 논란이 된 사안들은 모두 공정성의 잣대로 해석되고 있을 정도다. 소득분배, 조세, 재벌, 대학 입시, 고용과 구직, 부동산, 성평등, 코로나 방역, 지역 격차, 소수자 차별, 선거 등 모든 사안이 공정성으로 귀결된다. 팬데믹의 대응 차원에서 정부가 내놓는 그린 뉴딜과 디지털 뉴딜에서조차 공정성이 핵심이다. 경제 민주화, 교육 개혁, 검찰 개혁은 서로 다른 분야, 다른 성질의 문제이지만 모두 그 핵심에 공정성 회복이라는 목표가 존재한다. 공정성 전성시대. 반갑지 않은 유행이지만 말이다.

2. 뉴노멀은 공정성을 부른다

이 책은 한국 사회가 뉴노멀에 직면해 공정성이 뇌관이 된 이유와 그 위기의 양상, 그리고 지속가능성장을 위한 공정성 복원의 길을 모색하고 있다. 뉴노멀은 한국 사회와 한국인의 삶에 급격한 변화와 요동을 가져왔으며, 구체적으로 저성장, 저금리, 저물가로 대표되는 경제 침체, 팬데믹에서 나타난 자국중심주의와 포퓰리즘의 발호와 같은 정치 환경의 변화, 인공지능과 로봇으로 구현되는 4차 산업혁명, 기후변화와 지구온난화로 인한 환경 위기 등에서 두드러진다. 더욱이 최근 코로나19로 인해 우리의 체계와 생활세계가 비대면 방식으로 전환되었으며, 이는 사회적 행위의 새로운 기준(new normal)이 출현했음을 의미한다. 비대면 상호작용은 전면적인 디지털 기술의 확산을 가속화하고, 디지털 플랫폼 기술이 앞으로 더 강력한 영향력을 행사할 것임을 시사한다. 팬데믹의 세상은 지식정보사회에서 재택근무가 가능한 사람들, 직업 안정성이 보장된 사람들, 팬데믹으로 인해 생계에 위협을 받는 사람들, 방역이나 사후 대책에서 잊혀진 사람들로 재편되고 있기도 하다.

인구의 급격한 변화도 뉴노멀의 고착을 부채질한다. 인구구조 변화는 저성장 사회로의 진입과 더불어 사회 전반의 구조적인 변화를 가져오기 때문이다. 저출산 문제와 직간접적으로 관련된 수많은 사회적 이슈들이 다발적으로 등장하고 있으며, 이는 부동산, (사)교육, 일자리, 의료, 젠더, 이민과 외국인 노동자, 난민 등 다양한 사회문제들과 관련되어 있다. 뉴노멀에서 빼놓을 수 없는 현상이 양극화의 심화이다. 경제적인 수준만이 아니라 학력, 문화적 경험, 삶의 양식, 주거 형태와 지역 구분에 이르기까지 다양한 기준들이 복합적으로 작용하여 다양한 형태의 불평등을 구조화하고 있다. 고착화된 불평등은 사회통합의 가능성을 저해하고 사회의 동학(dynamics)을 약화시킨다.

뉴노멀이 초래한 사회적 변화 속에서 일상적 삶을 영위하는 개인들에게 각자도생은 보편적 윤리가 된다. 자신의 이익에 충실한 문화적 규범이 항상 나쁜 것은 아니다. 토크빌(1894)은 각자 이해관계를 가진 개인과 집단이 자신의 이익을 극대화하기 위한 경쟁을 통해 상호 존중과 신뢰의 문화가 출현한다고 주장한다. 물론 모든 경쟁이 시민적 덕성을 저절로 생성하는 것은 아니다. 토크빌은 서로 다른 이해들이 부딪히고 경쟁하고 갈등할 때 규칙이 투명하고 공정하게 작동하고 있다는 감각이 중요하다고 설명한다. 그리고 그 감각 위에서 이번에는 내가. 다음에는 남이 승리할 수도 있지만, 이들이 집단 간 이해의 충돌이 일어나는 운동장을 떠나지 않고 계속 참여하는 것은 일종의 거래(transactions)라 할 수 있는 경쟁이 반복되면서 규칙을 어기고 부당한 이득을 취했을 때 적절한 처벌과 응징이 집합적 차원에서 이루어질 것이란 믿음 때문이다. 사회자본으로 잘 알려진 콜만(1992)의 설명도 경쟁의 참여자가 같은 조건에 있다는 믿음과 이 조건이 집합적으로 지속된다는 예측 가능성이 중요하다고 지적한다. 콜만의 설명도 합리적 선택을 하는 이성적 존재로서의 인간을 전제하고 있으며, 그러한 행위자들이 공동체에 머물면서 다른 사람들과 관계를 맺을 수 있는 이유는 내가 지키는 법과 제도, 그리고 규칙은 다른 사람들도 준수하고 있다는 신뢰가 있기 때문이다.

즉 뉴노멀처럼 환경의 전면적 변화가 발생하는 조건에서도 기존 질서에 익숙한 구성원들이 계속 경쟁에 참여해 새로운 질서를 창조하기 위해서는 결과를 수용할 수 있는 출발, 과정, 결과에서 공정성이 보장되고 있다는 믿음이 더 중요해진다. 그랬을 때만 편협한 자기 이익에 대한 집착을 버리고 타인을 신뢰하며 결과를 수용할 수 있는 것이다. 정의롭고 공평하다는 인식이 중요한 것이다. 공정성은 사회 공동선(common good)이자 주요 가치로서 사회제도를 뒷받침한다. 자기 이익에만 충실한 사람 또는 무임승차자(free rider)조차도 자기 이익 극대화가 문화적이고 규범적으로 용인되지 않는 상황에서 신뢰를 얻고 협동에 참여하거나 그렇게 하고 있다는 인상을 주기 위해 노력하며, 이 과정을 통해 기존 질서는 존속한다.

가령 인공지능이 실업과 이직에 지대한 영향을 미치는 시기가 도래하고 있는데, 기술 발전과 함께 사라지는 직업과 새로 생겨나는 직업이 많아지고 산업구조의 변동에 따라 '강제적으로' 일자리를 옮길 수밖에 없는 노동자가 증가할 것이다. 이렇게 전형적인 뉴노멀의 예에서도 공정성 차원에서 사안을 이해해야 해법이 열린다고 할 수 있다. 노동자가 보유한 인적자본이 더 이상 노동시장에서 가치를 갖지 못하는 경우 노동자는 기술적 실업에 빠지게 되며, 이 상황에서 노동자가 선택할 수 있는 일자리는 임금수준이 가족의 생계를 꾸려나가는 데 턱없이 부족하거나, 고용의 안정성이 매우 떨어지는 경우가 대부분일 것이다. 이와 같은 상황을 공동체 차원에서 타개하기 위해서는 과정과 분배의 공정성이 중요해진다. 산업구조 개편과 효율성 제고 차원에서의 일자리 축소에 대한 공감대가 있어야만 사람들은 그 불가피성에 동의하고 환경 변화가 가져온 결과에 수궁할 것이다. 그리고 급격한 구조 변동에서 뒤처지는 사람들을 위한 체계적인 직업훈련 기회의 제공이나 기본소득과 같은 준비할 시간을 벌어주는 제도를 통해 결과의 공정성을 재고하는 공동체 차원의 노력과 시스템이 있어야 손익에 관계없이 새로운 변화에 적응하려는 시도를 할 수 있을 것이다. 뉴노멀은 공정성을 부른다. 뉴노멀에서 공정성이 더 중요해졌다. 뉴노멀은 부인할 수 없는 현실이 되었다. 뉴노멀에서 공정하게 인식되는 세계의 존재가 구성원들의 마음 안에 들어와 있지않는 한 그 사회는 지속가능하지 않다.

지속가능성장의 기본 조건, 공정성

1. 공정성이 그렇게 중요해?

우선 생각해봐야 할 것은 공정성이 왜 중요한가 하는 점이다. 공정성을 높이기 위해 제도적으로 들이는 노력은 실로 헤아릴 수 없이 많다. 대표적인 공정성의 잣대인 사법 절차, 경찰 행정뿐만 아니라 교육과정에 대한 평가나 일반 행정절차에서도 공정한 과정과 결과는 늘 강조된다. 공적인 부분뿐만 아니라 기업 간 거래, 기업 내 승진과 보수의 분배와 같은 사적인 부분, 심지어 스포츠 경기나 예술계, 일상에서의 연인, 가족 관계처럼 공정성이라는 딱딱한 개념과는 크게 연관이 없어 보이는 영역에서도 공정성은 화두가 된다.

그런데 이와 같은 공정성에 대한 인간의 광범위한 관심은 단지 공정성이 수천 년간 많은 철학자들이 관심을 가져온 숭고한 개념이기 때문은 아니다. 오히려 수천 년간 공정성이 지성사의 중심을 차지해온 것은 그만큼 인간 개인과 그 개인들이 모인 집단의 흥망성쇠(興亡盛衰)에 공정성이라는 개념이 실질적이고 경험적으로 너무나 중요하기 때문일 것이다. 공정성을 확보하지 못한 경우는 소멸의 길을 가곤 했다. 먼 과거의 역사를 찾아볼 필요도 없이 당장 한국 사회의 근대화와 민주화 과정만 보더라도 공정성이 체제의 존속에 얼마나 중요한가를 알 수 있다. 불공정과 불합리, 그리고 편법이 난무하던 군사정권 시절에 한강의 기적을 이룰 수 있었던 것도 빈곤과 가난을 탈출하기 위해서는 개인의 희생은 어쩔 수 없다는 공감대와 발전의 과실을 함께 나눌 것이라는 희망이 있었기 때문이다. 그러나 경제가 성장하면서 불공정하지만 인내해야 했던 부분들에서 정당한 요구가 분출되기 시작했고, 그 결과 불평등 해소와 민주화가 한국 사회가 지속하기 위해서는 필수적이라는 규범이 이전의 규범을 대체했다. 한국 사회 전반의 불평등 감소와 공정성 회복은 지속가능성장의 필요조건이자 충분조건이다.

공정성을 매개로 이루어지는 기득권과 권력에 대한 비판과 시정 요구는 민주주의 사회에서 없어서는 안 될 행위다. 하지만 최근 한국 사회에서 논란이 되는 사안들의 원인이 모두 공정성으로 귀착되는 것은 문제다. 공정성은 그 자체로서의 목표보다는 중간 매개체로서 중요하며, 사회의 공정성 원칙은 공정성의 차원과 접근 방식에 따라 다양한 모습으로 나타나지만, 기본적으로 공동체 내의 '공공성'을 지향해야 한다. 공정성이 공공성을 띠지 못하고 현재와 같은 혼란이 발생하는 이유 중 하나는 공정성의 개념에 대한 한국 사회의 공통된 표상, 즉 사회적 합의가 형성되지 않았으며, 이에 더해 사회의 각 영역들에 단일한 공정성의 기준을 적용하는 데 있다.

공정성 프레임의 남용은 문제의 본질을 정확하게 이해하는 것을 방해하며, 특히 불평등의 심화와 재생산이라는 더 현실적이며 중요할 수 있는 문제를 은폐하는 결과를 가져올 수 있다. 청년이나 노인의 암울한 현실, 사회적 이동성의 쇠락, 그리고 희망의 실종, 입시 비리, LH 직원들의 부패와 탈법 등과 같은 문제가 항상 공정성의 틀로 해석되지만, 사실 그 이면에는 제한된 기회와 자원의 부당한 분배와 불평등의 고착화가 도사리고 있다. 가령 조 장관의 행적에 대한 의혹의 핵심에도 특별한 부모가 자녀에게 자신의 위치를 물려주려고 저지른 편법과 탈법, 또는 불법이 있으며, 이는 사실 부의 대물림과 불평등의 재생산 문제로 바라보는 것이 적절하다. 김석호(2017)의 주장처럼 세대 간 공정성이라고 말할 수는 있으나, 세대 간 불공정의 실제 모습은 세대 내 불평등이다.

한국 사회에서도 '지속가능발전'이라는 용어가 정부와 학계에서 본격적으로 사용되기 시작한 지 오래다. 지속가능발전이란 개념은 미래 세대의 생존에 필요한 조건과 능력을 침해하지 않으면서 현재 세대의 필요를 충족시키는 발전을 의미한다. 따라서 지속가능발전은 세대 간 상생과 세대 간 정의를 전제로 한다. 공정성을 무기로 역사의 전면에 등장한 민주화 세대, 소위 586세대가 자신들의 무기였던 공정성에 의해 공정성 담론장에서 점차 밀려나고 있다. 특히 조 장관 사태를 거치면서 이념적 선명성과 도덕적 우월성을 전면에 내세웠던 586에 대한 비판이 매서워졌다.

특정 집단이 역사의 무대에서 내려가는 것은 자연스럽다. 그러나 공론장에서 정당성을 가진 집단이 바뀌는 과정에서 기존의 정의로운 세력의 부도덕과 부패로 국민의 실망이 반복되는 것은 사회갈등과 사회통합에 좋을 리 없다. 이 상태가 지속하면 국민은 정치에 무관심하고 냉소적으로 변하며, 대의를 상실한 정치는 폭주한다. 정치는 불평등하고 불공정한 현실을 제도화하고 재생산한다. 불공정과 불평등이 조정되지 않고 심화되기만 하는 사회에 지속가능할까? 공정성은 지속가능성장에 있어 가장 중요한 조건이다. 공정성은 협력을 가능하게 하는 인위적인 가치다. 공정성이 훼손되었다고 구성원이 인식한 순간, 사회적 협력은 흔들린다. 정의와 공평의 원칙이 무너진 사회는 희망이 없다.

2. 공정성 톺아보기

현재 한국 사회는 공정성의 위기를 심하게 겪고 있다. 코로나19로 말미암아 우리는 현대사회와 근대성 자체를 성찰해야만 하는 상황에 놓였다. 전 지구적 기후변화와 생태적 위기는 인간 행위의 범위와 강도를 줄이도록 요구하지만 그렇게 해본 적이 없던 기성세대와 그런 조건에서 살아가야만 하는 미래 세대의 갈등은 심각한 수준으로 악화될 것이다. 이 위기를 타개하기 위해서는 우선 공정성과 관련된 정확한 현실 진단과 평가, 그리고 이에 대한 실현 가능한 방향 설정이 절실하다. 어디서부터 시작해야 할까?

이 책은 공정성에 관한 이론적 접근이나 공정성 회복을 위한 정책적 접근을 지향하지 않는다. 이 책은 대신 한국 사회의 공정성을 둘러싸고 벌어지는 진실과 오해들이 가장 첨예한 주제 또는 분야—
불평등과 상대적 박탈, 교육과 입시, 젠더 갈등, 일자리와 일의 미
래, 보건과 방역, 소수자, 행복— 등을 조사자료와 통계자료, 그리
고 인터뷰 자료에 대한 분석을 통해 점검한다. 그리고 그 결과를 토
대로 지속가능성장을 위해 필요한 공정성 구축이 각 분야에서 어
떻게 가능할 것인가를 제안한다.

공정성과 밀접한 현상들로 깊숙이 들어가기 전에 이 책은 철학
적·사회학적·정치학적 관점에서의 공정성 개념에 대해 살펴본다.
위에서 지적한 것처럼, 공정성 전성시대의 이면에는 부정확한 공정
성 개념의 남용과 획일적 적용이라는 문제가 있다. 불평등, 부패,
부정, 편견, 차별 등의 주제에서도 공정성은 유일한 설명 논리가 되
었으며, 이는 실제 우리가 겪고 있는 문제의 본질을 놓치게 하기도
한다. 따라서 공정성과 가장 밀접한 관련이 있는 세 학문 분과의 입
장에서 공정성을 어떻게 바라보는 것이 바람직한가를 먼저 논한다.

오재호는 철학적 입장에서 공정성 개념의 다의성과 복합성을 다
루면서, 공정성이 '공정하게' 해석되고 수용되기 위해 필요한 사회
적 노력은 무엇인지 논한다. 그는 자신의 이익을 추구하는 개별 사
회 구성원이 과연 공정성을 주요 가치로서 받아들일 수 있는가를
검토하고, 우리가 사는 사회구조를 기획하고 운영하는 원리를 정하
는 문제로서 공정성을 다룰 것을 제안한다. 그는 사회를 유지하는
토대로서 공정한 원칙에서 중요한 지점들을 세 가지로 제시하는데,
첫째, 공정성은 협동 참여자들이 동등한 입장에서 합의하는 가치,
둘째, 선(good)의 내용이 아닌 형식에 대한 합의, 셋째, 운의 한계를
정하는 것 등이다. 공정성은 동등한 결과를 보장하는 것도 아니고

모두를 만족시키는 것도 아니다. 분명한 것은 우리 모두 갈등과 대립보다는 협동과 평화를, 일시적이기보다는 지속하는 사회를 원한다는 사실이다. 오재호는 사회를 공정하게 운영하는 원리는 개인의 몫으로 주장할 수 있는 정당한 권리의 한계를 정함과 동시에, 다른 한 편으로는 개인의 불운을 적극적으로 보상하는 범위를 사회적 대화를 통해 정하는 것이 중요하다고 역설한다. 합의 과정 없이 공정성 기준을 정하는 것은 그 자체로 공정하지 않다는 점이 강조된다.

박효민도 서로 다른 이해와 가치를 가지고 공정성에 대한 이질적인 감각을 지닌 개인들이 공정성 기준에 대해 합의를 만들어가는 것이 중요하다고 지적한다. 그는 사회 구성원에게 보상이나 부담을 분배하는 과정에서 어떤 기준이 올바른가는 절대적이지 않으며, 이는 대상에 대한 공정성을 다르게 판단하는 원인이 된다고 주장한다. 따라서 공정성의 다양한 측면을 파악하고 공정성을 평가하는 데에는 다양한 가치가 섞일 수 있다는 점을 모두가 인정하는 것이 중요하다. 또한 공정성의 영역이 다양한 만큼 사회의 각 영역별로 상황과 맥락에 맞는 공정성의 원칙을 만들어야 한다. 한 영역에서의 공정성의 원칙이나 사회적 가치가 다른 영역으로 쉽게 전이되거나 다른 영역의 공정성을 침해해도 안 된다. 그리고 공정성은 공공성을 목표로 해야 하며, 공동체 내의 사람들의 협력을 하게 만드는 도구로서 공정성을 이해해야 한다고 지적한다.

하상응은 시장, 시민사회, 국가 차원에서 서로 다른 공정성 개념을 이론적으로 토의하고, 국가의 중요 정책들이 어떤 차원의 공정성 실현을 위해 디자인되어야 하는지를 논한다. 그는 우선 모든 사람을 만족시키거나 다른 대안보다 절대적으로 우월하고 공정한 하나의 정책은 없다는 점을 분명히 한다. 정답을 찾는 것이 아니라 특정한 시대와 상황이 요구하는 공정성을 실현하는 것, 이것이 시장, 시민사회, 국가의 구성원이 지향해야 하는 목표여야 한다는 것이다. 시장 영역에서의 공정성은 능력, 기여에 따라 사람들을 차별적으로 대하는 행위가 정당하다는 형평 원리, 능력주의 원리에 기반하고 있다. 시민사회 영역에서의 공정성은 공동체의 정체성을 공유하는 구성원들은 서로 인정해주고 존중해주어야 하고, 어려움을 겪는 구성원이 있으면 도움을 주어야 한다는 기대를 한다. 한편 국가 영역에서의 공정성은 모든 국민을 동등하게 대해야 한다는 평등 원리에 기반하고 있다. 시장에서는 생산 능력과 소비 능력이 없는 사람들이 소외되고, 시민사회에서는 공동체의 일원으로 받아들여지지 않는 사람들이 배제된다. 이렇게 소외되고 배제되는 사람이 국민의 일원이라면 국가는 적극적으로 이들을 다른 국민과 동등하게 대하는 정책을 펴야 한다. 국가는 평등 원칙을 활용하여 제도화된 차별의 가능성을 줄임으로써 공정성을 실현해야 한다. 국가가 공정성을 실현하는 과정에서 평등 원칙을 견지하되, 획일적인 적용을 하지 않기 위해서는 다양성에 대한 존중도 필요하다.

공정성에 대한 철학적·사회학적 정치학적 해석과 한국 사회에 대한 적용 시도는 공정성 문제가 발생하는 서로 다른 지점과 관점을 제시하는 듯하지만, 그 내용을 세밀히 살펴보면 공정성에 대한 공통된 인식 몇 가지를 드러낸다. 첫째, 공정성에 대한 합의된 개념은 없으며 모두를 만족시키는 공정한 상태는 존재하지 않는다는 것이다. 구성원들 간 공정성에 대해 합의할 수 있도록 하는 노력이 필요하다. 둘째, 공정성을 판단하는 절대적 기준은 없기 때문에 기준 설정을 위한 소통과 대화가 매우 중요하다는 것이다. 이 과정을 통해 공정성은 또한 공공성을 담고 있어야 한다. 셋째, 모두를 만족시키는 공정성 개념과 공정한 상태가 존재하지 않음을 인정하고 나면, 절대적이고 획일적인 공정성을 추구하는 것이 얼마나 무모한지 깨닫게 된다. 공정성의 원칙인 형평(equity), 평등(equality), 필요(need) 등은 현실에서 조화롭게 공정성의 개념을 구성하고 있다. 따라서 자신이 주장하는 공정성 원칙과 다른 집단에서 내세우는 공정성의 원칙에 대해 열린 태도로 대화하는 것이 필요하다. 한 사회가 지속가능한 성장을 꾸준히 추구하기 위해서는 다른 영역, 다른 이해관계, 다른 집단이 추구하는 다양한 공정성을 존중하는 것이 중요하다.

이 책은 공정성에 대한 이론적 입장을 검토한 후, 한국 사회에서 공정성이 첨예하게 다뤄지는 지점들을 선정하였다. 공정성을 둘러싼 중요한 사안이 무엇인지에 대해서는 의견이 분분할 수 있다. 필자는 조선일보, 중앙일보, 경향신문, 한겨레신문 등 4개 언론사 기사에 대한 텍스트 마이닝을 수행했고, 그 결과를 토대로 주요 의제를 정할 수 있었다. 분석 결과, 공정(또는 공정성)이 출현하는 제목을 가진 기사에 나오는 단어들은 주로 교육, 대학 입시, 부의 대물림, 정치, 투표, 후보자, 기회, 신뢰, 청년, 여성 등으로 나타났다. 한국 사회 공정성 담론의 지형도 그 중심에 교육 공정성 문제가 자리한다. 통계 처리를 통해 최적의 공정 토픽으로 산출된 9개의 주제 비중 평가에서도 공정성 문제가 대입제도, 조국 사태, 특권, 검찰 수사 등 조국 전 법무부장관 사태와 교육 공정성에 집중되어 있다. 교육 공정성은 단순히 입시 불공정을 넘어서 특권 대물림 문제로 연결된다. 즉 정시 확대, 사교육 부담 가중과 같은 현상의 이면에는 특권의 대물림과 사회 불평등 영속화처럼 더 근본적인 사안이 존재한다. 촛불 혁명 이후 한국 사회에서 더욱 높아진 공정성에 대한 요구도 확인되는데, 공정성 인식은 사회 일반과 제도, 그리고 검찰 등 기관에 대한 신뢰에도 직접적인 영향을 주며, 이 경향은 특히 청년세대에서 두드러진다. 젊은 세대를 중심으로 공정성에 대한 기준이 매우 높아졌다고 해석할 수 있다. 공정성 확보에 대한 요구는 한국의 경제 발전 과정에서 체계적 차별의 피해자인 여성 문제, 즉 양성평등의 문제와 관련이 있음도 확인된다. 2019년부터 공정성 관련 기사에 출현한 단어들의 연결 양상을 보여주는 키워드 네크워크 분석 결과도 교육 문제가 한국 사회 공정성 문제의 핵심이며, 그 주변으로 다른 문제들이 포진해 있다. 종합하면, 공정성 주변으로 불평등, 교육 및 입시, 일자리, 성평등 등의 주제들이 가깝게 위치하며, 여기에서 불거지는 문제들이 대개 공정성 프레임으로 해석되곤 한다. 따라서 이 책에서는 불평등 양극화 상대적 박탈, 교육 입시, 젠더 갈등, 일자리와 일의 미래를 우선 다룬다. 그런 후에 현재 코로나19로 인한 영향을 고려하여 의료보건 영역에서의 공정성을 의제로 선정했다. 외국인도 의제로 추가했는데, 그 이유는 5%에 달하는 인구 비중을 차지하고 노동시장에서는 그 이상의 역할을 수행함에도 불구하고 사회 현안과 관련된 공론장에서는 외국인의 존재가 사라지는 경향을 의식했기 때문이다. 게다가 계층, 노동, 교육, 젠더, 보건 의제에서도 공정성을 매개로 외국인 또는 이주민이 연결성이 높다고 판단했기 때문이다. 마지막으로 행복을 의제로 선정하였다. 한국 근대사에서 공정성 논의가 확장돼온 과정을 살펴보았을 때, 공정성 논의의 궁극적인 지향점은 좋은 사회 만들기와 삶의 질 개선이라고 할 수 있다. 공정성 논의가 사회 변동과 사회경제적 분화와 맞물려 지역, 성별, 인종, 세대, 환경 등 특정 주제나 인구 집단으로 그 지평이 확대되면서, 그 궁극적 지향이 나은 삶을 바라는 소박한 소망의 발현으로 본 것이다. 공정성의 종착역은 행복이기 때문이다.

먼저 임동균은 한국 사회의 경제적 불평등의 문제가 공정성의 문제와 어떠한 관계를 가지는지 살펴본다. 먼저 불평등이 단순히 경제적 격차의 문제만이 아니라, 인간의 내면에 직접적으로 영향을 미치는 심리적인 문제임을 다각도로 다루고, 불평등을 축소시키는데 보다 적극적인 노력이 이루어지지 않게 하는 믿음들이 무엇인지 살펴본다. 그는 한국인들이 가지는 박탈감이 공정성 인식, 신뢰, 냉소, 일상적 감정 등에 미치는 악영향을 보여준다. 끊임없는 비교와 그로 인한 스트레스, 우울, 공정성에의 집착이 문제의 핵심이다. 따라서 그는 우리 사회가 다양한 삶의 양식들과 방식들이, 그리고 서로 다른 커리어와 인생 경로들이 비교적 동등한 가치를 가질 수 있도록 하는 상징 작업과 가치의 재정렬 작업을 끊임없이 수행해야 함을 강조한다. 평등한 사회라는 것은 모두가 똑같은 사회가 아니라 서로를 하나의 잣대로 비교할 수 없는, 모두가 서로 다른 모습으로 동등한 가치를 가지고 있는 사회이다.

최성수는 한국 사회 공정성 위기의 원인을 교육에서 찾고 교육에서의 공정성 제고가 가장 중요하다는 상식에 의문을 제기한다. 공정성 위기 담론의 성격을 능력주의와 기회 불평등이라 정의하고, 한국에서 교육이 기회 불평등 증가에 기여하는가를 살펴본다. 분석 결과는 한국에서 공정성의 위기가 있다면 교육에 기인한 것이 아니라 교육이 끝나고, 교육 영역 너머에서 발생하고 있음을 드러낸다. 한국 교육은 여러 시급한 과제들을 가지고 있으며, 그런 중요한 다른 가치들을 양보하고 공정성과 기회 균등을 우선시하는 정책은 바람직하지 않다. 그는 능력주의 관점에서 공정성을 제고하기 위한 대안에 대해서도 논하는데, 개인적 관점에서 능력을 협소하게 정의하는 것에서 벗어나 사회적·공동체적 관점에서 능력을 재개념화함으로써 보다 공정한 체제를 만들 수 있다고 제안한다.

정고운은 90년대생들에 대한 초점집단면접을 통해 청년세대가 노동시장과 관련된 적극적 조치 제도를 어떻게 인식하고 불공정을 의미화하는지 살펴본다. 또한 90년대생들의 젠더 인식이 저성장 시대 생존주의 감정과 능력주의 가치관, 특히 기존의 젠더 규범이 잔존하거나 변형하는 상황에 주목하며, '공정'의 서사가 차용되는 방식을 설명한다. 90년대생 남성들은 여성 우대 정책 및 적극적 우대 조치 제도에 대해 형평의 원리를, 90년대생 여성들은 이러한 제도에 대해 회복의 원리를 중심으로 수용한다. 90년대생들은 서로 다른 공정의 하위 개념을 바탕으로 남성과 여성 집단이 어떻게 불공정한 위치에 놓이게 되었는지를 설명하였는데, 구성 방식은 달랐으나 능력주의적 가치관이 공통적으로 작동하였다. 90년대생 남성들은 노력의 절대가치를 평가하기 위해 그 보상이 적정한가의 형평을 지지하고, 90년대생 여성들은 적극적 우대 조치(affirmative action)가 작동하지 않는 영역에 진입하기 위해 능력주의를 통해 문화적 차원의 불평등을 극복하는 모습을 보이고 있다.

심재만은 코로나 방역 과정에서 나타나는 자유와 구속의 딜레마를 공정성 관점에서 다룬다. 그에게 감염병이 일상이 된 시대에 의료 문제란 결국 개인의 자유와 공공의 구속과 질서 간 경계를 드러내고 허물고 다시 만들어가는 것(경계 설정/구획 설정)을 의미한다. 방역에서의 공정성이란 일상(개인의 자유)과 의료(공공의 건강을 위한 구속)를 동시에 살아내는 문제와 깊은 관련이 있으며, 이는 두 시점에 수행한 사회조사와 온라인 뉴스 기사 댓글 자료 분석을 통해서도 잘 드러난다. 정부와 전문가 중심 방역의 체계적 운영에 대한 요구(정부와 전문가 중심의 권위적 통제)와 정치, 정치적 자유, 개인분별력 등을 존중해야 한다는 요구가 공존하고 있는 것이다. 그는 방역의 성패가 마치 개인주의의 억압, 그리고 집단주의의 옹호에서 가능할 것이라는 일반적인 해석과 다르게 사람들은 단순히 집단적 수준에서 확보되는 안전만을 쫓지는 않는다고 말하면서, 자유와 구속의 동시 경험으로서의 건강, 그리고 이를 뒷받침해내는 의료가 공정한 의료라고 결론 내린다.

장서현은 공정성 담론에서 이주민이 배제돼왔음을 지적하면서, 시민사회에서 약자이자 소수자인 이주민에 대한 공정성 논의를 환기함으로써 내국인의 이주민에 대한 인식 개선과 더불어 이주민 공정성에 향상을 위한 방안을 제시하고자 한다. 그는 우리가 이주민을 대한민국 국민으로 받아들일 준비가 되어 있는지를 살펴보며 이주민 공정성을 분배 공정성에 초점을 맞추어 고찰한다. 그 결과 국적이 없는 이주민에게도 동등한 복지 혜택을 주어야 한다는 이주민 공정성 진술(사회적 권리)에 대해 내국인의 찬성 비율이 현저하게 낮음을 발견한다. 이주민 공정성 인식에 상당한 간극이 존재하는 것이다. 그는 이주민 공정성에는 정답이 없지만 많은 이주민이 미흡한 사회권으로 인간다운 삶을 영위하는 데 있어 위협을 받는다는 점에서 국적(시민권)이 인권에 우선하느냐에 대한 사회적 논의가 요구된다고 일갈한다.

김지영은 노동시장의 양극화가 심화되고 양질의 일자리에 대한 경쟁이 치열해지면서 노동시장 진입 관문의 공정성 자체가 주요한 의제로 대두된다고 지적하면서, 노동시장 진입 이후 노동 과정과 이직 역시 인공지능의 영향을 크게 받을 것으로 예상한다. 노동시장 진입의 공정성을 해결하는 방안으로 고안된 AI 면접이나 빅데이터를 활용한 인재 선별 등은 어떤 데이터를 투입하는가, 어떤 알고리즘을 만드는가에 따라 편향이 언제든 나타날 수 있다는 한계를 가진다. 과거의 데이터를 통해 미래를 예측하는 과정에서 과거와 다른 미래를 실현해낼 수 있는 인간의 특성을 전혀 고려하지 못한다는 문제를 갖는다. 인공지능이 만들어내는 알고리즘에서 빠져나올 수 없는 과거에 묶인 존재로 남을 수밖에 없다. 그는 과거에 받았던 평가가 끊임없이 미래의 나를 평가하는 데 쓰이기 때문에 인공지능의 결과를 맹신할수록 인간이 갖는 주체성은 점점 힘을 잃게 된다고 우려한다. 그는 인간이 가진 미래를 바꿀 수 있는 가능성을 적극적으로 평가하고 인간이 할 수 있는 일을 꾸준히 찾아주는 노력(기술 발전을 토대로 한 평생학습 기회 제공, 체계적인 맞춤형 직업훈련 등)이 지속될 때 인공지능 시대에도 즐거운 노동을 할 수 있는 노동자가 늘어날 수 있으며, 그것이 바로 일의 미래에서 공정성을 세우는 길이라고 주장한다.

마지막으로, 임채윤은 한국인들의 한국 사회에 대한 전반적인 공정성에 관한 인식과 행복감의 관계를 검토한다. 구체적으로 공정성 인식이 행복감을 비록한 주관적 안녕감의 여러 측면과 어떤 관계를 보이는지와 소득수준이 행복감에 미치는 영향이 공정성 인식에 따라 어떻게 변화하는지를 살펴본다. 분석 결과는 소득수준과 공정성 인식의 관계가 가장 밀접하게 나타난다는 사실을 보여주는데, 이에 대해 임채윤은 경제적 성취와 기회의 분배가 공정성 인식에서 가장 중요한 요인일 수 있다고 지적한다. 한국 사회가 불공정하다고 생각하는 사람은 주관적 행복감, 삶에 대한 만족도, 긍정적인 감정을 경험하는 비율이 낮으며, 부정적인 감정 경험을 하는 비율은 높다. 한국 사회가 공정하다고 느끼는 사람들 중에서는 저소득층과 고소득층 간 주관적 행복감이나 삶에 대한 만족감 차이가 거의 없는 반면, 공정하지 않다고 느끼는 사람들 사이에서는 그 차이가 크다. 임채윤은 한국 사회가 불공정하는 인식이 지배적인 현실에서, 소득 불평등이 한국인의 주관적 안녕감에 미치는 부정적 영향이 낮은 공정성 인식 때문에 증폭될 수 있다고 우려한다.

제2장

•

공정성과 인간 본성

오재호

현 경기연구원 연구위원. 연세대학교 교육대학원 겸임교수. 서양윤리학 전공.
동서비교철학 연구 진행 중. 논문으로 「협동의 진화로서의 도덕」, 「신경과학
과 규범윤리학의 관련성 연구」, 「다문화와 자유주의」 등.

내용 요약

공정성과 인간 본성

이 장에서는 자신의 이익을 추구하는 개별 사회 구성원이 과연 공정성을 주요 가치로서 받아들일 수 있는가를 검토하였다. 공동체가 지속하기 위해 필요한 가치는 예외 없이 개인의 자연스런 욕구를 억제하도록 작동하였다. 인류는 지금까지 단편적이고 직접적인 자기 이익을 실현하려는 욕구와 집단을 온전하게 유지하기 위한 목표를 놓고 끊임없는 긴장 관계를 유지하였다.

인류는 원초적인 욕구를 억제하고 서로 협력하였다. 이 과정에서 개인의 이익 극대화와 집단의 지속가능성을 둘러싸고 끊임없는 갈등이 있었다. 이와 관련하여 서양 근대에 등장한 홉스의 사회계약론은 갈등을 끝내고 평화를 갈망하는 인류의 보편적 의지를 내세워 국가 기원을 잘 설명하였다. 홉스의 이론은 국가의 탄생 배경을 그럴듯하게 설명하기는 해도 사회가 지속하기 위해 추구해야 할 공동의 가치를 적극적으로 보여주지 못하였다. 인류의 일차적인 관심사는 각자의 생명과 재산을 지키는 것이지만, 공동체를 온전하게 유지하는 것이기도 하다. 현실에서 사람들은 합리적인 선택으로 일관하지 않고 다른 사람과의 관계를 기반으로 하는 공정한 결과에 상당한 관심을 기울인다. 인류는 오로지 이익을 극대화하려는 태도를 한 편으로 하고, 바람직한 협동 관계를 유지하려는 태도를 다른 편으로 하여 합리성과 공정성의 변증법적 발전을 이어왔다. 지난 반세기 급격한 산업화와 민주화를 겪으면서 물질적으로 크게 성장한 우리나라는 공동체를 건전하게 지속하기 위한 새로운 시대 정신이 필요하다. 이 글에서는 지금 우리에게 왜 공정성이 중요한 화두인가를 검토하고자 한다.

01

····

공정의 기원과 배경

1. 공정은 무엇인가?

공정(公正)은 공평하고 바른 것을 뜻한다. 공평(公平)할 '공'은 '한쪽으로 치우치지 않는다', '숨김없이 드러내다', '함께하다'라는 뜻이고, '정'은 '바르다', '서로 같다', '다스리다'라는 뜻이다. 공정은 '어느 누구에게 치우치지 않고 모두를 같게 대우함'으로 정의할 수 있다. 공정을 뜻하는 fair는 just와 함께 역시 '공정한', '공평한', '타당한', '온당한', '적당한'을 뜻한다. 서양에서는 fair를 just와 같은 뜻으로 쓰는 경우도 있고, 유사한 범주 안에서 다른 개념으로 정의하기도 한다.[1]

---

1 롤스(John Rawls)는 공정으로서의 정의(justice as fairness)라고 표현하고, '은유로서의

아리스토텔레스는 『니코마코스 윤리학』 제5권에서 정의와 부정의를 넓은 의미와 좁은 의미로 각각 소개하고 있다.[2] 넓은 의미에서 정의는 준법이고 부정의는 위법이며, 좁은 의미에서 정의는 공정한 것이고 부정의는 공정하지 않은 것이다. 서양에서 오래전부터 논의했던 공정성은 덕(德, virtue)의 개념을 통해 보다 잘 이해된다. 덕은 어떤 성격의 상태, 즉 성품이다.

〈그림 2-1〉 아리스토텔레스

아리스토텔레스는 성품의 탁월함을 개발하는 것을 강조하였다. 탁월한 성품을 지닌다면 옳은 일을 적절한 때에 올바르게 실천한다는 것이다. 이와 같은 의미에서 정의는 일종의 덕이다. 개념적으로 정의는 덕과 같은 것이지만, 덕이 하나의 상태에 관한 것이라면 정의는 다른 사람과의 관계에 관한 것이다. 아리스토텔레스는 탁월함의 일부로서 분배적 정의와 시정적 정의를 구분하였다. 분배적 정의란 균등하지 않은 사람들이 균등한 것을 가져가지 않도록 하는 것이다. 균등한 사람들이 균등하지 않을 것을 갖거나, 균등하지 않은 사람들이 균등한 몫을 차지하면 분쟁과 불평이 생기기 때

시'에서 은유와 시가 다른 개념인 것처럼 공정과 정의는 비슷한 범주 안 다른 개념이라고 밝혔다.

2   Aristotle, p.148.

문이다. 달리 말하면 옳은 것이란 비례적인 것으로서 당사자의 기여도에 따른 분배이다. 한편 시정적 정의란 이익과 손해 혹은 가해와 피해의 중간을 추구하는 것이다. 사람들 간 잘못으로 인해 생긴 손해 혹은 손실을 원래대로 복구하는 것은 옳은 것이다. 적절하게 복구하기 위해서는 공정한 비례를 적용해야 한다. 보다 큰 선과 보다 작은 선 사이에서 산술적 비례를 따른 중간을 '디카이온(옳음)'이라고 부른다. 이와 관련하여 균등한 2부분을 뜻하는 '디카', 재판관을 뜻하는 '디카스테스(절반을 가르는 자)'란 말을 쓰게 되었다.

공정성은 종종 정의와 같은 뜻으로 사용되지만, 엄밀하게는 정의를 구현하는 속성이다. 따라서 어떤 공정성이냐에 따라 한 사회가 지향하는 정의의 성격을 규정하게 된다. 여기에서는 인류 공동체에서 공정성이 왜 그토록 중요한 화두인가를 추적해보기로 한다.

2. 자연의 법(physis), 인간의 법(nomos)

『플라톤의 대화편』「고르기아스(Gorgias)」에는 칼리클레스(Callicles, B.C. 484 출생)라는 소피스트(Sophist)[3]가 등장한다. 칼리클레스는 우리에게 잘 알려진 고대 철학자 소크라테스의 대화 방식이 혼란을 불러일으킨다고 지적하고 있다.

---

3 기원전 5세기부터 4세기까지 그리스에서 활동한 사상가들로서, 소피스트 중에는 우리에게 잘 알려진 소크라테스도 있다.

"자연과 법률은 대체로 상반합니다. … 소크라테스 당신은, 사람들이 법률이나 습관에 관한 일들을 말하면 자연의 이치에 입각하여 질문하고, 사람들이 자연의 이치를 말하면 이번에는 법률과 습관에 관한 일로 바꾸어 반박하는데, 이것이 당신의 수법입니다."

정치가였던 칼리클레스는 즐거움에 따라 행동하는 것을 유일한 선으로 보았다. 칼리클레스를 비롯한 소피스트들에게 법과 제도 혹은 도덕은 승자독식을 효과적으로 제약하는 장치에 불과하다. 약자들은 육식동물과 같은 강자의 본성을 도덕과 법률로 길들이려 하지만 자연과 역사는 언제나 이와 같은 규범 혹은 제도와 모순되었다는 것이다.

소크라테스와 소피스트의 대화에 등장하는 노모스와 피시스는 서로 대립하는 개념이다. 노모스는 그리스어로 법 혹은 관습을 의미한다. 기원전 5세기 당시 철학자들은 정치적 권위와 시민의 의무에 주로 관심을 가졌다. 그들은 자기 이익을 추구할 개인의 자유를 제한하기로 합의한 도구를 곧 법이라고 생각하였다. 노모스는 공동체 구성원이 따르는 법, 관습, 도덕으로 체계화되었다. 한편 피시스는 자연의 법, 원리를 의미한다. 육식동물이 생존을 위해 먹잇감으로서 약한 동물을 사냥하는 것처럼 인간 사회에서도 권력을 지닌 개인이나 집단이 사람들을 지배하기도 한다. 칼리클레스와 같은 소피스트는 인간 본성을 이기적이라고 규정하고, 인위적인 법을 운운하기에 앞서 약육강식(弱肉強食)으로 대표되는 자연의 법을 적용하여 우리 사회를 이해할 것을 제안하였다.

소피스트들이 주목하였던 자연의 법 관점에서 보면, 공정성은 규

〈그림 2-2〉 자연의 법   〈그림 2-3〉 인간의 법

피시스는 자연의 법으로서 약육강식이 대   노모스는 인간의 법으로서 재판과 형벌이
표적이다.   대표적이다.

법이 아니라 힘의 원리에 가깝다. 사자가 얼룩말을, 독수리가 어린
양을 사냥하는 것에는 가치판단이 개입할 여지가 없는 것처럼, 권
력자가 다수를 지배하거나 약삭빠르게 상대를 속이고 자기 이익을
극대화하는 전략적 행동들은 선(善)과 악(惡)에 앞선 자연 그 자체라
는 것이다. 이 논리는 사회가 형성되고, 법 제도가 만들어지기 전인
원시 자연 상태에 적용하기에 적합하다. 즉 하늘이 무너져도 정의
는 실현되어야 한다는 규범(norm)은 인간 공동체가 형성되기 전에
는 무의미한 것이다. 달리 말하면, 옳고 그름은 공동체 운명을 좌우
하면서 무엇보다 중요한 문제가 되었다. 인류 공동체에서 공정성은
고대 소피스트들이 주장했던 자연의 법에 대립하는 인간의 법이다.
  우리가 공정성을 이야기하려면 몇 가지 역사적 사건들을 전제해
야 한다. 이 사건들은 실제로 일어났다기보다는 가상적이고 논리적
인 추론에 가깝다.
  첫 번째 사건은 혹독한 생존 환경에서 한없이 약한 인간이 이룬

협동이다. 협동할 수 있는 종으로서 인간은 생존 여건을 개선하고 욕구를 해결하기 위하여 자연스럽게 서로에게 도움을 주는 방식으로 진화했다. 공동 성과를 나눈 몫은 협동하는 데 드는 비용과 비교할 수 없을 만큼 크다.

〈그림 2-4〉 생존을 위한 협동

이 과정에서 집단은 기여자에게 응분의 몫을 할당하고, 기여하지 못하거나 배신한 구성원을 배제하거나 응징하였을 것이다.

두 번째 사건은 사회 건립이다. 누군가가 이익을 분배하거나 배신을 응징하다 보니 갈등과 다툼이 잇따랐고, 서

〈그림 2-5〉 홉스의 리바이어던
(Leviathan)

로 보복하면서 모두가 불안하고 혼란스러울 수밖에 없다. 17세기 영국의 홉스(Thomas Hobbes, 1588~1679)가 내세운 사회계약론은 인류가 만인에 대한 만인의 투쟁을 끝내기 위하여 각자의 권리를 양도하고 절대권력으로서의 국가 사회를 세운다는 내용이다.

세 번째 사건은 도덕의 지배이다. 19세기 영국 생물학자 헉슬리(Thomas Henry Huxley, 1825~1895)에 의하면, 공동체 안에서 개인의 반사회적인 성향을 억제하는 일차적인 힘은 다른 사람들로부터의

평판에 대한 두려움이다. 인류 역사는 사회 관습을 존중하고 따르는 자를 인정하고, 그렇지 않은 자를 외면하였다. 개인에 대한 도덕적 평가는 협동에 참여할 기회로 연결되었기 때문에 개인에게는 사회 적응과 관련하여 무엇보다 중요한 문제였다.

협동, 국가 건립, 도덕은 모두 공정성과 직결된다. 공정성은 사회 구성원이 협동하기 위한 조건이며, 국가권력을 유지하는 주요 원리다. 공정성은 명시적(明示的)이고 구체적이기보다는 이념적 가치로서 작동한다. 개인마다 공정성을 받아들이는 방식은 서로 다르기 때문에 그 범위를 확정하기는 쉽지 않지만, 일반적으로 공정하지 못한 사태에 빠르게 감응(感應)하기도 한다. 공정성은 많이 가진 자와 부족한 자, 권력을 지닌 자와 약자, 기회를 얻은 자와 못 얻은 자가 뚜렷하게 나누어질 때마다 작동하는 보편적인 정서와 관련이 깊다.

사회를 유지하는 조건

1. 협동과 이익

공정성은 사회적 상호작용에서 비롯한다. 역사적으로 보면, 자기이익 추구가 비대칭적인 권력과 맞물릴 때 공정성은 언제나 그 위력을 잃었다. 인간 본성은 모두에게 공정한 체제를 원한다. 정치·경제적 권력과 결부하여 일부가 이익을 독점할 경우 암묵적인 사회계약은 파기될 수 있다. 개인 간 상호작용에서 하루에도 수없이 이해관계가 대립하거나 갈등이 일어나더라도 우리 사회가 부당하다고 말하지 않는 것은 제도 오작동의 문제가 아니기 때문이다. 한 사회를 공정하지 않다고 평가하는 배경에는 개인의 선택과 상관없이 누군가에게 유리하게 작동하는 제도가 있다. 미국 우화 「빨간

암탉(Little Red Hen)」은 아이들에게 근면을 강조하는 내용으로 구성되어 있지만, 공정성과 연결 지어보면 사회적 성과에 대한 개인 몫은 기여에 비례한다는 사실을 시사한다. 농장에 사는 암탉은 빵을 만들기로 하고, 다른 동물들에게 빵 굽는 일을 도와달라고 제안하지만 모두 거절한다. 암탉은 밀 재배부터 수확, 가공, 굽기에 이르는 모든 단계마다 고양이, 개, 생쥐에게 참여를 권하지만 그때마다 그들은 암탉의 제안을 모두 거부하였다. 빨간 암탉은 빵을 완성한 후 누가 먹는 일에 참여할 것인가를 마지막으로 묻자 동물들은 서로 나섰다. 그러나 빨간 암탉이 혼자 먹겠다고 하자, 이번에는 누구도 거부하지 못하였다.

　개와 고양이는 빨간 암탉보다 덩치가 크고 힘도 세지만, 빨간 암탉이 만든 빵을 힘으로 빼앗지 못한다. 공정성의 위력은 바로 이 대목에서 드러난다. 동물의 세계는 분명 약육강식의 원리가 지배하지만, 이 동화에서는 노모스, 즉 인간의 법이 작동하고 있다. 한 집단에서 공정성을 주요 가치로서 추구할 때 그 위력은 자연의 법을 대신해 새로운 법으로 등극한다. 이 우화에서 날카로운 이빨과 강한 발톱보다 사회적 기여도를 내세우는 것은 다분히 인간적이다. 사회적 기여분에 대한 몫이 누구에게나 항상 만족스러운 것은 아니지만, 그럼에도 대다수 구성원이 사회에 참여하고자 하는 이유는 개인의 능력만으로 결코 실현할 수 없는 기대치가 있기 때문이다. 문명은 비례의 원리가 지배한다는 점에서 힘이 지배하는 자연 생태계와 근본적으로 다르다.

홉스의 사회계약론에 따르면, 인류는 서로를 공격하는 최악의 현실을 벗어나기 위하여 국가를 세우고 각자 권리를 양도한다. 모든 개인이 무제한의 권리를 포기하고 스스로 절대권력에 지배받기를 원했던 이유는 생명과 재산을 보존하기에 더 합리적이기 때문이다. 홉스가 자연 상태를 벗어나기 위하여 절대권력을 요청하였다면, 현대 자유주의자들은 협동 체제를 유지하기 위하여 도덕을 요청하였다. 고티에(David Gauthier)의 합의 도덕론(morals by agreement)에는 오로지 자신의 이익을 극대화하는 자와 제한적으로 자기 이익을 추구하는 자가 등장한다. 이 둘의 차이는 죄수의 딜레마(Prisoner's Dilemma)에서 잘 드러난다. 공범으로 의심되는 두 용의자를 따로 불러 자백을 유도하고, 둘 다 자백하면 3년 형을, 둘 다 침묵하면 1년 형을, 자백과 침묵이 엇갈리면 자백한 자는 석방하고 침묵한 자에게는 10년 형을 부과하는 게임이다. 실제로 미국에서는 검찰이 수사 편의상 피의자에게 유죄를 인정하거나 증언하는 대가로 형량을 낮추는 사전형량조정제도(Plea Bargain)가 있다. 이 게임에서 모두에게 가장 합리적인 것은 끝내 자백하지 않고 버텨 각각 1년 형을 살고 나오는 것이다. 오로지 자신의 이익을 극대화하는 자라면 무조건 자백할 것이 분명하다. 다른 용의자의 선택과 상관없이 자백하는 것이 최선의 전략이기 때문이다. 실제에서는 대다수 용의자들이 자백을 하고 각각 3년 형을 사는 것으로 귀결된다. 도덕을 일종의 합의로 이해하는 일부 자유주의자들은 제한적으로 자기 이익을 추구함으로써 보다 최적 사회로 이행할 수 있다고 주장한다.

공정성은 사회 공동선(common good)이자 주요 가치로서 사회제도를 뒷받침한다. 직접적인 자기 이익 극대자(straightforward maximizer)는 제한적 자기 이익 극대자(constrained maximizer)가 주류를 이루는 집단에서 신뢰를 얻고 협동에 참여하기 위하여 위장할 것이다. 모두가 협동하는 사업에 일단 참여한 후 협동하지 않는 참여자는 자신의 이익을 극대화할 수 있다. 이 극대화를 경제학에서는 외부성(Externality)이라고 한다. 부정적 외부효과는 제조업 공장에서 배출하는 오염물질을 정화하는 비용을 주변의 여러 사업장에 전가하는 것이다. 한편 긍정적 외부효과는 몇몇 어부들이 설치한 등대의 편익을 설치 비용을 부담하지 않은 어부들까지 누리는 것이다. 긍정적이든 부정적이든 외부효과는 무임승차자를 포함한다.

자유주의 철학자 고티에는 이해 당사자 간 특정한 계약을 준수하는 것을 넘어 일반적으로 계약을 준수하는 성향을 갖추는 것이 중요하다고 강조하였다(Gauthier, 1986). 오로지 자기 이익을 추구하는 무임승차자는 협동 게임이 회차를 거듭할수록 자신의 성향을 드러낸다. 죄수의 딜레마 게임이 한두 번 진행될 때에는 각자 게임 참여자들이 서로의 성향을 알아채기 어렵지만, 게임을 반복할수록 각자의 성향은 드러날 수밖에 없다. 현실에서 개인 상호

〈표 2-1〉 1회 게임 vs. 반복 게임

	1회 게임	반복 게임
내용	1번 참여하고 게임 종료	무한 반복
목표	최악의 결과 회피	신뢰 구축
전략	이익 극대화	제한적 이익 추구
주요 사례	단골 없는 식당 운영, 곗돈 사기	기업 윤리 경영, 핵 억제

작용은 반복적인 전략 게임에 가깝고, 참여자들은 전략적인 동시에 다른 이의 성향을 간파할 만큼 합리적이다. 한두 번은 속을 수 있지만, 여러 번 계속해서 속지 않는 개인을 두고 고티에는 반투명(translucency)하다고 표현하였다. 사람들은 자신을 성향을 투명하게 드러내지 않지만 그렇다고 끝까지 완벽하게 위장하기도 어렵다.

사회적으로 상호작용이 이루어지는 가운데 이익과 손실은 끊임없이 교차한다. 사회적 상호작용을 일종의 협동 게임으로 이해할 경우, 게임에 참여하는 개인들은 회를 거듭할수록 자연스럽게 승률이 정해진다. 사람들은 몇몇 게임 결과가 기대 수익에 미치지 못하더라도 지속적으로 게임에 참여한다. 현실에서 대부분의 게임은 노력한 만큼 대가를 보장하는 것은 아니지만, 단지 주사위를 던지는 정도로 임의적인 것도 아니기 때문이다. 그러나 회를 거듭할 때마다 누군가가 반복적으로 무임승차자가 된다면 그 게임은 뭔가 공정하지 않다. 게임의 공정성은 규칙을 준수함으로써 확립되지만 대부분의 규칙은 명시적이기보다 암묵적이며, 암묵적이지만 대체로 명료하다. 1차 세계대전 당시 전장에서 영국군과 독일군은 서로 공격을 자제하면서 호혜적으로 협력하였다. 어쩌다 오인 사격을 한 부대에서는 병사 하나가 진지 위로 올라가 적군을 향해 공격 의사가 없었음을 밝히고 적군의 안위를 묻는 행동이 이어졌다. 이런 행동은 상대군의 보복을 미리 차단하고 신뢰를 지속하여 모두의 피해를 최소화하려는 것이다. 만일 일방의 기습으로 균형이 깨지면 여지없이 강력한 보복이 뒤따랐다. 일반적으로 사람들은 협력할수록 더욱 협력적이고 배반할수록 더욱 배반적인 경향이 있다(Robert Axelrod, 2006). 일정한 요건만 형성된다면 적대적인 관계에서도 사람들은 얼마든지 협력한다.

2. 협동의 파기

재학 시절 팀 프로젝트를 수행하면서 좋은 구성원을 만나기를 기대하였던 경험이 대부분 있을 것이다. 누구나 협동적 사업의 기여자이면서 수혜자로 살아가며, 때로는 무임승차(free-riding)를 허용하기도 하고 스스로 무임승차자가 되기도 한다. 한 사회가 체계적으로 무임승차자를 허용할 때 우리는 그 사회를 공정하지 않다고 평가한다. 우리가 허용하는 무임승차자는 누구이고 그 횟수는 어디까지인가? 이 문제를 이야기할 때가 되었다.

독일 경제학자 베르너 구스(Werner Guth)는 인간이 합리적으로 이익을 추구한다는 고전경제학의 명제를 반박하는 실험을 하였다. 서로 처음 보는 두 사람을 한 팀으로 구성하고 10만 원을 나눠 갖는 실험이다. A는 금액을 나누는 비율을 제안하고, B는 제안을 받아들일 것인가를 결정하게 된다. 어떤 비율로 나누든 서로 합의하면 돈을 그대로 지급하는 반면, B가 A의 제안을 거부하면 두 사람 모두 한 푼도 갖지 못한다. 실험에서는 A가 10만 원 가운데 7만 원을 갖고 B에게는 3만 원을 받도록 제안한다. 대상을 달리하여 같은 실험을 거듭할수록 역할 B에 해당하는 사람들은 대부분 A의 제

<그림 2-7> 최후통첩 게임 전개도

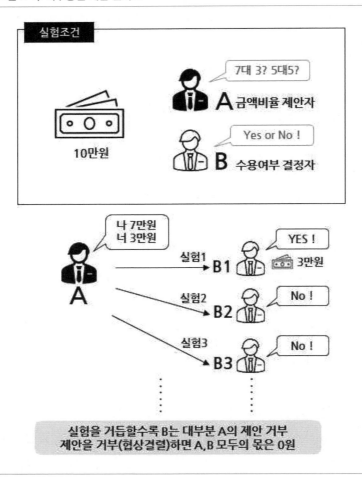

안을 거부하였다. 고전경제학에서 가정하는 합리적인 인간이라면 아무것도 얻지 못하는 것보다는 3만 원이라도 얻는 결과를 선택해야 하지만, 실제로는 대부분 협동을 파기한 것이다. 최후통첩 게임 (Ultimatum Game)으로 알려진 이 실험 결과는 인간이 합리성(자기 이익) 못지않게 공정성을 중요한 가치로서 추구한다는 사실을 보여준다.

우리는 때로는 보복과 처벌을 통해 공정성을 추구하기도 한다. 널리 알려진 신뢰 게임(trust game)에서도 두 명의 실험 참여자에게 협동을 유도한다. A는 최초에 10만 원을 지급받는다. A는 이 돈을 받고 게임을 끝내거나, B에게 줄 수 있다. B는 A가 제안한 돈의 3배를 받게 되는데, 자신을 믿고 투자한 A에게 일부를 돌려주거나 혼자서 다 가질 수 있다. B가 자신을 믿고 돈을 맡긴 A에게 한 푼도 되돌려주지 않을 경우, A가 자신이 가지고 있는 돈을 진행자에게 지불하면 B는 그 두 배에 해당하는 금액을 벌금으로 내야 한다. 합리적 인간이라면 A는 B에게 한 푼도 맡기지 않고 10만 원을 그냥 가져야 하지만, 실험에서는 A 역할에 해당하는 사람들이 대부분 B를 믿고 돈을 건넸다. 그러나 상대방이 신뢰에 보답하지 않을 때에는 자신이 손해(진행자에게 돈을 내는 것)를 보더라도 결과적으로 상대방이 더 큰 비용을 부담하도록 응징하였다.

최후통첩 게임과 신뢰 게임은 인류 공동체가 협동과 보복을 끊임없이 반복하는 기제(機制)를 단적으로 보여준다. 사기와 배반이 빈번한 현실에서 협동이 지속적으로 이루어지기 위해서는 보상과 배반이 작동하는 공정성을 덕으로 인식하는 대다수가 전제되어야 한다. 보상과 처벌이 작동하는 제도가 만들어지는 배경에는 공정성을 지향하는 정서가 폭넓게 자리 잡고 있다. 최근에는 자기공명영

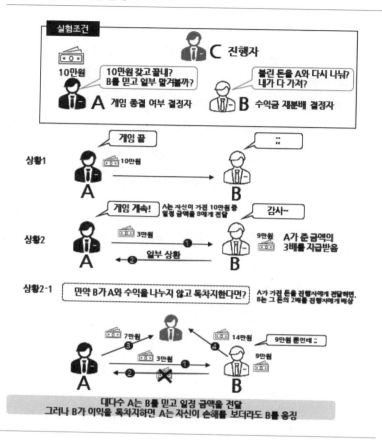

〈그림 2-8〉 신뢰 게임 전개도

상(functional Magnetic Resonance Imaging: fMRI)[4] 기술을 통해 협동할 때와 처벌할 때 각각 다른 뇌 부위가 활성화하는 것을 밝혀냈다. 단독 행동과 달리 공동목표를 위해 협동하는 경우에는 뇌의 여러

---

4   자기공명영상은 사용하는 뇌 부위로 몰리는 혈류량이 증가하는 점을 이용하여 그 부위의 신경이 활성화하는 정도를 측정하는 기술이다.

54

영역이 복합적으로 활성화하는 것으로 나타났다. 활성화 영역에 포함된 앞뇌섬엽(anterior insula)은 경쟁적인 조건에서 특히 혈액량이 증가하였다(Jean, 2004). 상호 의사결정에서 뇌 선조체(brain striatum)는 보상 예측 오류의 영향을 받아 활동이 변한다. 선조체는 상대가 협력할 때에는 긍정적으로 반응하지만 비협력적이거나 일방적일 때에는 부정적으로 반응한다. 최후통첩 게임에서는 불공정한 제안을 받아들일 때보다 거부할 때 앞뇌섬엽이 강력하게 활성화하였다. 한편 신뢰 게임에서는 비용이 들더라도 효과적으로 배신자를 응징할 때 미상핵(caudate nucleus)이 활성화하였다. 뇌 활성화 실험 결과는 사람들이 공정성을 실현하기 위하여 일정한 비용을 기꺼이 감수한다는 사실을 잘 보여준다. 협동에 대한 신뢰가 무너지거나 기대에 크게 못 미칠 경우, 일반적으로 사회 구성원은 자신의 이익을 포기해서라도 불공정을 바로 잡으려는 성향을 드러낸다.

3. 협동의 지속 조건

개인적인 보상과 처벌이 이루어지는 원시 공동체와 달리 현대사회가 지속하려면 모든 구성원이 동등한 자유를 누릴 기회가 골고루 주어져야 한다. 1970년대 산업화가 본격화하기 전까지 우리나라는 농촌 공동체 문화가 주류였다. 공동노동이 요구되었던 농업사회에서 경제적 여건이나 소유하고 있는 농지 규모가 비슷한 10명 내외 사람들은 모내기, 물대기, 김매기, 추수, 타작으로 이어지는 농작 전 과정에서 공동노동에 참여하였다. 자연환경을 직접 이용하여 결과물을 생산하는 1차 산업 종사자들은 협동에 크게 의존하였다. 옆집에 숟가락이 몇 개 있는지 알 만큼 서로의 사정에 밝다 보니 그만큼 시기심도 민감하게 발동하였을 것이다. 사촌이 땅을 사면 배가 아프다는 말이 오랫동안 공감을 불러일으키는 것은 나의 처지를 남과 비교하는 세태를 시사한다. 시기심은 대체로 우리 모두의 행복에 긍정적으로 작용하지 않지만, 그렇다고 악의적이고 파괴적인 것도 아니다. 일반적으로 다른 사람이 행운의 주인공이 될 때 부럽기는 해도 시기심이 발동하여 손해를 끼치려는 사람은 많지 않다. 때로는 다른 사람의 처지와 격차를 줄이기 위하여 경쟁한 결과가 발전으로 이어지기도 한다. 다른 사람 사정에 지나치게 신경 쓰지 말고 자신의 일에 최선을 다하자는 말은 시기심에 좌우되지 않는 삶의 자세를 권한다. 존 롤스(John Rawls)의 『사회정의론 (A Theory of Justice)』에 등장하는 합리적인 인간은 서로에게 무관심하다.[5] 즉 서로 비교하여 더 많이 가지려고 하지 않으며, 질투하거나 과시하지 않으며 단지 주어진 여건에서 자신의 이익을 추구할 뿐이다. 여기에서 묘사하는 합리적인 인간은 어디까지나 바람직한 사회제도에 합의하기 위하여 모인 사람들의 태도와 성향을 가정한 것이다. 합리적인 사람이라면 다른 사람과의 격차를 부정의의 결과로 여기지 않으며, 그 격차가 지나치게 크지 않다면 시기심에 사로잡히지 않는다.

우리가 주목해야 할 것은 불평등이 지나치면 사회 전반에 걸쳐 파괴적인 시기심을 일으킨다는 사실이다. 원시 공동체에서 비슷한

---

5   Rawls, pp.144-145.

처지에 있는 합리적인 사람들이라면 자신들의 공동체를 운영할 원칙을 결정할 때, 각자의 이익을 가급적 개선하기 위하여 심사숙고할 것이다. 각자가 원하는 이익은 서로 다를 수밖에 없으며, 좋은 제도란 일부 특수한 인생 전망에 유리하게 작동하지 않아야 한다. 유복한 사람들이 누리는 기본적 가치들(자유, 기회, 부 등)은 비록 다른 사람들에게서 빼앗은 것이 아니더라도 적대감을 불러일으키기도 한다. 상당수 사람들이 자신보다 비교적 처지가 우월한 사람들을 과도하게 시기하면, 자신의 기회를 불가피하게 포기하는 한이 있더라도 일부의 보다 큰 이익을 빼앗아버리고자 한다.

우연성이 좌우하는 결과는 그 자체로 적대적인 시기심을 자극하지 않는다. 그러나 상대적 박탈감이 커 자존감이 무너지고 인생 전망을 개선할 수 없다고 느낄수록 사람들은 보다 나은 처지에 있는 사람들을 더 시기하는 경향이 있다. 어떤 공동체에서든 사람들은 자신의 이해관계와 관련 있는 지위 안에서 각자의 처지를 서로 비교하게 된다. 그렇기에 공정한 사회는 눈에 띄는 격차를 줄여나가는 사회이다.[6] 우리 사회를 거대한 협동 집단이라고 할 때, 협동이 지속하기 위해서는 협동을 파기할 정도로 큰 격차를 허용하지 않거나 완화하는 노력이 요구된다. 만일 적대적인 시기심이 이미 드러났다면 건전한 대응이 뒤따라야 한다.

---

6   Rawls, pp.535-536.

03

....

공정성과 정의

1. 어떤 공정성인가?

1970년대 롤스는 공정으로서의 정의(justice as fairness)에 관심을 기울였다. 그가 말하는 정의의 주요 문제는 우리 사회가 협동해서 얻은 이익을 분배하는 방법에 관한 것이었다. 즉 어떤 사회가 정의로운가는 구성원에게 권리와 의무를 나누는 방식에 따라 결정된다는 것이다. 롤스는 재화를 직접 나누는 것을 정의의 문제로 다루지 않았다. 모든 개인의 욕망과 기호는 주관적이기 때문에 무엇인가를 사회 구성원에게 나누어 주는 가장 바람직한 방법은 따로 있을 수 없다. 지금 우리가 논의해야 할 공정성은 절차 문제로 연결된다.

정의가 단지 권력을 지닌 자의 이익으로 전락하지 않으려면 사회

제도가 절차적으로 공정해야 한다. 롤스는 세 가지 절차적 정의를 분류하고 그 가운데 순수 절차적 정의를 표방하였다. 순수 절차적 정의(pure procedural justice)는 다른 두 가지 절차적 정의 유형을 통해 명확해진다. 하나는 완전 절차적 정의(perfect procedural justice)이다. 이 유형은 결과가 정의로운가를 결정하는 기준과 그런 결과를 보장하는 절차가 있는 경우에 해당한다. 피자를 나누어 먹는 과정에서 신경 써야 할 것은 어느 한 사람의 몫이 더 크거나 작지 않도록 자르는 것이다. 이 결과를 보장하려면 피자를 자르는 사람이 자신의 몫을 가장 마지막에 가져가거나

〈그림 2-9〉 완전 절차적 정의
(perfect procedural justice)

결과가 정의로운가를 결정하는 기준과 그런 결과를 보장하는 절차가 있다.

〈그림 2-10〉 불완전 절차적 정의
(imperfect procedural justice)

결과가 정의로운가를 결정하는 기준은 있지만 그 결과를 보장하는 절차는 없다.

인공지능 로봇이 등분하면 된다. 다른 하나는 불완전 절차적 정의(imperfect procedural justice)이다. 이 유형은 결과가 정의로운가를 결정하는 기준은 있지만 그 결과를 보장하는 절차는 없다. 재판의 목

표는 죄 없는 자를 확인하고, 죄를 지은 자가 응분의 대가를 치르도록 하는 것이다. 현실에서 수많은 재판을 진행하지만 판결 혹은 형량을 그대로 받아들이지 않는 경우가 매우 많다. 세상에 억울한 사람이 그토록 많은 것은 사법 정의를 실현하는 절차가 그만큼 불완전하기 때문이다. 마지막으로 순

〈그림 2-11〉 순수 절차적 정의
(pure procedural justice)

결과가 정의로운가를 결정하는 기준은 따로 없지만 모두가 지켜야 할 절차는 있다.

수 절차적 정의는 결과가 정의로운가를 결정하는 기준은 따로 없지만 모두가 지켜야 할 절차는 명확한 경우에 해당한다. 모든 스포츠 경기에는 참여자가 지켜야 할 규칙이 있다. 비록 모든 참여자는 경기에서 이기는 것을 목표로 삼지만, 이는 최선을 다하는 동기일 뿐 객관적인 목표일 수는 없다. 즉 누가 반드시 이겨야 한다는 규범적 목표는 있을 수 없다.

우리가 추구하는 공정성이 지속하는 사회를 실현하기 위한 현실적인 조건이라면, 공정성은 사회 기본 구조의 문제이다. 지금 우리 사회에서 일어나는 일 가운데에는 피자를 똑같이 나누어 먹는 문제와 같이 단순 명확한 것도 있지만 대부분은 복잡다단하게 이해관계가 얽혀 있고 불확실성이 지배한다. 한편 하늘이 무너져도 정의를 실현해야 한다는 구호는 모두의 정의감에 호소하기는 해도 지나치게 모호하고 추상적이다. 현실에서는 합리적인 규칙에 합의한

60

다면 마치 스포츠 경기를 진행하는 것처럼 정의를 추구할 수 있다. 그런 점에서 순수 절차적 정의야말로 다양한 여건과 시시각각 달라지는 개인의 사정을 일일이 추적하여 고려하지 않더라도 정의의 요구를 충족시키기에 적합하다. 롤스가 순수 절차적 정의를 표방하는 사회구조 문제로 정의의 주제를 이해하였던 이유도 여기에 있다.

개인의 흥망성쇠가 공정한 기회를 바탕으로 자유롭게 이루어진 것이라면 결과에 대하여 행복과 불행을 말할 수 있어도 부당하다고 느끼지는 않는다. 큰 이익을 기대하고 주식을 매입한 결과 손실을 입었더라도 이는 전적으로 투자한 개인의 잘못이고 불운이다. 이와 달리 악의적으로 그릇된 정보에 속아 투자하였거나, 이해관계자의 부추김에 못 이겨 투자한 결과로 큰 손해를 입었다면 당사자는 이를 부당하다고 여길 것이다. 드워킨(Ronald Dworkin)은 사회 구성원들 간 자원 분배 차이가 오로지 각자의 자유로운 선택에서 비롯하였다면 그 차이가 크더라도 불평등한 것은 아니라고 보았다. 일반적으로 우리 사회는 개인의 타고난 재능과 가정환경에서 오는 차이만을 놓고 불평등을 운운하지 않는다. 부유한 가정에서 태어나 좋은 사교육을 받는 학생과 평범한 가정에서 태어나 공교육에 전적으로 의존하는 학생을 비교하며 세상은 원래 고르지 않다고 자조(自嘲)할 수는 있어도 제도의 부당함을 제기하지는 않는다. 그러나 입학 제도와 원칙을 사람마다 달리 적용한다면 당장 공정성 시비가 일어난다. 드워킨은 공정한 자원 분배는 타고난 재능과 운에 민감하게 좌우되어서는 안 된다는 점을 분명히 하였다. 자원에는 개인의 육체적·정신적 능력이나 주어진 재산과 같이 지극히 개인에게 귀속하는 것이 있는 한편, 사회제도를 통해 주어진 능력과 재산을 사용하도록 제공하는 기회처럼 재분배될 수 있는 것도 있다. 드워킨이 강조하는 평등은 타고난 운이나 주어진 여건을 시정하는 것보다는 모든 개인이 정상적으로 사회에 참여하는 기회를 제공하는 데 초점을 맞추고 있다.

대학을 졸업하고 일찌감치 기업을 일으켜 운영한 사람과 대학원에 진학하여 문학가의 삶을 살아가는 사람의 삶은 시간이 갈수록 재산 차이가 커진다. 사람들 간의 결과적인 자원의 차이가 각자의 선택에서 비롯하였다면 그 차이를 불평등한 것으로 볼 수 없다. 성공한 기업가의 재산을 빼앗아 문학가에게 나눠주는 방식으로는 평등을 실현할 수 없다. 1970년대 금융권에서는 상업고등학교 졸업자들을 필요로 하였으나 2020년에는 보안프로그램 전문가를 더 필요로 한다. 산업화 시대에는 없었던 그래픽 디자이너 수요가 정보화시대에는 꽤 많아졌고, 한때 진입 경쟁이 치열했던 외과의사는 지원율이 크게 떨어졌다. 모든 인생진로는 공동체 안의 다른 구성원 선호도와 유기적으로 맞물려 있으며, 시대와 산업 여건에 따라 직업의 가치도 달라진다. 개인의 선택이 결과적으로 많은 이득을 가져오는지 여부는 그때그때 상황에 의존적이며 특정 시대에 성공한 직업인으로서 남들보다 많은 자원을 보유하게 되는 것은 운도 상당히 작용한다. 따라서 실패한 사람의 손실을 성공한 사람의 자원으로 보상하는 것은 받아들이기 어려울 것이다. 문학가 혹은 예술인의 삶은 많은 재산보다는 지적 유희와 예술 활동을 통한 만족을 선택한 것이며, 기업인의 삶은 지적 호기심과 몰입을 통해 얻는 만족보다는 손실의 위험을 감내하며 이득을 추구한 것이다. 대다수 선택의 결과는 불확실성 아래 놓여 있다. 사양 사업에 뒤늦게 뛰어들어 손실을 볼 수 있는 반면, 고인이 남긴 예술 작품이 자손에게 큰 부와 명예를 가져다줄 수도 있다. 따라서 자발적인 개인의 선택, 결정, 참여는 예외 없이 기회비용을 반영한 것이다.

드워킨이 제안하는 자유와 평등은 개인 선택으로 인한 결과를 조정할 것을 요구하지 않는다. 자원의 평등한 배분이란 어디까지나 개인 영역을 넘어서는 불가항력적인 것을 대상으로 한다. 한 사회에서 공정한 규칙이 작동하는가를 판단하기 위해서는 불확실성 아래 개인의 선택에 뒤따르는 크고 작은 운을 과연 어디까지 인정해야 하는가에 답변해야 한다.

2. 받아들일 수 있는 우연성의 범위

산업화와 근대화 터널을 막 통과한 대한민국에서 지금 공정성에 가장 주목하게 된 배경에는 시민사회를 온전히 거치지 않은 불안(anomie)이 자리 잡고 있다. 최근 들어 지역사회와 학교에서 민주시민성을 새삼 강조하는 것도 주인의식의 부재(不在)를 해결하려는 노력으로 보인다. 한국 사회는 정치와 경제 분야에서 불평등한 권력이 자기 이익 극대화와 결합할 때마다 공정성을 거론하였다. 특히 선거 때마다 희비가 엇갈리는 정당, 그리고 이들과 유착한 경제 주체가 사업 기회를 거래하면서 불평등 시비가 끊이질 않았다.

지역이든 이념이든 나름대로 절차를 준수하며 각자가 추구하는 바를 쟁취하는 것이 다름 아닌 정치다. 따라서 국가라는 거대 공동체가 운영하는 협동적 사업에 참여한 모든 구성원들은 법제도 절차를 위반하지 않는 한 그 결과가 개인적으로 못마땅하더라도 전면적으로 거부할 수 없다. 마치 스포츠에서 내가 응원하는 팀이 패배하더라도 규칙을 공정하게 준수하였다면 결과를 인정하듯이 말이다. 우리에게 문제가 되는 것은 행운과 불운이 임의적으로 주어지는 것이 아니라 일부에게 계획적으로 할당되는 것이다.

공정성은 개인이 마땅히 누릴 만한 운의 범위를 어디까지 인정할 것인가를 결정하는 문제와도 관련이 있다. 타고난 지능이나 체력 혹은 부유한 가정환경을 비롯해 우연적인 요소들을 모두 배제하면, 일반적인 사람들은 일방에게 극단적으로 유리하거나 불리한 복권 뽑기보다는 추첨 결과, 사람들 간 격차가 극심하지 않은 온건한 복권 뽑기를 선호할 것이다. 즉, 대부분의 사람들은 일확천금을 얻는 것에 도전하는 것보다 감당할 수 없는 빚을 떠안는 위험을 회피하려는 성향이 더 지배적이다. 롤스는 우연성을 배제함으로써 공정한 여건을 마련하고, 모험을 하지 않으려는 합리적인 당사자들이 선호하게 될 사회제도를 제안하였다. 그 사회는 가장 운이 없는 당사자라도 장기적으로 자신의 삶을 개선할 수 있을 만큼 불평등이 크지 않은 사회이다. 우연성을 제거하여 도출한 이 결론은 현실에서 행운의 주인공이 거둔 모든 성과물을 온전히 자신의 몫으로 인정할 수 없다는 사회관(社會觀)을 뒷받침한다. 이를테면 독보적인 실력을 자랑하는 축구 선수가 수많은 관중을 몰고 다닌다고 해서 입장료 수입의 절반을 자기 몫으로 주장할 수 없다. 자신의 타고난 운동 신경과 경기 운영 능력을 내세울 수 있지만, 9명의 선수진과 소속 팀, 매체와 언론, 나아가 축구라는 오랜 문화가 유기적으로 작동하고 있기 때문에 개인의 재능이란 사회적 자산의 일부인 셈이

64

다. 롤스는 가장 운이 없는 사람의 처지를 개선하는 데 기여할 때, 오직 그럴 때에 한해 구성원 간 차이를 받아들일 수 있다고 주장하였다.

우연성으로부터 개인이 누리는 결과물은 모두에게 이익을 가져다주어야 한다. 우연성이 가져온 결과들 간 받아들일 수 있는 차이는 그렇게 정당화된다. 한편 현실에서 드러나는 격차는 행운만 아니라 불운으로도 생겨난다. 앞서 말했듯, 적어도 개인의 선택 실패로 인한 손실을 성공한 사람의 자원으로 보전하도록 요구하지는 않는다. 우리가 주목하는 공정성은 개인적 선택의 결과가 아닌 불운을 범위를 규정하는 문제에 초점을 맞추고 있다.

보험의 기본 원리는 예측할 수 없는 사고와 재난으로 발생한 손실을 보상해주는 것이다. 사회는 개인에게 일종의 보험이다. 사회의 모든 구성원은 보험 회사에 보험료를 납입하는 것과 마찬가지로, 사회가 요구하는 규칙을 준수하면서 사회에 기여하고 살아가기 때문이다. 타고난 재능이나 배경이 개인 선택의 산물이 아니기 때문에 그로 인한 성과를 개인의 온전한 몫으로 인정하지 않는 것과 마찬가지로, 개인의 선택과 무관한 손실, 즉 불가항력적인 불운을 개인이 전적으로 감내하는 것은 공정하지 않다. 공정성을 사회 기본 구조 문제로 다루어야 하는 이유는 바로 여기에 있다. 타고난 능력과 행운에 힘입어 실현한 세속적 성과는 불가항력적인 사건이나 사고 때문에 소실된 기회를 복원하도록 작동해야 공정하다. 롤스가 사회적 자산으로 인정해야 하는 행운의 범위를 말하였다면 드워킨은 사회가 뒷받침해야 할 불운의 범위를 규정하였다.

어떤 사회제도가 작동하길 원하는가에 합의하는 것은 상식에 호소하면서도 대략적(rule of thumb)인데, 이런 합의는 다음과 같은 점에서 바람직하다. 첫째, 주관적 관점에 호소하지 않는다. 자신의 특수성을 가급적 배제한 합리적인 사람들이라면 대체로 주요 원칙에 합의하게 될 것이다. 부당한 사태를 마주할 때 사람들은 즉각적으로 정의감에 호소한다. 정의감은 동화처럼 권선징악의 구도가 명확한 경우에는 혼란스럽지 않지만 현실에서 공정성 시비를 가리는 일은 대부분 명확하지 않다. 우리가 사는 제도를 어떤 원리로 설계할 것인가를 결정하는 것은 공정성에 대한 서로 다른 개인의 잣대를 무분별하게 적용할 여지를 차단한다. 둘째, 공정한 상황에서 도출한다. 비록 추상적이고 대략적이지만 사회제도를 설계하는 것은 일반적이고 상식적이다. 누가 극단적인 행운이나 불행의 주인공이 될지 정해지지 않은 상황에서 모두를 위한 원칙을 세우는 것은 공정하다. 셋째, 실천적이다. 헌법이 사회제도와 기본권을 다루듯, 공정성을 도덕법(道德法)[7]으로 규정함으로써 사회를 기획하는 방향을 결정하게 된다. 구체적인 사회 운영 원칙으로서 합의하지 않은 단순 규범은 교훈적일 수 있어도 실천적이지 않다. 그런 의미에서 공정한 사회구조를 기획하는 것은 공정한 세상을 구호로서 외치는 것과 달리 실현 가능성을 담보한다.

---

7   도덕적 행위 기준이 되는 보편타당한 법칙으로서 실정법(현실적인 제도로서 시행되고 있는 법)은 아니지만 규범 형식을 지닌다.

04

....

문명의 대가

공동체 구성원이 합의하여 공정성을 규정하고 기준을 마련하는 일은 구성원 규모만큼 다양한 견해를 반영해야 하므로 공론에 그칠 수 있다. 한편 합의 과정 없이 공정성 기준을 정하는 것은 그 자체로 공정하지 않다. 여기에서는 우리가 사는 사회구조를 기획하고 운영하는 원리를 정하는 문제로서 공정성을 다룰 것을 제안하였다. 우리 사회를 공정하게 운영하는 원리는 한편으로는 개인의 몫으로 주장할 수 있는 정당한 권리의 한계를 정하고, 다른 한 편으로는 개인의 불운을 적극적으로 보상하는 범위를 정하는 것이다. 롤스는 행운으로 얻은 성과물의 개인 몫을 정당화하는 데 주의를 기울였다면 드워킨은 불운으로 놓친 기회를 보상하는 데 주의를 기울였다. 이 문제는 이미 고대에 아리스토텔레스가 기여한 비례에 따라 응분의 대가가 주어져야 한다는 분배적 정의, 둘 사이의 중간 지점을 향해 균형을 추구해야 한다는 시정적 정의에 관한 논의를 연장하는 것이다.

우리 사회를 일종의 협동적 모험사업이라고 할 때, 이 사업에 참여한 모든 구성원은 공정한 원칙에 합의하고자 할 것이다. 우리는 사회를 유지하는 토대로서 공정한 원칙이 무엇인가를 추적하였고 다음과 같이 잠정적인 결론에 이르렀다. 첫째, 공정성은 협동 참여자들이 동등한 입장에서 합의하는 가치다. 경험이 서로 다른 사람들이 각자의 정의감에 호소하는 것으로는 협동 결과물을 둘러싼 끊임없는 갈등과 분쟁을 해결할 수 없다. 개인적인 특수성을 배제한 합리적 이해 당사자들은 단일한 제도 운영 원리에 합의할 필요가 있다. 이로써 우리 사회는 비교적 견고한 단일 원칙에 도달할 수 있다. 둘째, 선(good)의 내용이 아닌 형식에 합의해야 한다. 모두가 원하는 공동선은 반드시 공동체 결속을 강화하는 것만은 아니다. 정의는 눈앞의 음식을 나눠 먹는 일처럼 단순한 종류만 있는 것도 아니고, 권선징악이라는 추상적 목표를 막연히 추종하는 것도 바람직하지 않다. 우리에게는 각자의 기호와 선호를 추구하는 가운데 준수해야 할 기본 원칙이 필요하다. 공정성을 실천하기 위해 함께 추구할 공동선을 도출하는 것보다 우선해야 할 일은 다양한 목표를 자유롭게 추구하기 위해 모두가 실천하는 절차를 마련하는 것이다. 셋째, 운의 한계를 정해야 한다. 협동은 사적 활동에 비해 비교할 수 없을 만큼 큰 혜택을 가져다주지만, 협동 결과는 모두에게 동등하지도 만족스럽지도 않다. 공정성은 동등한 결과를 보장하는 것도 아니고 모두를 만족시키는 것도 아니다. 공정한 사회가 개입해야 하는 것은 과도하게 편중하는 일방의 몫을 합리적으로 제한하는 한편, 예상치 못한 불행을 합리적으로 보상하는 수준을 정하는 것이다.

공정성은 인위적이다. 자연생태계 먹이사슬에서는 공정함도 불공정함도 없다. 적자생존 원리는 법제도를 확립하고 끊임없이 보완하는 인류 문명과 대조적으로 보이지만 넓은 의미에서 인류 역사도 권력 투쟁으로 점철(點綴)되었다. 분명한 것은 우리 모두가 갈등과 대립보다 협동과 평화를 원하며, 일시적이기보다는 지속하는 사회를 간절히 원한다는 사실이다. 우리는 약육강식 원리가 지배하는 자연으로 돌아가거나, 복잡한 문명 공동체를 계속 이어가는 것 가운데 늘 선택해야 한다. 공정성은 원시 공동체 시절이나 문명이 고도화한 지금이나 협동을 유지하는 가치이다. 지금 우리가 공정성에 주목하는 것은 오랜 협동 체제가 흔들리고 있기 때문이다.

제3장

·

공정성의 사회적 의미

박효민
현 서울시립대학교 도시사회학과 조교수. 사회심리학, 공정성 이론, 인간동물
관계 연구. 논문으로 「Reward Stability Promotes Group Commitment」,
「공정성 이론의 다차원성」, 저서로 『관계와 경계』, 『평화의 여러 가지 얼굴』 등.

공정성의 사회적 의미

공정성은 사회 구성원에게 보상이나 부담을 분배하는 과정에서 어떤 판단 기준이 올바른 것인가에 대한 개념이다. 우리가 일상을 살면서 어떤 사안 혹은 사람에 대해 공정하다, 공정하지 않다, 혹은 공정성이 높다, 공정성이 낮다고 표현하는 것처럼, 비록 주관적이긴 하지만 공정성이라는 것은 우리의 측정의 과정을 통해 나타나는 개념이다. 다시 말해 우리가 공정성을 판단할 때에는 판단 대상을 어떤 기준점과 비교하여 높고 낮음을 판단하게 된다. 문제는 이 기준점이 절대적이기보다는 역사와 문화, 각 개인에 따라 달라질 수 있다는 것이며 이 차이는 대상에 대한 공정성을 다르게 평가하는 원인이 된다. 이 글에서는 우리사회에서 현재 진행되고 있는 공정성의 논란들이 사회의 공정성에 대한 사람들의 열망과는 별개로 공정성 평가기준이 혼란하여 발생하는 측면도 있다는 점을 이야기 하고자 한다. 특히 1장에서 거론된 역사적으로 다양한 모습을 띠어 온 공정성의 개념 중 사회적 공정성의 측면에 초점을 맞추어 우리가 사회의 공정성을 판단할 때 사용될 수 있는 개념적 기준들을 제시하고자 한다.

사회의 공정성을 판단하는 여러 기준을 소개한다는 것은 자칫 공정성의 개념을 더 혼란스럽게 만들 가능성도 있다. 너와 나의 공정성의 개념이 모두 다르고, 이 각자 다른 공정성이 모두 나름대로 합리적이라면, 사람들은 각자의 공정성을 가지고 이견을 좁히지 못하고 갈등은 커지게 될 것이기 때문이다. 그러나 공정성에 대한 다양한 관점에도 불구하고, 공정성의 논의의 중심에 비교적 안정적으로 자리를 잡고 있는 개념이 있는데 그것은 바로 공공성이다. 지금까지의 많은 공정성 논의는 사회적 배경, 시대적 상황, 이론적 지향점 등에 따라 변화했지만, 공정성이 궁극적으로 사회 공동체의 협력과 유지라는 공통된 목적을 지향하고 있었다는 점을 이 글에서 주요하게 설명하고자 한다.

우리의 공정성은 어떤 모습인가?

1. 공정성의 폭발

이 글에서는 최근 몇 년 한국 사회의 담론의 장에서 폭발적으로 늘어나고 있는 공정성이라는 개념이 과연 '무엇'이며, '무엇을 위한 것'인지에 대해 생각해보고자 한다. 최근 수년간 대한민국에서 사람들의 입에 자주 오르내린 몇 가지 개념 중에 공정성을 빼놓을 수 없을 것이다. 일상을 사는 평범한 사람들도 그 어느 때 보다 개인에게 일어나는 일에 대한 공정성에 관심을 두고 높은 기준을 적용하고 있으며, 정치 지도자들은 대한민국의 사회구조와 제도의 공정성을 높이기 위해 노력하겠다고 다짐을 하고 있다. 사실 공정성 혹은 사회정의가 한국 사람들의 관심을 받아 오거나 정권의 기본 방

향으로 제시된 것은 어제오늘 이야기가 아니다. 하지만 최근 수년
만큼 공정성이 일상생활에서 많은 사람들의 판단 기준으로 중요하
게 떠오른 적은 없으며, 현재의 상황은 공정성 담론의 확장을 넘어
폭발 수준이라고 해도 지나치지 않을 것이다.

　그런데 사람들의 공정성에 대한 관심이 높아지고, 조직에서 공정
한 보상의 분배를 중요한 가치로 내걸고, 정치 지도자들이 사회정
의를 중요하게 생각하는 만큼, 우리는 한국 사회에서 공정성을 둘
러싼 갈등들이 줄어들어야 할 것으로 기대를 하지만 실상은 그렇
지 않다. 매스컴에서는 하루가 멀다 하고 입시, 취업과 승진, 복지
제도, 사법제도, 군입대, 선거, 스포츠 등 사회의 거의 모든 방면에
걸쳐 공정성이 훼손된 사례들을 소개하고 있으며, 이와 같은 소식
은 뉴스를 접하는 사람들의 분노를 일으키고 나아가 사회 전체에
대한 절망감을 안겨주고 있다. 개인적·사회적으로 공정성에 대한
관심이 늘어났는데도 불구하고 한국 사회의 공정성은 별로 개선되
는 것 같지 않고, 오히려 개인적으로 더 불공정함을 느끼는 사람들
도 늘어나는 현상이 발생하고 있다.

　이렇게 기대와 다른 현상이 발생하게 된 이유는 무엇일까? 물론
사회에 공정함에 대한 요구가 없거나, 갈등이 없다고 해서 반드시
그 사회가 좋은 사회라고는 할 수 없다. 오히려 개인의 표현의 기회
가 보장되어 있고, 사회 내의 담론의 장이 건전하게 발전할수록 그
사회의 갈등요인들이 투명하고 적절하게 표출되는 것이 정상이다.
그런 측면에서 현재의 한국 사회에서 일어나는 공정성을 둘러싼 갈
등과 혼란은 이 사회의 공정성이 한 단계 도약하는 계기를 보여주
는 것일 수 있다.

그럼에도 다른 한편으로 현재의 공정성을 둘러싼 혼란은 '공정성'이라는 개념에 대한 개인적 수준에서의 숙고와 사회적 합의가 충분히 이루어지지 않은 상태에서 각 개인 혹은 사회집단마다 저마다의 생각하는 각자의 공정성을 이야기하는 혼란이 발생하고 있다. 그뿐만 아니라 이러한 공정성의 개념의 혼란의 와중에 결국 각 개인들은 아전인수격으로 자신에게 유리한 공정성의 개념만을 끌어들여 이를 잣대로 자신과 자신이 속한 집단의 이익을 극대화하려는 경향도 현재의 공정성을 둘러싼 논란을 증폭시키는 데 한몫하고 있다. 결국 이와 같은 공정성을 둘러싼 혼란은 한국 사회의 공정성 수준을 한 단계 끌어올리는 데 장애물로 작용하고 있다는 점에서 간과해서는 안 될 현상이다.

그렇게 본다면 지금 한국 사회가 겪고 있는 공정성의 혼란은 공정성이라는 개념이 오히려 우리에게 너무도 친숙하기 때문에 생겨난 것이다. 사람들은 일상생활에서 늘 공정함에 대해 생각하고 이야기하고, 공정성이라는 단어를 매우 자주, 쉽게 이야기한다. 그러나 공정성은 흔히 생각하는 것처럼 명확하게 정의되기 어려운 개념이다. 이는 공정성이 고차원적이고 심오한 개념이라서가 아니라 오히려 너무나 쉽고 또한 우리 일상과 밀접한 개념이기 때문이다. 지구상의 대부분의 인간들은 시간과 장소를 막론하고 자신에 주어지는 몫 혹은 부담이 얼마나 공정한지에 대해 늘 생각하고 판단하며, 이에 대해 감정적으로 혹은 행동적으로 반응을 보인다. 즉 공정성은 늘 인간의 삶과 함께 있으며, 누구나 다 공정성에 어느 정도는 전문가가 되어 있다. 그러다 보니 사람들은 저마다의 공정성에 대한 개념을 가지게 되고, 공정성에 대해서는 저마다의 생각과 신념을 가지게 된다.

문제는 각 개인마다 혹은 집단마다 생각하는 공정함의 기준이 지나치게 다를 때 생겨난다. 앞으로 이 글에서 보겠지만, 하나의 대상 사건은 어떤 측면에서 바라보느냐에 따라 공정할 수도, 공정하지 않을 수도 있다. 공정함이라는 것은 무엇을 기준으로, 혹은 가장 중요한 목적으로 두느냐에 따라 달라지며, 사람들은 자신의 상황이나 사회적 위치, 지금까지의 경험이나 습득한 문화 등에 따라 다른 기준을 가지고 사안을 평가하기 마련이다. 이와 같은 공정성의 다양한 측면들을 이해하지 못하고, 나와 다른 사람의 공정성의 차이를 인정하지 않고 타협하지 못하는 측면은 현재 한국 사회에서 현재 일어나고 있는 공정성을 둘러싼 혼란에 큰 몫을 하고 있다.

이 글에서는 공정성의 여러 다양한 차원을 살펴보고 한국 사회의 공정성에 대한 주장의 충돌이 다양한 공정성의 모습을 인정하지 않는 데 한 원인이 있다는 점을 이야기하고자 한다. 사회 구성원들이 공정성의 다양한 모습을 살펴보고 서로 다른 공정성의 기준을 인정한다면, 갈등의 정도를 줄일 수 있을 것이다.

2. 무엇을 위한, 어떤 공정성인가?

이 책의 후반부에 제시된 여러 글에서는 현재 사회에서 벌어지고 있는 다양한 공정성의 이슈들을 차례대로 살펴볼 것이다. 각각의 글에 제시된 주제들은 공정성이라는 하나의 큰 줄기에서 비롯된 것이긴 하지만, 또 각각의 주제 안에는 고유한 맥락과 주장이 펼쳐지고 있다. 이는 마치 독자들에게 하나의 입구로 들어가 여러 갈래로 갈라지는 동굴을 탐험하는 기분을 들게 할 것이다. 따라서 공정성의 복잡한 동굴을 탐험하기에 앞서 입구에서 우리는 이 탐험의 전반적인 이유와 목적을 두 가지 측면에서 상기해볼 필요가 있다.

첫 번째로, 공정성이 왜 중요한가에 대한 질문이다. 공정성은 인간의 아주 기본적인 판단영역 중 하나를 차지하고 있으며 이 책의 1장에서 살펴본 바와 같이 매우 오랜 시간 동안 철학적 논의의 중심을 차지하고 있었다. 이와 같은 시대를 초월하는 중요성과 심오함 때문에 일상에서 과연 공정성이 왜 우리에게 중요한가에 대해서는 의외로 질문을 많이 하지 않는다. 이와 같은 공정성에 대한 당위적 태도 때문에 공정성이 그 자체로 절대적으로 중요한 가치인 것처럼 인식되는 경우가 많다.

그러나 우리가 공정성에 대해 생각할 때 공정성은 그 자체로 중요한 것이 아니라 사회나 조직의 안정적 유지와 발전을 위한 도구라는 점을 잊어서는 안 된다. 여기서 말하는 안정적 유지와 발전은 경제적 이익이 증가하거나 구성원의 숫자가 늘어나는 것만을 의미하지는 않는다. 그보다는 오히려 눈에 보이는 성장과 발전을 위한 기초를 구성하는, 사회의 존속을 가능하게 하는 힘을 뜻한다 (Blader and Tyler, 2009; Cohen, 1985 등).

인간이 지구상 그 어느 동물보다 번성하게 된 것은 인간의 무리, 즉 사회나 조직이 그 어느 동물보다 복잡하고 정교한 협력의 체계를 가지고 있기 때문이다. 그러나 이러한 협력 체계는 협력에 참여하는 사람들이 자신에 노력이 정당한 보상으로 이어진다는 믿음이 있는 경우에만 지속할 수 있다. 만일 내가 우리 부족을 위해 어떤 노력—사냥이나 경작 혹은 마을에 필요한 시설물 설치 등—을 하였는데, 그에 상응하는 대가를 받지 못한다거나, 심지어 나보다 덜 기여나 노력을 한 사람이 나보다 더 많은 보상을 받는다면, 나는 다시는 부족을 위해 기여하지 않을 것이다. 만일 이러한 분위기가 만연하여 모두가 부족을 위해 희생하지 않으려는 생각을 가진다면 이 마을 공동체는 유지될 수 없을 것이다. 반대로 부족이나 마을에 대한 기여, 노력이 정당한 보상을 받고, 이에 참여하지 않는 사람들에 대한 처벌이 제대로 이루어진다면 모두가 협력하려 할 것이고, 이는 마을의 유지, 번영으로 이어질 것은 자명하다(Axelrod, 1984; Gürerk, Irlenbusch, & Rockenbach, 2006 등).

즉 우리가 공정성에 대해 생각할 때 공정성 그 자체로 어떤 궁극적 목표라고 생각하기보다는 공정성이라는 개념을 통해 구성원들의 협력이 증진되는 결과가 중요하며, 공정성은 그 중간에 매개체로써 중요하다. 기존의 공정성에 대한 많은 연구들은 공정성이 어떻게 사람들의 협력하려는 의지를 높이는지에 대해 연구해 왔다. 이 연구들은 공정성이 맥락에 따라 다양한 모습을 띠지만 일관되게 사람들의 협력하려는 의지와 실제 협력 정도를 높이는 모습을 보여주었다. 이를 통해 우리는 공정성이 그 자체로 절대적으로 중요한 개념이 아니며, 사회의 공정성 원칙은 공정성의 차원과 접근 방식에 따라 다양한 모습으로 나타나지만, 기본적으로 공동체 내의 '공공성'을 지향해야 한다는 점을 알 수 있다.

그럼에도 최근의 한국에서 일어나고 있는 공정성 논의가 한국 사회 혹은 한국 사회 내의 각 공동체의 유지와 발전을 위한 공공성에 초점이 맞춰있는가에 대해서는 생각해보아야 한다. 공정성을 공공적 각 집단이나 개인의 이익을 극대화하는 도구적 측면으로 이용한다면, 이는 공정성을 잘못 이용하고 있는 것이다. 물론 공정성은 자신의 정당한 이익을 확보하려는 노력이기 때문에 자신의 이익을 완전히 무시할 수는 없을 것이다. 그러나 그 기반에 전체 공동체의 유지와 발전에 대한 고려가 없다면 공정성은 공허한 개념이 될 것이다.

두 번째는 공정성에 대한 이론적 이야기가 왜 필요한가 하는 점이다. 간단하게 이야기해서 공정성 이론을 잘 안다고 더 공정한 삶을 살거나 공정한 사회를 만들 수 있는가 하는 문제가 발생한다. 반대로, 그렇다면 한국 사회의 공정성 개념이 혼란스러운 것이 과연 사람들이 무엇이 공정한지를 몰라서 인가라는 비판을 할 수 있다. 그보다는 오히려 무엇이 공정한지 아는데도 불구하고 이를 행동에 옮기지 않기 때문이거나 혹은 악용하기 때문이 아닌가 하는 비판이 있을 수 있다.

그러나 이 글에서는, 공정성이 공공성을 띠지 못하고 현재와 같은 혼란이 발생하는 이유 중 하나가 공정성의 개념에 대한 한국 사회의 공통된 표상, 즉 사회적 합의가 아직 형성되지 않았기 때문이라는 점을 이야기하고자 한다. 공정성이 공공성을 가지려면 무엇보다도 우선 사회 구성원들 사이에서 우리 사회가 추구하는 공정성의 모습에 대해 어느 정도 사회적 합의가 이루어져야 한다. 그런데 이 사회는 다양한 층위의 사람들이 다양한 영역에서 활동을 하고 있으며, 각 영역은 다양한 공정성의 개념 중에 그 영역에서 보다 중요시되는 공정성의 원칙이 있다(Walzer, 1983). 예를 들어 경제체계 내에서 자격이나 보상을 분배하는 원칙은 정치체계 내에서 자격이나 보상을 분배하는 원칙과 다를 수 있다. 경제체계 내에서는 보다 많은 기여를 한 사람 혹은 많은 성과를 올린 사람에게 더 많은 보상을 주는 것이 당연하게 여겨지지만, 정치체계 측면에서 우리 사회를 위해 더 많은 기여를 한 사람에게 더 많은 투표권을 준다거나, 열심히 일해서 재산을 많이 모았다고 해서 정치적 권력이 더 많은 자리에 갈 수 있거나, 사법체계에서 예외를 인정받는 것은 적어도 현재 민주주의 체계에서는 생각하기 어려운 일이다. 이때는 보다 평등하게 권리를 부여하는 것이 더 공정하게 느껴진다. 반면 복지제도를 운영하는 데 있어서는 모든 사람에게 사회적 자원이나 가치를 똑같이 나눠주거나, 혹은 더 능력을 가진 사람에게 더 많은 것을 주기보다는 오히려 반대로 더 열악한 환경에 있는 사람에게 더 많은 것을 주는 것이 보편화되어 있다. 이렇듯 한 사회에도 다양한 영역들이 다양한 공정성을 기준을 가지고 있으며, 심지어 한 사람 안에서도 이런 상황에서 사용하는 공정성과 저런 상황에서 사용하는 공정성의 기준은 다르기 마련이다.

그러나 현재 한국 사회는 각 영역들 간의 공정성의 원칙이 다르다는 점에 주목하지 않고 단일한 기준으로 여러 영역의 공정성의 기준을 적용하기 때문에 갈등이나 불공정에 대한 느낌이 오히려 늘어나고 있다. 따라서 무엇보다 중요한 것은 사회적 보상과 부담의 분배 측면에서 공정성의 영역이 구분되어야 한다는 점이며, 공정성 이론은 이와 같은 혼란을 정리해주는 역할을 해주는 역할을 한다. 즉 복잡한 현실의 공정성 문제 동굴로 들어가기 전 대략적인 동굴의 구조를 살펴보는 것이 도움이 될 것이다.

02
....

공정함이란 무엇인가?

1. 공정성의 오래된 역사

공정성의 개념을 살펴보기 위해 공정성을 둘러싼 여러 유사한, 혹은 관련된 개념들에 대해 자세히 살펴보자. 공정성의 개념은 매우 오래전부터 인류의 사회사, 지성사와 함께해왔다. 특히 한 사회의 법은 그 사회 구성원 혹은 통치 세력이 무엇을 공정하게 생각하는가를 반영하는 도구로써 이용됐으며, 따라서 한 시대의 공정성에 대한 개념은 역사시대 초기부터 한 사회의 법령으로 남겨지기도 했다. 우리가 역사를 연구하면서 한 사회의 특성을 살펴볼 때, 흔히 그 사회의 법령을 살펴보는 것은 그 법령에 그 사회가 공정하게 생각하는 것이 무엇인지 나타나 있으며, 이는 그 사회를 구성하는 기본 사상이 무엇인지 잘 반영하고 있다고 생각하기 때문이다. 예를 들어 '함무라비 법전'으로 알려진 기원전 1700년경 만들어진 고대 바빌로니아의 법전에는 "사람을 죽인 자는 사형에 처한다" 혹은 "사람의 뼈를 부러뜨린 자는 뼈를 부러뜨린다"와 같은 소위 '눈에는 눈, 이에는 이' 원칙이 잘 드러나 있다. 한국의 역사에도 최초로 등장하는 고조선의 법에는 "사람을 죽인 자는 즉시 사형에 처한다"나 "남에게 상해를 입힌 자는 곡물로 배상한다"와 같은 법률로 어떤 행동에 어떤 '책임'이 가는 것이 정의로운지를 정하고 있다.

공정성에 대한 생각이 법전이 아닌 철학적 문헌에 본격적으로 등장하게 된 것은 고대 그리스 철학에서부터일 것이다. 플라톤은 그의 대표적 저작 『국가(Politeia)』(정체(政體)) 전체에서 과연 '올바름(dikaiosyne)'이 무엇인가에 대해 끊임없이 질문하면서 그 답을 찾아가고 있는데 이 올바름의 개념은 우리가 현재에 이야기하는 정의 혹은 공정성과 유사하게 해석될 수 있다. 그래서 후대 사람들은 이 책의 부제를 '올바름에 관하여(정의론)'라고 붙였다(플라톤, 1997).

플라톤은 『국가』에서 올바름 혹은 정의를 각각의 개별적이고 구체적인 사례에 비추어 설명하려는 논객들의 주장을 반박하며 올바름에 대한 절대적인 개념을 정립하고자 했다. 이 책은 처음부터 끝까지 한 인간이 '진정으로 올바르게 사는 법'에 대해 다루고 있으며, 이는 '진정으로 올바른' 정치체계가 운영되는 원리와 다르지 않다고 보았다. 따라서 올바름이란 이런 상황에서는 이렇게 하고, 저런 상황에서는 또 다른 행동을 취하는 상황적 맥락에 따르는 원리이기보다는 한 개인뿐만 아니라 한 사회가 갖추어야 할 정신적인 '덕성(virtue)'으로 간주하였다. 즉 한 인간이나 사회나 마찬가지로 올바름의 덕을 지니면 자연적스럽게 정의로운 일을 하게 될 것이다. 여기서 플라톤은 국가의 올바름의 원리와 개인의 올바름의 원리가 크게 다르지 않다는 점을 주장한다. 또한 플라톤은 국가차원의 올바름이란 각 개인이 각자가 자기의 몫을 훌륭하게 하는 것이라는 결론에 도달하게 된다. 즉 신체의 각 부위가 자신이 맡은 일을 하며, 이성(지혜), 기개(용기), 욕망(절제) 중 각각 자기가 가지고 있는 탁월한 능력을 발휘할 때 올바름을 달성할 수 있는 것과 같이 국가도 지혜를 지닌 통치자와, 용기를 지닌 군인과, 절제를 갖춘 생산자들이 서로 각자의 일을 맡아서 할 때 올바른 국가가 달성된다고 주장한다.

이런 측면에서 플라톤은 올바름 혹은 정의에 대해 이론적 개념화를 시도한 최초의 철학자라 할 수 있을 것이다. 여기서 우리가 흥미롭게 생각할 수 있는 것은 플라톤이 한 인간이 가져야 할 덕성인 올바름을 설명하는 과정에서 관찰하기 쉬운 정치체계의 올바름에 대해 논의한다는 점이다. 즉 하나의 유기체로서의 인간이 추구하는 올바름과, 정치제도가 추구하는 올바름은 기본적으로 다르지 않다는 점을 가정하고 있다. 그리고 이것은 모두 그들이 속해 있는 정치체계가 '하나의 나라'로서 안정되게 유지될 수 있는 조건을 찾는다는 의미에서 공동체의 지속성을 바라보고 있다고 할 수 있다.

이러한 공정성의 철학적 개념은 앞서 이 책의 1장에 소개되었지만 여기서 다시 반복해서 강조할 것은, 고전적인 철학자들의 공정성 논의는 결국 추상화의 과정에서 사회의 공동체에 대한 함의가 들어 있다는 점이다. 즉 이들의 논의는 각 개별적 수준 혹은 각 개인의 수준에서 어떠한 것이 공정하고 정의로운가를 밝혀내기보다는 더욱 보편적이고 확실한 공정성의 원리를 파악하려는 노력이었고, 이는 사회 전체를 아우를 수 있는 공정성, 즉 공공성이 들어간 공정성의 원리를 파악하려 했다는 점에서 의의가 있다.

2. 공정함에 관련된 개념들

한편 위에서 나온 여러 개념들을 비롯하여 공정성은 비슷한 여러 가지 개념들과 함께 혼용해서 쓰이곤 한다. 보통 우리가 공정함이라고 할 때 이를 영어권에서는 보통 fairness로 사용한다. 이와 비슷한 용어로는 정의(justice)가 있다. 공정성과 정의는 경우에 따라서는 똑같은 의미로 사용되기도 한다. 예를 들어 우리가 "이 재판이 공정했느냐?"라고 물을 때는 "이 재판이 전체적으로 정의로웠는가?"라고 묻는 것과 큰 차이가 없다. 이때 공정함 혹은 정의로움은 그 대상이 되는 사람이나 집단이 "마땅히 받아야 보상, 혹은 벌을 받았는가?" 하는 측면에서 해석될 수 있다. 즉 우리가 보통 공정성이라고 말 할 때에는 공정성의 대상이 되는 개인이나 집단이 과거에 행한 행동이나, 처해 있는 자격에 맞는 보상이나 부담을 제대로 지고 있는가를 살펴보게 된다. 따라서 우리는 가끔 응분이나 몫(desert) 혹은 대가(reward)를 공정성의 중요한 요인으로 생각하기도 한다.

이 글에서는 공정성, 정의, 올바름, 응분의 몫 등을 모두 공정성이라는 단어와 같은 것으로 간주할 것이다. 이는 이 글의 목적이 개념들 간의 차이에 대한 분석이 목적이 아니기 때문이기도 하지만, 실제로 일상생활에서 이러한 단어들끼리의 차이는 그리 크게 나타나지 않기 때문이다. 결국 공정성, 정의, 올바름, 응분의 몫은 각자에게 마땅한 몫(보상이나 부담)이 돌아가는 상황을 의미하게 된다. 예를 들어 장애로 이동이 어려운 사람에게 건물의 출입구에 가까운 주차 장소를 할애하는 것은 올바른 처사라고 할 수 있을 것이며, 한 기업에서 성과를 더 많이 낸 사람에게 더 많은 성과급을 주는 것은 응분의 몫이라 할 수 있을 것이다. 또한 죄를 지은 사람이 사법제도를 통해 죄가 밝혀지고 그에 따른 벌을 받는 것을 우리는 흔히 정의가 실현되었다고 말한다. 이와 같은 사례들은 모두 각각의 독특한 배경과 상황적 특징을 가지고 있지만, 결국 모두 마땅한 사람에게 마땅한 보상이나 부담이 돌아갔다는 측면에서 공정하다고 할 수 있을 것이다.

3. 공정성의 여러 차원

이번에는 공정성의 여러 차원들에 대해 살펴보도록 하겠다. 공정성은 여러 가지 방향에서 접근할 수 있으며, 공정성을 어떤 방향에서 접근하는가에 따라 한 방향에서는 완전히 공정한 것이 다른 측면에서는 완전히 불공정한 것으로 보일 수 있다. 이 글에서는 공정성의 세 가지 차원으로 형평(equity)과 평등(equality), 필요(need)를 나누고 이에 대해 알아보려 한다.

1) 형평

형평(equity)은 다른 개념들보다도 특히 이해하기가 까다로운 개념이다. 형평이라는 말은 원래 한쪽으로 치우치지 않고 균형을 맞춘다는 뜻에서 유래한 것으로[1] 어느 쪽에 치우침 없이 판단을 내리는 것을 뜻한다. 형평이라는 단어가 이해하기 복잡하게 된 이유는, 형평이 공정성을 이루는 하나의 주된 축임에도 불구하고 일상생활에서 이 단어가 거의 공정함과 같게 쓰이는 경우가 많기 때문이다. 형평이 공정함과 동일하게 쓰이게 된 것은 실제로 일상에서 치우침없이 비례적으로 다른 사람은 다르게 같은 사람은 같게 대우하는 것이 더 공정한 경우가 많기 때문이다. 예를 들어 1시간을 일한 사람과 5시간을 일한 사람이 있다면 5시간을 일한 사람이 1시간 일한 사람보다 5배의 임금을 더 받는 것은 매우 당연하고 공정해 보인다. 혹은 기업의 팀 프로젝트에 더 많은 기여를 한 사람이 더 빨리 승진이 된다거나, 전쟁에서 혁혁한 공을 세운 사람에게 훈장을 비롯한 사회적 영광과 존경을 받을 수 있는 기회를 제공하는 것은 합당하고 공정해 보인다. 반대로 더 많이 일 한 사람이나 적게 일한 사람이나 같은 돈을 받는다든지, 팀 프로젝트에서 기여하지 않은 사람이 승진을 한다든지, 혹은 전쟁에서 큰 전과가 없음에도 불구하고 영광을 누리는 식으로 기여한 바와 그 보상이 형평을 이루지 않는다면 이는 누가 보아도 불공정 해 보일 것이다. 그래서 일상용어에서는 '공정성은 곧 형평성을 추구하는 것'이라는 생각이 사

---

1   표준국어대사전에는 형평을 "균형이 맞음. 또는 그런 상태"로 정의하고 있다.

람들의 머릿속에 자리 잡게 되었다.

　이와 같은 형평성에 기반을 둔 공정성의 개념은 주로 성과나 기여에 대해 보상을 하는 것에 초점을 맞춘 조직에서 주로 중요한 개념으로 사용된다(Adams, 1963). 특히 이 원칙은 더 많은 기여나 노력을 한 사람에게 더 많은 보상을 주는 것을 합리화하기 때문에 구성원들이 더욱 적극적으로 조직을 위해 희생하거나 조직의 발전을 위해 노력하도록 하는 유인책이 될 수 있다. 그리고 그러한 사람이 많은 조직은 전반적으로 효율성이 높고 좋은 성과를 보이기 마련이다. 따라서 특히 자본주의, 시장경제 체제를 따르는 사회에서는 형평의 원리가 전체 사회에서 중요한 역할을 차지하는 것은 당연한 결과라 할 수 있다.

　그러나 형평의 원리가 널리 받아들여지는데도 불구하고 형평성의 원리로만은 조직을 운영할 수는 없다. 물론 더 훌륭한 성과를 낸 사람에게 더 많은 보상과 영광을 돌리는 것은 개인의 발전과 조직의 발전 모두에게 좋은 것이지만, 모든 것이 지나치면 좋지 않은 면이 나타나듯, 과도한 형평의 원리는 조직 구성원들간의 조화와 협력을 해치게 되기도 한다. 예를 들어 기업에서 성과를 통해 급여를 차등 지급하는 경우 이는 그 회사의 구성원들이 더욱 열심히 일하려는 동기를 가지게 되겠지만, 정해져 있는 전체 성과급에서 차등 지급하는 정도가 너무 크게 된다면, 구성원들은 같은 조직원끼리 협력을 해서 보다 나은 성과를 도출하려 애쓰기보다는 오히려 같은 조직원들을 자신의 성과급을 뺏는 경쟁자로 인식할 수 있다. 사실 이러한 경우는 일상생활에서 많이 나타나는데, 상대평가가 주를 이루는 학교에서 학생들끼리 서로 과도한 경쟁을 하는 바람에, 학생들이 서로 다른 사람의 학습과정을 돕는 경우에 비해 전체적인 학습의 효율성이 떨어진다거나, 기업조직 내의 과도한 경쟁 때문에 부처 이기주의로 인한 비효율성이 증가하는 일들이 많이 일어난다.

그러나 형평성이 공정성을 달성하는 데 가지는 가장 큰 맹점은 기여에 따른 보상의 불평등이 어느 정도까지 용인될 수 있는가 하는 문제이다. 형평의 원리에 따르면 더 노력한 사람, 더 우수한 사람은 더 많은 보상을 받는 것이 당연하므로 집단 내에서 어느 정도의 불평등은 용인되거나 심지어 바람직하다. 그러나 우리가 사는 사회를 돌아보면, 다른 사람보다 더 노력한, 혹은 더 우수한 사람이라 할지라도 지나치게 많은 부나 명예를 독식하여 사회 전체의 불평등이 필요 이상으로 커지는 경우를 볼 수 있다. 그리고 이러한 불평등 때문에 인간이 한 사회에서 누려야 할 기본적인 권리를 향유 받지 못하는 일이 생기기도 한다.

형평의 원리가 가지고 있는 강점에도 불구하고 형평의 개념에 대해 과도하게 강조하는 경우 나타나는 문제는 우선 조직 구성원들 간 조화와 협력보다는 경쟁과 갈등이 강화된다는 점이다. 한 사회나 조직의 구성원들은 형평의 원리에 따라 그 안에서도 서로 경쟁을 하게 되며 이는 협력을 통한 상승효과를 불가능하게 만들어 조직의 전체적인 효율성이 낮아지게 만든다. 또한 인간의 기본적인 권리와 존중을 박탈당한 사람들에 대한 윤리적 측면에서도 물론 부정적이다. 나아가 사회 전체의 안정과 번영을 해칠 수 있다는 측면에서도 사회 전체에 부정적인 효과를 가져올 수 있다.

2) 평등

평등(equality)은 사회 구성원에게 모두 똑같은 정도로 재화나 사회적 권리를 나누어 주는 원리를 의미하며, 이 과정에서 그 재화나 사회적 권리 등을 받는 사람의 능력이나 노력 여부 혹은 신분 등은 고려되지 않는다. 한국 사회에서는 평등에 대해 의견이 첨예하게 갈리는 경향이 있는데, 특히 자신의 정치적 태도에 따라 평등은 매우 필요한 것 혹은 절대 받아들여서는 안 되는 원칙처럼 오해되고 있으나, 이러한 극단적인 생각들과는 별개로 이미 사회에는 여러 방면에서 평등의 원리가 적용되고 있다.

예를 들어 한국에서는 부모가 한국 국적을 가지고 있다면 자녀는 자연히 한국인 국적을 가지게 되는데, 이 국적에는 여러 헌법적 권리들이 따라오게 된다. 그러나 부모의 국적에 의해 한국 국적을 획득하는 경우 우리는 이 국적을 취득하기 위해 어떤 능력이나 노력을 증명할 필요도 없으며, 나의 정치, 경제적 계층이나 사회적 신분도 영향을 미치지 못한다. 또한 나의 배경은 이 국적과 함께 수반되는 많은 사회적 권리의 양에 있어서도 영향을 미치지 못한다. 예를 들어 보다 부유한 부모에게 태어났다고 해서 헌법적 권리가 더 잘 보장되거나, 가난한 부모에게서 태어났다고 해서 일정 정도 헌법적 권리가 제약되는 것은 아니다. 다른 예로는 정치적 권리를 들 수 있다. 일반적으로 민주주의 국가에서는 국적을 가진 사람에게 모두 동등한 투표의 권리를 주는데 이때 그 사람의 신분에 따라 더 많은 표를 준다거나, 투표에서 더 영향력을 미칠 수 없도록 하고 있다. 이는 주식회사의 주주총회에서 그 회사의 주식을 많이 가지고 있을수록 의사결정 과정에서 주식의 수에 비례하여 더 많은 표를 행사할 수 있는 것과 비교해본다면 차이점이 나타난다.

앞서 소개된 형평의 원리는 기여의 정도에 따라 비례하여 보상을 하는 반면 평등은 기여와 상관없이 집단의 구성원으로서 일정 자격을 갖춘 사람들에게 똑같은 분배를 하는 것을 원칙으로 하기 때문에 평등과 형평의 원리와는 대비되는 원리라 할 수 있다. 특히 형평의 원리는 구성원들 간의 경쟁을 통한 효율성을 높이는 효과를 나타낸다면, 평등의 원리는 효율성보다는 구성원들 간의 협력과 조화를 더욱 증진시킬 수 있는 원리이다.

하지만 일상생활에서 평등의 원리를 적극적으로 활용하는 데는 무임승차라는 큰 장애물이 도사리고 있다. 평등의 원리는 앞서 밝힌 바와 같이 한 사람의 노력이나 자격, 능력에 상관없이 모든 사람에게 재화나 사회적 권리 등을 같은 정도로 나누어 주는 것을 뜻한다. 이럴 경우 자신이 얼마의 기여를 하거나 능력을 가지고 있는지는 중요하지 않고, 모두가 같은 정도로 재화나 권리를 누릴 수 있기 때문에 합리적이고 이기적인 각 개인의 입장에서는 굳이 자신이 속한 집단을 위해 노력을 할 필요가 없게 된다. 어쩌면 조직이 큰 경우 혹은 재화가 많은 경우라면 한 사람의 일탈쯤은 큰 문제가 되지 않을 수 도 있다. 그러나 문제는 모든 조직 구성원이 합리적이고 이기적이라면 그 누구도 집단을 위해 자신의 노력을 기울이지 않으려 할 것이고, 결국 모든 사람들이 나눠 가져야 할 사회적 재화조차 없게 된다. 예를 들어 여러 명이 한 팀인 회사 조직에서 연말 성과에 대한 보너스를 받는데, 열심히 한 사람이나 열심히 하지 않은 사람이나 보너스를 똑같이 받게 되었다면, 다음 해에는 그 누구도 열심히 일하려 하지 않을 것이다. 문제는 이렇게 되면 결국 조직 자체의 경쟁력 이 낮아질 뿐만 아니라, 그 조직의 성과는 나빠질 것이며, 결국 아무도 보너스를 받지 못할 것이다.

이와 같이 개인적인 합리적 선택이 집단 수준에서 비합리적인 결과를 낳는 상황을 사회적 딜레마(social dilemma)라고 하며, 이를 해결하기 위해 오랫동안 심리학, 정치학, 사회학, 경제학 등의 분야에서 많은 학자들이 노력을 하고 있다(Kollock, 1998; Van Lange, Balliet, Parks, & Van Vugt, 2014).

3) 필요

세 번째로 살펴볼 원칙은 필요(need)의 원칙이다. 필요는 무엇이 결핍되거나 사회적으로 더 필요한 사람에게 더 많은 자원을 주는 것을 의미한다. 즉 능력이나 자격의 유무에 상관없이 같은 정도의 보상이나 권리를 부여하는 것을 넘어서 능력이나 자격이 부족한 사람에게 더 많은 사회적 가치를 분배함으로써 구성원간의 차이를 줄이고자 하는 원리이다. 따라서 필요의 원칙은 평등의 원리와 비교해보아서도, 형평의 원리와 더 멀리 떨어져 있는 개념이라 할 수 있다.

필요의 원리는 주로 사람의 능력을 계발하고, 생활환경의 개선 등을 통해 복지수준을 높이고자 하는 방법으로 사용되고 있다. 사회에서는 예를 들어 복지제도를 통해 저소득층이나 장애를 가진 사람들에게 수입이나 여러 가지 수입 보조나 세제상의 혜택을 주는 경우가 대표적일 것이다. 그러나 필요의 원리는 꼭 사회적 약자 계층에게만 적용되는 것은 아니다. 한국뿐만 아니라 많은 국가에서는 자녀나 부모 등 부양가족이 많을 경우 이에 비례하여 세제혜택을 부여하거나 가족부양 수당을 주는 경우가 있는데, 이러한 경우가 필요의 원리에 부합하는 정책이라 할 수 있다.

그러나 필요의 원리에 의한 사회적 자원의 지원은 물질적 혹은 금전적 지원만을 의미하지는 않는다. 사회적으로 체계적 차별을 받아온 집단에게는 직접적인 금전적 지원보다 오히려 제도적 지원 혹은 교육이나 문화적 지원이 더 효과가 높은 경우도 있다. 이주배경을 아이들에게는 단순히 물질적 지원을 해주는 것 보다 그들이 이 사회의 구성원으로 잘 활동할 수 있도록 언어, 문화적 측면에서 교육을 제공한다든지, 한국 사회에 대한 정보를 얻을 수 있는 네트워크를 지원하는 것도 필요한 사람들에게 더 많은 자원을 할애한다는 의미가 있다. 또한 최근 여러 방면에서 논의되고 있는 '적극적 우대 조치' 역시 한 사회에서 역사적으로 차별받아온 집단에게 사회적 자원을 인위적으로 더 제공하여 개인의 힘으로 극복하기 어려운 구조적 차별을 제도적으로 극복할 수 있게 하기 위한 방안이다.

4) 세 원칙의 조화

공정성의 차원이 위에서 살펴본 세 가지 축으로만 이루어지는 것은 아니지만 제시된 형평, 평등, 필요의 원리는 특정한 사안의 공정성을 판단하는 데 있어 주로 중요하게 사용되는 원리이다. 사람들은 경제, 사회, 문화적 배경이나 자신이 처한 상황적 맥락이 다름에도 불구하고 공정성을 판단할 때, 그것이 그 사람의 기여나 능력에 따라 배분이 되었는가, 모두에게 골고루 배분이 되었는가, 그리고 자원이 부족하거나 더 필요한 사람의 상황이 고려되었는가를 판단하게 된다.

우리가 주의해야 할 점은, 이 세 가지 원칙은 서로 배척되는 것처럼 보이지만 실제로 어느 한 가지 원칙이 지배하는 공정성 판단은 바람직하지 않다는 점이다. 상황에 따라 세 원칙 중에 어느 한 가지가 상대적으로 더 중요하거나 덜 중요하게 여겨질 수도 있으나, 실제 상황에서는 일반적으로 세 가지 가치가 혼합되어 사용된다. 앞서 예를 든 회사에서의 성과급 분배의 예에서도 열심히 일한 사람에게 더 많은 보상을 주어야 한다는 점이 주된 관심사이겠지만, 가장 열심히 한 구성원에게 모든 보상을 몰아주기보다는 전반적으로 구성원 전부에게 어느 정도 최소한의 성과급은 돌아가도록 하고 그 안에서 얼마간 차등을 두는 것이 일반적이다. 또한 적극적 우대 조치를 시행할 때에도 어떤 집단에 속해 있다고 하면 무조건 자격 요건을 주기보다는, 그 집단 내에서도 노력이나 성과를 비교하여 일정 자격을 갖춘 사람에게 사회적 자원을 지원하는 경우가 되기도 한다(Leventhal, 1980).

즉 이 세 가지 공정성의 원칙은 이론적으로는 첨예하게 대립하는 것같이 보인다. 그러나 둥근 탁자의 세 다리는 서로 가장 먼 곳에 자리 잡아야 탁자가 안정적으로 서 있을 수 있는 것처럼, 이론적으로 서로 모순되는 것처럼 보이는 세 개의 원칙이 우리의 현실 속에서는 서로 단점들을 보완해가며 보다 공정한 분배가 이루어질 수 있도록 해주는 필수적인 요건이다. 그럼에도 형평, 평등, 필요 중 어느 하나만이 절대적인 공정성의 원칙이며, 다른 가치에 대해서는 공정성을 해치는 요소라고 주장한다면, 각 개념을 지지하는 집단들끼리의 갈등은 점점 더 커지고, 공정성에 대한 사회적 합의는 요원한 일이 될 것이다.

공정성의 여러 형태

위에서 공정성의 여러 하위 개념을 살펴보았다면, 이제 이 공정
성의 개념들이 어떤 다양한 형태로 발현되는지, 즉 우리가 한 사안
의 공정성을 판단하는 데 있어 어떤 측면들에 초점을 맞추는지 알
아본다. 이 과정은 1960년대 이래 현대의 공정성 이론과 맥이 닿아
있으므로 이 역사를 되짚어보는 과정으로 살펴보려 한다.

1. 분배 공정성

공정성에 대한 인류의 관심은 매우 오래된 것이지만 현대의 공정
성에 대한 연구와 이론이 본격적으로 발전하기 시작한 것은 2차 세

계대전이 끝난 후 1960년대 초부터였다. 이때는 사회정의에 대한 철학적 연구와는 별개로 심리학과 사회학, 그리고 경영학에서의 조직이론은 기업과 같은 조직이 좋은 성과를 내는 데 필요한 여러 요건에 대해 연구를 하였고, 그중 한 요인을 공정성으로 꼽았다.

그렇다면 공정성을 평가하는 데 가장 명확하고 쉬운 방법은 무엇일까? 그것은 아마도 무엇이 얼마나 분배되었는가를 살펴보는 일일 것이다. 초기 공정성 연구자들은 이러한 관점에 공정성을 평가하는 데 가장 객관적이고 명확한 기준인 '분배의 결과'에 큰 관심을 가졌으며, 어떤 원칙을 가지고 분배가 결정되는 것이 공정한가에 대해 많은 관심을 기울였다. 즉 공정성을 판단하는 데 있어 가장 중요한 것은 결과적으로 금전적 보상, 명예, 지위, 권력 등 사회적 자원의 분배가 수혜자의 자격 요건에 따라 공정하게 이루어졌는가 아닌가 하는 점으로 판단하는 것이고, 이와 같은 공정성에 대한 접근 방식을 우리는 '분배 공정성(distributive justice)'이라 부른다.

분배 결과에 따라 사안의 공정성을 평가하는 것은 사실 가장 기본적이고도 널리 쓰이는 공정성의 인식 방식이다. 이와 같은 초기 분배 공정성의 대표적인 학자로는 제너럴일렉트릭(General Electric Company: GE)의 연구소에서 일하였던 애덤스(Stacy Adams)나 교환이론가였던 호만스(George Hogans) 등을 들 수 있다(Homans, 1961; Adams, 1963). 이들은 우선 공정함이라는 것에 대해 정의를 하면서 기여에 비례하여 보상을 하는 것을 공정함이라고 정의하였다. 즉 어떤 사람이 1시간을 일하고 1만 원을 받는다면, 같은 일을 하는 그의 동료도 1시간을 일했을 경우 똑같이 1만 원을 받고, 만일 2시간 동안 같은 일을 했다면 2만 원을 받는 것이 공정함의 기본이라고 본 것이다. 이는 '비례성의 원칙'이라고 불린다. 여기에는 물론 시간만이 고려되는 것은 아니다. 예를 들어 직장에서 더 큰 책임을 지고 있는 사람, 더 오랫동안 일한 사람 혹은 더 많은 교육을 받고 입사한 사람에 대해서는 그의 업무상의 책임, 연공에 따른 기술력, 교육에 대한 투자 등도 기여와 노력으로 인정해서 더 많은 보수를 주는 것이 마땅하다고 보았다. 더 열심히 공부를 하면 더 좋은 시험 성적을 받고, 더 좋은 시험 성적을 받으면 더 좋은 대학에 가는 보상을 받을 수 있다는 것이 이와 같은 분배 공정성의 원리에서 비롯된 것이다. 이와 같이 자신의 노력과 투입에 대해 성과로서 보상하는 것은 앞서 살펴보았던 형평의 원리와 매우 유사하며, 초기의 분배 공정성 이론을 형평이론이라고 부른다.

초기 분배 공정성은 몇 가지 한계점 드러내며 이후 발전을 거듭하게 되는데, 가장 중요한 한계점으로는 과연 동료와의 비교로 공정한 보수를 측정할 수 있는가 하는 점이다. 한 공장에서 일을 하고 있는 A와 B는 비슷한 능력을 가지고 있고 모두 1시간씩 일을 해서 똑같이 1만 원을 받았다고 가정하자. 이는 공정한 보수라고 할 수 있을 것이다. 그러나 알고 보니 비슷한 일을 하는 다른 회사에서는 모두 1시간 일할 때 2만 원씩 받고 있으며, 이들은 이를 모르고 있었다고 한다면, A와 B는 자신들의 보수가 공정한지에 대해 올바른 판단을 할 수 없을 것이다(Zelditch, Berger, Anderson, & Cohen, 1970).

또 다른 문제는 있다. 사람들이 보수의 공정성을 판단하는 데 있어 과연 능력이나 기여도만을 생각하는가 하는 점이다. 능력과 기여도에 따른 보수는 원칙적으로 그 개인의 다른 배경적 요인은 고려해서는 안 되지만 실제 우리가 사는 사회에서는 그 사람의 배경 조건을 무시하지 못한다. 그래서 많은 영역에서 남성과 여성 사이, 연령대별, 인종별 보수의 차이가 나타나곤 한다. 다시 말해 한 사회에서 남성과 여성 중 특정 성을 더 선호한다든지, 어떤 이와 같은 차이는 성, 나이, 인종 등이 자신의 노력에 의해 얻어진 것이 아님에도 불구하고 사회적 자원의 보상에서 더 유리한 위치를 차지한다. 하지만 형평이론은 이런 측면을 모두 설명하지 못한다는 점에서 한계가 있을 것이다(Zelditch, Berger, Anderson, & Cohen, 1970).

그럼에도 분배 공정성 이론은 조직의 구성원들이 얼마나 열심히, 자발적으로 조직을 위해 기여를 하는가 하는 동기적 측면에서 분배 공정성이 중요하다는 측면을 설명할 수 있다. 조직의 분배가 공정하게 이루어진다면, 조직 구성원들은 더욱 더 조직을 위해 헌신하고 봉사함으로써 결과적으로 자신이 얻는 이익을 극대화 할 것이기 때문이다. 반대로 내가 조직에 대해 기여한 바를 정당하게 인정받지 못하고, 보상의 결과가 불공정한 경험을 하게 된다면 이후에는 조직을 위해 헌신하고 협력하려는 마음이 들지 않을 것임은 명확하다. 따라서 조직을 위한 헌신과 협력을 증진하기 위해서는 조직 구성원들이 조직의 분배가 얼마나 공정하게 느끼느냐가 매우 중요하다.

2. 절차 공정성

공정함을 평가하는 데 있어 결과적으로 나에게 얼마나 정당한 혹은 유리한 결과가 나왔는가 하는 측면도 중요하지만 경우에 따라서는 어떠한 결과를 거쳐 이런 결과에 이르게 되었는가가 공정성을 평가하는 데 더 중요하게 작용할 수 있다. 다시 말해 결과에 이르는 절차적 측면이 공정했는가에 관심을 가지는 접근 방법이 있는데 이를 절차 공정성(procedural justice)이라고 한다.

절차적 공정성의 측면에서 바라보면 사람들은 절차가 공정한 경우 그 결과가 자신에게 다소 불리하더라도 보다 쉽게 승복하는 경향이 있다. 이는 주로 처음에 재판을 비롯한 여러 가지 갈등 해소 과정을 연구하는 학자들이 주목하였다. 이들은 재판 과정에서 재판 당사자 양측의 의견이 자유롭게 표출될 기회를 충분히 보장하는 경우에는 같은 결과가 나오더라도, 의견을 자유롭게 표출할 수 있는 기회가 주어지지 않은 경우에 비해 결과에 수긍하는 정도가 더 높다는 연구 결과들을 발표하였다. 사실 이와 같은 경우는 현실에서도 많이 볼 수 있는데, 그중 하나로 최근 여러 영상기술의 발달을 통해 야구나 축구 경기에 도입된 비디오 판독(Video Assistant Referee: VAR) 절차를 들 수 있다. 비디오 판독은 각 팀이 심판의 최초 판정에 대해 이의를 제기하는 경우 혹은 심판이 보다 정확한 판단이 필요하다고 생각하는 경우 녹화된 영상을 보고 최종 판결을 내리는 것이다. 비디오 판독은 느린 그림을 통해 보다 정확한 판결을 내릴 수 있다는 측면에도 불구하고 적지 않은 경우 비디오 판독을 통해서도 어느 한쪽으로 결론을 내리기 어려운 애매한 경우도 존재한다. 그럼에도 비디오 판독을 거쳐 결정된 결과에 대해서는 대부분의 경우 양 팀 모두 수긍을 하는 모습을 볼 수 있다.

그렇다면 왜 사람들은 결과가 아닌 절차에 관심을 가지게 될까?

처음 절차 공정성에 관심을 가진 연구자들은 사람들이 절차에 관심을 가지는 이유가 자신의 이익을 확보하고 적어도 손해를 보지 않으려는 마음 때문이라고 해석하였다. 재판 과정이나 다른 갈등해소 과정에서 자신의 목소리를 제대로 내지 못하는 경우 자신의 이익을 충분히 방어할 수 없게 된다. 따라서 이 과정에서 각 당사자가 자유롭게 자신의 이익을 변호할 수 있는 기회가 주어지는가에 대해 사람들은 큰 관심을 가질 수밖에 없으며, 다른 한편 이러한 과정이 충분히 주어지는 경우에는 결과에 다호 불만족 하더라도 내려진 결정에 대해 승복을 하게 된다. 따라서 이 경우 절차의 공정성은 분배의 공정성을 확보하는 데 필요한 도구(instrument)의 역할을 하게 된다고 보았다(Thibaut and Walker, 1978).

그러나 이후 절차적 공정성이 발전하게 됨에 따라 연구자들은 사람들이 절차적 공정성에 관심을 가지는 이유가 비단 자신의 이익을 극대화하는 것에만 있지 않다는 점에 주목하였다. 이들에 따르면, 절차적 공정성은 사람들이 한 사회나 자신이 속한 조직에서 어떤 대우를 받고 있는 지를 보여주는 척도라고 생각한다는 점을 발견했다. 예를 들어 어떤 조직에서 나의 목소리를 잘 들어준다면, 이 조직은 나를 조직의 구성원으로서 존중하고 조직 내에서 나의 위치가 안정적이고 확실하다는 것을 의미한다. 반대로 나의 의견이 계속해서 무시되거나 심지어 의견을 표출할 수 있는 기회가 주어지지 않는다면, 그 조직에서 나는 중요한 위치를 차지하지 못하고 있으며, 심지어 조직의 구성원으로 받아들이지 않는다는 점을 뜻한다.

이러한 점이 우리가 살아가는 데 왜 중요할까? 다시 말하면 사람들은 왜 자신이 혹한 집단이나 사회로부터 어떤 대우를 받는가에 관심을 가질까? 사실 사람들은 자기 자신이 어떤 사람인가를 생각할 때, 스스로 어떤 사람이다—내성적이다 혹은 사교적이다, 수학을 좋아한다 혹은 언어를 좋아한다—는 생각을 통해 판단하기도 하지만 다른 사람의 눈을 통해 자신을 바라보기도 한다. 즉 다른 사람은 나를 어떻게 생각하는가? 나는 존중받고 있는가? 나는 이 일을 잘 하는가 등에 대해 끊임없이 생각하면서 자신에 대한 상(image)을 만들어나가고 이를 바탕으로 다른 사람과 의사소통을 한다. 그런데 이러한 스스로에 대한 상을 만들어가는 과정에서 다른 사람이 나를 얼마나 존중하며 대하는가 하는 점은 매우 중요하다. 이를 통해 타인이 나를 바라보는 관점을 간접적으로 유추할 수 있으며, 동시에 미래에 나를 어떻게 대할 것인가를 예측할 수 있게 된다. 따라서 집단의 절차적 공정성은 사회적 삶을 영위하는 데 매우 중요한 정보를 제공한다. 이러한 관점을 절차적 공정성 중에서도 집단가치 모형(group-value model)이라고 한다(Tyler and Lind, 2001).

이러한 측면 때문에 한 사회나 집단이 나를 어떻게 생각하는가 하는 문제는 개인이 집단에 어떤 태도를 취하는가에 큰 영향을 미친다. 타일러(Tom Tyler)는 범죄 예방과 해결에서 시민들의 협조의 역할을 살펴보았는데, 그 연구에 따르면 범죄문제 해결에는 시민들의 자발적 협조가 매우 중요하며, 시민들의 자발적 협조는 시민들이 경찰이 얼마나 공정하게 일을 처리하는가 하는 인식에 따라 달라진다고 보고 있다. 예를 들어 경찰이 공정하게 일을 처리하고 시민들을 존중한다고 하면 시민들은 경찰의 범죄 예방, 범인 검거의 활동에 보다 적극적으로 참여하게 된다. 그런데 왜 경찰의 행동이 중요할까? 타일러는 일반 시민들은 자신의 국가가 얼마나 일을 공정하게 처리하고 시민의 의견을 존중하는가를 바탕으로 국가 체계의 절차적 공정성을 판단하게 되며, 이에 따라 국가의 공권력에 협조하게 된다. 그런데 일반시민이 일상생활에서 가장 밀접하게 맞닥뜨리는 공권력이 바로 경찰의 치안 활동이다. 따라서 경찰의 치안 활동은 공권력 전체의 절차적 공정성을 가늠하는 잣대가 되며, 이 절차적 공정성에 대해 긍정적인 평가를 하는 사람들은 사회 전체의 절차적 공정성에 긍정적인 평가를 하게 되어 국가에 보다 잘 협조하게 된다는 설명이다(Tyler, 2010).

3. 상호작용 공정성

보다 최근에는 조직적 차원을 넘어 개인적인 차원에서 어떤 관계를 통해 일을 하느냐가 사람들의 공정성 인식에 미치는 영향에 관한 관심이 높아지고 있다. 이 관점은 공정성에 대한 다른 관점들에 따르면 사람들이 조직에 대해 공정함을 판단한다고는 하지만, 사실 많은 경우 일상생활에서 조직은 상당히 추상적이고 경우에 따라 나와는 거리가 먼 존재로 인식되어 그 공정성을 정확하게 판단하기 힘든 데 반해 자신이 직접 만나는 사람들 특히 자신의 조직 내 상사 혹은 리더가 자신을 어떻게 대하는가는 비교적 정확한 판단이 가능하며, 따라서 이것이 공정성을 판단하는 데 중요하다고 생각한다. 공정성에 대한 보다 최근의 논의는 이러한 상호작용 과정에서의 공정성에 대해 연구를 진행하였는데, 그 결과 조직의 상사 혹은 리더가 자신에게 얼마나 존중하는 방식으로 정확한 의사

소통을 하였는가에 따라 조직에 대한 충성도 혹은 협력하려는 의지가 달라진다는 점을 발견하였다(Skarlicki and Folger, 1997).

최근 한국 사회에서 문제가 되는 조직에서의 소위 '갑질'이라고 일컫는 지위를 이용한 부당한 대우의 문제는 이 상호작용 공정성과 연관이 될 것이다. 매스컴 혹은 우리가 일상에서 보고 경험하는 갑질은 물질적·금전적 손해를 입히기도 하지만 그보다는 한 인간으로서 가지고 있는 자존감이나 정체성을 훼손시키는 경우가 다반사이다. 그러나 금전적 피해가 없는 경우에도 갑질의 피해자가 된 사람들은 '나를 이렇게 대해서는 안 된다'는 공정성의 인식 측면에서 심리적으로 큰 상처를 입으며, 이는 조직에 대한 헌신이나 협력하려는 마음을 줄이는 것은 물론 심한 경우 자신의 금전적 불이익을 감소하면서까지 조직이나 그 사람과의 관계를 끊어버리는 일까지 발생하게 된다.

지금까지 살펴본 공정성 이론의 다양한 측면과 발전과정을 통해 우리는 공정성을 판단하는 기준이나 공정성을 확립하려는 목적이 개인적 이익을 극대화하는 것이 아닌 공동체의 유지 발전과 그로 인한 개인들의 물질적·심리적 그리고 관계적 풍요로움을 추구하는 데 있다는 점을 알게 되었다. 또한 공정성을 판단하는 데 있어 다양한 면들이 고려되어야 한다는 점과 그 요인들은 절대적인 답이 없다는 것도 알았다. 마지막으로 공정성을 판단하는 데 있어 개인들이 가지고 있는 판단기준은 사실 개인적으로 만들어졌다기보다는 사회적으로 합의된 것이며 사회에 따라, 맥락에 따라 달라질 수도 있다.

특히 절차 공정성의 집단가치 모형은 공정성이 공공성과 어떻게 연결되는지를 보여주고 있다. 개인에게 공정성이 중요한 것은 개인이 생존 혹은 사회적 우위를 점하는 데 필요한 재화를 확보하는 도구적 이유 때문만은 아니며, 그보다는 오히려 개인이 생물학적 한계를 극복하고 협력을 통해 공동체를 유지하는 데 필요한 규범적 자원을 제공해주기 때문이다. 공정성에 대한 판단과 그에 대한 사회나 사회의 다른 구성원들의 적절한 반응, 즉 사회를 위해 기여한 사람에게 더 많은 보상을 주고, 사회에 해를 끼친 사람에게는 부담이나 처벌을 가하는 과정이 없다면 사회의 협력 체제는 무너질 것이며, 사회의 존속과 더불어 그 안에 있는 개인들의 존속을 보장할 수 없다. 이는 반대로 생각하면 공정성이라는 사회적 가치의 궁극적인 목적은 공정성 자체라기보다는 공공성의 측면일 것이다. 또한 공공성을 추구하지 않는 공정성은 개인의 이익을 극대화하기 위한 이기적 동기의 도구일 뿐이다.

04
····

공정성을 넘어서

    그렇다면 단순히 공정성 그 자체를 위한 공정성을 넘어서 우리는 어떤 공정성을 추구해야 하는가? 이제 한국 사회의 지배적인 공정성 담론인 능력주의의 문제를 간략하게 짚어보고, 형평의 원리에 입각해 능력주의 일변도의 공정성에서 벗어나 평등적 가치관을 보다 더 강조해야 할 필요성을 살펴볼 것이다. 이를 통해 불평등의 정도를 줄이고 사회전체의 갈등을 줄여나갈 수 있을 것이다. 그러나 다른 한편으로 지나치게 평등을 강조하면 인간의 자유를 억압하지 않을까 하는 우려가 발생한다. 이 문제는 어떻게 해결 가능한지 살펴보도록 하자.

1. 능력주의의 문제

능력주의(meritocray)는 능력에 따라 사회적 자원을 배분하는 프레임을 뜻한다. 이 용어는 영국의 사회학자 마이클 영(Michael Young)이 장점, 능력을 의미하는 merit와 지배를 뜻하는 cracy라는 용어를 합쳐 만든 용어로, 소설 『능력주의의 기원(the rise of meritocracy)』이라는 책의 제목에서 비롯되었다(영, 2020). 이 책은 본래 영국뿐 아니라 서구 사회에서 능력에 대한 맹신이 급격하게 강조되고 있는 상황을 비판하기 위해 만들어졌지만, 아이러니하게도 이후 능력주의라는 단어는 서구사회를 중심으로 혈연이나 인맥, 학맥에 의해 자리가 결정되는 정실주의(nepotism)와 비교해 상대적으로 공정한 분배의 원리로 인식이 되어왔다. 특히 한국 사회에서도 유독 중요하게 여겨지는 시험 성적에 의해 진학이나 취업이 결정되는 것 역시 능력주의의 일환이라 할 수 있다.

그러나 능력주의는 앞에서 이야기한 바와 같이 이전의 정실주의와 비교해 타고난 핏줄이나 부모의 능력 등에 덜 영향을 받는다는 측면에서 보다 공정한 것이라 할 수 있으나 지나친 능력주의의 강조와 만능론은 능력주의가 가지고 있는 맹점을 덮어버리는 부작용도 낳을 수 있다. 그렇다면 능력주의의 맹점은 무엇이며, 특히 최근들어 늘어나고 있는 능력주의에 대한 비판의 핵심은 무엇인가? 그러기 위해서는 우선 능력주의에서 이야기하는 '능력'이라는 것은 무엇인가에 대해 살펴볼 필요가 있다.

능력주의라는 말을 처음으로 널리 쓰이게 만든 마이클 영은 능력이란 지능과 노력의 합이라고 보았다(능력 = IQ + 노력). 이 도식에서 첫 번째로 짚고 넘어갈 것은, IQ나 노력이라는 것의 출발점이 동등하지 않다는 점이다. 능력주의는 한 사람이 가지고 있는 능력의 계발은 전적으로 자신의 책임이며 따라서 그에 따른 몫의 분배가 정당하다고 생각하는 사상이다. 그러나 개인이 능력을 발전시키는 긴 여정에서의 출발선은 모두 같지 않다. 우리가 잘 아는 사회연결망 서비스인 페이스북의 창시자 마크 저커버그와 그의 아내 첸 저커버그는 지난 2015년 그들의 첫아이가 태어난 것을 기념하여 부부가 가지고 있는 재산의 99%를 평생에 걸쳐 사회에 기여하기로 하였다. 그 당시 저커버그 부부의 재산은 한화로 약 52조 1,000억 원이었는데(2020년 현재에는 이 재산이 약 114조로 증가) 이 중 99%를 기부한다고 하였으니 이는 사업가들의 사회 기부가 활성화된 미국에서도 역사적인 금액인 51조 5,790억 원 이었다. 이 소식은 다른 많은 미국의 갑부들의 사회 기부 에피소드와 비교되며 대단한 선행으로 언론에 대서특필되었다. 다른 한편으로 조금 덜 부각된 측면이지만, 그의 딸은 부모의 이 선행의 결과로 부모의 재산의 1%에 해당하는 한화 약 5,210억 원에 '불과'한 상속을 받게 되었다. 물론 이 사실 때문에 저커버그의 선행이 무시되어서는 안 될 것이다. 그럼에도 저커버그의 첫딸과 비슷한 시기에 태어난 다른 아이들이 과연 그녀와 동일한 선상에서 능력을 쌓아갈 수 있을까 하는 점을 생각한다면, 전설적인 선행가의 자녀가 태어나면서 5,000억 원에 상당하는 부의 상속을 약속받게 되는 사회적 구조는 어딘가 공정하지 못하다는 생각이 들 수밖에 없다.

사실 이는 우리 사회에서 일어나는 출발선의 불공정의 아주 극단적인 하나의 예일 뿐이며, 실제 정도의 차이가 있을 뿐, 지능 혹은 노력이라는 측면이 자신이 통제할 수 없는 부분이 너무나 많다는 것은 너무나 분명하다. 실제로 생애 전체의 소득이나 지위에 큰 영향을 미치는 요인은 청소년기의 학업 성취도인데, 이는 어려서 얼마나 풍부한 학습기회를 얻었는가에 따라 크게 영향을 받는다. 최근 영국 정부의 분석에 의하면 심지어는 태아 시절의 영양 상태, 임산부의 건강, 보건 상태마저도 영유아의 발달에 영향을 미친다는 점이 드러난다. 이와 같이 부모의 사회경제적 지위에 의해 한 사람의 능력이 결정되는 측면이 크다면, 한 개인이 가지고 있는 '능력'의 정도가 개인의 책임으로 귀속될 수 있는지, 그리고 그에 따른 사회적 가치의 배분이 정당화 될 수 있는지에 대해 고민해보아야 하며, 나아가 '진정한' 능력에 대해서도 다시 생각해보게 한다.

두 번째로 능력에 따른 자원의 차등 분배가 어디까지 정당화될 수 있는 것인가 하는 문제도 중요하다. 능력에 따라 분배의 몫에 차이를 두는 것이 공정하다고 하더라도, 어느 정도의 몫이 정당한가 하는 문제는 또 다른 차원의 질문이 될 것이다. 특히 첫 번째 한계와 연결지어 생각한다면, 한 개인이 가지고 있는 능력이 오롯이 그 사람의 개인적 성과가 아니라면 능력에 따른 분배의 차이는 어느 정도 선을 넘어서는 안 될 것이다. 예를 들어 1978년 이후 미국에서는 노동자들의 평균임금은 11.9% 상승한 반면 CEO의 평균 보수는 1,007.5% 상승 하였는데 그 결과 1978년 29.7배에 '불과'하였던 노동자와 경영자의 평균임금 차이는 2019년 278배로 차이가 벌어졌다.[2] 경영자가 일반 노동자에 비해 훨씬 많은 교육과 훈련을 거

---

2   Jeff Cox, (2019, Aug. 16). CEOs see pay grow 1,000% in the last 40 years,

쳤으며, 더 많은 노력과 기여를 통해 그 자리에 올랐고, 현재에도 조직을 위해 일반 노동자와는 비교할 수 없을 정도의 고민과 노력을 하고 있다는 것을 인정한다 하더라도 278배의 급여 차이가 과연 적절한 것인가, 즉 경영자의 노력과 능력이 일반 노동자에 비해 278배 이상 차이가 날 것인가는 고민해볼 필요가 있다. 마크 저커버그의 예로 돌아간다면 한 개인이 창업을 통해 많은 부와 명예를 확보하는 것은 장려할 만한 일이고 긍정적인 일이지만, 과연 창업 10년 만에 51조, 현재는 100조가 넘는 부를 거머쥘 수 있는 사회구조가 과연 문제는 없는가에 대해 생각해볼 여지는 충분히 크다고 할 수 있다.

특히 한국 사회처럼 능력주의에 의한 공정성의 평가가 주된 원칙으로 자리 잡은 사회에서 어디까지가 개인의 능력의 영역이며, 얼마만큼의 차이가 그 능력을 반영하는가에 대해 사회적인 고민과 합의가 없다면 능력주의의 탈을 쓴 불평등은 적정 수준을 넘어설 정도로 심화 될 것이며, 앞을 보지 않고 달리는 능력주의와 불평등의 무한한 강화는 앞서 이야기한 바와 같이 사회 전체의 효율성, 응집력을 낮추고 혼란과 비효율을 가져올 것이다.

2. 평등과 자유

앞서 살펴본 평등의 원칙은 이와 같은 능력주의의 맹점을 보완할

---

now make 278 times the average worker, CNBC,

수 있는 개념으로 사용될 수 있다. 능력주의는 능력에 비례한 사회적 가치의 분배라는 측면에서 형평에 원칙에 가장 충실한 분배 방법이다. 따라서 과도한 능력주의에 대한 강조로 인해 한 집단에서 불평등이 심화되었을 경우 평등의 원리를 이용하여 불평등의 정도를 줄일 필요가 있다. 특히 결과의 측면에서 과도한 불평등으로 인해[3] 불공정한 분배가 이루어진다면, 분배 결과의 차이를 인위적으로 조정하여 균형을 맞출 필요가 있다.

문제는 평등의 측면이 지나치게 강조될 경우 인간의 자유 특히 자신의 재산권에 대한 처분의 자유를 침해할 수 있다는 비판에서 자유롭지 않다는 점이다. 한국 사회를 비롯한 현대의 많은 근대적 국가는 정도의 차이가 있지만, 개인의 사유재산에 대한 소유와 처분의 권리를 광범위하게 허용하고 있다. 따라서 결과에 대한 인위적인 조정은 이와 같은 인간의 사유재산 처분권에 대한 자유를 빼앗으며, 따라서 자유와 평등은 오랜 기간 동안 양립하기 어려운 가치로 인식돼왔다. 특히 평등을 강조하는 공산주의를 표방하는 정치체계와 오랜 기간 대립을 해온 한국 사회에서는 평등의 가치를 명시적으로 표방하는 것이 금기시돼왔던 측면이 있다. 그러나 앞서 살펴본 바와 같이 평등의 원리는 우리 사회 곳곳에 이미 안착되어

---

3 이 글의 앞부분에서도 불평등(inequality)이라는 용어를 많이 사용하였지만, 불평등의 개념에 대해 보다 정확하게 짚고 넘어갈 필요가 있다. 일상생활에서 사람들은 분배의 부정적인 상태를 의미하는 단어로 불평등을 주로 쓰고 있으나, 많은 경우 사실상 불공정(unfairness) 혹은 부정의(injustice)를 의미하는 경우가 많다. 불평등은 분배된 사회적 가치의 양이 같지 않은 상태를 의미하는 것인 반면, 불공정은 사회적 가치의 분배가 옳지 않은 방식으로 이루어진 상태를 말한다.

110

있으며, 어떤 영역에서는 형평의 원리보다 더 중요한 원리로 자리 잡고 있다.

평등이 자유와 양립할 수 있는 다른 하나의 이유는 결과적으로 평등이 전반적으로 인간의 자유를 넓히고 강화할 수 있다는 측면에서 비롯된다. 현실에서 우리가 흔히 보는 바와 같이 능력주의는 불평등을 심화시키고, 특히 이 불평등은 개인의 삶에서 한 영역, 한 시기에 국한되지 않고 여러 영역과 시간에 광범위하게 영향을 미친다. 예를 들어 고등학교 때의 성적은 대학의 서열을 결정하며, 이는 또다시 직업세계에서의 지위와 수입의 수준을 결정한다. 게다가 경제적인 우위는 생활 기회뿐 아니라 정치적 권력, 직업 위세 등에도 영향을 미치며 종국에는 이들의 다음 세대의 학업성적에 다시 영향을 미친다. 이와 같은 상황에서 한국 사회에서 하나의 사회적 보상은 이전 단계의 성과에 대한 결과이면서 동시에 생애과정에서 다음 단계 혹은 다른 영역에서의 출발점이 된다.

이와 같이 각 단계나 영역별로 출발선의 차이로 인해 야기되는 광범위하고 영속적인 불평등과 불공정은 개인의 삶의 자유를 훼손시키는 결과를 가져온다는 점에 주목할 필요가 있다. 예를 들어 한국 사회가 이렇게 입시로 인해 많은 사회적 비용과 갈등을 치르고 있는 것은, 모든 사람이 대학 입시에서의 성적을 통해 엄청난 양의 사회적 보상이 결정되기 때문이다. 실질적으로 대학 입시에서의 성공은 이후의 생애주기에서 얻어지는 많은 기회를 결정하고, 반대로 대학 입시의 실패를 만회할 수 있을 정도로 확실한 기회는 좀처럼 찾아보기 어려운 실정이다. 따라서 개인들은 이와 같은 평가틀을 거부하고 다른 방식으로 사회적으로 가치 있는 보상을 추구하는 것이 불가능하다. 또한 한 번의 보상체계에서의 차이가 시간이 지날수록 계속해서 확대, 강화된다는 믿음이 사회 구성원에게 널리 퍼져 있는 이상 각 개인들은 획일화된 보상체계에서 낙오되지 않기 위해 모든 사회적 자원을 투여하는 수밖에 없는 상태에 내몰리게 된다(센, 2013).

이와 같은 보상체계의 획일화와 이 획일화된 보상체계에서의 능력주의의 문제는 인간의 자유를 심각하게 훼손하고 있다. 따라서 개인의 생애주기에서 각 단계가 넘어갈 때마다, 혹은 다른 영역으로 사회적 가치가 이전될 때마다 이전 단계 혹은 영역에서의 불평등을 어느 정도 감쇄시킬 필요가 있으며, 이는 평등의 원리를 통해 가능할 것이다.

05
....

결론: 우리의 공정성은
공공성을 향하고 있는가?

　지금까지 우리는 일상생활에서 쉽게 마주치는 공정성의 개념이 사실은 여러 차원과 과정으로 이루어져 있으며, 저마다의 공정성의 차원들과 국면들은 각각의 합당한 원칙들을 가지고 있다는 점을 알아보았다. 이를 통해 결론에서는 세 가지 점을 짚어볼 수 있다.

　우선 무엇보다도 공정성의 다양한 측면을 파악하고 공정성 평가에는 다양한 가치가 섞일 수 있다는 점을 이해해야 한다. 공정성의 원칙인 형평, 평등, 필요 등은 이론적으로 그 순수한 개념을 도출한 것일 뿐, 현실에서는 이들 각자가 자신의 역할을 하며 조화롭게 공정성의 개념을 구성하고 있다. 물론 상황에 따라 형평이 평등이나 필요와 비교해 더 중요성이 부각되거나, 평등이 다른 원칙에 비해 더 중요해 지는 경우도 있을 것이다. 그러나 현실적으로는 하나의 원칙만이 순수하게 적용되는 상황은 그리 많지 않은 것이 사실이다. 그럼에도 하나의 원칙만이 전적으로 수용되어야 한다는 태도를 견지하는 경우를 볼 수 있는데, 이는 공정성 개념의 획일화와 더불어 오히려 사회의 불공정성을 강화시킬 우려가 있다. 특히 자신이 주장하는 공정성 원칙과 다른 집단에서 내세우는 공정성의 원칙이 모두 맞을 수도, 모두 틀릴 수도 있다는 열린 태도로 공정성에 대해 대화를 하는 것이 필요하다.

두 번째로 공정성의 영역이 다양한 만큼 사회의 각 영역별로 상황과 맥락에 맞는 공정성의 원칙을 발전시켜야 한다는 점이다. 우리 사회는 교육, 경제, 정치, 사법 등 여러 영역들이 각자의 기능을 가지고 역할을 하고 있다. 각 영역은 전체적인 사회의 균형과 지속이라는 공통된 목적을 가지고 있지만 다른 한편으로는 각 영역의 고유한 논리체계를 가지고 있기도 하다. 따라서 각 영역은 그에 맞는 고유한 공정성의 원리가 있다. 문제는 이러한 공정성의 원칙이나 한 영역에서의 사회적 가치가 다른 영역으로 쉽게 전이되거나 다른 영역의 공정성을 침해해서는 안 된다(Walzer, 1983). 예를 들어 경제적 영역에서의 공정성과 여기서 중요시 되는 사회적 가치가 있다. 이 원칙과 가치는 경제적 영역에서 효과를 발휘하고 머물러야 하는데, 이것이 교육 혹은 정치 등 다른 사회체계를 침해할 경우 문제가 발생 할 수 있다. 만일 경제적 효율성이 지나치게 교육 영역을 좌지우지하여 교육에서 효율성과 승자독식의 원리가 강화된다면, 교육제도의 영역은 그 의미를 잃고 교육제도가 가지고 있는 본래의 가치를 상실하게 될 것이다. 다른 한편으로 정치적 영역에서 권력을 가지고 있는 사람이 이 권력을 경제적 영역에서 통용되는 가치를 획득하는 데 사용되거나, 그 반대로 경제적 영역에서의 재화로 정치적 권력을 얻으려 하는 일이 일어난다면 사회 전반적인 공정성은 무너지게 될 것이다. 따라서 한 영역의 가치는 다른 영역의 자원 배분에 지나치게 큰 영향력을 행사해서는 안 될 것이다.

결과적으로 공정성은 공공성을 목표로 해야 한다는 것이 분명해졌다. 공정성은 그 자체로 사회체계가 달성해야 할 가장 중요한 목적이기도 하지만, 그 자체가 궁극적인 목적은 아니다. 그보다는 공정성을 통해 공동체 내의 사람들의 협력을 하게 만드는 도구로서 이해해야 하는 것이 마땅하다. 따라서 공정성은 공공성을 띠어야 하며, 사회적 맥락에 대한 고려와 함께 사회 구성원들 간 공정성에 대해 합의를 할 수 있도록 하는 노력이 병행되어야 할 것이다.

제4장

•

공정성과 국가의 역할

하상응
현 서강대학교 정치외교학과 교수. 뉴욕시립대 정치학과 조교수 역임. 학술
논문으로 「미국 민주주의의 위기: 트럼프의 등장과 반동의 정치」 외 다수.

공정성과 국가의 역할

많은 사회과학 개념들처럼 '공정성' 개념 역시 정의하기 매우 어렵다. 그 이유들 중의 하나가 바로 우리의 삶을 구성하는 영역들(시장, 시민사회, 국가)별로 공정성 개념이 중점을 두는 내용이 다르기 때문이다. 시장에서 공정하다는 것은 효율성을 증진시키는 행위, 그리고 이윤 창출 과정에서 기여한 만큼 되돌려 받는 행위와 직결된다. 반면 시민사회에서의 공정성은 구성원 간의 역할 분담에 기반 한 호혜성(reciprocity) 원리와 깊이 연관된다. 이와는 달리 국가 차원에서의 공정성은 구성원들을 동등하게 대하는 평등주의에 기반하고 있다. 시장에서는 이윤 창출 과정에 참여할 수 없거나, 이윤 창출 과정의 결과물을 소비할 수 없는 사람들이 소외된다. 시민사회에서는 역할을 부여 받지 못해 구성원으로 받아들여지지 못하는 사람들이 배제되게 된다. 국가는 이렇게 시장에서 소외되고, 시민사회에서 배제된 사람들을 그렇지 않은 사람들과 동등하게 대하는 제도적·법적 장치를 마련하고 유지함으로써 공정성을 확보하는 것이다. 국가의 공정성 원리가 시장 혹은 시민사회의 공정성 원리에 침해되는 경우, 국가 제도는 일부 구성원을 차별하게 된다. 따라서 국가 차원에서 확보되어야 될 공정성은 소외, 배제, 차별의 문제를 해결하는 내용으로 이해되어야 한다. 이 장에서는 시장, 시민사회, 국가 차원에서 서로 다른 공정성 개념을 이론적으로 토의한 후, 국가의 중요 정책들이 어떤 차원의 공정성 실현을 위해 디자인되어야 하는지를 논의할 것이다.

01
....

들어가며: 국가와 공정성

2019년 당시 조국 법무부 장관과 그의 자녀를 둘러싼 논란의 여파로 대학 신입생 입학 사정에 큰 변화가 생겼다. 교육부는 고등학교 때의 학교생활을 종합적으로 검토하여 신입생을 선발하는 수시모집의 비중을 줄이고, 수학능력평가라는 획일화된 시험 성적에 기반하여 합격 여부를 판단하는 정시모집의 비중을 늘리도록 요구하였다. 그리고 지원자의 출신 고등학교 관련 정보를 모두 삭제하여 지원자의 객관적인 학력을 제외한 소위 '배경'을 고려하지 못하도록 하였다. 이러한 조치는 모두 입학 사정의 '공정성'을 제고하기 위한 목적을 가지고 있다고 홍보하였다. 고등학교 학생부에 적힌 내용을 모두 검토하는 수시모집의 경우, 지원자의 출신 학교를 보고 지원자 가정의 사회경제적 지위를 짐작할 수 있고, 지원자의 수상 및 봉사 기록에 부정행위가 있을 수 있으며, 지원자가 축적한 다양한 특활 활동에 부모의 재력이 영향을 끼쳤을 것이기 때문에 공정한 입학 사정이 될 수 없다는 논리다.

하지만 이러한 조치에 반대하는 사람들은 지원자의 출신 고등학교 정보를 공개하여야 오히려 공정한 입학 사정이 가능하다고 주장한다. 출신 고등학교를 알게 되면 지원자가 주어진 환경에서 얼마나 열심히 노력하였는지를 보다 정확하게 파악할 수 있다는 것이다. 예를 들어 학급 평균 점수가 30점대인 학교에서 90점대 초반을 받아 1등급을 얻은 지원자와 학급 평균 점수가 90점대인 학교에서 90점대 중반을 받아 3등급을 얻은 지원자를 비교하는 상황에서, 학교의 배경 정보를 전혀 알지 못하면 후자를 선택할 가능성이 높다. 왜냐하면 전체적으로 학생들이 공부를 잘 하는 학교에서 남달리 노력해 평균 이상의 원점수를 얻었기 때문에 학력이 우수하다고 판단할 수 있기 때문이다. 전자는 전체적으로 학업에 대한 관심과 열정이 없는 학급에서 상대적으로 큰 노력 없이 좋은 성적을 받은 것으로 치부되기 쉽다. 하지만 고등학교 정보를 확인하여 전자가 소속한 학교의 객관적 조건이 상대적으로 열악하다는 점이 확인된다면, 입학 사정관은 '주어진 환경에서 노력'한 노고를 높게 평가하여 전자를 뽑을 가능성이 있다.

위의 예는 모든 사람들을 만족시키는 '공정성'이라는 개념이 존재하지 않음을 명확히 보여준다. 정시모집의 비율을 늘리는 정책에 동의하는 사람들은 모든 학생들에게 획일적으로 적용되는 단 하나의 잣대인 수학능력평가 시험의 결과에 따라 줄을 세우는 것이 공정하다고 생각한다. 한편 대학에서의 수학능력을 평가하는 목적보다 학생들 간 학력을 변별하기 위한 수단으로 변질된 수학능력평가 시험의 결과에 사교육이 끼치는 영향력이 상당하다는 주장을 수용하는 사람들은 보다 다양한 정보를 종합적으로 고려하는 학생부종합전형을 통해 공정한 선발이 가능하다고 생각한다. 다양한 정보를 정성적으로 처리하는 과정에서 상대적으로 열악한 환경에서 공부한 인재들이 뽑힐 가능성이 높다고 보기 때문이다. 이와 유사한 공정성 논쟁은 군복무 가산점, 양심적 병역거부, 공공 기관의 지역인재 선발제도, 기간제 노동자의 정규직 전환 문제 등과 관련하여 꾸준히 제기되고 있는 실정이다.

많은 사회과학 개념들처럼 '공정성' 개념 역시 정의하기 매우 어렵다.[1] 개념 정의가 어려운 것은 아마도 우리의 삶을 구성하는 영역들(시장, 시민사회, 국가)별로 공정성 개념이 중점을 두는 내용이 다르기 때문일 것이다.[2] 시장에서 공정하다는 것은 효율성(efficiency)을 증진시키는 행위, 그리고 이윤 창출 과정에서 기여한 만큼 되돌려받는 행위와 직결된다. 반면 시민사회에서의 공정성은 구성원 간의 역할 분담과 신뢰에 기반한 호혜성 원리와 깊이 연관된다. 이와는 달리 국가 차원에서의 공정성은 구성원들을 동등하게 대하는 평등주의(egalitarianism)에 기반하고 있다. 시장에서는 이윤 창출 과정

---

1 당장 '공정성'이라는 개념이 영어의 어떤 단어로 번역될 수 있는지 여부부터 불분명하다. 영어의 justice는 보통 '정의'로 번역되고, 보통 '공평'으로 번역되는 fairness는 한국에서 사용되는 복합적인 공정성 개념을 담기에는 너무 좁은 개념이기도 하고 '형평(equity)'과 같은 다른 개념과의 구분도 모호하다.
2 공정성 개념이 영역별로 다양할 수 있다는 주장이 제기된 지는 오래되었다. 고전적인 저작으로는 Walzer(1983)와 Lane(1986)이 있다.

에 참여할 수 없거나, 이윤 창출의 결과물을 소비할 수 없는 사람들이 소외(alienation)된다. 시민사회에서는 공동체의 구성원으로 받아들여지지 못하는 사람들이 배제(exclusion)된다. 국가는 이렇게 시장에서 소외되고, 시민사회에서 배제된 사람들과 그렇지 않은 사람들을 동등하게 대하는 제도적·법적 장치를 마련하고 유지함으로써 공정성을 확보한다. 국가의 공정성 원리가 시장 혹은 시민사회의 공정성 원리에 의해 침해되는 경우, 국가는 일부 국민을 차별(discrimination)하게 된다. 따라서 국가 차원에서 확보되어야 될 공정성은 소외, 배제, 차별의 문제를 해결하는 내용으로 이해되어야 한다. 이 장에서는 시장, 시민사회, 국가 차원에서 각각 통용되는 공정성 개념을 이론적으로 토의한 후, 국가의 정책들이 어떤 차원의 공정성 실현을 위해 디자인되어야 하는지를 논의한다.

02
....

공정성의 다양성:
시장, 시민사회, 국가

1. 시장에서의 공정성

　자본주의사회에서 시장은 이윤을 추구하는 공간이다. 현대사회
에서 이윤 추구는 곧 국가의 경제 발전과 직결되기 때문에 시장은
나름의 독자 논리를 가지고 운영돼왔다. 시장의 행위자는 크게 자
본가와 노동자로 나뉜다. 자본가는 자신이 소유한 자본을 투자하
여 이윤을 창출하고자 한다. 노동자는 일정 정도의 대가를 받고 자
신의 노동을 제공하여 이윤 창출에 기여한다. 자본가의 입장에서
보면 노동자에게 주어지는 대가를 줄이면 줄일수록 창출되는 이윤
의 양이 늘어난다. 노동자에게 지급하는 대가는 비용으로 처리되
기 때문이다. 반면 노동자는 자신이 얻는 대가를 늘리기 위한 노력

을 기울이는 것이 합리적인 선택이다. 이러한 자본가와 노동자 간의 긴장 관계는 착취와 노동쟁의의 시계추 운동으로 이어진다. 우리가 빈번히 목격하는 노사갈등은 이러한 자본가와 노동자의 근본적인 이해 충돌에서 비롯되는 것이다.

시장에서 가장 중요시되는 미덕은 효율성이다. 자본가의 비용편익분석(cost-benefit analysis)은 생산성이 좋은 노동력을 최소한 투입하여 최대의 이윤을 창출하는 것이 정답이라고 말한다. 따라서 자본가는 생산성이 떨어지는 노동자를 해고하고, 생산성이 좋은 노동자를 고용하고자 한다. 동시에 자본가는 생산성이 높은 노동자에게는 더 큰 보상이, 생산성이 낮은 노동자에게는 상대적으로 작은 보상이 주어지는 것이 타당하다고 생각한다. 이것이 기여한 정도에 따라 보상이 지급되어야 한다는 형평(equity) 원리의 핵심 내용이다. 보통 형평 원리는 직장에서 성과급이라는 제도를 통해 구현된다. 생산성이 좋고, 성과를 잘 내는 사람들은 상대적으로 능력이 우수하다는 뜻으로 이해될 수 있다. 그렇기에 능력주의(meritocracy)를 신봉하는 사람들은 불평등을 자연스러운 현상으로 여긴다. 소득 불평등이 생기는 이유는 기본적으로 개인의 능력 차이이고, 많은 경우 능력 차이는 개인의 노력 차이에서 비롯된다는 믿음이다. 예를 들어 어떤 연기자는 출연 횟수당 몇 천만 원의 보수를 받는 반면, 어떤 연기자는 최저 임금에도 못 미치는 보수를 받는 현상은 작품에의 기여도 차이를 반영한다고 본다. 이러한 논리의 연장선상에서 빌 게이츠(Bill Gates)나 스티브 잡스(Steve Jobs)와 같이 압도적인 능력을 발휘하는 소수 1%가 나머지 99%에게 일자리를 제공하여 먹여 살리는 자본주의 체제에서 소수 1%는 그에 걸맞은 보수를 받

아야 된다는 주장이 자연스럽게 등장한다.[3]

하지만 조금 더 자세히 살펴보면 능력주의 논리에 허점이 있음을 알 수 있다.[4] 능력주의는 모든 개인들이 동일한 지점에서 출발한다는 전제조건을 깔고 있다. 출발점은 동일하나 노력의 차이 때문에 결과의 차이가 발생한다는 것이다. 이것은 사실과 다르다. 사회경제적 지위가 높은 가정에 우연히 태어나 양질의 교육을 받은 사람들과 가난한 가정에서 태어나 제대로 된 교육을 받지 못한 사람들 간 불평등은 궁극적으로 성과 및 생산성의 차이로 이어진다. 특히 이러한 현상은 산업구조의 변화로 인해 고급 지식으로 무장된 사람들에게만 양질의 일자리가 주어지는 지금 더욱 두드러지게 나타나고 있다. 출발점의 차이가 생산성의 차이에 미치는 영향이 커짐에 따라 불평등의 재생산이 일어나게 되어 젊은 세대로 내려갈수록 세대 내 불평등이 커진다는 문제가 생긴다. (그런데 흥미롭게도 세대 '내' 불평등 문제는 세대 '간' 불평등 논의에 묻혀 빛을 보지 못한다.) 이러한 문제는 결국 노동자들 내부의 분열을 낳는다. 생산성을 인정받아 상대적으로 안정적인 정규직에 종사하는 노동자와 비정규직 노동자 간의 갈등이 발생한다. 사실 정규직 노동자는 비정규직 노동자에 비해 상대적으로 유리한 환경에서 출발했을 가능성이 높으나, 많은 경우 정규직 노동자들은 자신의 노력에 대한 보상으로 그 자리가 주어졌다고 생각하기 때문이다.

---

3   능력주의에 기반한 불평등이 자연스러운 현상이라는 주장을 대표하는 저작으로는 Mankiw(2013)이 있다.

4   최근 능력주의에 대한 비판적인 논의가 활발히 진행 중이다. Markovits(2019), Sandel(2020)이 대표적인 예이다.

이와 같이 시장에서는 자본가와 노동자 간의 갈등, 그리고 노동자 집단 내의 정규직과 비정규직 간의 갈등이 주목을 받는다. 그런데 시장에서 전혀 관심과 주목을 못 받는 또 다른 집단이 존재한다. 바로 시장에서 '소외'되는 사람들이다. 시장은 두 종류의 사람을 필요로 하지 않는다. 하나는 생산 능력이 없는 사람들이다. 이들은 생산 과정에 전혀 기여를 하지 못하기 때문에 고용의 대상이 아니다. 일반적으로 고령자와 장애인, 그리고 어떤 이유에서 경쟁력을 상실한 노동자들이 이 부류에 속한다. 또한 구매 능력이 없는 사람 역시 시장에서 소외된다. 생산 능력이 없더라도 생산된 재화를 구입할 수 있는 능력이 있다면 생산 과정에 간접적으로 기여를 하는 것이다. 하지만 구매 능력이 없는 가난한 사람들이 실업상태로 있다면 시장은 이들에게 관심을 두지 않는다. 일반적으로 생산 능력이 없는 사람들과 구매 능력이 없는 사람들은 자신들의 불만(grievances)을 표출하기 위한 집단행동을 실행에 옮기지 못한다.[5] 이들을 조직해줄 구심점이 없기 때문이다. 따라서 시장에서 철저히 소외된 이들의 목소리를 듣기란 상당히 어렵다.

---

5 소외된 사람들의 저항이 상대적으로 드문 이유를 설명하기 위한 사회심리학 이론으로는 '체제 정당화 이론(system justification theory)'이 있다(Jost, 2019). 소외된 사람들은 자신이 원하는 삶과 자신의 현실 간 인지 부조화(cognitive dissonance)를 느끼는데, 현실을 이상에 맞추어 개혁하는 노력을 하는 대신, 현실이 나름 버틸 만할 뿐만 아니라 심지어 정당하다고 생각을 고쳐먹음으로써 인지 부조화를 해결한다는 이야기다.

2. 시민사회에서의 공정성

시민사회는 보통 시장 혹은 국가와 구분되는, 사람들의 집합을 의미한다. 그러나 구체적인 시민사회의 정의는 이 용어를 사용하는 사람마다 조금씩 다른 것이 현실이다. 이 장에서는 시민사회를 구성원들의 자발적 의지에 의해 결성된 공동체(voluntary civic association)로 정의한다. 일반적으로 시민사회의 구성원이 되기 위해서는 개인 본인의 가입의지와 기존 구성원들의 동의만으로 충분하다. 시민사회는 가입과 탈퇴가 자유롭다는 특징을 갖는다.[6] 시민사회 공동체에 가입하게 되면 기존 구성원들의 합의에 의해 만들어진 규범을 따라야 한다. 일부 공동체는 위계적인 질서를, 일부 공동체는 상대적으로 수평적인 질서를 만들어왔다는 차이는 있겠으나, 공동체의 구성원이 된 이상 다른 구성원의 동의 없이 규범과 관행을 벗어나는 행동을 하는 것은 용납되지 않는다. 대표적인 시민사회 행위자인 종교 단체 혹은 노동조합의 경우 보통 위계질서를 갖추고 있다. 반면 친목 단체와 같은 공동체에서는 모든 구성원들이 상대적으로 동등한 지위를 누리는 수평적 구조를 띠고 있다.

시민사회에서의 공정성 논리는 호혜성 원칙에 기반하고 있다.[7]

---

6 이 장에서 언급되는 시민사회 혹은 공동체는 가정과 구분된다. 가정은 시민사회와 많은 점에서 유사하나 가입이 개인 본인의 의사에 의한 것이 아니라는 특징을 갖는다. 또한 가정으로부터의 탈퇴는 여타 공동체로부터의 탈퇴보다 어렵다.

7 이 내용과 잘 연결되는 사회학적 논의는 '사회자본(social capital)'이라는 개념을 중심으로 전개돼왔다(Portes, 1998). 한편 진화심리학(evolutionary psychology)에서 개인이 집단을 형성하고 유지하는 메커니즘을 설명하는 내용 역시

시민사회 공동체의 구성원들은 서로를 '인정(recognition)'하고 신뢰를 주고받는 관계를 형성한다. 위계적인 질서를 형성한 공동체의 경우 구성원들은 각자에게 주어진 역할과 기능을 수행할 것을 기대받기도 한다. 하지만 어떤 역할을 부여받았는지의 여부, 그 역할이 공동체의 운영에 주는 중요성의 차이와 무관하게 특정 구성원들이 배척받거나 무시당하는 일은 좀처럼 일어나지 않는다. 호혜성과 신뢰에 의존하는 인간관계가 시민사회의 핵심 논리 중 하나이기 때문에 시장에서 통용되는 기여 혹은 생산성 논리는 적용되지 않는다. 이러한 시민사회의 특성은 '필요(needs)'에 기반한 공정성 인식을 낳는다. 어떤 공동체의 구성원이 물리적·정신적·경제적으로 어려움을 겪게 되면, 다른 구성원들이 이타심(altruism)을 발휘해 그 구성원의 '필요'를 채워주는 역할을 해야 한다는 말이다. 비록 그 구성원이 공동체에서 기대하는 기능을 수행하지 못하는 상황이 된다고 해도, 공동체의 구성원이니만큼 최소한의 돌봄은 제공해 준다는 것이다. 만약 도울 수 있는 능력이 되는 구성원이 도움을 필요로 하는 구성원을 방치하면 비난의 대상이 된다. 즉 공동체 내에서 소외되는 사람이 있어서는 안 된다는 것이 시민사회에서의 공정성 개념의 핵심이다. 여기서 시민사회와 시장의 공정성 인식은 명확히 구분된다.

　하지만 시민사회가 긍정적인 기능만 하는 것은 아니다. 우선 공동체 운영에 있어서 연고주의(nepotism, cronyism)가 작동할 가능성이 있다. 구성원들 중에서 공동체의 원활한 운영의 책임을 맡은 사

　공동체에서의 공정성 논의와 밀접한 관계를 맺는다(Trivers, 1971).

람들 혹은 그러한 일을 자발적으로 맡아 봉사하는 사람들은 같이 일하기 편한 사람들(소위 '친한 사람들')을 선택할 가능성이 높다. 만약 의사결정 과정이 투명하게 이루어지지 않는다면 이들에 의해 공동체가 자의적으로 운영될 가능성을 배제할 수 없다. 드물지 않게 언론에 등장하는 회계 부정 문제 혹은 일부 구성원들의 목소리가 반영되지 않은 의사결정 문제가 시민사회 공동체의 건전성을 해치는 요인이 된다. 보통 규모가 작은 공동체의 경우 큰 문제가 생길 소지가 없을 것이다. 하지만 큰 공동체가 투명하지 않게 운영된다면, 인정받지 못한다고 생각하는 구성원들이 공동체 지도부를 신뢰하지 않을 것이기 때문에 내부 균열이 발생할 수 있다.

시민사회의 또 다른 문제는 공동체 구성원이 아닌 사람들에게 잔인할 수 있다는 것이다. 한 인간이 자신의 준거집단(reference group)을 설정하고 그 집단에 대한 정체성을 갖는 것은 자연스러운 현상이다. 집단 정체성(group identity)이 형성되면 자신이 속한 집단과 자신이 속하지 않은 집단에 대한 고정관념(stereotype)이 생긴다. 이 고정관념에 기반하여 자신이 속하지 않은 집단, 즉 외집단(out-group)에 대한 편견(prejudice)이 생길 수 있고, 이것이 행동으로 옮겨지면 외집단을 적극적으로 배제하게 된다. 급기야 외집단에 대해 역겨움(disgust)을 느끼고, 외집단 구성원들을 인간으로 취급하지 않는 비인간화(dehumanization) 단계로까지 악화되면 차별 행위가 곧 외집단을 절멸시키고자 하는 구체적인 폭력 행위로 비화될 수 있다. 지난 세기에 드물지 않게 관찰된 인종 청소(ethnic cleansing)는 역겨움과 비인간화에 의해 증폭된 차별 행위의 가장 극단적인 모습이다. 이런 극단적인 예 말고도 최근 우리나라에서 보도된 일부 개신교 신자에 의한 불교 사원 방화 사건 역시 유사한 논리로 설명할 수 있다. 시민사회 공동체의 구성원들이 보여주는 호혜성, 신뢰, 공감은 그 공동체 안에서만 적용되는 것이지, 공동체 바깥에 있는 사람들에게까지 확장되지는 않는다.[8]

3. 국가에서의 공정성

시장 혹은 시민사회와 달리 국가의 공정성 논리는 평등(equality) 원리에 기반하고 있다. 국가는 국민과 외국인들을 구분하고, 모든 국민을 원칙적으로 동등하게 인정한다는 관점에서 시민사회 공동체와 유사하다. 하지만 국가는 시민사회 영역에서 배제된 사람들을 포용하는 기능을 한다. 한 국가에 다양한 인종이 섞여 사는 경우, 주류 인종이 비주류 인종을 배제하는 관행이 있을 것이다. 다양한 종교 집단이 섞인 국가에서도 배제의 논리와 관행을 쉽게 발견할 수 있다. 국가 내에 존재하는 특정 공동체로부터 배제되는 일부 사람들이 엄연한 국민이라면 그들을 동등하게 대할 의무가 국가에게 있다. 또한 국가는 시장에서 소외된 일부 사람들 역시 동등한 국민으로 대우해야 될 의무가 있다. 이것이 국가의 공정성 논리의 핵심이다.

평등 원리에 기반한 국가의 공정성 개념을 이해하기 좋은 예로는

---

8   개인의 공감능력은 '나의 편'이라고 여겨지는 집단 내에서만 적용되고 그 집단 밖에 있는 사람들에게는 적용되지 않는 심리적 기제에 대한 설명은 Bloom(2017)에서 확인할 수 있다.

투표권이 있다. 민주주의 국가에서 한 명의 유권자는 한 표를 행사할 수 있는 것이 일반적이다. 일인일표제(one person, one vote) 관행은 유권자의 교육수준, 소득수준, 지역, 인종, 성별과 상관없이 적용된다. 시장 논리에 따르면 이러한 제도가 부조리할 수도 있다. 경제활동을 활발히 하여 국가에 세금을 많이 낸 사람도 한 표를 행사하고, 국가 경제에 아무런 기여를 하지 않은 사람도 한 표를 행사한다는 사실이 공정하지 않아 보이기 때문이다. 시장 논리에 따르면 국가에 내는 세금에 비례하여 투표권을 부여하는 것이 공정할 것이다. 비슷한 맥락에서 정치에 대한 관심이 많아 현안에 대한 이해가 깊은 사람도 한 표를 행사하고, 정치에 대한 아무런 관심이 없는 사람도 한 표를 행사한다는 사실 역시 받아들이기 어렵다. 이 경우 정치를 잘 이해하지 못하는 유권자들이 과대대표(over-representation)되는 위험성이 높기 때문이다. 따라서 시장 논리는 정치에 대한 이해 정도에 비례하여 투표권을 나누어 주어야 한다는 주장으로 이어진다.

시민사회의 논리를 적용해보아도 일인일표제는 비판받을 부분이 있다. 예를 들어 우리나라의 인구 구성을 볼 때 20대 유권자의 비율은 50대 혹은 60대 유권자의 비율에 비해 현저히 작다. 유권자들이 각 세대의 이익에 근거하여 투표하는 경향이 있다고 본다면, 이러한 인구 구조는 20대 유권자들의 목소리가 반영되기 어렵게 함을 알 수 있다. 예를 들어 20대에게는 절실하지 않지만 60대에게 중요한 연금 문제는 후보자들의 공약으로 다루어질 가능성이 높지만, 20대에게 절실한 취업 관련 문제는 상대적으로 정치인들의 관심 밖에 있을 개연성이 높다. 이러한 상황이 지속된다면 20대의 정치에 대한 관심과 참여는 줄 수밖에 없을 것이고, 결국 젊은 세대의 목소리가 과소대표(under-representation)되는 결과를 낳는다. 앞으로 살아갈 날이 많이 남아 있는 20대의 정치 참여가 줄어든다는 사실은 건강한 민주주의 체제의 유지에 장애 요인이다. 세대 간 정의(inter-generational justice) 구현의 관점에서 볼 때, 정치인들의 관심이 상대적으로 더 '필요'한 젊은 세대에게 더 큰 투표권 행사의 기회를 열어주고, 상대적으로 정책 변화의 혜택 또는 피해를 짧은 기간 받게 될 나이든 세대에게는 투표권 행사의 기회를 제한하는 것이 바람직하다고 볼 수 있다.[9]

이처럼 시장 논리 혹은 시민사회의 논리를 적용시켜 보면 많은 민주주의 국가에서 시행하고 있는 일인일표제도가 반드시 정답일 수는 없다는 생각을 해볼 수 있다. 하지만 국민으로 규정된 모든 사람들에게 동일한 참여 기회를 보장해주어야 한다는 평등 원리를 뒤집을 수 있을 정도의 설득력 있는 대안이 마땅치 않기 때문에 실제로 시장 논리 혹은 시민사회의 논리에 근거해 선거법을 근본적으로 수정하는 나라는 없다. 우리나라를 비롯한 일부 국가에서 시민권을 갖지 못한 이민자들에게 지방 선거 참여 권리를 주는 제도는 시장 논리가 선거법의 영역으로 확대된 예다. 이민자들이 국내에서 일을 하면서 국가 경제에 기여하는 측면이 있기 때문에 그 대가로 제한된 투표권을 제공해줄 수 있다는 것이다. 한편 많은 국가에서는 범죄가 확정된 수감자들에게서 일시적으로 투표권을 박탈한

---

9   이 논리의 연장선상에서 일정 나이 이상의 사람들의 투표권을 박탈하는 것이 세대 간 정의를 실현한다고 보는 견해도 있다(van Parijs, 1998).

다. 이는 시민사회 논리가 선거법의 영역으로 확대된 경우라고 볼 수 있다. 사회규범을 어긴 사람에게 일시적으로 권리를 제한할 수 있다는 논리다.

국가는 원칙적으로 모든 국민들을 동등하게 대해야 한다. 하지만 현실을 보면 차별받는 집단이 여전히 존재한다. 권위주의 국가에서 차별받는 집단들은 보통 집권 세력 정치인들의 의도적인 개입의 희생양이다. 과거 독일 제3제국 시절 히틀러에 의한 유대인 집단 학살, 불교 국가 미얀마에서 벌어진 이슬람교도인 로힝야족의 탄압, 중국 정부의 신장지역 위구르족에 대한 정책 등은 특정 집단에 대한 차별을 국가가 앞장서서 진행한 예들로 볼 수 있다. 반면 민주주의 국가에서의 차별은 보통 시장 혹은 시민사회 차원에서 소외되고 배제된 집단을 국가가 충분히 포용하지 못하는 문제에서 비롯되곤 한다. 다시 말해 국가가 시장 혹은 시민사회 차원의 소외와 배제를 묵인하는 과정에서 제도화된 차별(institutional discrimination)이 발생하는 것이다.

제도화된 차별은 사회 내에 만연된 차별 중 일부가 제도로 굳어진 상황에서 발생한다. 직장에 육아휴직제도가 오랫동안 없었던 것은 노동시장에서 여성을 차별하는 행위가 제도화되었기 때문이고, 대학에서 신임교원을 채용하는 공지를 한글로만 올리는 행위는 외국인을 후보로 고려하지 않는 차별적 행위가 제도화되었기 때문이다. 미국과 남아프리카 공화국에서 오랫동안 지속돼온 흑인에 대한 차별은 주류 집단인 백인들의 관행을 국가가 묵인했기 때문에 가능하였다. 개인 차원의 차별과 달리 제도화된 차별은 개인의 노력으로 쉽게 개선되지 않는다. 미국에서 공권력이 오랫동안 흑인을 차별해온 상황이 흑인 경찰청장이 임명된다고 해서 바로 바뀌지 않는다. 여성 직원에 대한 사내 차별이 여성 임원 비율이 늘어난다고 해서 즉각적으로 사라지지 않는다. 조직 및 제도 자체에 이미 차별이 내재화되어 있기 때문이다. 제도화된 차별을 없애기 위해서는 국가가 시민사회 혹은 시장의 영역으로 개입하는 것이 요구된다.

제도화된 차별과 개인 차원의 차별을 구분하지 못하게 되면 불필요한 분란이 생기게 된다. 현재 한국에서 논란이 되는 젠더 갈등을 이 맥락에서 살펴볼 수 있다. 한국 사회에 존재하는 남녀 차별이 정치인들의 묵인 하에 제도화된 차별로 굳어진 데에는 별 이견이 없을 것이다. 그런데 제도화된 차별 때문에 수혜를 보는 '특권' 집단인 남성들은 별다른 특권의식을 못 느끼는 반면, 피해자인 여성들은 남성들을 특권층으로 바라보는 경향이 있다. 여성들이 남성이라는 집단을 차별을 재생산하는 공범이라고 칭하게 되면, 많은 남성들이 큰 반발을 할 것이다. 우선 한국 사회에 존재하는 남녀 차별 구조를 만드는 데에 자신들이 참여한 것이 아님을 명확히 지적할 것이다. 그리고 일상생활에서 여성에 대한 차별을 하지 않기 위한 자신들의 노력을 평가절하하지 말라는 주장도 펼 것이다. 더 나아가 여성의 권익 향상을 위해 만들어진 제도와 정책들이 실질적으로 남성에 대한 역차별을 가하고 있다는 주장까지 제기될 수도 있다. 이러한 논쟁은 결국 개인 차원의 차별과 제도화된 차별을 구분하지 못하는 데에서 비롯된다. 제도화된 차별은 차별의 피해자가 소위 가해자와 협력해서 국가의 개입을 통해 풀 수 있는 문제이다.

03

····

공정성 인식의 충돌

1. 경쟁과 갈등

위에서 언급한 바와 같이 시장에서의 공정성은 효율성, 형평 그리고 능력주의 원칙에 기반하고 있다. 시민사회에서의 공정성은 호혜성, 신뢰 그리고 필요의 원칙에 기반하고 있다. 반면 국가에서의 공정성은 기본적으로 모든 국민들을 동등하게 대해야 한다는 평등 원칙에 기반하고 있다. 국가의 역할은 시장에서 소외된 국민들과 시민사회에서 배제된 국민들을 포용하는 것이다. 이러한 역할을 소홀히 하면 시장에서의 소외와 시민사회에서의 배제가 한 국가의 제도에 내재화되어 제도화된 차별을 고착시키게 된다.

평등 원칙에 기반한 국가 차원의 공정성은 시장과 시민사회의 도전을 받는다. 특히 시장 논리가 다른 영역으로 확산되는 현상이 두드러진다. 맥락을 구분하지 않고 무차별적으로 사용되는 경향이 있는 개념인 '신자유주의(neoliberalism)'가 바로 시장 논리가 국가(혹은 시민사회) 영역에 침범하는 것을 의미한다. 효율성 혹은 능력주의 원칙이 적용될 필요가 없거나 적용되어서는 안 되는 영역에서도 시장 논리가 통용되는 현상을 기술하기 위한 개념이 신자유주의인 것이다. 발의한 법안의 수를 세어 국회의원의 입법생산성을 평가하는 행위, 출판한 논문의 숫자를 세어 연구자의 능력을 평가하는 행위, 출석하는 신도의 수나 학생의 수에 의거하여 성직자 혹은 강사의 질을 평가하는 행위 모두 시장 논리가 확장된 예이다. 일반적으로 시장 논리의 근간이 되는 효율성을 평가하기 위해서는 비용편익분석이 사용된다. 비용편익분석은 정량화된 정보를 요구하기 때문에 상대적으로 정성평가가 개입될 여지가 줄어든다. 따라서 국민들의 삶에 큰 긍정적인 영향을 끼치는 단 하나의 법안을 발의한 국회의원보다 별로 중요하지 않은 100여 개의 법안을 발의한 국회의원이 높은 평가를 받을 가능성을 배제할 수 없다.

더 나아가 시장 논리에 기반한 능력주의가 국가를 포섭하게 되면, 민주주의(democracy) 원칙이 크게 훼손될 수 있다. 능력주의의 논리에 따르면 국가 공무원 시험에 합격하여 능력을 공인받은 엘리트 관료들에 의해 국정이 운영되는 것이, 능력이 검증되지 않은 선출직 정치인들에 의해 국정이 운영되는 것보다 낫다. 위에서 언급한 바와 같이 획일화된 자격시험은 사회경제적 지위가 높은 집단에게 궁극적으로 유리하다. 동시에 자격시험 합격자는 상대적으로 교육수준이 높은 사람일 것이기 때문에 이들이 국정 운영을 주도한다면 민주적 대표성(democratic representation)에 심각한 결함이 생길 수 있다.

시민사회의 논리가 국가의 영역에 침범하는 경우, 공화주의 (Republicanism) 원칙이 무너진다. 공화주의란 정치권력이 세습되어서는 안 된다는 생각이다. 그렇기에 공화주의는 군주정(monarchy)에 대응되는 개념이다. 하지만 공화주의는 반드시 일반 국민들에 의한 통치를 의미하는 민주주의를 전제로 깔고 있지는 않다. 일부 귀족들이 정치권력을 독점하되, 그것을 세습하지 않는다면 '민주주의가 없는 공화주의(Republicanism without democracy)'가 된다. 반대로 민주적인 절차(일반적으로 선거)를 통해 선출된 정치인들이 자신들의 측근만으로 구성된 집단에게 실질적으로 정치권력을 계속 물려주는 경우, '공화주의 없는 민주주의(democracy without Republicanism)'라고 부를 수 있다. 형식적으로는 선거를 통해 정치지도자를 뽑지만, 항상 동일한 집단에서 정치지도자가 양산되는 실질적인 권위주의가 나타나는 국가들(예를 들어 러시아)이 공화주의 없는 민주주의에 해당된다. 일부 학자들은 공화주의 없는 민주주의를 권위주의적 민주주의(authoritarian democracy)라 부르고, 이는 민주주의의 왜곡된 형태인 포퓰리즘(populism)과도 자연스럽게 연관된다.

국가가 시민사회의 논리로 포섭되면, 평등 원리에 기반한 정책 대신 집단 내 호혜성과 외집단에 대한 배제에 기반한 정책이 수행된다. 이란과 같은 신정정치 국가에서 시아파 이슬람교도를 제외한 사람들이 배제되는 경우, 러시아와 같은 권위주의 국가에서 반정부 집단 인사들이 철저하게 배제되는 경우, 트럼프 대통령 임기 중 백인우월주의자들에 의한 소수 인종 유권자 및 민주당 지지자들에 대한 위협을 정부가 묵인하는 경우가 모두 시민사회 논리에 의해 포섭된 국가의 좋은 예이다. 일반적으로 국민들 사이에 내 편과 남의 편으로 나뉜 양극화가 심각한 경우, 시민사회의 논리에 의한 국가의 포섭이 일어난다. 이는 최근 빈번히 논의되는 포퓰리즘의 득세와도 연결시켜 생각해볼 수 있는 부분이다.

이렇듯 시장 혹은 시민사회의 공정성 논리가 국가 영역에 침범하는 경우도 있지만, 반대로 국가 차원의 공정성 논리가 시장 혹은 시민사회를 지배하는 경우도 있다. 이 경우 개인의 능력 차이나 기호가 완전히 무시되고, 국가 내에 존재하는 시민사회 공동체의 다양성 역시 인정받지 못한다. 대신 국가가 제공하는 획일적인 기준에 따라 사회구조가 재편되는 양상을 보인다. 전형적인 전체주의(totalitarianism) 국가의 모습을 띠게 되는 것이다. 결국 시장, 시민사회, 국가 차원에서의 공정성 개념은 하나로 수렴되기에는 너무나 이질적이라는 것을 인식하고, 주어진 환경과 쟁점 영역에 따라 유연하게 균형을 맞추어 나가는 노력이 필요하다. 이것이 '정치'가 해야 할 임무이다. 아래에서는 시장 논리와 시민사회의 논리에 국가가 어떻게 대응하는지를 보여주는 두 가지 예를 살펴보도록 한다. 하나는 교육정책에서 시장 논리에 대응하는 국가의 모습을, 다른하나는 표현의 자유, 종교의 자유라는 시민사회 논리에 대응하는 국가의 모습을 보여주고 있다.

2. 시장 논리의 확장: 교육정책의 예

20세기 중반부터 미국에서는 대학의 자발적인 결정으로 입학 사정 시 소외계층 출신 지원자를 우대하는 정책(affirmative action)이 시행돼왔다. 주로 오랜 제도적 차별로 인해 양질의 교육을 받기 어려웠던 유색인종 지원자들에게 혜택이 주어졌다. 일면 이 제도는 사회에서 배제돼온 특정 집단을 보호하기 위한 국가의 적극적인 개입으로 이해할 수 있다. 즉 사회 차원에서 체계적으로 배제되고 핍박받은 집단의 '필요'를 충족시키기 위한 정책으로 볼 수 있다. 이런 관점에서 보면 소수자 우대 정책은 시민사회와 국가가 충돌하는 내용일 수 있다. 그러나 소수자 우대 정책의 실제 논의는 특정 집단에게 양질의 교육 기회를 제공해주는 문제를 중심으로 전개되는 대신, 능력이 뛰어난 지원자가 그렇지 못한 소수자에 의해 탈락되는 문제를 중심으로 전개되었다. 이러한 관점에서 보자면 시장과 국가가 충돌하는 내용으로 보는 것이 보다 타당하다. 소수자 우대 정책은 경쟁에서 앞선 사람과 뒤진진 사람 중에서 후자를 선택하게 함으로써 효율성과 형평의 원칙에 근거한 공정성을 파괴하는 행위라고 여겨질 수 있기 때문이다.

시장 논리와 국가의 논리가 충돌하는 소수자 우대 정책의 정당성을 해석한 미국 연방대법원의 판결(*Regents of the University of California v. Bakke*)은 1978년에 나왔다. 1970년대 당시 캘리포니아 주립의과대학(University of California at Davis Medical School)은 신입생을 매년 100명씩 뽑았는데 그중 16개의 자리를 소수인종 지원자에게 할당(quota)해주는 정책을 시행하고 있었다. 베트남전쟁 참전 해병대 출신인 백인 바키(Allan P. Bakke)는 의과대학 입학시험에서 1973년과 1974년 두 번 낙방한 이후 주 법원에 학교의 소수자 우대 정책이 헌법에 위배된다는 주장을 담은 소송을 걸었다. 법적 근거는 수정헌법 제14조에 담긴 동등한 대우 조항이다. 객관적으로 보아 바키는 분명히 입학 허가를 받기에 충분한 성적과 이력을 가지고 있었고, 일부 소수인종 지원자들이 바키보다 못한 학력을 보였음에도 불구하고 합격한 것이 사실이다. 그렇기에 능력주의 관점에서 보면 바키의 권리가 소수자 우대 정책에 의해 침해 받았다는 논리가 가능하다. 하지만 소수자 우대 정책을 시행하지 않고 능력주의 논리에 근거해 신입생들을 선발한다면, 오랜 기간 차별받아 소외된 특정 인종집단이 사회 주변부로 내몰리는 추세를 막을 수가 없다. 원고와 피고 모두 나름 설득력 있는 논리를 펴고 있고, 좀처럼 접점을 찾기 어려웠기 때문에 이 사건을 검토한 연방대법원 역시 6개의 서로 다른 의견을 제시하였다. 과반수가 아닌 단순 다수의 논리는 노골적인 할당은 곤란하지만 소수자 우대 정책은 유효하다는 것이었다. 즉 "매년 사회 소수자를 몇 % 이상 받아야 한다"라고 명시적으로 할당을 정해놓는 것은 능력 있는 백인 지원자에 대한 역차별 행위라는 말이다. 대신 입학 사정을 할 때 지원자의 인종을 정성적으로 고려하는 행위는 정당화된다는 것이다.

하지만 이 판결에 모든 사람들이 동의하는 것은 아니었다. 직접민주주의 제도를 운영하고 있는 캘리포니아에서는 1996년 주민발안(ballot initiatives)을 통해 주립대학을 비롯한 공공기관에서 인종, 성별 혹은 종족(ethnicity)을 별도로 고려하지 못하게 하는 주 헌법 개정을 하였다. (하지만 여기에 사람들의 사회경제적 지위는 포함되지 않았기 때문에 대학 입학 사정에서 가난한 가정 출신 지원자에 대한 우선적 고려는 가능하였다.) 대학 입학 사정에 정성적으로 지원자의 인종을 고려하는 행위에 제약이 가해지게 되었고, 결국 흑인과 히스패닉계 학생들에게 타격을 주었다. 2020년 이러한 제도를 폐기하려는 내용의 주민발안이 표결에 부쳐졌으나 부결되었다.

 2000년대 들어와서도 소수자 우대 정책에 대한 저항은 지속적으로 이어졌다. 2003년 연방대법원은 미시간대학(University of Michigan, Ann Arbor) 입학 사정 관련한 두 가지 중요한 판결을 내린다. 하나는 미시간대학 학부 입학 사정 시 소수인종 지원자에게 20점의 가산점을 미리 주는 행위가 헌법 정신에 어긋난다는 판결(*Gratz v. Bollinger*)이다. 당시 미시간대학은 150점 만점에 100점을 넘긴 지원자에게 입학을 보장해주는 정책을 시행하고 있었다. 미국식 수학능력평가인 SAT 만점자에게는 12점을 주는데, 소수인종(흑인, 히스패닉, 원주민) 지원자에게는 20점의 가산점을 주었던 것이 문제가 되었다. 연방대법원은 1978년 판결에서 암시한 바와 같이 소수자 우대 정책을 적용하되 '노골적인 우대 행위'는 해서는 안 된다는 입장을 확인하였다. 소수인종 지원자에게 미리 20점의 가산점을 주고 입학 사정을 하는 것은 위헌이다. 같은 해에 내려진 또 다른 판결(*Grutter v. Bollinger*)에서 연방대법원의 입장은 다시 한번 명확하게 드러난다. 원고인 그루터(Barbara Grutter)는 학부 평점 3.8에 법학전문대학원 지원 자격시험인 LSAT에서 161점을 얻은 우수한 지원자였다. 그런데 자신보다 객관적인 성적이 떨어지는 소수인종 지원자는 합격하고 본인은 입학 허가를 못 받게 되자, 소수자 우대 정책이 위헌이고 주장하면서 미시간대학 법학전문대학원 상대로 소송을 제기하였다. 연방대법원은 이 판결에서 미시간대학의 편을 들어주었다. 지원자의 인종을 기준으로 노골적인 가산점을 주는 것은 안 되나 지원자의 인종 자체를 정성적으로 고려하는 것은 문제가 안 된다는 입장을 재확인한 것이다. 즉 소수자 우대 정책이 영원히 지속되어야 하는 것은 아니고 맥락에 따라 적용 범위가 제한될 수는 있지만, 할당 혹은 가산점과 같이 명시적인 차별 행위만 없다면 아직 헌법에 보장된 동등한 대우에 저촉되지 않는다는 판단이다.

미국 대학 입학 사정 과정에서 수행되어 온 소수자 우대 정책은 시장 논리에 근거한 능력주의의 확산을 제한한다고 볼 수 있다. 객관적인 학업 능력이 뛰어난 지원자들에게만 입학 허가를 주게 되면 오랜 기간 동안 사회 소수자로 밀려나 있었던 집단이 양질의 교육을 받는 기회가 박탈될 수 있다. 시장의 입장에서 보면 능력이 뛰어난 학생들을 대학에서 교육시켜 더욱 뛰어난 인재로 만드는 것이 효율적이고, 국가의 경쟁력과 생산성을 높이는 데 기여할 것이다. 하지만 사회 소수자들도 엄연한 국민이기 때문에 국가 차원의 공정성의 근간인 평등 원리에서 파생된 소수자 우대 정책을 대학에게 권유함으로써 집단 간 불평등의 심화를 막아야 한다는 주장이 힘을 얻어왔다. 다만 미국 연방대법원의 판례에 따르면 이 정책을 노골적으로 주류 집단에게 역차별을 가함으로써 소수집단에게 혜택을 주는 방식으로 수행해서는 안 된다. 이렇게 시장 차원의 공정성과 국가 차원의 공정성 간의 교통정리가 진행돼온 것이다.

3. 시민사회 논리의 확장: 종교 대 국가

2015년 미국 연방대법원의 판결(*Obergefell v. Hodges*)로 동성 간 결혼이 수정헌법 제14조의 동등한 대우 조항의 보호를 받게 되었다. 그 전까지 주 별로 서로 다르게 적용되었던 동성 간 결혼의 합법화 문제는 연방정부 차원에서의 합헌 판결로 일단락된다. 이에 미국 전역에서 동성 간 결혼을 통한 부부 관계가 법적으로 존중받게 되었다. 하지만 동성 간 결혼 합헌 판결이 모든 미국인들의 사고방식과 행동을 변화시킨 것은 아니다. 사회 현안들에 대해 보수적인 입장을 띠고 있는 개신교 근본주의 신자들을 중심으로 동성 간 결혼을 인정할 수 없다는 움직임이 사회 곳곳에서 일어났다. 이들은 자신의 종교적 신념(즉 자신들이 속한 시민사회 공동체의 규범)에 비추어 볼 때 동성 간 결혼을 받아들일 수 없다고 주장한다. 실제로 이들은 이 현안을 중심으로 동원되어 한때 캘리포니아 주에서 동성 간 결혼을 금지하는 주민발안, 합법적인 결혼은 남성과 여성 간에만 가능함을 못 박는 연방법의 제정에 큰 역할을 한 바 있다. 이 문제는 전형적인 시민사회와 국가 간의 충돌 양상으로 파악할 수 있다.

이러한 갈등에 대한 잠정적인 결론을 2018년 연방대법원 판결 (*Masterpiece Cakeshop v. Colorado Civil Rights Commission*)에서 찾아볼 수 있다. 결혼을 앞둔 동성 커플이 결혼식 케이크를 맞추기 위해 입소문이 자자한 한 제빵점을 방문하였는데, 제빵점 주인이 자신의 종교적인 신념을 이유로 케이크 제작을 거부한 것에서 비롯된 소송이다. 동성 커플의 입장은 제빵점 주인이 수정헌법 제14조에 명시된 동등한 대우 원리를 위반하여 자신들을 차별했다는 것이다. 한편 제빵점 주인은 수정헌법 제1조에 명시된 종교의 자유를 행사한 것이기 때문에 아무런 문제가 없다고 답했다. 동성 커플 간 결혼하는 행위 자체에 대해 반대하는 것은 아니고, 다만 동성 커플이 의뢰한 물품을 만들어줄 수 없다는 것이다. 자신의 제빵점 말고 다른 업체가 많고, 시장에서 거래는 판매자와 구매자의 합의 하에서만 이루어지기 때문에 제빵사인 자신이 개인의 종교적 신념을 이유로 거래를 하지 않겠다고 할 자유가 침해받아서는 안 된다는 것이다. 연방대법원은 제빵사의 손을 들어주었다. 합헌 판결이 난 동성 간 결혼 자체에 대한 반대가 아니라 상거래 과정에서 종교의 자유라는 권리를 사용한 것이기 때문에 제빵사의 행위가 연방헌법의 보호를 받아야 된다는 결정이다. 하지만 이 결정에 대한 반론은 만만치 않다. 만약 연방대법원의 결정대로 종교의 자유를 이유로 성소수자를 실질적으로 차별하는 것이 가능하다면, 사회 내에 만연한 제도적 차별을 묵인하는 셈이 된다. 미국 전체 인구의 약 25% 정도 되는 개신교 복음주의자들 중에서 자영업자들이 성소수자에게 서비스 제공을 하지 않는다면, 성소수자의 삶에 큰 불편을 가져올 수 있기 때문이다.

이렇듯 종교의 자유와 차별받지 않을 권리 간의 충돌은 시민사회의 논리와 국가의 논리 간의 갈등으로 이해할 수 있다. 2018년 연방대법원 판결은 이 중에서 시민사회의 논리가 타당하다고 본 것이다. 성격이 유사한 소송들이 2020년 코로나19의 확산을 억제하기 위한 방역 정책 관련하여 제기되었다. 2020년 11월 25일 연방대법원은 효과적인 방역을 목적으로 종교집회 참석자 수를 제한한 뉴욕 주지사 쿠오모(Andrew Cuomo)의 행정명령이 위헌이라는 판결을 내렸다. 원래 보수 성향으로 알려져 있으나 드물지 않게 중도적 입장을 취해온 로버츠(John Roberts) 대법원장이 진보 성향 대법관들의 편에 서고, 나머지 5명의 보수 성향 대법관들이 다수 의견을 제시해 만들어진 5 대 4 판결이다. 그런데 흥미로운 점은 2020년 5월 캘리포니아 주의 방역 지침이 종교의 자유를 침해한다고 주장한 소송에서는 연방대법원이 5 대 4로 캘리포니아 주지사의 손을 들어주었다는 점이다. 5월 판결과 11월 판결이 이렇게 다른 결과를 가져온 이유는 연방대법원 법관의 구성에서 찾아볼 수 있다. 5월 판결은 진보 성향의 긴즈버그(Ruth Bader Ginsburg) 대법관이 아직 살아 있었던 때 내려졌던 반면, 11월 판결은 9월에 사망한 긴즈버그 대법관 자리에 새롭게 임명된 보수 성향의 배럿(Amy Coney Barrett) 대법관이 연방대법원에 들어와 있는 때 내려진 판결이었던 것이다. 11월 판결은 종교의 자유를 주장하는 시민사회의 논리가 타당하다고 본 반면, 5월 판결은 방역을 위해 모든 사람들의 동등하게 주정부의 방침을 따라야 한다는 국가의 논리가 타당하다고 본 차이가 있다. 여기서 서로 다른 영역에서의 공정성 인식과 정치 이념 간의 상관관계를 파악할 수 있다.

보수적인 정치 이념을 가진 사람들은 변화보다는 현상 유지를 선호하고, 개인의 생활에 국가가 개입하는 것을 반대하며, 동시에 공동체의 가치, 규범 그리고 전통을 보호하고자 하는 경향이 있다. 보수 성향의 사람들이 가장 중요하게 생각하는 가치는 '자유'라고 알려져 있다. 그러나 자유라는 가치는 시장 영역에서의 공정성을 판단할 때만 사용된다. 시장 영역에서 자유로운 경쟁이 보장되면 능력 있는 사람들은 보다 양질의 직업을 선택할 수 있게 되고, 자본가는 생산성이 높은 노동자만을 자유롭게 고용하여 효율성을 높일 수 있다. 국가가 평등 원칙을 고수하면서 소수자 우대 정책을 펴거나, 최저 임금을 올리게 되면 경제 행위자들의 자유를 침해하면서 효율성에 낮추는 역효과가 난다고 믿는 것이 시장 영역에서의 보수 이념의 특징이다. 반면 보수적인 사람들은 사회 영역에서는 개인의 자유 대신 공동체의 규범에 조금 더 신경을 쓴다. 동성 결혼 합법화의 예에서 본 바와 같이 보수적인 사람들은 자신이 속한 공동체의 규범을 깨는 개인의 돌출 행위를 용납하지 않는다. 따라서 보수적인 사람들의 공정성 인식은 시장 영역에서의 효율성, 그리고 시민사회 영역에서의 호혜성과는 접점이 있지만, 국가 영역의 평등 원리와는 상충되는 경향이 있다. 반대로 진보적인 사람들의 공정성 인식은 평등 원리와는 친화성을 가지지만, 능력주의와 자신의 공동체만을 돌보는 폐쇄적인 호혜성과는 거리가 멀다.

4. 소외, 배제, 차별을 넘어서: 다양성의 존중

이제까지 논의는 다음과 같이 정리해볼 수 있다. 공정성이라는 개념은 정의하기 어렵다. 모든 사람들을 만족시켜 줄 수 있는 공정성 개념 정의는 불가능하지만, 의미 있는 논의를 진행하기 위해 공정성 개념의 다양성에 주목할 필요가 있다. 크게 보아 공정성(그리고 사람들의 공정성 인식)은 시장, 시민사회, 국가 영역에서 서로 다른 모습으로 나타난다. 시장 영역에서의 공정성은 능력, 기여에 따라 사람들을 차별적으로 대하는 행위가 정당하다는 형평 원리, 능력주의 원리에 기반하고 있다. 시장 논리에 따르면 불평등은 자유로운

146

경쟁 상황에서 능력과 노력의 차이에서 비롯되는 자연스러운 현상이다. 시민사회 영역에서의 공정성은 공동체 구성원들 간의 신뢰에 기반한 호혜성 원리로 구현된다. 공동체의 정체성을 공유하는 구성원들은 서로 인정해주고 존중해주어야 하고, 어려움을 겪는 구성원이 있으면 도움을 주어야 한다는 기대를 한다. 최소한의 '필요'를 충족시켜야 한다는 인식이 시민사회 영역에서의 공정성 인식의 핵심이다. 한편 국가 영역에서의 공정성은 모든 국민들을 동등하게 대해야 한다는 평등 원리에 기반하고 있다. 시장에서는 생산능력과 소비 능력이 없는 사람들이 소외되고, 시민사회에서는 공동체의 일원으로 받아들여지지 않는 사람들이 배제된다. 이렇게 소외되고 배제되는 사람이 국민의 일원이라면 국가는 적극적으로 이들을 다른 국민들과 동등하게 대하는 정책을 펴야 한다. 만약 국가가 소외되고 배제되는 사람들에 관심을 두지 않으면 소외와 차별은 제도화된 차별로 정착된다. 제도화된 차별이 정착되면 1등 국민과 2등 국민으로 쪼개지는 상황이 발생하게 되어 갈등과 분쟁의 씨앗이 된다. 따라서 국가는 평등 원칙을 활용하여 제도화된 차별의 가능성을 줄임으로써 공정성을 실현시키는 것이다. 그러나 국가가 평등 원칙을 획일적으로 시장과 시민사회에 강제하게 되면 전체주의의 위험이 발생한다. 이 장에서 다루는 세 영역에서의 공정성 간에 합의가 가능한 우선순위가 존재하지 않는다는 말이다. 상황과 맥락에 따라 형평, 필요 혹은 평등 원칙에 근거한 공정성을 유연하게 적용해야 한다.

국가가 공정성을 실현하는 과정에서 평등 원칙은 견지하되, 획일적인 적용을 하지 않기 위해서는 다양성에 대한 존중이 요구된다.

우선 상황의 다양성을 고려해야 한다. 예를 들어 대학교 신입생 선발 방식을 평등주의에만 근거를 두고 설계하는 대신, 도시와 지방 간 학력 격차, 가계 소득의 격차, 고등학교의 종류 차이를 고려하여 다양한 선택지를 제공해주는 것이 바람직 할 것이다. 또한 국가 경쟁력 강화를 위해 상위 1%의 학생을 상위 0.1%의 학생으로 만드는 목표를 가진 대학과 평균 이하의 학력을 가진 학생을 평균 이상으로 올려주는 역할을 하는 대학을 구분하여 서로 다른 방식으로 신입생을 충원하는 방식도 고려해볼 만하다. 이때 학업 역량이 뛰어난 학생들이 다니는 학교에 비대칭적으로 많은 양의 재원을 할당해 준다면 능력주의에 기반한 소외의 가능성이 높아질 수 있기 때문에, 재원의 분배에도 신경을 써야 한다.

그다음 국민 개개인의 다양성을 고려해야 한다. 성격 심리학 연구에 따르면 사람들은 타고나는 성격으로부터 자유롭지 못하다. 이는 오랫동안 정설로 여겨진 행태주의 심리학의 논리('환경이 사람을 결정한다')에 반하는 경험적인 발견들이 축적됨에 따라 공유되는 아이디어다. 소심한 성격을 타고난 사람은 아무리 노력해도 대범해지기 어렵고, 사회성이 없는 사람이 노력을 통해 외향적이 되는 데에 한계가 있다는 이야기다. 만약 대학 입학 사정에 수학능력평가 시험 점수만을 고려하도록 강요받으면, 학업 능력은 뛰어나나 시간제한이 주어진 규격화된 시험에 약한 학생들에게 불리할 수밖에 없다. 그렇다고 해서 고등학교 학생부 기록만으로 학생을 선발한다면, 고등학교 시절 개인적인 우환을 겪어서 충분히 학업 역량을 보여줄 수 없었던 학생에게 불리하게 작용할 것이다. 이렇듯 모든 사람을 만족시켜줄 수 있는 정책은 없기 때문에 다른 대안보다 절대적으로 우월하고, 더 공정한 하나의 정책이 있다고 생각해서는 안 된다. 시장 논리 혹은 시민사회의 논리를 중시하는 사람들은 그것이 적용될 수 없는 상황과 영역이 있다는 인식을 해야 하고, 마찬가지로 국가의 공정성 논리를 수용하는 사람들도 그것이 무제한적으로 적용되어서는 안 된다는 생각을 해야 한다. 정답을 찾는 것이 아니라 특정한 시대와 상황이 요구하는 공정성의 실현하는 것, 이 것이 시장, 시민사회, 국가의 구성원이 지향해야 하는 목표이어야 한다.

제5장

한국 사회 불평등과 양극화는 공정성을 허물고 있나?

임동균
현 서울대학교 사회학과 부교수. 저서로 『플랫폼 사회가 온다: 디지털 플랫
폼의 도전과 사회질서의 재편』(공저), 『정보사회 연구』(공저) 등이 있음.

내용 요약

한국 사회 불평등과 양극화는 공정성을 허물고 있나?

이 연구에서는 한국 사회의 경제적 불평등의 문제가 공정성의 문제와 어떠한 관계를 가지고 있는지를 비판적으로 살피고자 하였다. 먼저 불평등이 단순히 경제적 격차의 문제만이 아니라, 인간의 내면에 직접적으로 영향을 미치는 심리적인 문제임을 다각도로 다루고, 불평등을 축소시키는 데 보다 적극적인 노력이 이루어지지 않게 하는 믿음들이 어떠한 측면에서 문제가 있는지 살펴보았다. 다음으로 여러 사회조사 자료들을 바탕으로 한국인들의 불평등과 불공정성 인식을 ① 이상과 현실의 차이, ② 개인 노력의 효과에 대한 인식, ③ 분배의 기준 측면에서 어떠한지를 살펴보았다. 아울러 한국인들이 가지는 사회적 박탈감이 공정성 인식, 신뢰, 냉소, 일상적 감정 등에 미치는 악영향을 보여주었다. 마지막으로 이 연구에서는 보다 공정한 분배가 가능한 제도적 디자인을 설계하고자 하는 사회학자들의 연구들을 간단히 소개하고, 불평등과 상대적 박탈감이 매우 심리적인 것임을 고려하여, 끊임없는 비교와 그로 인한 스트레스, 우울, 과도한 형식적 공정성에의 집착 등의 문제를 어떻게 해결할 것인가에 대한 단초를 제시하고자 하였다. 이를 위해 우리 사회가 다양한 삶의 양식들과 방식들이, 그리고 서로 다른 커리어와 인생 경로들이 비교적 동등한 가치를 가질 수 있도록 하는 상징 작업과 가치의 재정렬 작업을 끊임없이 수행해야 함을 강조하였다. 평등한 사회라는 것은 모두가 똑같은 사회가 아니라, 서로가 서로를 하나의 잣대로 비교할 수 없는, 모두가 서로 다른 모습으로 동등한 가치를 가지고 있는 사회인 것이다.

01
····

인류의 영원한 과제,
불평등과 공정성

1. 불평등의 심리적 풍경

1) 불평등 속 인간의 마음

불평등은 기본적으로 물질적인 격차이지만 또 다른 한편으로 매우 심리적인 것이다. 경우에 따라, 비교 대상에 따라, 사회의 특성에 따라 막대한 경제적 격차가 나는 경우에도 부정적인 기분이 들지 않을 수도 있고, 차이가 상대적으로 작은 경우에도 그것은 어떤 사람들에게는 매우 크게 다가올 수 있다. 불평등, 차이, 격차는 경제적·물질적인 것이지만, 사람들이 그것을 어떻게 해석하는지, 어떤 것에 주목하는지, 어떤 감정적 평가를 내리는지가 결국 불평등을 완성시킨다고 할 수 있다. 그러한 불평등의 심리적 측면을 가장 잘 드러낸 표현은 상대적 박탈감의 조건을 보여준 마르크스의 다음 유명한 구절일 것이다(Marx, 1847).

집은 조금 클 수도 있고 작을 수도 있다. 주변의 집들이 비슷한 작은 크기라면, 그 집은 거주를 하는 데 필요한 모든 사회적 조건들을 충족한다. 하지만 그 작은 집 옆에 대궐 같은 집(palace)을 들어서게 하면, 그 작은 집은 오두막집(hut)으로 전락한다.

어떤 인간의 생리적 필요조건을 만족시켜주는 물질적 환경은, 다른 인간의 그것과 비교되어 놓이는 순간 상징적이면서 상대적인 위치를 가지게 되고, 이는 심리적 비교가 치열하게 이루어지는 갈등과 경쟁의 장(field)을 순식간에 형성시킨다.

소스타인 베블렌(Thorstein Veblen)은 그의 저서 『유한계급론』에서 노동으로부터 자유를 얻는 것은 물질적 성취의 우월한 징표가 되고, 그것이 어떻게 고귀함과 명예로 받아들여지는지에 대해 반복적으로 설명한다. 낭비적 소비와, 아무 일도 하지 않는 여가, 심지어 술에 취하거나 약물에 취해 병리적 증상을 겪어도 그 자체가 영광스러운(honorific) 것이 될 수 있다. 왜냐하면 그것은 그렇게 할 수 없는 사람들로부터 그렇게 하는 사람을 구별(distinction) 지어주는 것이기 때문이다. 부(wealth)는 결국 그것을 소유하는 사람이 '다른 사람의 기분을 건드리는(invidious)' 기능을 하기에 의미가 있다(Veblen, 1899).

인간이 서로 상대의 지위나 위치가 어느 정도인지에 대해 얼마나 민감하게 신경을 쓰면서 사회적 세계를 살아가는지에 대해서는, 이미 경제학에서 베블렌뿐 아니라 토머스 실링(Schelling, 1960)이나 마이클 스펜스(Spence, 1974)의 신호이론들, 인류학에서의 마르셀 모스(Mauss, 1924)의 상징적 경계와 관련된 행위들, 동물연구에서는 자하비(Zahavi, 1975)나 그라펜(Grafen, 1990)의 연구들이 있었다. 또 사회학에서는 부르디외(Bourdieu, 1972)의 상징적 자본 이론이 등장하면서 동물행동학부터 사회과학의 제반 영역에서 그러한 사회적 신호들의 중요성을 밝혀왔다. 즉 인간이 사는 세상은 끊임없이 신호를 만들어(encoding) 발신하고, 수신하고, 그것을 해독(decoding)하고, 그것에 맞추어 반응을 하는, 신호로 가득한 세상인 것이다. 그리고 그렇게 신호로 가득한 세상에서 경제적 불평등은 단순히 의식주를 떠받치는 물질적 자원의 양만으로 해독이 되는 것이 아니라, 매우 정교하게 그것의 소유자가 어떤 위치와 지위를 차지하고 있는지를 나타내는 기호가 된다.

인간이 불평등의 심리에 있어 얼마나 정교한 신호를 주고받고 그것에 맞추어 생각이나 행동 양식을 적응하는지에 대하여 두 가지 사례를 살펴보자. 첫 번째로는 베블렌과 정확히 정반대의 설명이라 할 수도 있는 사례로, 베블렌이 '과시적(conspicuous)' 소비를 이야기했다면, 그것과 다르면서도 본질적으로 유사한 형태인 '비과시적(inconspicuous)' 소비의 예가 있다. 일군의 경제학자들의 연구(Charles, Hurst, and Roussanov, 2009)의 실증 분석에 따르면, 과시적 소비가 나타나는 것은 보편적인 현상이 아니고, 집단의 경제적 수준 정도에 따라 달라진다는 것이다. 즉 국가 전체적으로 풍족하지 못한 경우 (예: 개발도상국가), 거기에서 잘 사는 사람들은 과시적 소비를 하지만,

국가의 부유함이 어느 정도 궤도에 오르게 되면 지나친 과시적 소비는 오히려 손가락질을 받게 되거나 천박한 것으로 여겨지고, 옷이나 장신구보다는 고급스러운 취향이나 안목, 철학이 담긴 (남들의 눈에 크게 띄지 않는) 소비를 함으로써 은근하게, 간접적으로 구별 짓기의 신호를 보낸다는 것이다. 이러한 현상은 자신이 속한 집단이 전반적으로 풍족하지 못한 경우에도 적용이 되는데(예: 미국의 흑인 집단), 그러한 경우 자신은 부유하다는 신호를 차별적으로 보내기 위해 과시적 소비가 나타나게 된다. 즉 자신이 어떠한 위치에 있느냐에 따라 과시를 하는 방식과 스타일이 매우 달라지게 되는 것이다.

부르디외의 영향을 받아 상징적 경계를 연구한 사회학자들도 불평등의 맥락 속에서 사람들이 어떠한 전략적 위치 짓기의 노력들을 하는지 잘 보여준다. 예를 들어 경제적 수준이나 직업에 있어서의 위신이 상대적으로 낮은 위치를 차지하고 있는 사람들은, 그에 대해 보상으로서 자신들이 믿는 자기 절제와 규율의 윤리, 노동의 가치, 가족에의 헌신, 신뢰할 만한 성품과 도덕적 진실성 등을 강조하면서, 자신들의 도덕적 가치(moral worth)를 강조하고 자신들의 상사나 중산층의 태도를 비판한다. 중상류층 이상의 사람들은 그와는 다른 도덕적·윤리적 태도를 가지고 있다(Lamont, 2000, 1992). 즉 자원이 불균등하게 분배되어 있는 상태에서 사람들이 서로 갈등하고 경쟁하는 사회적 장(field)에 있어 자신의 위치를 정당화하기 위해 도덕적 차원(moral dimension)까지 동원하는 것이다(Sayer, 2010).

2) 불평등의 통제에 대한 희구

사람들 간의 상대적 비교가 가져다 줄 수 있는 갈등과 부정적 정서의 위험성을 가장 잘 알고 그것에 적극적으로 대응하고자 했던 것은 역설적으로 과거 군사정권이었다. '계층 간 위화감 조성'이라고 하는, 지금은 어느 정도 낯설게 된 용어가 그 당시에는 여러 가지 금지 정책들을 정당화시키는 단어로 너무나 쉽게 사용되고 적용되었다. 호화 사치품 수입은 물론 금지되었었고(예: 자동차, 오디오, 가구 등), 호텔 결혼식도 금지되었다(송호근, 2014). 대부분의 국민이 흑백TV 방송을 보던 박정희 정권 시절, 계층 간 위화감 조성의 명목으로 컬러TV 방송도 금지되어, 컬러TV는 수출만 하고 전두환 정권 시절의 '3S' 정책이 펼쳐질 때까지 컬러 방송을 할 수가 없었다. 과열 과외로 인한 위화감을 우려하면서 취한 평준화 조치, 이후 사교육 금지 또한 모두 군사정권 시절 이루어졌던 것이었고(박해남, 2018), 당시의 국민들은 이를 받아들일 수밖에 없었다.

권위주의 정권이 그와 같은 조치를 취한 것이 사회 불만을 일으킬 요인들을 최대한 억눌러 궁극적으로 정당성이 부족한 정권의 안정을 유지하기 위해 그런 것인지, 아니면 '권위주의'에 기초한 정권답게 질서와 통일성 그 자체를 희구하는 욕구가 있었던 것인지 분명하게 구별하기는 힘들다. 하지만 지금 기준으로 보면 그와 같은 매우 '불공정'한 정책을 당시 사람들은 비교적 순순히 이해하고 받아들였다. 그리고 이는 수십 년이 지난 현대에 와서도 '그때는 그렇게 평등해서 좋았다'는 식의 긍정적 회상과 추억으로 일부 사람들의 입에 떠오르기도 한다. 즉 분명히 공정성에는 어긋나는 것이지만, 그러한 환경이 주는 만족감과 형식적 평등이 어느 정도 강제된 상황에서 사람이 가지게 되는 모종의 편안함이 있었던 것이다.

이러한 심리는 비단 한국에서뿐 아니라 권위주의 정권이 있었던 많은 국가들에서 종종 유사하게 드러나는 것으로, 권위주의 향수(authoritarian nostalgia)로서 이야기된다(Chang, Chu, and Park, 2007). 중국의 경우 아직도 마오쩌둥의 초상화가 천안문(天安門)에 걸려 있는데, 중국인들의 경우 이 초상화를 보면서 마음의 위안이나 그리움을 느끼는 경우도 많고, 그러한 감정을 느끼기 위해 일부러 천안문 광장을 찾는 장년층 이상의 방문객 또한 많다. 마오쩌둥 시절을 그리워하는 대부분의 노년층은 그 이유로 빈부격차가 적었던 것을 주로 언급한다. 앞서 인용한 마르크스의 문구처럼, 기본적인 생리적 욕구를 충족시켜주던 나의 작고 안락한 집은, 그 옆에 대궐이 들어서게 되는 순간 헛간과 같은 곳으로 전락해버린다.

2. 불평등이 안 좋은 것이라면, 왜 그것을 없애지 않을까?

불평등이 위와 같은 심리적 영향력을 가지고, 사람들은 본래적으로 상대적 박탈감에 민감하며, 따라서 불평등은 최대한 통제해야 하는 것이라면, 왜 불평등을 근본적으로 없애지 않는가? 물론 불평등을 없애고 싶어도 없애기 힘든 다양한 구조적·정치적·현실적 이유들은 있을 것이다. 여기서는 그중 많은 것들을 제외하고, '공정성'의 문제에 집중하기로 한다. 즉 사람들로 하여금 실제로 불평등을 없애는 것에 덜 관심을 가지게끔 하는 믿음들이 있는데, 그것들을 두 가지로 나누어 살펴보자. 두 이유 모두 불평등과 공정성의 문제를 분리해서 생각하고자 하는 심리와 관련이 되어 있다.

1) '기회의 불평등과 결과의 불평등은 다르다'는 믿음

(1) 인지적 편향의 문제

불평등은 결과에 대한 묘사다. 어떤 과정을 거쳐서 시간이 흘러 결과적으로 나타나게 된 결과가 자원의 균등한 배분이 아닌, 불균등한(unequal) 모습의 배분을 보여주고 있다는 것이다. 그런데 사람들은 그와 같은 불균등한 자원 배분 및 분포 양상을 마주할 때, 곧바로 어떤 의견을 형성하기보다는 왜 그러한 결과가 나타나게 되었는지에 대해 궁금해 하고 알고 싶어 한다.

사람들이 어떤 결과를 보았을 때 그것의 원인에 대해 알고 싶어 하는 경향성은, 사람마다 차이는 있지만 상당히 높다. 일례로 유명한 사회심리학·긍정심리학자인 대니얼 길버트(Daniel Gilbert)가 행한 실험 중 하나로, 누군가 문 앞에 아무런 노트나 설명도 없이 장미꽃 바구니를 놓고 가면 그것을 받은 모든 사람들은 누가 그것을 가져다 놓았을까를 궁금해하면서 매우 행복해한다. 궁금증을 불러일으키는 그러한 경험은 평생 동안 흐뭇한 감정으로 이야기할 수 있는 에피소드이자 추억으로 남게 된다. 그런데 그 꽃바구니를 누가 가져다 놓았을지에 대해 알려줄지를 물어보면 참여자의 100%가 누가 보냈는지를 알고 싶다고 응답하고, 누가 보냈는지를 끝까지 알려주지 않은 집단에 비해 결국 낮은 행복감을 보이게 된다. 즉 인간은 자신의 행복을 희생해서라도 알고자 하는 욕구를 충족하고자 하는 흥미로운 특징을 가지고 있다.

설명을 요청하는 어떤 현상이 있을 때 그것의 원인에 대해 알고자 하는 이런 성향은 인지적 욕구(need for cognition) 혹은 인지적 동기(cognitive motivation)로 설명된다. 이것은 철저히 개인적인 수준에서도 일어날 수 있지만 집단적인 수준에서도 일어난다. 사회심리학자 수전 피스크(Susan Fiske)가 제시한 인간의 다섯 가지 핵심 사회적 동기(core social motives)에는 이해(understanding)가 한 부분을 차지하는데, 이는 집단의 다른 사람들과 주어진 현실을 파악하는 이해를 공유하고자 하는 동기를 의미한다. 이러한 동기들이 대체로 개인이나 집단 수준의 생존력을 높이는 메커니즘으로 작동된다는 것을 생각하면, 어떤 이해를 집단 전체적으로 공유하는 것이 집단의 경쟁력을 높였다고 생각할 수도 있을 것이다.

그런데 이러한 이해에 대한 욕구와 설명에 대한 욕구는 '정의'의 문제에 있어서는 한층 더 활발한 형태로 작동하는 경우가 많다. 즉 누가 잘했고 잘못하였는지, 누가 처벌을 받아야 하고, 벌어진 일에 대해 누구에게 책임을 물어야 하는지 등이 그것이다. 이와 같은 정의의 문제와 관련된 욕구를 사회심리 문헌에서는 '정의 동기(justice motive)'라고도 일컫는데, 기본적으로 세상에 벌어지는 현상들을 설명하고자 하는 욕구를 인간이 가지고 있는 것에 대한 이론으로서, '공정세계 신념(belief in the just world)'에 대한 이론으로도 제시된다. 이는 인간이 가지고 있는 일종의 인지적 편향성을 지목하는 이론인데, 사람들이 세상에서 벌어지는 일의 원인에 대해 설명할 때 범하는 근본 귀인 오류(fundamental attribution error)의 일종이라고 할 수 있다.

이러한 공정세계 신념 혹은 정의 동기를 강하게 가지고 있는 사람들은 세상에서 관찰되는 일들에 대해 기본적으로 '그럴 만한 이유가 있을 것'을 가정하고 해석하는 경향성을 지닌다. 그러한 인지적 정보처리는 심리적 안정감을 주고 불확실성에 대한 불안을 감소시키기 위해 주로 발생하는 것으로 볼 수 있다. 문제는 그러한 특성은 현실을 현 상태(status quo) 그대로 받아들이고 정당화하는 기제로 작동할 수 있다는 것이다. 예를 들어 사회적으로 심각한 불평등 문제가 있을 때, 그것을 어쩔 수 없거나 어느 정도 정당한 이유가 있을 수밖에 없는 것으로 자동적으로 생각하는 경향 혹은 구조적으로 기회가 박탈된 처지의 사람들이 겪는 실패와 고통에 대해서도 개인의 능력이나 자질로 문제적 결과를 귀인시키는 오류를 범할 수 있는 것이다.

(2) 왜 결과와 기회는 분리될 수 없는가?

무언가를 알고자 하고, 그것을 특정한 방식으로 설명하고자 하는 인간의 욕구는 불평등과 정의 문제를 연관 지어 이야기할 때, 끊임없이 결과의 불평등과 기회의 불평등 문제를 구분 짓고자 한다. 여기에 깔려 있는 기본 가정은 기회의 불평등, 즉 게임의 규칙에 해당하는 공정성이 문제이지, 결과의 불평등은 기회와 절차의 공정성이 확보된다면 그 자체로 정당할 수 있다는 것이다.

2017년 5월 취임사에서 문재인 대통령은 "기회는 평등하고 과정은 공정하며 결과는 정의로울 것"이라는 문구를 남겼는데, 여러 가지 측면에서 흥미로운 논의를 불러일으키게 한다. 여기서 '기회의 평등'이라든가 '과정의 공정함'은 그것이 무엇인지 (현실적으로 무엇을 어떻게 할지 대한 물음과는 별개로) 상대적으로 직관적으로 와 닿는 반면, '정의로운 결과'는 무언가 확실하지 않은 느낌과 궁금증을 남게 한다. 결과 자체가 정의롭다는 것은 무엇일까. 그런데 위 문구는 그것에 대한 힌트를 직접적으로 제시하는데, 기회와 과정이 공정하다면, 결국 그에 따른 결과도 정의로울 것이라는 메시지를 함축하고 있다. 기회–과정–결과의 연쇄사슬로 이루어진 사건의 발생 구조에서 그러한 해석이 도출되는 것은 피할 수 없는 것으로 보인다.

분배정의(distributive justice)에 대한 많은 논의들에서도 결국 분배의 정당성 여부를 판단할 때도 결국은 기회와 절차의 공정성 문제가 결부되는 경우가 많다. 그런데 과연 결과의 불평등과 기회의 불평등을 구분하는 것이 현실적으로 가능할까?

앳킨슨이 그의 저서 『불평등을 넘어』에서 제시하듯, "오늘 사후적으로 나타난 결과는 내일 경기의 사전적인 조건이 된다. 오늘 결과의 불평등에서 이득을 얻는 이들은 내일 자녀들에게 불공평한 이익을 물려줄 수 있다."(Atkinson, 2015) 오늘의 불평등이 이후의 세대의 불평등에 상당 부분 영향을 준다는 것은 자명한데, 그러한 논리를 다시 과거세대와 현세대에 적용하면, 현세대의 불평등 또한 과거 세대의 불평등 구조에 영향을 받아 만들어졌다고 할 수 있다. 즉 어느 세대나 '결과'적으로 나타난 불평등은 그 이전 세대의 불평등에 의해 만들어진 '기회'의 불평등의 영향을 받은 것이고, 다시 다음 세대를 위한 '기회'에 있어 또 불평등을 만들어낸다고 보아야 한다.

이러한 관점에서는 기회만 평등하고 공정하다면, 즉 게임의 룰만 공평하게 잘 갖추어져 있다면 불평등한 결과를 정당화할 수 있다는 생각은 지지받을 수 없음이 분명해진다. 물론 기회가 동등하게 제공될 수 있도록 하는 것 자체가, 다시 말해 기회의 공정성을 강화하고자 하는 것 자체가 결과의 불평등이 가져오는 차별적 효과를 감소시키는 것이기에 기회의 공정성을 강조하는 것은 곧 결과의 불평등을, 혹은 그것이 미칠 수 있는 영향력을 줄이고자 하는 것이라 주장할 수도 있다.

위와 같은 주장은 전혀 타당하지 않은 것은 아니지만 기회와 결과의 불평등이 가지는 단단한 연결고리를 약화시키는 것은 현실적으로 역부족이라 할 수 있다. 불평등의 구조가 기회의 불평등과 비교적 견고한 관계를 가지고 유지될 수 있음에 대해서는 많은 사회학적 이론들이 이미 그 기제를 제시한 바 있다. 사회학자 로버트 머튼(Robert Merton)이 이야기한 누적적 이득(cumulative advantage) 이론은(Merton, 1968) 다양한 영역에서 최초의 작은 차이가 어떻게 되먹임 효과를 통해 이후의 큰 격차로 이어지는지를 보여준다. 찰스 틸리(Charles Tilly)는 그의 책 『견고한 불평등(Durable Inequalities)』을 통해 구조화된 불평등이 지속되는 메커니즘으로 착취와 기회 챙김(opportunity hoarding) 등을 제시한다(Tilly, 1988). 특히 기회 챙김은 '지대 추구'의 메커니즘과 매우 유사한데, 노력과 성취에 대한 정당한 대가로서의 이익추구(profit-seeking)를 하는 것이 아닌, 게임의 규칙을 바꾸고, 공정하지 않은 방법으로 경쟁의 룰을 벗어나 자신에게 이익이 돌아오도록 하는 지대 추구(rent-seeking)적 노력이다. 경제적으로 불안정한 사회에서 이렇게 '경쟁의 제약'을 만들어내는 행위가 널리 퍼져 있고 기득권 추구 및 '밥그릇 챙기기'가 무의식적으로 이루어지는 한국 사회의 모습이 이러한 개념들을 통해 잘 표현된다고 할 수 있다. 이 밖에 개인이 가진 경제적 자본이 사회적 자본이나 문화적 자본으로 전환될 수 있고, 그런 다른 종류의 자본들은 다시 경제적 자본으로 전환(conversion)될 수 있음을, 그리고 상류층은 자신들의 문화자본을 자녀들에게 전승(transmission)함으로써 그런 자본 간의 전환을 통해 자본의 불평등한 분배가 지속될 수 있음을 부르디외는 주장하였다(Bourdieu, 1986). 이러한 논의는 왜 기회의 불평등과 결과의 불평등이 떼려야 뗄 수 없는 관계에 있는지를 잘 나타내고, 기회의 공정성만을 바로잡는 것이 불가능함을 보여준다.

2) '빈곤만 해결하면 되지 불평등이 왜 문제인가'라는 믿음

빈곤, 특히 절대적 빈곤이 문제라는 것, 그리고 그것이 사회적으로 해결해야 할 문제라는 것에 동의하지 않는 사람은 없다. 정치적으로나 이데올로기적으로 극단에 있는 사람들이라 할지라도 궁극적으로 자신들의 정책이나 신념을 통해 결국은 그러한 빈곤 문제가 해결될 수 있을 것이라 생각한다.

이에 비해 불평등이 이해되고 이야기 되는 방식은 그것과 다르다. (절대적) 빈곤 자체가 윤리적으로 정당화되기 힘들고 그것을 없애야 한다는 것에 원칙적으로 모두가 동의할 수 있는 반면, 불평등에 대해서는 오히려 그것이 어느 정도 필요하고 불평등을 통해 사회가 발전하고 경제가 성장하며 인간이 위대한 성취들이 탄생할 수 있다는 믿음이 존재한다. 영화 〈월스트리트(Wall Street)〉의 주인공에서 자본주의적 탐욕의 화신으로 등장하는 고든 게코가 말한 (영화 역사상 명언 중 하나인) "탐욕은 좋은 것이다(Greed is good)"라는 말은 그러한 정신을 반영한다.

이와 같은 생각은 우리 사회에서 빈곤을 최대한 없애는 것 정도, 빈곤한 사람들을 도와주는 것 정도만 관심을 가지면 되지, 불평등을 왜 신경 써야 하는가 하는 믿음으로 제시된다. 자신의 능력으로 성공해서 잘 사는 사람들이 부를 쌓고, 부자가 되고, 물질적 풍요를 누리는 것을 왜 시기, 질투하여 그것을 빼앗아 다른 사람들에게 나누어 주어야 하냐는 것이다. 빈곤이라는 부정적 현실만 개선시키면 되지, 잘사는 사람이 아주 잘살게 되어 생기는 격차를 줄일 필요는 없다는 생각을 가진 사람들, 학자들 또한 적지 않게 존재한다. 그렇다면 이와 같은 주장 혹은 믿음의 문제는 무엇일까? 크게 두 가지를 살펴보자.

(1) 기회와 절차에 있어서의 불공정성

일차적으로 생각할 수 있는 문제는 앞서 언급한 기회와 절차의 불평등과 관련되어 있다. 즉 현재 존재하고 있는 불평등이 기회의 격차에 따른 부의 대물림에 의해 생겨난 것이라면, 위의 믿음이 정당화하고자 하는 불평등 자체가 불공정성의 산물이라고 할 수 있다. 본 연구의 일환으로 진행되었던 일반인 대상 표적집단인터뷰 (FGI)의 결과를 살펴보면, 현재 한국 사회에 존재하는 기회와 자원의 분포 구조에 대해 매우 불공정한 측면이 있다고 생각하고, 특히 부동산 가격의 급격한 상승과 같은 개인이 통제할 수 없는 요인들에 의해 크게 영향을 받으며, 경제적 하층의 사람들은 그러한 부동산 가격으로 인한 격차를 도저히 이겨낼 수 없을 정도로 불평등의 구조가 견고하는 것으로 생각하고 있다. 이처럼 결과의 불평등 자체가 불공정한 메커니즘에 파생되는 것은 정의롭지 못한 결과라고 할 수 있다.

(2) 자유주의적 관점의 자기 모순성

불평등을 정당화하는 믿음은 일종의 자유주의적 관점에 기인하는 경우가 많은데, 그것은 정의로운 사회는 어떤 특정한 목표(end)를 추구하는 것이 아니라, 개인들이 자유롭게 자신이 원하는 목표를 추구할 수 있게끔 하는 사회라는 비전이다(Sandel, 1984). 이러한 정치철학적 혹은 일종의 경제학적 관점은 개인의 권리가 가장 중요한 것이고 그 어떤 대의나 집합적 목표를 위해서라도 훼손될 수 없다는 것이 핵심이다. 정치철학자 마이클 샌델(Michael Sandel)은 이와 같은 관점이 가지고 있는 인간상을 '구속받지 않은 자아(unencumbered self)'라고 묘사하였다. 이러한 인간상을 추구하는 자유주의적 관점은 자기 자신, 그리고 자신이 가지는 자유에 대한 권리를 그 어떤 것으로도 구속하거나 부차적인 것으로 밀어낼 수 없고, 그리하여 본질적으로 인간 해방적인 윤리로서 영감을 제시하고자 한다.

그런데 이러한 자유주의적 관점이 가지고 있는 중요한 함정이 있다. 절차적 정의(procedural justice)만 지켜지면 되고 결과는 상관이 없다고 생각하는 믿음에 기초한 '과정의 공화국(procedural republic)'(Sandel, 1984)이 추구하는 이러한 자유주의적 관점은 오히려 자기 자신을 부정하는 결과를 낳을 수 있다. 그 어떤 도덕적·시민적 결속에도 얽매이지 않는 구속받지 않는 자아(unencumbered self)

166

들로 가득 찬 세상은, 결과적으로 모든 공동체적 의무와 연결고리
들을 약화시키면서 결과적으로 자유주의자들이 목표로 하는 세상
을 스스로 전복시키는 일('self-subverting enterprises')을 낳는 것이다
(Sandel, 1996). 예를 들어 모든 사람들이 철저하게 자유주의적 관점
에서 행동하고, 그러한 자유에 기초해서 제도들을 만들고 공동체
의 규율들을 정하면, 그렇게 해서 생겨나는 불평등과 격차, 차별,
이기주의로 인해 많은 사람들이 오히려 자신들이 목표로 하는 것
을 추구할 수 없는 상태에 놓이게 된다. 즉 자유의 절대적인 추구
는 오히려 자유가 주는 기회를 발휘할 수 없게끔 만드는 역설적인
결과를 낳는다.

　절대적 자유의 용인과 추구가 낳을 수 있는 자유의 제한과 훼손
이라는 역설이 어떻게 생겨날 수 있는가에 대해서는 리처드 윌킨슨
과 케이트 피켓이 쓴 『Spirit level』이라는 책에 매우 잘 묘사되어 있
다(Wilkinson and Pickett, 2009). 이 책에서는 다양한 통계와 경험적 자
료를 통해 어떻게 불평등이 높은 사회에서는 전체적으로 사회의 신
뢰가 낮아지고, 사람들의 불안과 질병이 많아지며, 수감률이 올라
가고 불필요한 과잉 소비를 낳는지, 그리고 불평등한 국가들일수록
사람들의 생애 전반에 걸쳐 폭력, 비만, 교육, 아동 문제 등 부정적
인 현상들이 더 많이 일어나는지를 보여준다. 불평등이 파생시키는
그와 같은 부정적 효과들은 결국 자유주의적 관점에서 불평등이
문제가 될 것이 없다고 생각하는 믿음을 반박한다.

02
....

한국인들의 불평등과 불공정성 인식

앞서 불평등에 있어 근본적으로 심리적 측면의 중요성을 지적하고, 결과로서의 불평등은 기회의 불평등과 뗄 수 없는 관계를 가지고 작동함을 강조하였다. 그렇다면 한국인들이 생각하는 한국 사회 불평등의 모습은 어떠하고, 그들이 추구하는 이상적인 상태의 모습은 어떠할까?

1. 불평등 인식: 이상과 현실

한국인들이 경제적 불평등의 양상과 이상적으로 생각하는 모습과의 차이를 살펴보자. 다음은 2009년도 한국종합사회조사에서

〈그림 5-1〉 한국종합사회조사 계층구조 인식과 이상에 대한 문항

다음의 다섯 가지 그림은 서로 다른 사회의 유형을 보여주고 있습니다. 각 그림의 설명을 읽고 한국을 가장 잘 나타내는 그림이 무엇인지 선택해주십시오.

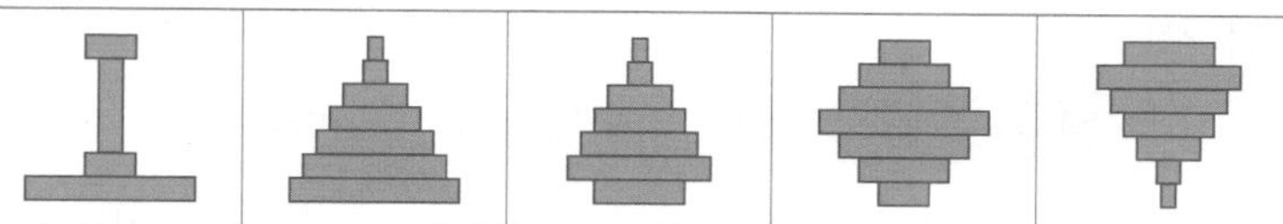

유형 A	유형 B	유형 C	유형 D	유형 E
소수의 상층 엘리트와 극소수의 중간층 그리고 대다수의 최하층	피라미드 형태로 소수의 상층 엘리트, 더 많은 중간층과 가장 많은 하층	피라미드 형태이나 최하층이 비교적 적음	중간층이 가장 많은 사회	다수의 상층과 점점 적어지는 하층

활용된 문항으로 전반적인 한국 사회의 계층구조가 어떠한 양상을 띠고 있는지에 대한 의견을 물어본 것이다. A쪽으로 갈수록 극단적인 양극화 사회, E 방향으로 갈수록 중산층 혹은 중상류층이 두터워지는 사회의 모습을 나타내고 있다.

이 조사에서는 먼저 현재의 한국 사회가 어떤 유형과 가깝다고 생각하는지, 그리고 다음으로 한국 사회가 어떤 유형이 되어야 한다고 생각하는지를 물어보았다. 그렇다면 이에 대해 우리나라 사람들은 어떻게 응답했을까? 〈표 5-1〉을 보면 현실과 이상에 대한 명확한 인식 차이가 나타난다.

〈표 5-1〉 한국 사회의 현재 모습과 이상적 모습에 대한 의견 비교

	A	B	C	D	E
현재의 모습	19.09	35.03	25.77	15.12	4.98
이상적 모습	0.57	5.03	9.00	64.00	21.40

먼저 현재의 모습에 대해서 가장 많은 사람들이 선택한 모습은 B(35%)이고 C(25.8%)나 A(19.1%)가 뒤를 이었다. 한국 사회의 모습이 B와 같다는 것은 전반적으로 한국 사회의 모습을 하층이 두터운 피라미드 형태로 생각하고 있음을 뜻한다. 그렇다면 이상적인 한국 사회의 모습은 어떠해야 한다고 생각하는가? 응답을 보면 64%의 사람들이 유형 D를 택하고, 이어 유형 E를 택한 것을 볼 수 있다. 즉 대부분의 사람들은 중산층이 가장 두텁거나 하층이 규모가 작은 계층구조를 선호한다는 것을 알 수 있다. 이러한 응답 분포는 주관적 계층에 따라서도 거의 동일하게 나타나, 전 사회적으로 상당히 유사한 선호를 가지고 있음을 보여주었다.

이러한 한국인들의 선호는 아리스토텔레스가 "가장 완벽한 정치적 공동체는 중간계급이 통제하고 다른 두 계급(상층과 하층)보다 숫자가 많은 것이다"라고 말했던 것을 연상케 한다. 물론 '중간층'이라는 것이 정확하게 무엇을 의미하는지는 분명치 않다. 그것은 객관적인 소득수준에 의해서만 정의 내려질 수 있는 것이 아니라 소비와 생활양식과도 깊은 관계를 가지기 때문이다. 약 40년 전 한완상·권태환·홍두승(1987)의 중산층 조사에서는 생활양식의 관점에서 중산층의 기준을 다음과 같이 기술하고 있다. "그렇게 잘살지는 못하나, 아이들을 대학까지 보낼 수 있고 체면치레할 만큼 교제도 하며 여름휴가엔 가족 바캉스도 다녀올 수 있고 문화적인 생활도 어느 정도 즐기고 있다." 중산층에 대한 이러한 묘사는 매우 흥미로운 부분이 있는데, 어떤 소득 분위에 대한 뚜렷한 정의를 내리기보다는 여러 가지 측면에서 '체면치레'를 할 수 있다는 점이 중요하다. 즉 아주 잘 살 필요는 없으나, 문화생활도 '어느 정도' 즐길 수 있고, 자녀들이 대학을 가는 상징자본의 성취, 여름에는 어디가 되었든 '바캉스'를 가는 문화자본 또한 누릴 수 있음이 중요한 것이다. 위의 사회조사 결과를 이와 연결 지어 생각하면, 한국인들은 대부분의 사람들이 그래도 어느 정도 '체면치레' 할 수 있을 정도의 생활양식과 소비 및 여가를 즐길 수 있는 조건에서 살 수 있기를 바란다고 할 수 있다. 따라서 그런 여건에 놓이지 못한 사람들의 입장에서는 아무리 현재의 시장 메커니즘과 국가가 갖추고 있는 제도 및 시스템이 정당성을 가진다 하여도 불공정한 것으로 인식할 수밖에 없다.

2. 개인의 노력은 의미가 있는가?

그렇다면 이와 같은 현실에서 개인들은 그들의 노력이 어떠한 경제적 결실을 가져올 수 있다고 생각하는가? 경제적 불평등과 양극화의 구조가 너무도 견고하고 쉽사리 바꿀 수가 없다면, 개인의 어떤 노력이나 능력도 큰 의미가 없을 것이다.

먼저 2020년 한국학중앙연구원의 조사로 이루어진 「한국인의 가치관과 호혜적 관계에 대한 조사」에서 나타난 결과를 살펴보자. 이 조사에서는 사람들의 '경제적 냉소'를 측정하기 위해 세 가지 문항을 활용하였다. 첫째로 '우리 사회에 상류층과 하류층은 이미 정해져 있고, 개인의 노력으로 바꾸기 힘들다', 둘째로 '경제적 불평등은 앞으로 더 심해지면 심해지지 줄어들지 않을 것이다', 마지막으로 '성실하게 살면 누구나 잘 살 수 있다'이다.

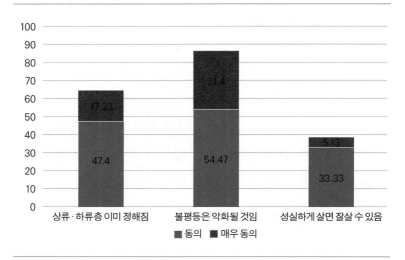
〈그림 5-2〉 한국인들의 경제적 문제에 대한 냉소적 태도

이 문장들에 대해 동의하는 사람들의 비율은 어느 정도인가? 그 결과는 〈그림 5-1〉에 나타나 있다. 먼저 상류·하류층이 이미 정해져 있어서 개인의 노력으로 바꾸기 힘들다고 생각하는 사람들의 비율은 약 65%의 사람들에 달한다. 다음으로 불평등이 앞으로 점점 심해질 것이라고 생각하는 사람들의 비율은 매우 높은데, 대략 전체의 86%에 해당한다. 반면 성실하게 살면 잘살 수 있다는 믿음을 가지고 있는 사람들의 비율은 약 38%에 그쳤다.

반면 문화일보의 후원으로 2019년도에 진행되었던 「한국 사회 공정성 조사」에서는 현재 한국 사회에서 개인의 노력이 얼마만큼 의미가 있는지에 대한 질문들을 던졌다. 먼저 "우리사회를 평가해 볼 때, 개인이 노력하면 상층으로 이동할 가능성이 얼마나 크거나 작다고 생각하십니까?"라는 질문에 대해서는, 가능성이 '전혀 없다'고 응답한 사람이 8.2%, '가능성이 거의 없다'고 응답한 사람이 51.5%로, 대략 60%의 사람들이 상층 이동 가능성에 대해 심히 회의적으로 생각하고 있음을 보여준다. 다른 한편, "우리사회를 평가해볼 때, 귀하가 자칫하면 하층으로 떨어질 가능성이 얼마나 크거나 작다고 생각하십니까?"라는 질문에 대한 의견을 물어보았다. 결과는 조금 더 부정적으로 나왔는데, 약 21%의 응답자가 그러한 가능성이 '너무 크다'고 응답하였고, 절반이 넘는 사람들(52.3%)이 그러한 가능성이 '약간 있다'라고 응답하였다. 양자를 합치면 약 73%의 사람들이 자신이 하층으로 떨어질 가능성에 대해 생각하면서 살고 있음을 의미한다.

위의 문항들과 한국 사회가 얼마나 공정하다고 생각하는지 물어본 문항(1: 매우 공정하지 않음 - 10: 매우 공정함)을 교차하여 살펴보면, 한국 사회가 기회가 없고 자신이 하층으로 떨어질 가능성이 높다고 생각하는 집단은 한국 사회의 공정함 정도에 대해 대략 평균적으로 3점 정도라고 생각하고, 기회가 많고 자신이 하층이 될 가능성이 없다고 생각하는 집단은 한국 사회의 공정함 정도가 5점을 상회한다고 평가하는 것으로 나타난다.

즉 사람들에게 기회가 얼마나 열려 있는가, 자신의 노력으로 자신의 미래를 바꿀 수 있다고 생각하는지 여부에 따라 한국 사회의 공정성 인식에 차이가 나타나는 것이다. 물론 위에서 한국 사회의 공정함의 정도가 평균 5점 정도 된다고 응답한 집단도, 절대적 수준에서 놓고 보면 10점 척도에서 5점이기 때문에, 한국 사회를 긍정적으로 평가한 것이라고 하기는 힘들다.

자신의 노력으로 세상을 바꿀 수 없다는 느낌, 지금의 위치보다도 더 아래로 추락할 수도 있다는 느낌은 단순히 공정성에 대한 인식만을 훼손시키지 않는다. 자신의 경제적 조건과 처지에 대한 주관적 이해는 사회적 상호작용에도 영향을 미치게 되는데, 같은 설문조사 자료를 사용해 분석해보면 본인의 주관적인 경제적 지위가 낮다고 생각하는 사람들일수록 '가족이나 친구 등 주변 사람들로부터 무시를 당하거나 인정받지 못한다는 느낌을 받고 있다'고 응답하는 것으로 나타난다.

자신이 아무리 노력해도 결국은 상황을 바꿀 수가 없고, 자신이 처한 현실로부터 탈출할 수 없다는 환경 속에서 사람들은 울분을 싹틔우게 된다. 필자가 서울대학교 융복합 연구 과제(「울분 측정의 타당도와 신뢰도 제고 방안」, 연구책임자: 서울대학교 보건대학원 유명순 교수)의 일환으로 진행한 설문조사 결과에 따르면, 한국인들이 '울분'을 느끼는 경우는 누군가 잘못을 하여 자신이 큰 피해를 입었다는 생각을 하게 되면 분노가 일어나는데, 그러한 현실을 바꿀 수가 없어 우울함을 경험하는 경우, 즉 분노는 끓어오르나 현실의 벽 앞에서 계속 무기력 해지는 과정을 통해 억눌린 분노로서 울분을 경험하는 것으로 나타났다. 기존 연구들에 따르면, 사람들의 울분 정도는 가구소득이 올라갈수록 평균적으로 낮아지고, 비정규직이 정규직 보다 울분 점수가 높다(유명순, 2019; 유명순 외, 2018). 정종원 외(2019)의 연구에서는 자신의 노력이나 성과가 아무런 인정을 받지 못하고 주변 사람들이 자신의 고통을 알아주지 않을 때 받는 '무효화(invalidation)'의 수준이 울분 점수를 높이는 것을 보여주었다. 유명순 외(2018)는 아울러 세상이 공정하게 작동하지 않는다는 믿음(belief in the just world)이 훼손된 사람들은 높은 울분 수준을 가짐을 보여준다. 앞서 소개한 다양한 분석 결과들을 종합하면, 한국 사회의 구조화된 불평등과 개인의 노력이 무효가 되어버리는 많은 경험은 사람들의 마음속에 이와 같은 울분의 감정이 쌓이게 할 것으로 생각할 수 있다.

3. 어떤 기준으로 분배를 해야 하는가?

앞서 언급한 「한국 사회 공정성 조사」에서는 다음의 질문을 통해 한국 사람들이 어떠한 원칙에 따라 물질적 분배가 이루어졌는지를 조사하였다. 설문 문항에서는 "귀하는 한국 사회에서 보상을 분배하는 방식을 결정할 때 다음의 각 요소들이 각각 얼마나 고려가 되어야 한다고 생각하십니까? 각각의 수치를 모두 더했을 때 100%가 되도록 분배해주시기 바랍니다"와 같은 문장으로 시작하여 다음과 같은 보기를 주었다.

(1) 노력이나 투자를 많이 한 사람에게 더 많은 보상을 주는 것	_____ %
(2) 모든 사람들이 어느 정도 평등하게 보상을 나누는 것	_____ %
(3) 어려운 처지에 있는 사람에게 더 많은 보상을 주는 것	_____ %

위 질문에 대하여 사람들은 어떻게 응답을 하였을까? 다음 〈표 5-2〉는 3개의 세부 문항들에 대한 사람들의 응답들을 범주화하여 보여준다. 수치상으로 보면 사람들이 가장 선호하는 것은 '노력이나 투자를 많이 한 사람'에게 보상을 주는 것이다. 이어서 모두에

〈표 5-2〉 선호하는 분배 방식

	노력·투자	모두 평등	어려운 처지
0%	0.2	3.1	2.6
1~10%	1.1	13.4	20.0
11~20%	5.6	21.6	35.7
21~30%	15.8	35.0	25.6
31~40%	18.4	15.2	11.0
41~50%	26.1	9.5	3.6
51~60%	13.8	0.9	1.1
61~70%	9.8	1.0	0.3
71~80%	6.2	0.0	0.1
81~90%	1.9	0.1	0.0
91~99%	0.1	0.0	0.0
100%	1.0	0.2	0.0

게 평등하게 나누어 주는 것을 선호하고, 아주 근소한 차이로 어려운 처지에 있는 사람들을 위한 분배를 선호한다. 가구소득이 높은 사람들일수록 모두 평등하게 보상하는 것에 대해서는 선호하지 않고, 노력·투자 혹은 어려운 처지를 선택하는 사람들의 비율은 크게 변화하지 않는다.

이러한 결과를 보면 한국인들의 경우 기본적으로는 자원을 분배하는 방식에 있어 노력과 투자와 같은 것을 바탕으로 공정성 기준을 생각한다는 것을 알 수 있다. 그런데 그렇다고 해서 모든 자원의 분배가 그러한 기준만으로 결정되는 것을 선호하는 것은 아님 또한 위 표를 통해 나타난다. 전체 보상의 대략 절반을 좀 넘는 수준까지는 그러한 노력 대비 성과를 얻는 것(equity)에 기초하여 분배를 하되, 그 이상의 영역에서는 공평(equality)이나 어려운 사람들을 돕는(need) 분배정의의 원칙을 따르고자 하는 욕구가 있는 것이다.

상대적 박탈감이 한국인들의
사회적 태도에 미치는 영향

이 절에서는 한국인들의 상대적 박탈감이 한국 사회 공정성 인식, 사회적 신뢰, 사회적 냉소, 일상적 감정 상태, 친사회적 처벌 의사와 같은 여러 가지 사회적 태도들에 미치는 영향을 살펴본다.

여기서 다루는 상대적 박탈감은 개인적 상대적 박탈(PRD) 척도로서 Callan, Shead와 Olson(2011)의 다섯 항목으로 이루어진 척도를 사용하였다. 이 척도에 나오는 문항들은 사람들이 자기 자신과 타인들의 결과들을 비교하면서 가지는 일반적인 믿음과 느낌들을 측정한 것으로, 기존의 연구들에 의해 내적 타당성과 조사−재조사 타당성을 확보한 것으로 여겨지고 있다(Callan et al., 2015)

상대적 박탈감 척도를 구성하는 문항들은 다음의 다섯 가지다.
① 내 주변의 사람들이 가진 것과 내가 가진 것을 비교하면 나는

박탈감을 느낀다, ② 내 주변의 사람들과 나를 비교하면 나는 많은 것을 누리고 있다고 생각한다, ③ 내 주변 사람들이 잘 사는 모습을 보면 분하다, ④ 내 주변 사람들과 비교하면 나는 비교적 경제적으로 잘 살고 있다고 생각한다, 그리고 ⑤ 내 주변 사람들이 가진 것과 내가 가진 것을 비교하면 불만족스럽다. 이 문항들을 요인분석을 활용하여 요인점수 변수를 만들어 아래에 나오는 분석들에 활용하였다.

1. 상대적 박탈감과 공정성 인식

먼저 필자가 가지고 있는 여러 자료들을 활용하여 기본적으로 위 문항들을 바탕으로 구성한 상대적 박탈감 점수는 개인의 소득이나 주관적 계층과 뚜렷한 부적(negative) 상관관계를 가지고 있음이 나타난다. 따라서 이 변수는 경제적 불평등의 구조에서 개인들이 차지하고 있는 위치를 반영하는 변수라고 할 수 있다.

2020년도에 한국학중앙연구원의 지원을 받아 실시한 설문조사에서는 서울시민 1,807명을 대상으로 상대적 박탈감과 한국 사회에 대한 공정성 인식을 물어보았다. 분석 결과 다음의 〈그림 5-3〉과 같은 흥미로운 경로가 확인이 되었다. 여기서 개인의 가구소득은 한국 사회에 대해 얼마나 공정하다고 생각하는지에 직접적인 관계를 가지지 않는 것으로 확인되었다. 그런데 그렇다고 하여 가구소득이 공정성 인식에 전혀 영향을 미치지 못하는 것은 아니고, 바로 상대적 박탈감을 통해, 즉 박탈감이 매개변수로서의 역할을 하

<図림 5-3> 소득이 공정성 인식에 영향을 미치는 경로

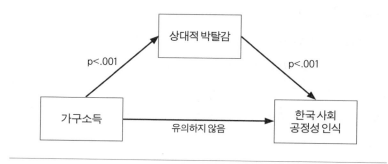

면서 낮은 가구소득이 높은 박탈감으로 이어지고, 그렇게 높아진 박탈감은 한국 사회에 대해 덜 공정하다고 생각하는 쪽으로 태도에 영향을 주는 것이 확인되었다(간접효과 p<.001).

반면 가구소득 대신 주관적 계층의식 변수를 투입하면 직접효과와 간접효과 모두 다 유의한 것으로 나타난다. 결국 사회 공정성에 대한 인식은 개인들의 비교적 객관적인 소득수준이 아니라 살아가면서 겪는 다양한 주관적 체험과 그것을 바탕으로 형성되는 본인의 상대적 위치에 따라 결정되는 것이고, 양극화된 불평등 구조에서 개인들이 느끼는 박탈감과 그로 인한 불공정성 인식의 심화된 관계를 살펴볼 수 있다.

2. 상대적 박탈감, 신뢰, 냉소적 태도

다음으로, 한국학중앙연구원의 지원을 받아 2020년에 실시한 전국의 성인 대상 사회조사(N=1,500)에서는 상대적 박탈감과 여러 집단들에 대한 신뢰의 정도 간 관계를 살펴보았다. 이 분석에서도 역시 상대적 박탈감의 효과는 매우 유의했는데, 상대적 박탈감이 클수록 일반적인 신뢰, 낯선 이들에 대한 신뢰, 가족에 대한 신뢰, 친척에 대한 신뢰, 친구에 대한 신뢰, 이웃에 대한 신뢰, 이민자에 대한 신뢰, 동향/같은 지역 거주민에 대한 신뢰 모두 하락하는 것으로 나타났다. 사회적 신뢰는 곧 사회적 자본으로서, 상대적 박탈감으로 인해 사회적 신뢰가 훼손되면, 사회 전체적으로 여러 부정적 결과들이 나타나게 된다. 결국 박탈감이 사회의 기초적 질서를 이루는 끈끈한 감정을 약화시키는 것으로 보인다.

다음으로 같은 조사자료를 사용, 상대적 박탈감이 각종 냉소적 태도에 미치는 영향을 살펴보았다. 다수의 문항들을 활용, 네 가지

〈그림 5-4〉 상대적 박탈감이 냉소적 태도에 미치는 영향

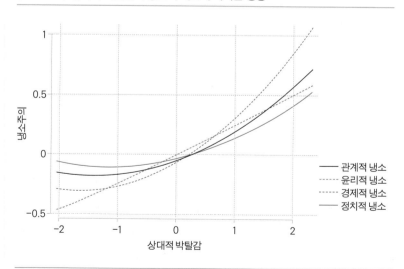

의 냉소적 태도 변수를 요인분석을 통해 생성하였고, 그것들이 상대적 박탈감과 가지는 관계를 살펴보았다.

결과는 매우 놀라웠다. 관계적·윤리적·경제적·정치적 냉소라는 네 가지 종류의 냉소적 태도를 상대적 박탈감이 잘 설명했을 뿐 아니라, 종속변수인 냉소주의를 설명하기 위해 투입된 다른 모든 설명변수들보다도 상대적 박탈감의 영향력이 가장 압도적인 것으로 나타났다. 여기서 결과를 모두 소개하지는 않지만, 위의 냉소주의 변수들은 다른 의미 있는 사회적 태도변수들(예: 호혜적 태도)에 매우 강한 영향력을 가지고 있는 것으로 나타난다.

이러한 분석 결과들은 한국 사회에서 상대적 박탈감이 가지고 있는 중요한 위치를 보여준다. 그 어떤 요인들보다도 상대적 박탈감은 한국 사람들이 이 세상을, 다른 사람들을, 삶을, 윤리적 가치를, 정치를, 경제적 희망을 바라보는 시각을 결정짓고, 냉소적이고 돈만을 좇는 태도를 만들어낸다. 그리고 그러한 냉소적 태도는 다른 사람들과 함께하며 살아가야 할 이유에 대해 회의적이게 만든다.

3. 상대적 박탈감과 일상적 감정 상태

마지막으로 〈그림 5-5〉는 2018년 한국학중앙연구원 연구 과제로 실시했던 사회조사 결과의 일부이다. 응답자들에게 어제 긍정적 혹은 부정적인 정서를 주는 경험을 했는지를 물어보고(예: 나는 웃을 일이 있었다, 나는 어제 걱정할 일이 있었다 등), 감정적 경험에 대한 응답을 모두 합산하고 부정적 경험에 대한 응답들도 합산하여 각각 변수

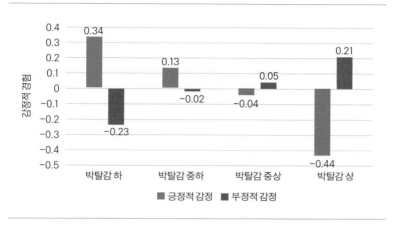

〈그림 5-5〉 상대적 박탈감과 감정적 경험

로 만든 후, 이를 상대적 박탈감과 교차하여 살펴보았다. 분석 결과 상대적 박탈감과 감정적 경험은 뚜렷한 관계를 나타내었다. 그림에서 보이는 것처럼, 상대적 박탈감이 높은 사람들은 일상에서 긍정적 경험을 덜하고 걱정, 두려움, 스트레스, 분노, 슬픔 등 부정적 감정을 겪을 가능성이 높았다. 흥미로운 점은 이러한 긍정·부정적 정서 체험의 결정 요인에 있어 상대적 박탈감은 연령, 소득, 주관적 계층, 교육수준, 성격 특성, 일상에서 친절을 경험하는 빈도 등 모든 변수들에서 연령 다음으로 가장 강력한 설명변수로 나타났다는 것이다. 단적으로 말하면 한국인들의 감정 상태에 상대적 박탈감만큼 강한 영향 요인을 주는 것이 별로 없다고 할 수도 있겠다.

이에 더해 위 자료를 추가 분석한 결과에 따르면, 다른 사람들이 저지르는 일탈 행동이나 반규범적 행동을 저지하는 데 있어(예: 카페에서 옆자리의 모르는 사람이 화장실을 간 동안 누군가 와서 그 사람의 물품을 훔

쳐가려는 경우 제지할 것인가, 장애인 주차장에 일반 차량이 와서 주차를 할 경우 개입하겠는가 등) 상대적 박탈감이 큰 사람들은 그런 행동을 할 가능성이 상대적으로 낮게 나타난다. 자신에게 비용이 들더라도 공공재에 기여하지 않거나, 이기적으로 행동하는 사람들을 제재하는 것(pro-social punishment)은 사회 구성원들의 협력을 위해 필요한 것인데, 상대적 박탈감이 큰 사회는 그런 경향성이 약화되면서 모두가 공공재에 기여하지 않으려는 자기중심적 성향이 강할 것이라 예측할 수 있다.

물론 한국인들의 이러한 상대적 박탈감이 과연 불평등과 양극화가 심해서 나타난 것인지에 대해 의문을 제기할 수도 있다. 즉 불평등과 양극화의 정도에 비해 지나치게 한국인들은 비교에 민감하고 상대적 박탈감을 잘 느끼는 것은 아닌가 하는 의심을 제기할 수도 있다. 다음 절에서는 그 문제를 공정한 분배의 구조를 제도적으로 설계하는 문제와 관련하여 논해보기로 한다.

04
····

결론: 보다 '동등한' 사회를
디자인하기

    지금까지 한국 사회의 불평등과 경제적 양극화가 어떠한 문제를 가지고 있고, 그것이 어떠한 측면에서 불공정성과 견고한 관계를 가지고 있는지, 그리고 무엇이 문제인지를 살펴보았다. 그렇다면 이러한 문제를 어떻게 해결해야 할 것인가? 이 절에서는 먼저 이에 대한 해결책을 내놓고자 했던 사회학적 시도들을 잘 대표하는 두 명의 사회학자들의 생각을 간단히 소개한다. 아울러 불평등과 상대적 박탈감이 매우 심리적인 것임을 고려하여 끊임없는 비교와 그로 인한 스트레스, 우울, 과도한 형식적 공정성에의 집착 등의 문제를 어떻게 해결할 것인가에 대한 단초를 약간 다른 관점에서 제시하기로 한다.

    먼저 불평등과 경제적 불안감의 직접적 원천이 되는 노동 조건과 고용에 대해 살펴보면 기술 발전과 세계화, 탈산업화와 시장의 탈규제화 등으로 인하여 선진국들을 중심으로 노동의 불안정성 (precarity)이 증가해온 점을 지적할 수 있다. 사회학계에서 불안정 노동(precarious work)에 대해 많은 연구를 하고 전 미국사회학회장을 지냈던 칼레버그에 따르면(Kalleberg, 2018), 불안정 노동은 고용주나 국가가 아닌 노동자가 위험을 부담하게 된 형태의 노동이며 임시직, 비정규직, 비공식 경제의 일, 최근 등장한 플랫폼 노동의 일들 전체에 걸쳐 관찰된다.

칼레버그는 불안정 노동이 확산되고 경제의 큰 부분을 차지하는 것은 어쩔 수 없는 일이 아니라, 다양한 주체들의 노력을 통해 어느 정도 통제할 수 있는 것이라고 주장한다. 그에 따르면 불안정 노동을 파생시킨 위험들을 통제하기 위해서는 새로운 사회적·정치적 합의(accord)가 필요한데, 사회보험과 노동자들의 경제적 안정성을 특정 고용주가 부담하게 하는 것이 아니라 사회 전체적으로 공유해야 하고(collectivize), 노동자 및 실업자들을 위한 교육 및 트레이닝 프로그램 구축, 노동법 개선, 다양성 추구 등이 그 방법이 될 수 있다. 이를 위해 정부가 다양한 사회적 보호 정책, 훈련 프로그램, 노사관계 중재를 제공해야 하겠지만, 노조나 시민사회에서도 정규직 노동자뿐 아니라 비정규직 노동자들의 이해까지도 포괄할 수 있어야 하고, 기업들 또한 보다 큰 사회적 책임감과 사회적 가치를 추구하는 것이 요구된다고 한다. 물론 칼레버그는 앞으로 반드시 그런 방향으로 가리라는 보장은 없고, 현재와 같은 추세가 통제되지 않으면 노동의 불안정성과 불평등은 커지는 결과가 나올 수 있다고 주장한다(Kalleberg, 2017).

반면 계급 분석으로 유명하고, 역시 미국 사회학회장을 역임했던 에릭 올린 라이트(Eirk Olin Wright)는 1990년대 초반부터 '리얼 유토피아(real utopia)' 프로젝트를 통해 현재의 자본주의적 사회가 만들어내는 다양한 문제들을 제시하고, 그에 대해 어떠한 대안들이 있을지, 그리고 그러한 대안을 성취하기 위한 변혁을 위해 고려할 수 있는 전략들(예: 단절적 변혁, 틈새적 변혁, 공생적 변혁)을 제시하였다. 그의 리얼 유토피아 프로젝트는 평등, 민주주의, 지속가능성의 세 가지 도덕적 원칙을 기반으로 한다. 이러한 원칙들을 기준으로 보았을 때 현재의 자본주의 시스템은 여러 문제와 한계들에 봉착해 있으며, 이는 대안적 세계를 요청한다. 그는 사회체계를 유기체(organism)가 아닌 일종의 생태계(ecosystem)으로 보고, 모든 현존하는 경제 시스템들은 자본주의, 국가주의, 사회주의가 일정 정도 혼종(hybrids)된 형태로 존재하며, 각각은 경제의 힘, 국가의 힘, 사회의 힘을 나타내고, 이러한 생태계에서 사회의 힘을 보다 키워 다른 힘들과 새로운 형태로 배열(configuration)이 되도록 해야 함을 주장한다. 여기에는 어떠한 단일한, 결정적인 전략이 있는 것이 아니고 무수히 많은 크고 작은 방법들이 리얼 유토피아를 현실화 시키는 데 활용된다. 예를 들어, 참여 예산제도, 공공도서관, 위키피디아, 연대 금융(solidary finance), 노동자 협동조합(예: 몬드라곤), 사회적 경제 의회(social economy council, 예: 퀘벡), 정책 배심원, 보편적인 기본소득 등이 그것이다(Wright, 2010, 2012).

위에서 소개한 칼레버그나 라이트의 의견들은 여러 다양한 형태로 다른 사회학자들의 작업들에서 역시 유사하게 제기되었다. 이러한 주장과 관점들은 사회적으로 현존하는 다양한 공식적·비공식적 제도들을 어떻게 개선시키면 불평등과 양극화, 불안정 노동 등의 문제를 해결할 수 있을지에 대한 방안들이다. 필자는 조금 다른 관점을 바탕으로 여기에 새롭게 추가하여 고려할 요소를 한 가지 제기하고자 한다. 이는 앞서 언급했던 불평등의 심리적 차원 및 인지적 틀과 관련되어 있는데, 모든 것이 획일적으로 비교될 수 있는 사회에서는, 특히 사람들이 모두 비슷한 것을 원하는 사회에서는 서로 간의 끊임없는 비교가 이루어지고 결과에 있어서의 어떠한 차이든 박탈감과 낮은 행복도로 이어질 수밖에 없다. 따라서 기본적인 경제적 불안이 해소되고, 보다 더 활발한 계층 이동이 이루어지는 사회를 만들어야 하겠지만, 그와 동시에 구성원들 각자의 생애 과정에 훨씬 더 자유로움, 시선으로부터의 자유로움, 가치 측면에 있어서의 비교불가능성이 달성되도록 하는 사회적 노력이 필요하다. 이는 사람들의 삶과 커리어, 생활양식 등이 서로 질적으로 다르며, 서로 다른 가치를 가진 것으로 인식하여 서로 그 가치를 직접적으로 비교할 수 없게끔 하는 것이다.

이와 관련하여 철학자 루스 챙(Ruth Chang)은 흥미로운 주장을 펼쳤다. 챙은 직업을 결정하거나, 인생의 중요한 결정을 내리거나, 아니면 사소한 결정이지만 마음을 정하기 어려운 경우 등 우리가 마주하는 선택이 힘든 상황들(hard choices)은 양자가 동등하게 좋거나, 한쪽이 다른 것보다 더 낫거나, 한쪽이 다른 것보다 안 좋은 상황이 아니라, 그러한 방식(예: >, <, =)으로 묘사할 수 없고 양쪽이 서로 각각 다른 종류의 장점을 가지고 있어 '동등한(on a par)' 대안들이기 때문인 경우라고 주장한다(Chang, 1997, 2001). 그런데 챙은 그러한 어려운 결정을 내려야 하는 상황들이 본질적으로 나

쁜 상황이 아니라, 오히려 자신의 의지에 기반한 이유들(will-based reasons)을 바탕으로 선택을 내려, 주체가 규범적 힘(normative power)을 가지고 자신의 삶을 작성해 나가는(author) 기회를 가질 수 있도록 한다고 주장한다. 이렇게 서로 동등한 가치들을 가진 대안들 중 하나를 선택, 거기에 헌신(commit)함으로써 인간들은, 이성(reason)만으로 모든 것을 계산적으로 선택할 때 처할 수 있는 종속적(enslaved) 상황에서 사는 것이 아닌, 자신의 삶의 진정한 주인공이 될 수 있다. 이러한 관점이 주는 교훈은 우리 사회가 다양한 삶의 양식들과 방식들이, 서로 다른 커리어와 인생 경로들이 비교적 동등한(on a par) 가치를 가질 수 있도록 상징적 작업을 끊임없이 수행해야 한다는 것이다. 이는 우리 사회가 지금부터라도 계속 행해야 하는, 가치 문제와 관련된 문화적·인지적 작업이다. 평등한 사회라는 것은 모두가 똑같은 사회가 아니라, 서로가 서로를 하나의 잣대로 비교할 수 없는, 모두가 서로 다른 모습으로 동등한 가치를 가지고 있는 그런 사회인 것이다. 불평등과 불공정의 문제는 궁극적으로 그러한 동등성의 가치가 정착된 사회에서 비로소 해결될 수 있을 것이다.

제6장

공정성: 능력주의와
기회 불평등 사이의 흔들림

최성수

현 연세대학교 사회학과 조교수. 사회계층론, 교육사회학, 가족인구학, 양적
연구방법론 등에 대해 연구하고 가르치고 있음.

내용 요약

교육과 공정성: 능력주의와 기회 불평등 사이의 흔들림

이 글은 최근 한국 사회에서 격렬하게 제기돼왔던 공정성 위기의 원인을 교육에서 찾고 교육에서의 공정성을 제고함으로써 해결하고자 하는 정책적·사회적 시도들에 대해 비판적으로 평가하는 것을 목적으로 한다. 공정성 위기 담론의 성격을 능력주의와 기회 불평등이라는 관점에서 틀짓기를 하고(2절), 이를 바탕으로 한국에서 교육이 기회 불평등 증가에 기여를 했는지 최근의 경험적 연구들의 결과를 바탕으로 살펴본다(3절). 또한 한국 교육의 기회 불평등이 한국 교육에서 최우선순위의 개혁 대상인지에 대해 국제 비교 관점에서 평가한다(4절).

탐색의 결과는 일관적이고 명확한 그림을 보여준다. 한국에서 공정성의 위기가 있다면 교육에 기인한 것이 아니라 교육이 끝나고, 교육 영역 너머에서 발생하고 있다(3절). 한국 교육은 공정성, 기회 균등을 제고하는 것보다 더 중요하고 시급한 과제들을 가지고 있으며, 그런 중요한 다른 가치들을 양보하고 공정성과 기회 균등을 우선시하는 정책은 오히려 바람직하지 않다(4절).

끝으로 능력주의 관점에서 공정성을 제고하기 위한 대안에 대해 논한다(5절). 개인적 관점에서 능력을 협소하게 정의하는 것에서 벗어나 사회적·공동체적 관점에서 능력을 재개념화함으로써 보다 공정한 체제를 만들 수 있다는 제언이다.

01
....

공정성 위기와 교육

지난 수년간 한국 사회에서 사람들의 정념을 가장 격렬하게 흔들었던 말은 '불공정하다!'였다. 많은 사회 문제들이 공정성의 관점에서 평가되었다. 부동산 문제도, 검찰 개혁을 둘러싼 정치적 갈등도, 플랫폼 경제의 대두와 변화하는 노동의 본질에 대한 논의에서도, 지금은 다소 잠잠해졌지만 한때 격렬했고 지금도 언제 다시 터져 나올지 모를 젠더 갈등도, 그리고 세대 간 갈등 문제에 있어서도, 롤러코스터처럼 느껴지는 암호화폐 이슈에서도 그렇다.

보다 직접적으로 공정성 프레임이 적용되었던 것은 인천국제공항 비정규직 노동자들의 정규직 전환을 계기로 붉어져 나온 비정규직의 정규직화 문제, 의사 및 전공의 파업 과정에서 소환되었던 누가 더 유능한 의사인가, 그리고 의사들은 어떤 대우를 받아야 하느냐에 대한 문제, 그리고 수시와 정시 간 어느 쪽이 보다 공정한 입시 선발 방법이냐를 두고 벌어졌던 논쟁이다. 여기서 이런 질문을 해 볼 수 있겠다. 실제로 공정성이, 보다 정확히는 불공정함이 이토록 다양한 문제들을 아우르며 관통하는 한국 사회 문제의 핵심인가? 아니면 단지 다양한 문제들이 그만큼 손쉽고 효과적으로 프레이밍 되는 방식에 불과한 것일까? 많은 것들이 그렇듯 아마 진실은 그 중간 어딘가에 있을 것이다.

이 글은 이 거대한 질문에 대한 답을 직접적으로 탐색하기보다(공정성이 2021년 한국 사회의 핵심적 문제인가 하는 질문에 대한 보다 포괄적인 탐색은 이 책 전반을 바탕으로 독자들이 판단할 수 있을 것이다) 공정성 문제에 대한 여러 시각 중 하나를 비판적으로 평가함으로써 주어진 여러 응답 선택지들을 좁혀나가고자 한다. 그 시각이란, 공정성 문제는 곧 교육의 문제라는 시각이다. 교육이 불공정성함의 핵심적 원인이며, 따라서 교육을 바꾸는 것이 한국 사회의 공정성 문제 해결에 시급하고 중요한 과제라는 시각이다.

실제로 교육이 문제라는 진단은 많은 사람들의 공감을 얻고 있다. 대학 입시에서 수시 전형이 불공정하기 때문에 보다 투명하고 공정하게 표준화된 정시 비율을 높이겠다는 정부의 정책안 배경에는 바로 이런 여론이 존재한다. 이 변화는 지난 10여 년 이상 동안 교육 커리큘럼 및 평가 비중을 꾸준히 다변화하면서 획일적 표준화를 완화하고자 했던 초·중등교육에 대해 공정성을 이유로 제동을 걸었다. 이런 진단과 대응은 크게 두 가지 전제를 바탕으로 한다. 첫째, 한국 사회의 공정성 문제의 핵심은 교육이 불공정하다는 것에 있다. 둘째, 한국 교육은 불공정하며 따라서 공정성을 제고하는 것이 중대한 교육 개혁의 방향이자 사회 개혁의 해법이다.

그런데 이런 시각은 사실일까? 이 글은 공정성을 교육의 문제로, 교육의 문제를 공정성의 문제로 바라보는 시각을 비판적으로 평가해보고자 한다. 만일 공정성이 교육의 문제가 아니라면, 공정성 문제를 풀기 위해 교육을 건드리는 것은 모기가 팔을 물었는데 엉덩이를 긁는 것과 비슷할 것이기 때문이다. 한국 교육의 당면 개혁 과제가 불공정함을 없애는 데 있는 게 아니라 다른 데 있다면 공정성에 초점을 맞춘 교육 개혁은 자극을 주지 않고 촉촉하게 보호해줘야 하는 상태의 엉덩이를 긁어서 상처를 덧나게 할 수 있다. 따라서 이 글은 크게 다음과 같은 두 가지 질문에 대해 답을 찾아가는 형식으로 이루어진다.

첫째, 불공정함을 사회경제적 성취의 기회가 불평등하게 주어지는 것이라 본다. 한국에서 기회 불평등 양상을 만드는 데 교육의 실패가 그 주요한 요인일까? 경제적·문화적으로 풍요로운 가정 출신 자녀들에 비해 그런 환경을 누리지 못하는 가족 자녀들이 학교 성적, 궁극적으로는 대학 진학 등 최종 학력에서 불이익을 겪는 것이 과거보다 점점 더 심해지고 있는가, 그리고 교육에서 점차 커지는 이런 불공정함이 궁극적으로 한국 사회 전체가 불공정하게 만드는 핵심 요인인가를 묻는 것이라 할 수 있겠다.

둘째, 한국 교육의 여러 개혁 과제들 중 기회 불평등을 줄이는 것이 가장 중요하고 시급한 것일까? 이에 답하기 위해 이 글은 한국 교육의 제도적 특징들 및 그 결과들을 다른 나라들과의 비교 관점에서 평가한다. 다른 나라들과 비교해 한국의 교육에서의 기회 불평등 현실이 현재 얼마나 심각한 것인지, 그리고 교육 개혁의 핵심 의제로 기회 불평등을 줄이는 것이 얼마나 타당하고 합리적인 선택인지에 대해 고찰해보고자 한다.

이 두 문제에 대해 탐색하기 위해 이 글이 취하는 몇 가지 관점이 있다. 먼저 공정성을 능력주의와 기회의 불평등의 관점에서 틀 짓기를 한다. 이 관점에서 보면 현재 한국의 공정성 담론은 기회 불평등과 능력주의 사이에서 일관성 없이 흔들리는 어떤 것으로 보인다. 또한 기회 불평등을 절대적으로 평가하기보다 시기에 따라, 그리고 다른 나라와 비교해서 보는 관점을 취한다. 결론에서는 능력주의의 관점에서 앞서 탐색한 내용을 조망하면서 대안적 방향성을 제시하는 것으로 마무리하고자 한다.

공정성: 능력주의와
기회 불평등 사이의 흔들림

본격적으로 공정성과 교육에 대한 탐색으로 들어가기 전에 개념 정리를 간단히 하면서 시작하면 좋겠다. 최근 한국 사회의 공정성 담론은 능력주의(meritocracy) 관점에서 기회 불평등에 대해 제기되는 문제로서의 성격이 강하다고 할 수 있기 때문이다.

먼저 기회 불평등이란 직업이나 소득 등 사회경제적 지위 획득 과정이 본인 성취가 아니라 본인 선택과 무관하게 타고난 속성, 특히 가족배경에 따라 영향을 받게 되는 정도를 의미한다(Breen and Jonsson, 2005) (〈그림 6-1〉의 O→D).

이러한 기회 불평등이 교육에 적용된 개념이 교육 기회 불평등이라고 할 수 있다. 학력(學歷, educational attainment)을 취득하는 데 있어 가족배경과 관계없이 동일한 기회가 주어져야 마땅하지만 실

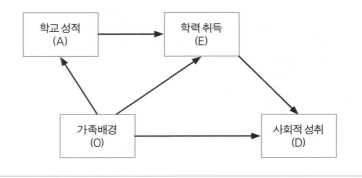

제로 그렇지 못한 정도나 상태를 의미한다고 할 수 있다(〈그림 6-1〉
의 O→E). 일반적으로 학업 성적이나 최종 학력 등에서 가족배경에
따라 나타나는 격차를 통해 측정한다. 학력이 사회적 성공에 중요
한 요인이기 때문에(〈그림 6-1〉의 E→D), 교육 기회 불평등은 사회적
성취 기회 불평등이 발생하는 주요한 경로를 제공한다(〈그림 6-1〉의
O→E→D).

교육 기회 불평등(〈그림 6-1〉의 O→E)은 다시 학교에서 거두는 학업
성적(academic achievement)을 통해 나타나는 1차 효과(primary effect)
경로(〈그림 6-1〉의 O→A→E)와 동일한 학교 성적을 거둔 학생들 사이
에서도 가족배경에 따라 나타나는 학력 취득 격차를 의미하는 2차
효과(secondary effect) 경로(〈그림 6-1〉의 O→E|A)로 나눠서 생각할 수
있다(Breen and Goldthorpe, 1997; Jackson, 2013).[1] 예를 들어 좋은 대학

---

1 'E|A'는 A가 동일한 경우의 E, 즉 통계적인 용어로 표현하자면, A를 통제한 후

에 진학하는 데 있어 계층 간 차이의 일부는 부유한 집 자녀가 공부를 더 잘하도록 지원을 받았기 때문에 나타난다. 여기에 더해 같은 정도의 성적을 가지고도 다른 환경적 요인(기대치, 정보력, 학업 지원에 필요한 경제력 등)으로 인해 격차가 더욱 커진다.

능력주의와 기회의 불평등의 관점에서 볼 때, 최근 한국 사회에서 두드러지게 제기되었던 공정성 담론의 성격은 크게 두 가지로 볼 수 있다.

우선 좋은 대학에 진학하는 교육에서의 성공이나 선망하는 일자리나 직업을 얻는 사회적 성공이 오롯이 능력에 따라 이루어져야 한다는 능력주의적 성격이다. 능력주의 체제, 즉 메리토크라시라는 말을 처음 조어해서 보편화시킨 영국의 사회학자 마이클 영(Michael Young)이 제시한 공식에 따르면 능력(merit)은 자질(talent)[2]과 노력(effort)의 합이다(마이클 영, 2020). 즉 타고난 자질에 더해 노력이 합쳐지면 능력이 된다는 것이다. 이 공식의 과학적 타당성을 논할 필요는 없다. 마이클 영도 이 공식을 일종의 블랙 유머처럼 제시한 것이지 사회적으로 요구되는 능력이 학습, 축적되는 과정을 진지하게 요약한 것이라 보기는 어렵다. 여기에서 핵심은 현재 담론에서 공정함은 능력, 특히 더 구체적으로는 개인 노력의 결실이 성공의 핵심적이고 배타적인 요인인 상황을 의미한다는 점이다.

또 다른 성격은 교육 및 사회에서의 성공이 타고난 가족배경, 즉 부모의 자원이나 지위로부터 영향을 받게 된다면 그것은 불공정하

E를 의미한다.

2 마이클 영은 IQ라고 표현했다.

다는 것이다. 부모 찬스를 통해 성공하는 것 혹은 성공의 가능성을 조금이라도 높이는 것이 불공정함의 핵심인 셈이다. 다시 말해 공정성의 문제는 기회 불평등의 문제와 다름없다.

공정성 담론의 이 두 가지 성격은 서로 긴밀하게 연결되어 있지만, 반드시 논리적으로 일관성이 있게 결합되지는 않는다. '능력=자질+노력'이라는 공식을 구성하는 우변의 두 요소 자질과 노력 모두 가족배경이나 부모의 개입으로부터 자유롭지 않기 때문이다. 개인의 자질은 타고난 측면도 있지만 동시에 어릴 적부터 가정환경 속에서 자연스럽게 때로는 부모의 의식적 노력으로 형성된다. 처음부터 타고난 자질 부분만 따로 떼어 생각해본다고 해도 유전적 과정을 통해 부모로부터 물려받는 부분이 있을 수밖에 없다. 노력도 마찬가지다. 노력은 노력할 수 있게 만드는 성격이나 자질에 따라 크게 영향을 받는다. 예를 들어 집념(grit)이나 인내는 능력을 쌓아가는 데 매우 중요한 대표적인 자질이자 스킬(skill)인데(Duckworth, 2016), 이런 능력을 획득하는 데 있어서 부유하고 안정적인 가정환경은 매우 중요하다(Watts, Duncan, and Quan, 2018). 더구나 자질과 노력을 통해 능력을 쌓는 데 있어 본인과 관계없이 주어지는 운(luck)의 역할도 상당하다(애초에 '좋은' 부모에게 태어나는 것도 운이다). 즉 능력에서 순수하게 본인의 업적으로 돌릴 만한 부분은 생각처럼 그리 크지 않다. 여기에 시험 성적과 같이 능력을 측정하는 사회적 지표는 그 사람의 능력을 반영하는 데 불완전할 수밖에 없다. 이렇게 되면 능력에 따라 성공을 배분하는 것이 공정하다는 믿음은 가족배경에 따라 성공 기회가 불평등하게 주어지는 것이 불공정한 것이라는 기회 불평등 관점의 믿음과 배치될 수밖에 없다.

어쩌면 현재 공정성 담론의 핵심은 능력주의적 관점과 기회의 불평등 관점 간의 교집합에 의해 더 가까이 정의될 수 있는 것일지도 모르겠다. '능력이나 노력 없이 + 부모를 잘 둔 덕분에 손쉽게 성공하는 것 = 불공정한 것'이라는 생각은 논리적으로야 문제가 있지만 현재 공정성 담론 이면에 있는 감성을 가장 잘 보여주고 있는 것이 아닐까 한다. 이런 감성은 그 자체로 일반적으로 우리가 가진 공정에 대한 감각과 잘 조응하기 때문이다. 그럼에도 공정성이란 개념이 실제 현실 속에서 호출되고 사용되는 방식은 훨씬 혼란스럽다. 능력주의와 기회 불평등 사이에서 공정성 담론들은 끊임없이 부유하며 혼란을 가중시키는 양상으로 전개되어 온 것이다. 주어진 상황에 따라, 서 있는 위치에 따라 사람들은 때로는 능력주의적으로, 때로는 기회 불평등의 렌즈를 통해 공정하지 않음을 판단한다. 동일한 개인들조차도 맥락에 따라 공정성을 일관성 있게 사용하지 않는 경우가 많다.

이런 공정성 개념의 흔들림은 궁극적으로 능력주의가 가진 계급적 성격을 은폐하고 정당화하는 결과를 가져오기 쉽다(Mijs, 2016). 투명하게 모두에게 똑같이 적용되는 표준화된 평가를 통해 능력주의를 극대화하는 것이 공정할까? 그 결과는 타고난 가족배경에 따른 불평등 증가이고(Alon and Tienda, 2007) 그렇게 형성된 불평등은 마치 능력에 따른 자연스러운 귀결로 받아들여지며, 사회적 계급으로 고착되기 쉽다(Mijs, 2016; 마이클 샌델, 2020). 한편 기회 불평등을 없애기 위한 적극적 보정 개입 조치는 종종 능력주의적 원칙을 배반하는 불공정한 처사로 비난받는다. 이런 공정성 담론의 흔들림은 공정성이 사회 집단 간 담론 경쟁의 대상이자 지배적인 집단의 우위 정당화를 위한 도구로 사용될 수 있는 여지를 제공한다. 인천 국제공항 비정규직의 정규직 전환과 관련된 정규직 노조의 논리나, 기간제 교사 처우 및 임용 자격을 둘러싼 논란, 의대생 및 수련의 들의 좋은 의사 자격을 둘러싸고 제기되었던 담론, 정시와 수시를 둘러싼 논쟁, 미국 대학의 소수인종 우대 조치(affirmative action)를 둘러싼 소송 등 다양한 현실 사례들이 주변에 존재한다.

지금까지의 논의를 바탕으로 현재 공정성 위기 담론에 대해 우리 가 평가하고 대응할 수 있는 한 가지 방식은 한국 사회에서 실제로 기회 불평등이 과거에 비해 최근 더 심각해졌는지 살펴보는 것이 다. 공정성 위기가 기회 불평등의 악화로 인한 것인지, 그래서 기회 평등을 촉진하기 위한 정책이 필요한지, 아니면 그보다는 불평등과 불공정함에 대한 사회적 인식 고조가 공정성 위기 담론으로 표출 되고 있는 것이므로 그에 맞는 접근을 취해야 할지 섬세하게 가늠 해야 할 필요가 있다.

이 장에서는 특히 기회 불평등 중에서도 교육 기회 불평등이 더 심각해졌는지를 중심으로 이야기한다. 학교교육은 기본적으로 동 등한 개인들에게 능력을 쌓을 수 있는 기회의 평등, 능력과 성취에 따른 사회적 보상이란 근대 능력주의 시스템의 근간을 이루는 제 도이다. 그 자체가 근대국가를 정의하는 것이라 해도 과언이 아니 다. 교육은 개인들의 성공을 위해 유일하게 허용되는 공식적 제도 적 경로이다. 지배계층 집단도 그 우위와 특권을 교육을 통해 자녀 에게 전달해줘야 한다. 재벌 2세, 3세도 열심히 공부를 해서 어떻 게든지 명문대를 가고, 로스쿨을 가고, 의대를 가고 해야 하는 것 이다. 따라서 작금의 한국 공정성 위기 담론이 그 문제의 근원을 한국 교육에서 찾고자 하는 것이 이상한 것은 아니며, 그러한 진단이 사실에 기반을 둔 것인가 평가하는 것도 매우 중요한 과제이다. 이 장에서는 향후 사회적·정책적 담론이 보다 정교하게 생산적으로 이뤄질 계기를 제공하고자 하는 바람 속에서 이에 대한 논의를 제공하고자 한다.

03
.....

공정성 위기의 주범은 교육인가?

사회적 성취 기회의 불평등에서 교육이 하는 역할에 대한 추세는 크게 두 가지 차원에서 살펴볼 수 있다. 먼저 O→E, 즉 교육 기회 불평등을 통한 역할이다. 교육이 사회적 성취에 중요한 만큼(E→D)에 비례하여 이 교육 기회 불평등이 전반적인 기회 불평등에 기여하게 된다(O→E→D).

또 다른 경로는 동일한 학력 집단 내에서 사회적 성취 기회의 불평등이 학력 집단 간 다르게 나타나기 때문에 교육이 중요해지는 경우다. 〈그림 6-1〉을 이용해 설명하자면, O→D가 E의 값에 따라 달라진다는 것이다. 예를 들어 저학력자들 사이에서는 좋은 직장을 얻는 데 부모 배경이 중요하지만 고학력자들 사이에서는 부모 배경의 중요성이 상대적으로 약한 경우다. 이렇게 고학력자들(특히

204

4년제 대졸자)로 갈수록 O→D가 약해질 것이라는 가설을 '평등 촉진 자로서 교육'(education as an equalizer) 가설이라고 한다(Torche, 2011). 즉 O→D|E를 통해 교육이 중요한 역할을 할 수도 있다. 이 두 경로가 각각 과거에 비해 최근 출생자들에게서 더 강해졌는지 추세를 살펴보자.

1. 교육 기회 불평등을 통한 추세(O→E→D)

먼저 교육 기회 불평등(O→E)의 추세를 보자. 교육 기회 불평등은 다시 학교에서의 성적을 통한 1차 효과 경로(O→A→E), 그리고 성적이 동일한 경우에도 나타나는 2차 효과 경로(O→E|A)로 나눠서 추세를 살펴볼 수 있다.

1) 1차 효과 경로를 통한 교육 기회 불평등 추세(O→A→E)

1차 효과 경로를 보여주는 O→A의 경우, 즉 학교 성적이나 시험 결과가 학생 가족배경에 따라 달라지는 정도가 최근 증가했는지 살펴보자. 일단 거의 모든 사회학, 경제학, 교육학에서의 연구들이 한국에서 가족배경에 따라 학생들의 학업 성취에 차이가 나타남을 공통적으로 보고하고 있다. 물론 몇 학년 성취도를 측정했는지, 어떤 성취도 지표를 어떻게 측정했는지(학교 성적 석차인지, 시험 점수인지, 어떤 과목인지 등), 가족배경을 어떻게 측정했는지(부모 학력인지, 가구소득인지, 부모의 직업인지 등) 등에 따라 정도의 차이는 존재한다. 그러나 이런 격차가 어떻게 변화했는지에 대해서는 한국에서 축적된 연구가 충분히 있지 않다. 가장 중요한 이유는 자료의 부족이다.

그럼에도 소수의 연구들이 2000년부터 15세(대략 고1) 학생들을 대상으로 3년 주기로 성취도를 측정해온 국제학생평가 프로그램(PISA) 자료를 활용해 가족배경의 중요성이 커졌는지에 대한 결과를 보고하고 있다. 몇몇 연구들은 PISA의 독해력(reading literacy) 점수를 활용해 2000년 대비 2009년이나 2012년, 2015년에서 가족배경의 예측력이 더 강해졌다는 결론을 제시하고 있지만(김위정, 2012; 장상수, 2016; 변수용, 2020) 그렇지 않다는 결론을 제시하는 연구도 존재한다(김준형, 2018). 무엇보다 가족배경에 따른 격차 추세 추정 결과가 측정 연도, 측정 과목, 가족배경 측정 방법 등에 따라 민감하게 달라지고 있어 실제로 O→A가 강해졌다는 결론을 내리기에는 아직 좀 부족하다. 예를 들어, 몇몇 연구들이 가족배경에 따른 격차가 증가했다고 보고하는 독해력과 달리 수리문해력(math literacy)을 볼 경우 격차 변화가 유의미하다고 말하기 어려울 정도로 작게 나타난다. 또한 비교의 준거 시점을 2000년 아니라 2003년으로 잡으면 격차가 증가하고 있다고 결론 내리기 더욱 어려워진다. 또한 PISA 외의 다른 성취도 자료들을 바탕으로 한 연구가 거의 없기 때문에 교차 검증을 할 경우 어떤 추세가 발견될지 역시 아직 결론 내리기 어려운 상황이다.

이제 1차 효과 경로의 다른 한 고리인 A→E를 살펴보자. A→E는 학교 성적이나 성취도가 대학 입학 등 학력 취득에 미치는 중요성을 보여준다. 그 자체가 기회의 불평등과 직접적으로 관련되지는 않지만 학업 성적에서의 격차(O→A)가 궁극적인 학력 획득 기회 불평등(O→E)으로 이어지는 데 영향력을 결정하는 가중치로서 역할을 한다. 만일 명문대 입학하는 데 성적이 전혀 상관이 없다면(즉, A→E가 0이라면) 학업 성적에서의 격차(O→A)가 아무리 크더라도 별 상관이 없게 된다. 반대로 성적이 매우 중요하다면 작은 격차도 매우 중요해지고, 따라서 작은 성적 차이를 두고 치열한 경쟁이 벌어지게 된다.

A→E가 전반적으로 어떻게 변화했는지 추세를 직접 탐구한 경험적 학술 연구는 없는 것 같다. 다만 대학 입시의 변화 양상과 대학 확대 정책으로 넓어진 대학 입학 기회 변화를 통해 나름 추론이 가능하다. 2000년대 초중반 이후 입시 유형은 큰 변화를 겪었다. 표준화된 수능 중심에서 학생부종합평가 등 수시 선발의 비중이 강화되었다. 교육부 통계에 따르면 2002년에는 대입에서 수시 비중이 29%에 불과했지만, 2010년에는 58%로, 2019년에는 76%로 급등했다. 이는 학교가 교육 기관으로서 가르쳐야 할 것을 제대로 가르치고 있는지에 대한 교육 타당성 측면에서의 반성, 그리고 학생 평가와 선발에 있어 표준화된 시험 일변도에서 벗어나 좀 더 다양한 기준을 반영하고자 하는 노력이 정책 변화로 반영된 결과라 할 수 있다. 이런 변화가 A→E를 어떻게 바꿨는지 수치로 평가하기는 어렵겠지만 전반적으로 성적의 중요성을 완화했을 가능성이 그 반대보다는 높다고 할 수 있다. 한편 대학 확대 정책 결과 4년제 대학을 중심으로 대학 문호가 대폭 넓어진 상황에서 대학에 가기 위해 필요한 성적의 중요성이 또한 작아졌을 것이라 예측 가능하다.

지금까지의 이야기에 이론적인 이야기를 잠깐 적용해보자. 학력 취득에서 학업 성적, 특히 대입에서 표준화된 점수의 중요성이 강화되는 것(즉, A→E의 강화)과 가족배경에 따른 성적 격차의 확대(즉, O→A의 강화)는 서로 상호작용하면서 나타나는 배제(exclusion)와 적응(adaptation) 과정이라고 표현된다(Alon, 2009). 중상위층 기득권 계층이 본인들에게 더 유리하게 만들기 위해 학교 성적 및 시험 점수가 대입에 중요해지도록 제도 변화 압력을 주는 과정(즉, A→E 강화)이 배제 과정이라면, 그런 방식으로 제도 변화가 이뤄지면서 하위계층에 비해 이들 중상위층이 재빨리 적응하는 과정(즉, O→A 강화)이 따라온다는 것이다.

사회학자 시걸 알론(Sigal Alon)은 미국 대학 입시에서 지난 수십 년간 계층에 따른 기회 불평등이 증가했던 것을 이런 상승 작용(즉, A→E 강화 ⇒ O→A의 강화 ⇒ 전반적인 O→E의 강화)의 결과로 설명한다(Alon 2009). 반면 한국에서의 양상은 미국과 상당히 다르다는 것을 알 수 있다. 중상위 계층이 수능 중심의 정시 전형을 선호하고(문정주·최율, 2019), 결과적으로 최근 그런 선호가 관철된 정책(주요 상위권 대학들 중심으로 정시 비율을 현재 30% 수준에서 40%까지 높임)을 이끌어낸 것은 사실이다. 그러나 지난 20여 년간 한국의 전반적 추세는 O→A 추세의 불명확함 및 A→E 약화로 요약된다. 추세 연구는 아니지만, 2009~2013년 대학 입학자를 대상으로 분석한 사회학자 김창환·신희연(2020)의 연구 결과는 이 배제와 적응 과정이 한국에서 어떻게 이뤄졌는지 이해하는 데 도움을 준다. 이들의 연구에 따르면 수시(학종)와 정시(수능) 간 입시에서 가족배경에 따른 유불리함 정도는 실질적으로 거의 차이가 없다. 입시유형 다변화에도 불구하고 궁극적으로 한국에서 O→A→E 추세가 뚜렷하게 증가하거나 감소하지 않았을 가능성을 시사하는 것이다.

2) 2차 효과 경로를 통한 교육 기회 불평등 추세(O→E|A)

2차 효과는 학교 성적이 비슷하더라도 여전히 발생하게 되는 대학 진학 등 학력 획득에서 발생하는 가족배경 격차를 의미한다. 2차 효과는 보통 계층별로 상이하게 이뤄지는 자녀 교육에 대한 선호와 결정(Breen and Goldthorpe, 1997), 혹은 사회화 과정(Grodsky and Riegle-Crumb, 2010) 등 가족배경의 함수로 설명된다. 그러나 2차 효과는 학교교육 제도 특성에 따라 영향을 받기도 한다(Morgan, 2012). 한국의 경우 전통적으로 교육을 통해 계층 상승을 한다는 열망이 강해 계층과 관계없이 고른 교육열이 특징이고 대학 입시 역시 표준화된 평가 중심으로 이뤄지는 경향이 강하다. 따라서 부모의 직접적인 개입 여지가 적은 제도적 특징을 가지기 때문에 다른 나라들에 비해 2차 효과의 중요성이 상대적으로 제한적일 가능성이 높다.[3]

2차 효과(즉, O→E|A)가 어떻게 바뀌었는지를 살펴본 코호트 추세 연구는 없다. 그러나 지난 십수 년간 입시제도 다양화라는 제도 변화를 바탕으로 증가보다는 감소했을 개연성이 더 높다고 추정해 볼 수 있다. 입시제도가 다양해졌다는 것은 학교 성적이나 수능 점수가 비슷하지만 서로 다른 가족배경, 사회적 여건을 가졌기 때문에 대학 진학 과정에서 상이한 비용·편익 상황을 맞닥뜨리게 되는 학생들에게 각자 여건에 맞는 입시 유형 선택지가 예전에 비해 다

---

3 1차 효과, 2차 효과 개념이 계급 문화가 공고하게 발달하고, 교육이 그러한 계급 구조를 반영하는 형태로 발전한 유럽 국가들을 중심으로 논의되었다는 점은 그런 의미에서 자연스러운 것으로 보인다.

양하게 제공되었다는 의미일 것이다. 이는 O→E|A가 발생할 여지를 감소시키는 방향으로 작동했을 가능성이 높다. 또한 2010년대 이후 국가장학재단의 설립과 함께 국가 장학금 및 합리적인 학자금 대출 제도가 상당히 확대되었다는 점도 주목할 요인이다. 동일한 성적을 가지고도 경제적 여건 때문에 대학 진학 결정이 달라지게 될 여지를 줄여주기 때문이다.

재수나 삼수 혹은 그 이상의 N수 등 고교 졸업 후 대학 입시에 재도전하는 경로는 학교에서 동일한 성적을 거뒀던 학생들이 계층에 따라 결국 진학하게 되는 대학이 달라지게 만드는 주요한 경로였다. 다시 말해 한국에서 2차 효과가 나타나는 주요한 메커니즘이었다고 할 수 있다. 그런데 이는 옛날의 학력고사나 현재의 수능 등을 중심으로 한 입시제도에서만 가능한 경로이다. 현재는 수능 중심의 정시 전형이 졸업생들의 입시 재도전을 가능하게 하는 유일한 통로이다. 정시 전형은 자원이 충분하고 교육 기대치가 높은 중상위층 자녀들에게 차별적으로 추가 기회를 열어준다. 그리고 결과적으로 그들에게 유리한 입시 성과를 가져오게 한다.

강민정 국회의원실 통계에 따르면 2016년 기준 이미 정시를 통한 합격자의 과반수 이상이 졸업생들임을 알 수 있다. 그렇다면 지난 10여 년간 입시제도 다변화 결과, 정시 비중이 대폭 감소한 것(2002년 71%에서 2010년 42%로, 그리고 2019년 24%)은 이러한 2차 효과를 통한 교육 기회 불평등을 감소시켰을 가능성이 높다. 실제로 통계에 따르면 상위권 대학 정시 합격자들 중 기 고교 졸업생 비율이 52%(2016년)에서 66%(2020년)로 높아졌다. 정시 비중이 줄어들면서 전반적으로 정시 전형은 재학생보다 중상위층이 더 많은 재수생들에게 추가적인 기회가 주어지는 성격이 더 강해지고 있기는 하지만, 전반적으로 2차 효과의 크기를 감소시키는 결과를 가져왔음을 시사한다. 요약하면, 2차 효과 경로를 통한 교육 기회 불평등은 최근 증가보다는 감소했다고 보는 것이 합리적이다.

3) 전반적인 교육 기회 불평등(O→E) 추세에 대한 연구

지금까지 교육 기회 불평등(O→E)의 추세를 1차 효과와 2차 효과 경로로 나눠서 살펴보았다. 이에 덧붙여 교육 기회 불평등 추세를 보다 직접적으로 추정한 필자의 연구(최성수·이수빈, 2018) 결과를 간략히 소개하는 것이 도움이 될 것 같다. 〈그림 2〉는 부모 학력에 따른 자녀의 대졸 여부 격차가 어떻게 변해왔는지 추세를 보여준다.[4] 이에 따르면 1960년대 출생자들 이후 1990년도 출생자들에 이르기까지 O→E가 증가했다는 경험적 근거는 발견되지 않았다. 〈그림 6-2〉에서 보다시피 오히려 O→E는 전문대 진학 및 졸업, 4년대 대학 진학 및 졸업에 있어서 1980년도 이후 출생자들 사이에서 뚜렷한 감소 추세를 보인다. 4년제 대학 중 이른바 명문대에 진학할 확률에 있어서도 O→E는 증가하지도 감소하지도 않고 일정하게 유지되는 추세를 보인다.

물론 이런 추세의 배경에는 전반적인 대학교육의 확대가 중요하게 작용했다. 부모 학력 수준이 크게 향상되어 전반적으로 자녀

---

[4] 〈그림 6-2〉는 최성수·이수빈(2018) 연구의 주요 결과에 최근 추가된 몇몇 자료를 반영하여 재구성한 것이다. 상위권 4년제 대학은 입시 서열 기준 상위 15개 대학을 포함한다. 보다 자세한 사항은 최성수·이수빈(2018)을 참조할 것.

〈그림 6-2〉 부모 학력에 따른 자녀 대학교육 격차 추세

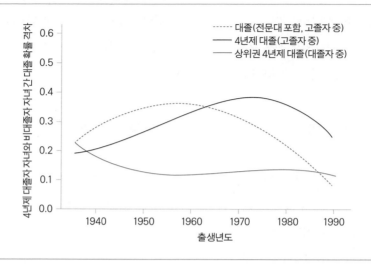

교육에 대한 기대치와 투자가 높아졌다. 또한 1990년대 초중반 이후 전례 없는 대규모 대학교육 확대정책 결과 자녀들에게 허용되는 대학 문호가 훨씬 커졌다. 〈그림 6-2〉의 결과는 앞서 살펴본 O→A→E 및 O→E|A 추세 검토 결과와 대체로 일치한다. 이들을 상호 보완적으로 활용하면 전체적인 추세를 이해하는 데 도움이 된다.

4) 사회적 성취 기회에서 학력 취득의 중요성 추세(E→D)

만일 O→E가 감소했더라도 E→D가 증가했다면 결과적으로 교육이 O→D 다시 말해 사회적 성공에 있어 기회 불평등을 심화시켜 공정성 악화에 기여했을 가능성이 있지 않을까? 즉 교육 기회에

서의 격차가 작아져도 그 격차가 가져오는 사회경제적 성공 영향력은 커질 수 있고, 그 경우 작은 학력에서의 차이를 둘러싼 경쟁은 더욱 치열해진다. 따라서 E→D가 어떻게 변했는지를 함께 검토해 보는 것이 필요하다.

그런데 2000년 이후 E→D 추세를 보면 그럴 가능성은 낮아 보인다. 고용노동부 고용 형태별 근로실태조사 통계에 따르면, 2006년에서 2019년 기간 동안 고졸자 대비 전문대학 졸업자의 급여 프리미엄은 8%에서 20%로 증가했다. 그러나 4년제 대학 졸업자의 급여 프리미엄은 55%에서 51%로 오히려 소폭 감소했고, 대학원 졸업자 프리미엄 역시 120%에서 107%로 감소했다. 즉 전반적으로 O→E가 감소 내지 증가하지 않았는데, E→D 역시 증가했다기보다는 오히려 소폭 감소한 셈이다. O→E→D, 즉 한국 사회에서 교육 기회 불평등을 통해 사회 전반적인 기회 불평등 정도가 최근으로 올수록 강화되었다고 보기는 어렵다는 결론에 닿게 된다.

현재의 경험적 자료들은 교육 기회 불평등 및 교육이 전반적인 사회적 성취 기회 불평등에 미치는 영향이 전반적으로 감소했음을 시사한다. 실력의 주된 척도로 여겨지는 학업 성적에서의 불평등은 증가했을 개연성이 있으나, 그것의 전반적인 중요성은 감소하는 방향으로 제도가 변화한 것이다. 최근 공정성 담론이 전제하는 바와 달리 전반적인 교육을 통한 기회 불평등은 약화되고 있다는 결과다.

2. 평등 촉진자로서의 교육(O→D|E)

그렇다면 최근의 공정성에 대한 불만, 과거와 달리 사회가 매우 불공정해지고 있다는 위기의식은 전혀 경험적 근거가 없는 것인가? 그렇다고 볼 수는 없다. 동일한 학력을 갖춘 사람들 사이에서 어떤 부모를 만났고 가족배경이 어떤가에 따라 성공 가능성 격차가 나타나는 양상에 대해 생각해보자. 이는 교육과 관계없이 작동하는 부모 찬스 경로, 즉 O→D|E라고 할 수 있다. 하지만 앞서 언급했던 '평등 촉진자로서의 교육' 가설에 따르면 이 O→D|E는 학력 수준(즉, E)에 따라서 달라질 수 있다. 자녀가 여러 이유로 저학력에 머무를 경우 부모가 직접 자녀가 사회경제적으로 자리를 잡을 수 있게 도와주는 것이 인지상정이다. 반면 자녀가 좋은 대학을 나오고 충분한 학력을 갖췄다면 부모가 굳이 자녀의 앞길에 개입할 필요가 덜할 것이다. 이는 교육이 O→D와 정말로 관계가 없는 것이 아니라 상호작용하는 방식으로 역할을 한다는 점을 보여준다. 이 부분은 어쩌면 현재 공정성 담론이 가장 격렬하게 비판하는 지점이다. 능력(학력 성취)은 별로 없이 부모의 도움으로 사회적 성취를 이루는 경우이기 때문이다.

그렇다면 한국에서 이 O→D|E와 관련된 추세는 어떻게 변화했을까? 일단 '평등 촉진자로서의 교육' 가설이 예측하는 바에 따르면 대졸자가 늘어나면 O→D|E와 관련된 불공정성 여지는 줄어들게 된다. O→D가 약한 고학력자가 늘어나면서 사회 전반적으로 O→D가 감소하게 되기 때문이다(Breen, 2010; Torche, 2011). 사회학자 정인관과 박현준의 최근 연구는 1990년대 이후 있었던 한국의

급격한 대규모 대학교육 확대가 바로 이런 결과를 가져왔음을 밝히고 있다(Chung and Park, 2019). 대학교육 확대를 경험한 1970년대 후반, 1980년대 초반 출생자들에게서 O→D가 30% 약화되었는데, 그중 대략 반 이상이 대졸자 증가로 인한 것이었다. 따라서 전반적으로 O→D|E로 인한 기회 불평등은 약화된 셈이다.

한편 필자의 또 다른 연구는 O→D|E가 단순히 대졸자와 비대졸자 사이에서만 다른 것이 아니라 대졸자들 내에서도 출신 대학에 따라 예측 가능한 방식으로 차이가 난다는 점을 보여준다(이수빈·최성수, 2020). 〈그림 6-3〉이 보여주듯이 저소득층과 고소득층 출신 대학 졸업생들 간 졸업 후 상위소득 진입 가능성의 차이(즉, O→D)는 상위권 대학들, 이른바 명문대일수록 작고, 중하위권 대학들일수록 크게 나타난다.[5] 최상위권 대학에서는 부모 소득 기준 하위 20% 출신 졸업자가 졸업 후 상위 20% 소득자가 되는 가능성이 상위 20% 출신 졸업자와 거의 같은 반면(0.98배), 하위권 사립대의 경우 대략 0.7배, 전문대의 경우 0.6배 수준에 불과하다. 학력을 넘어 작동하는 부모 찬스가 엘리트 대학이 아니라 비엘리트, 중하위권 대학 졸업자들 사이에서 더 뚜렷하게 작동하고 있음을 의미한다. 추세 관점에서는 지난 20여 년 동안 대규모 대학교육 확대로 늘어난 학교들이 대체로 이 O→D|E가 강한 중하위권 대학들이라는 점

---

5 〈그림 6-3〉은 이수빈·최성수(2020) 연구 결과를 재구성하여 작성한 것이다. B20과 T20은 각각 부모 소득 기준 하위 20%, 상위 20% 출신을 의미하며, 성공률은 졸업 후 본인 소득 기준 상위 20% 소득자가 될 확률을 의미한다. 평균 성공률은 소득 계층 관계없이 해당 학교 졸업자들이 평균적으로 성공할 확률을 의미한다. 보다 자세한 사항은 이수빈·최성수(2020)를 참조할 것.

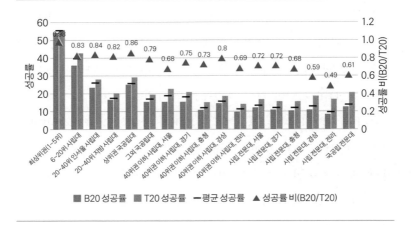

〈그림 6-3〉 대학군별 부모 소득계층에 따른 자녀의 경제적 성공률 차이

을 주목할 필요가 있겠다. 대규모 대학교육 확대가 평등 촉진자 역할을 하면서 O→D를 전반적으로 약화시키기는 했지만, 중하위권 대학들의 O→D를 더 약화시킬 수 있는 여지가 여전히 많이 남아 있음을 시사한다.

그렇다면 어떤 구체적인 경로들이 이런 결과를 가져오는 걸까? 몇 가지 주요한 사례를 보여주는 연구들이 있다. 하나는 저학력 혹은 낮은 출신대학의 불리한 지위를 영어 해외연수와 같이 사적 자원을 바탕으로 한 인적자본, 상징자본 투자로 보완, 극복하는 전략이다. 사회학자 최율(Choi, 2015)은 주로 중상위층 출신 학생들이 가는 영어 해외연수가 노동시장에서 급여를 높이는 데 효과가 있는데, 특히 중상위 계층 출신 비명문대 졸업자들에게 그 효과가 두드러진다는 사실을 보여준다.

그의 또 다른 연구(김도영·최율, 2019)는 졸업 후 공무원 시험 준비 및 합격 과정이 교육을 넘어 가족배경이 작동하는 경로임을 보여주고 있다. 하위 계층 출신 대졸자들이 공무원 시험 준비는 더 많이 하지만 막상 합격할 확률은 상위 계층 대졸자들에게 더 높게 나타난다는 것이다. 최근으로 올수록 청년들의 졸업 후 노동시장 진입 시기가 점점 더 지연되는 추세인데, 여기에는 청년들이 전문직, 고소득 일자리에 충분히 안정적으로, 확실하게 진입하고자 하는 적극적 전략 측면이 상당히 반영되어 있다. 당연히 이런 선택 과정에는 가족배경이 중요하게 작동할 수밖에 없다. 공무원 시험의 합격에서 나타나는 가족배경 격차 역시 같은 차원에서 이해할 수 있다.

정리를 해보자. 최근 공정성에 대한 위기 담론의 기반을 제공하는 부분은 교육 기회 불평등이 아니라 교육과 관계없이, 교육을 넘어 나타나는 기회 불평등에 있는 부분에 있는 것으로 나타났다. 교육 기회의 불평등 자체($O \rightarrow E$)는 대학교육 확대나 입시 다변화 등 제도적 변화를 통해 약화시킬 수 있었다. 기회 불평등($O \rightarrow D$)의 쟁점이 되는 일부는 이제 교육을 넘어선 영역($O \rightarrow D|E$)으로 밀려 올라가 형성되고 있는 것은 아닐까? 교육 영역에서 약화된 기회 불평등으로 인해 같은 수준의 학력을 갖춘 경쟁자 풀은 넓어진다. 노동시장 진입에서의 경쟁은 첨예해진다. 그리고 완화된 교육에서의 가족배경 불평등이 온전한 기회 평등의 개선으로 이어졌다기보다 노동시장 진입 과정에서 부모 찬스, 부모 지원의 중요성이 높아지는 방식으로 바뀐다는 것이다. 교육에서의 공정성 개선으로 인해 교육 이후에 불공정한 개입이 부상하는 기묘한 상황인 셈이다.

지금까지 이리저리 살펴봤더니 한국 사회에 공정성 위기가 정말로 있다고 한다면 그것은 불공정한 교육 때문이라기 보기는 어렵다는 결론에 이르렀다. 오히려 교육에서 기회 불평등이 약화되면서 더 심해진 경쟁에 대한 부모 영향력이 교육이 다 끝난 지점에서 드러나는 것에 가깝다. 이와 함께 불공정함, 불평등에 대해 높아진 감수성이 조합을 이루어 최근의, 특히 청년세대의 공정성 위기 담론이 형성되었다고 봐야 하지 않을까?

공정성은 한국 교육 문제의
주범인가?

그렇다면 이번에는 한국 교육이 당면한 여러 문제들 중 가장 중요한 개선 과제가 불공정한 교육인가에 대해 생각해보자. 일단 한국 교육은 문제가 많다. 적어도 사람들의 생각은 그렇다. 한국인들 중에 학교교육에 대해 좋은 추억을 가진 사람은 그리 많지 않다. 수천만 시민들이 본인 그리고 자녀 교육을 통해 겪은 트라우마에 가까운 암울한 경험들을 바탕으로 나름 교육 전문가적 식견을 가지고 있다. 그것들이 어우러져 한국 교육을 비판하는 것은 마치 국민 스포츠처럼 된 느낌이다. 한국 교육에 대한 이런 비판, 우려는 여러 측면에서 제기된다. 비판적이고 창의적인 사고, 민주적 시민 가치를 제대로 가르치지 못하고 있다, 표준화된 평가를 바탕으로 한 대입 경쟁에 교육이 종속되면서 정작 졸업 후 노동시장에서 필요한 실질적인 지식과 기술을 가르치지 않는다, 학생들을 억압하고 불행하게 하고 있다 등.

여기에 더해 최근에 더욱 두드러지게 제기되는 비판은 교육에서 계층 간 불평등이 극심하며 따라서 교육 기회의 공정성을 높이는 것이 필요하다는 것이다. 실제로 정부가 공정성을 높이고자 하는 방향으로 대입 정책을 바꾸기까지 했다. 이런 진단과 반응은 합리적이고 바람직한 것일까? 공정성, 기회 평등은 교육이 마땅히 지향해야 할 핵심 가치이자 과제 중 하나이다(Van de Werfhorst and Mijs, 2010). 교육을 더욱 공정하게 만들려는 정책적 노력은 그 자체로 바람직하다. 그러나 그것이 교육정책의 최우선순위가 되어야 하는가 하는 것은 다른 문제다. 교육에서 공정성과 기회 균등을 높이려는 정책은 많은 경우 다른 중요한(어쩌면 더 중요할지 모르는) 교육 가치의 양보를 동반한다. 예를 들어 공정성 제고라는 목적을 가지고 표준화된 평가의 중요성을 높이는 경우 교육의 다양성과 타당성 측면에서 후퇴하는 결과를 가져올 수도 있다.

한편 국제 비교 관점에서 생각해보는 것도 중요하다. 다른 사회와의 비교를 통해 현실적으로 한국 교육이 가진 여러 문제들 중 시급하게 다루어야 할 심각한 문제와 상대적으로 여유를 가지고 접근할 수 있는 문제 간 우선순위를 가늠하는 데 중요한 기준을 얻을 수 있다. 그런 의미에서 다른 국가들의 교육과 비교해 한국 교육의 교육 기회 불평등 수준이 어떤지 파악하는 것은 매우 중요하다. 특히 앞서 말한 것처럼 공정성을 높이려는 시도가 다른 중요한, 어쩌면 국제 비교적 관점에서 더욱 절실한 교육 가치와 현실적으로 충돌하게 될 가능성이 있는 경우에 더욱 그렇다.

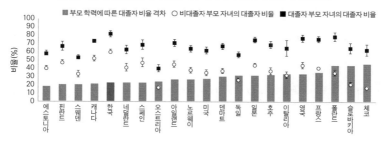

(a) 25~44세 청장년층 대학 졸업 여부에서 나타나는 가족배경 격차(2012)

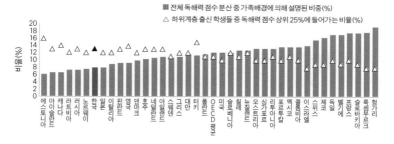

(b) 15세 학생의 독해력 점수에서 나타나는 가족배경의 중요성(PISA 2018)

〈그림 6-4〉는 OECD 회원국들을 포함 산업화된 국가들 사이에서 한국 중등교육에서의 기회 불평등이 어느 정도 수준인지 잘 보여준다.

(a)는 2012년 기준, 청장년층 대학 졸업 비율이 고학력(대졸) 부모 자녀와 저학력(비대졸) 부모 자녀 간 얼마나 차이가 나는지, 그 격차가 국가마다 어떻게 다른지를 보여준다. 한국은 부모 학력 관계없이 가장 높은 대졸자 비율을 가진 국가이며, 부모 학력에 따른 격차도 20% 포인트 정도로 가장 낮은 국가들 중 하나이다. (a)가 최종

학력 취득에서 나타나는 가족배경 불평등 수준을 보여줬다면, (b)는 학교 학업 성취에서 가족배경 격차를 요약해 보여준다. 한국은 2018년 기준 15세 학생들의 독해력 점수 중 가족배경에 의해 설명되는 부분이 가장 낮은 편이며, 독해력 상위권 점수를 받은 학생들 중 하위계층 출신 학생 비율이 가장 높은 국가 중 하나다. 학업 성취에서 기회 불평등 역시 가장 낮은 편임을 보여준다. (a)와 (b)에서 모두 가장 양호한 수준을 보여주는 나라는 발트해 신흥 교육 및 IT 강국 에스토니아, 캐나다, 한국, 핀란드 정도이다.

이러한 국제 비교 통계가 보여주는 것이 한국 교육이 기회 불평등 측면에서 문제가 없다라는 것은 아니다. 부모 학력으로 인해 자녀 대졸 확률이 20% 정도 차이가 난다고 하면 결코 작은 차이라고 할 수 없다. 하위계층 출신 학생들 경우 성적 상위 25% 들어가는 학생이 25%보다 훨씬 못 미치는 13%밖에 안 된다면, 이 역시 가족배경으로 인한 불이익이 무시할 수 없는 수준으로 존재한다 할 수 있다.

그러나 다른 나라들과의 비교는 이 분야에서 정책 개혁을 통해 향상시킬 수 있는 현실적 가능성의 여지를 가늠할 수 있게 해준다는 점에서 유용하다. 현대적 교육 체계 내에서 가족배경에 따른 불평등은 일정 정도 존재할 수밖에 없다. 한국 교육에서 가족배경 격차가 상대적으로 다른 나라들에 비해 작다는 것은 정책 변화를 통해서 향상시킬 수 있는 한계 효과가 제한적일 수밖에 없음을 의미한다. 다른 나라들과 비교할 때 상대적으로 약한 다른 부문(학생들의 직능 교육을 통한 노동시장 준비, 학생들의 만족도 등) 개선을 위한 정책의 중요성이나 실효성을 생각하면 더욱 그렇다. 정책 선택에 있어 종

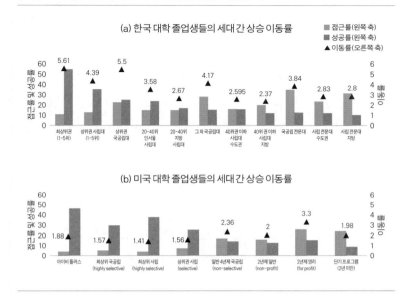

종 복수의 가치나 목표가 충돌하거나 우선순위를 다툴 경우, 한 정책에 선택과 집중을 해야 하는데, 〈그림 6-4〉는 기회 불평등, 공정성 문제 해결 정책이 최우선일 필요는 없음을 시사한다.

〈그림 6-4〉가 중등교육에서의 기회 불평등에 대한 국제 비교 관점을 보여줬다면, 〈그림 6-5〉는 고등교육, 즉 대학교육이 한국과 미국에서 어떻게 세대 간 사회 이동성 매개자 역할을 하는지 비교 결과를 보여준다.[6] 그림에서 접근율(왼쪽 막대)은 저소득층(하위 20%)

6 〈그림 6-5〉는 이수빈·최성수(2020) 연구 결과를 재구성하여 작성한 것이다. 한국의 경우 수도권은 서울과 경기, 지방은 충청·경상·전라권 대학들의 추정치를 평균해서 각각 계산했다. 미국은 경제학자 라지 체티 등이 미국

출신 자녀들이 해당 대학군에 입학·졸업하는 비율을, 성공률(오른쪽 막대)은 그런 저소득층 출신 졸업자들이 졸업 후 본인 소득 기준 고소득자(상위 20%)가 되는 비율을, 끝으로 이동률(삼각형)은 이 둘의 곱으로, 결국 저소득층 자녀가 해당 대학군을 나와 고소득층으로 상승 이동할 확률이다. 한국과 미국은 대학교육이 서열화되어 있고, 상대적으로 시장화된 경향이 강해 국공립 기관보다 사립 기관들이 더 지배적이며, 따라서 고등교육이 공공재라기보다는 사적 투자 대상으로 인식되고 있는 몇 안 되는 나라들이다. 이 두 국가의 비교는 재미있는 공통점과 차이점을 보여준다.

공통점은 두 나라 모두 저소득층의 접근율이 엘리트 대학, 상위권 대학일수록 낮고 중하위권 대학으로 갈수록 높아지는 반면, 성공률은 그 반대 양상을 보인다는 점이다. 흥미로운 점은 이 둘의 곱으로 나타나는 이동률 양상이 두 국가가 사뭇 다르다는 점이다. 한국에서는 상위권 대학에서 상대적으로 이동률이 높은 반면, 미국에서는 반대로 중하위권 대학에서 이동률이 더 높다. 한국에서는 이동률 요소 중 노동시장에서 성공률의 대학군 간 차이가 더 압도적인 반면, 미국에서는 대학군 간 접근율 차이가 더 압도하고 있기 때문이다. 입시 서열에 따른 기회 불평등이 미국에서 훨씬 극심한 반면(Grusky and Weeden, 2011; Reeves, 2017), 한국은 출신 대학별 노동시장 학벌 효과가 더 강력하게 작동하고 있음을 보여주는 결과다. 미국의 경우 교육에서의 기회 불평등이 대학과 관련된 공정

납세 정보를 바탕으로 제공한 대학별 접근율, 성공률 자료를 바탕으로 계산했다(https://opportunityinsights.org/data/). 자료 및 추정 방법에 대한 보다 구체적인 설명은 이수빈·최성수(2020)를 참조.

성 문제의 핵심이라면(즉, O→E), 한국에서는 노동시장에서 서열에 따른 큰 보상의 차이(즉, E→D)가 핵심인 셈이다.[7]

그렇다면 이런 국제 비교 결과를 어떻게 이해해야 할까? 한국의 상대적으로 양호한 교육의 기회 불평등 수준의 원인은 무엇일까? 비교 교육 사회학 연구 문헌들로부터 얻을 수 있는 함의는 초·중등 교육에서의 높은 표준화 및 평준화가 그 주된 원인이라는 것이다 (Van de Werfhorst and Mijs, 2010). 한국의 초·중등교육은 교육 내용, 학생 평가 방법, 교사의 훈련과 충원, 관리, 학교 조직의 운영 및 재정 등이 전통적으로 중앙 정부의 조정 아래 고도로 표준화되어 있는 편이었다. 민주화 이후 교육감 직선제 등을 통해 지방 교육청 으로 권한 이양이 많이 되었지만 여전히 표준화의 수준은 높다. 고 교 진학 시점부터 특성화고(직업계), 특수고, 일반고 등 계열이 나눠 져 있고 과거에 비해 학교 종류가 세분화되기는 했지만, 전반적으 로 계열화 수준은 아직 낮은 편이다. 최근 선택형 교육과정의 정착 등으로 교과 내용이 다양화되기는 했으나, 고교 평준화 정책으로 인해 학교 간 제공되는 교육의 질에 있어 평준화 수준은 여전히 매 우 높다. 전반적으로 한국의 초·중등교육은 학생들을 생활과 경험 측면에서 차별화하는 여지를 최소화하는 강한 동질화 기관이라고 할 수 있다. 심지어 사교육까지 학생들을 차별화하기보다는 동질화 하는 기능을 할 정도다(정인관 외, 2020). 현실적으로 표준화, 평준화 를 더 강화하기는 쉽지 않은 상황이다. 오히려 필요한 것은 이런 동

---

7 실제로 라지 체티 등은 세대 간 사회이동성을 높이기 위한 정책적 대안으로 대학들의 접근율(입학률)을 계층별로 평준화시키는 방안을 적극적으로 제시한다(Chetty, Friedman, Saez, Turner, and Yagan, 2020).

질화하는 힘을 약화시키면서 교육 내에서 다양성과 포용성을 높이는 것일지 모른다.

대학 입시 역시 전통적으로 매우 표준화된 평가 형태로 이루어져왔다. 학력고사와 수능 등 전국 단위에서 동일한 표준화된 시험을 통해 대입 결과가 결정되는 것이 2000년대 초중반까지 일반적인 상황이었다. 그 이후 수능(정시)의 비중이 낮아지고, 학생부종합전형 및 기타 비표준화 평가 요소들의 비중이 늘어나면서 대입 전형도 다변화되긴 했다. 그러나 비표준화된, 질적인 평가 요소들조차 여전히 상당히 표준화되고 객관적인 형태로 이루어지며, 따라서 무엇보다 부모의 직접적 개입 등 가족배경에 의해 평가가 좌지우지되는 가능성은 상당히 제한적이다.

이는 현재 전방위적으로 비판을 받고 있는 미국의 입시 전형과는 상당히 대조적이다. 미국의 대입은 여전히 공식적·비공식적 동문 자녀 우대가 존재하며, 스포츠 등 비학술적 요인이 상당이 중요한 역할을 하고 있다(Arcidiacono, Kinsler, and Ransom, 2019). SAT나 ACT 등 표준화된 시험조차 그 시험을 보러 대도시의 시험 센터에 가기 위한 시간과 비용의 장벽이 존재하기 때문에 가족배경으로부터 직접적으로 영향을 받는다. 특히 전인적(holistic) 평가 방식은 원하는 대학에 입학하기 위해 어릴 적부터 부모를 중심으로 고도로 계획된 과외 활동, 사회 및 문화자본의 습득 등을 요구한다. 실제로 그렇게 축적된 가족배경에 따른 우위가 대학 입시에서 높이 평가받는다. 한국의 애들 잡는 집중 양육방식은 문화자본 습득을 강조하는 미국 중상위층 가족의 집중 양육방식(concerted cultivation)과는 사뭇 다르다(Lareau, 2011). 입시 자체가 미국과 달리 표준화된 학업 성적 및 평가에 의해 결정되기 때문이다. 따라서 한국 고교생들에게 일반적인 문화 활동은 자본이 아니라 오히려 페널티로 작용하며(Byun, Schofer, and Kim, 2012), 부모의 개입은 과외 활동을 도와주는 것이 아니라 오히려 극단적으로 억압하는 형태로 이뤄진다(신명호, 2011).

이러한 초·중등교육 및 입시에서의 제도적 차이 그리고 그러한 특성에 따른 부모와 학생들의 양육 및 학습 전략은 한국이 다른 나라들에 비해 교육에서 왜 상대적으로 양호한 기회 불평등 수준을 보이는지를 설명한다. 절대적 관점에서 보면 한국 교육의 기회 공정성 수준은 이상적인 상황과는 거리가 멀지만, 비교적 관점에서 보면 실제로 더 향상될 수 있는 여지는 제한적이고, 향상을 가져오기 위한 제도적 변화의 여지 역시 상당히 제한적임을 알 수 있다. 오히려 비교적 양호한 교육 기회 불평등 문제를 개선하려고 할 때 의도치 않게 다른 중요하고 심각한 교육 문제를 간과하거나 악화시킬 위험성도 있다. 최근 정부가 발표한 정시 전형 비중 상향 정책은 그런 위험 가능성을 노정하는 일례라고 할 수 있다.

05

····

대안과 제언: 능력주의와
기회의 평등을 넘어서

지금까지 우리가 살펴본 것은 최근 한국의 공정성 위기 담론을 교육의 문제로, 그리고 교육의 문제를 공정성 위기 문제로 접근하는 시각에 대한 비판적 평가였다. 경험적인 근거들을 바탕으로 볼 때 불공정에 대한 주요 원인은 전반적으로 교육이 아니라 교육 너머 교육 이후의 영역들, 특히 노동시장에서 찾을 수 있고, 해법 역시 교육보다 노동시장, 더 나아가서는 사회 개혁에서 찾아야 함을 시사한다. 하지만 시장과 사회는 넓고 개혁이 더 어렵고 민감하며 더 통제가 버거운(혹은 다들 그렇게 생각하는) 영역이다. 반면 교육은 기본적으로 정부 행정의 테두리 안에 있고 더 쉽게 바꿀 수 있는 만만한 연성 영역처럼 느껴진다. 교육이 사회문제의 주범으로 자주 소환되는 이유는 그래서일까?

228

공정성의 문제가 교육에 있지 않다면 그럼 무엇이 문제일까? 공정성 위기 담론에 대한 적절한 사회적 대응은 무엇일까? 이 질문에 대한 답을 공정성 문제의 또 다른 핵심이라고 할 수 있을 능력주의와 연결시켜 탐색하면서 글을 마무리하고자 한다. 능력주의는 흔히 능력에 따라 성공이라는 보상을 받는 사회 체제를 의미한다. 그렇다면 능력이란 무엇인가? 개인과 사회의 관점에서 각각 살펴볼 필요가 있다. 개인들의 관점에서 볼 때 능력은 원하는 사회적 지위를 획득하는 과정(이를 입력 과정이라고 하자)에서 필요한 자질과 노력의 산물이다. 앞서 설명했듯이 자질과 노력 모두 숨겨져 있는 세 가지 통제 불가능한 요소 가족배경, 유전, 운의 결과물이다. 순수 개인의 성취 부분은 일부에 불과하다. 한편 사회적 자원을 배분하는 과정(이를 출력 과정이라 하자)에서 핵심 기준으로서의 능력은 사회적인 가치를 창출하는지 여부가 중요하다. 즉 타고난 것이든, 노력해서 얻은 것이든, 아니면 부모의 도움을 받은 것이든 사회적 가치를 창출할 수 있는 것이 능력이며 그 능력에 따라 보상이 주어지는 것이 바람직한 것이다.

여기서 능력주의를 바라보는 세 가지 상이한 관점이 도출될 수 있다. 이 상이한 관점들은 상이한 사회적 대안과 비전으로 귀결된다. 이 세 관점을 앞서 살펴본 한국의 교육 기회 불평등에 대한 진단과 함께 검토해보면 더 공정한 사회를 위한 변화의 지점들을 발견할 수 있지 않을까?

첫 번째 관점은 '능력주의가 부족해' 관점이다. 이 관점에 따르면 능력주의는 기본적으로 공정하고 좋은 것이며, 실현해야 하고 실현할 수 있는 것이다. 지금 우리가 직면한 사회적 문제들은 능력주의가 제대로, 충분히 실현되지 않기 때문에 발생한 것이라 볼 수 있다. 이에 대한 대표적인 시각은 경제학의 주류 관점인 인적자본 (human capital) 이론에서 찾아볼 수 있다. 인적자본 관점에서 능력은 명확하게 정의된다. 시장에서 생산성에 기여함으로써 수익을 창출할 수 있는 개인의 지식이나 기술 및 기타 속성, 즉 스킬이다. 개인의 관점에서는 본인의 평생 소득 극대화를 위한 투자 행위라는 측면에서 능력을 습득하기 위한 동기가 주어진다. 시장에서 능력(스킬)에 따라 차별화되는 보상(임금)은 개인들이 능력(스킬)을 쌓도록 노력하게 만드는 인센티브를 제공한다. 이 입력 과정과 출력 과정을 우아하게 연결시키는 것은 바로 수요-공급 동학이 핵심인 시장 메커니즘이다.

　따라서 공정성 관점에서 볼 때, 능력주의 자체는 공정하다. 문제는 능력(스킬)을 쌓을 수 있는 기회가 충분히 공평하게 주어지지 않아 시장이 제공하는 개인들이 능력(스킬)을 습득하고자 하는 인센티브 자체가 작동하지 않는 경우다. 이 경우 자연스럽게 귀결되는 해법은 교육에서의 기회 불평등을 완화하는 교육 개혁이다. 능력(스킬)을 공급하는 가장 핵심적인 기관이 교육이기 때문이다. 능력에 따라 자원을 배분하는(달리 말해 스킬의 수요-공급 균형에 따라 공정 가격을 정해주는) 시장은 공정하지만, 어떤 외생적 이유로 능력 획득을 위한 기회가 지나치게 불평등하게 주어진 상황이 불공정의 우려 대상인 것이다. 따라서 주요한 경제학적 정책 제안들이 교육 확대와 개혁을 통한 기회 평등 확대에 있다는 것은 상당히 자연스럽다(Autor, 2014; Chetty et al., 2020; Heckman, 2006). 그것이 공정한 시장을 제대로 작동하도록 회복하는 길이기 때문이다.

두 번째 관점은 '능력주의는 이룰 수 없는 꿈' 관점이다. 이 관점에 따르면 능력주의 자체는 좋고 바람직한 이상이다. 그러나 현실적으로 이 능력주의를 실현하는 것은 불가능하다. 불가능할 뿐만 아니라 문제를 일으킬 수밖에 없으며 지속될 수도 없다. 그 이유는 능력의 본질에 있다. 능력 자체는 매우 추상적 개념이며 구체적인 실체가 없다. 순수한 능력이란 것을 측정할 수 있을까? 개인적 관점에서 능력은 순수한 노력과 성취를 넘어 개인이 통제하지 못하는 여러 요소들(가족배경, 유전자, 운)이 다양한 방식으로 조합된 것이란 이야기를 이미 했었다. 개인이 통제하지 못하는 것에 의해 상당히 불평등하게 좌우되는 능력에 따라 사회적 자원과 지위가 배분된다면 정당하다고 할 수 있을까? 그런 체제가 유지될 수 있을까? 유전적 평등함을 추구하는 것도 비윤리적이며, 자녀들로 하여금 필요한 지식과 기술, 자질들을 가르치거나 자연스럽게 습득할 수 있는 환경을 제공하기 위한 부모들의 노력을 막을 수도 없는 노릇이다. SF 작가인 테드 창은 가상의 사회적 실험에 대한 묘사를 통해 그런 식의 개혁 기획의 어려움을 생생하게 그려내기도 했다(Chiang, 2019). 그런 능력주의 체제는 도달할 수도 없고 유지될 수도 없다.

출력 과정에서도 같은 문제에 봉착한다. 능력을 시장 생산성에 기여하는 스킬로 정의한다고 하면 그 생산성과 스킬이란 추상적인 개념을 현실적으로 누가, 어떻게 정하며 측정하는 것일까? 애초에 완전히 객관적이고 정확한 생산성과 스킬이란 개념은 존재할 수 있을까? 그렇다면 능력에 따라 보상을 한다는 이상과 달리 현실의 능력주의는 불가피하게 기존의 권력 관계를 반영할 수밖에 없다. 그리고 그 권력 관계의 반영은 불평등을 약화하기보다는 강화하는 방향으로 이뤄질 가능성이 높다. 그 경우 능력주의는 공정한 기회의 바탕이 되는 것이 아니라, 우연과 가족배경에 따른 불평등을 자연적인 것, 영속적인 것으로 만드는 효과를 가져올 수 있다(Mijs and Savage, 2020). 최근 인천공항 비정규직 노동자의 정규직 전환을 둘러싼 상황은 이를 아주 잘 보여준다. "결과의 평등 NO! 기회의 평등 YES!"라는 인천공항 정규직 노조의 표어 이면에는 그 '기회의 평등'이 시험 결과의 양적 차이가 정규직과 비정규직 노동자 간 지위와 대우를 질적으로 다르게 만들고 고착시킴으로써 오히려 공정성을 저해한다는 점이 숨겨져 있다.

이 '능력주의는 이룰 수 없는 꿈' 관점에서는 교육을 통해 기회를 평등하게 제공함으로써 공정성을 회복한다는 기획은 본질적인 해법이 될 수 없다. 오히려 문제를 악화시킬 소지가 다분하다. 이 관점에서 제기되는 해법은 입력 과정(즉, 교육)이 아니라 출력 과정(즉, 능력에 대한 보상)에 대한 개입이다. 즉 능력에 따른 차별적 보상 자체는 받아들이지만, 능력에 따른 보상의 크기를 작은 수준으로 제어하는 것이다. 능력이 본질적으로 가지고 있는 '비능력적 요소들'을 고려해 이 자의적이고 통제하기 어려우며 공정하지 못한 요소들에 기인하는 편익을 최소화하자는 것이다. 실제로 능력(교육)에 따른 프리미엄이 큰 사회일수록 부모-자녀 간 소득 연관 정도로 측정되는 기회 불평등의 정도가 크다(Corak, 2013).

능력주의에 대한 세 번째 관점은 '바보야, 문제는 능력주의야' 관점이다.[8] 이 관점에 따르면 능력주의 자체가 문제적이다. 현재 우리

---

8 빌 클린턴 전 미국 대통령의 선거운동 당시 주된 표어였던 "It's the economy,

가 보는 여러 사회적 문제, 공정성 문제는 능력주의가 부족해서가 아니라 능력주의가 너무 지나쳐서 발생했다는 것이다. 문제는 '능력'이 계층화 분배 과정들에서 가진 독점적 지위 자체이기 때문에, 뭔가 능력을 완벽히 개념화하고 측정할 수 있는 사회가 온다고 하더라도(따라서 앞의 두 번째 관점이 제기하는 문제가 완벽히 해결이 된다고 하더라도) 문제가 해결되지는 않는다. 마이클 영이 『능력주의: 2034년, 평등하고 공정하고 정의로운 엘리트 계급의 세습 이야기』에서 그린 근미래가 바로 이런 세계이다. '능력'의 측정이 과학·기술적으로 해결된(그런 의미에서 이 책은 SF 작품이다). 그럼에도 2034년 영국 사회는 혁명이 피바람이 부는 디스토피아다. 마이클 영의 오리지널 능력주의 버전은 바로 이 세 번째 시각에 가깝다고 할 수 있겠다.

이 세 번째 관점의 핵심은 개인 관점의 입력 과정이 아니라 출력 과정, 즉 사회적 보상의 기준으로 능력이 배타적으로 활용되는 사회에 대한 근본적 문제 제기다. 만일 사회가 유지되고 번영하기 위해 필요한 가치들이 특정한 능력 외에도 다양하게 존재한다면 그 능력에만 배타적으로 보상을 하는 능력주의 체제는 장기적으로 지속되기 어려울 것이다.

따라서 세 번째 '바보야, 문제는 능력주의야' 관점에 따른 대안의 핵심은 경제적 가치에 배타적 독점성을 제공하는 제도 및 규범 체제 대신 다원적 가치와 다양성에 대한 존중이 공존하는 민주적 시민 공동체로서의 사회를 회복하는 것이다. 현재 코로나19 상황 속에서 물류배송 노동자들, 식료품·마트 노동자들, 운송 노동자들,

---

stupid(바보야, 문제는 경제야)!"를 패러디한 것이다.

돌봄 노동자들, 간호사, 간호조무사 등이 사회가 사회로서 유지되는 데 얼마나 필수적인지 알 수 있게 되었다. 그동안 시장 중심적 능력 관점에서만 사회경제적 보상이 이뤄졌던 것에서 사회적 관점에서 일의 중요성과 기여를 바탕으로 보상하는 전환이 논의되어야 한다는 마이클 샌델의 주장(마이클 샌델, 2020)은 이러한 방향성의 일례를 보여준다.

이상 세 가지 능력주의에 대한 관점들을 절대적 관점에서 무엇이 옳고 무엇이 그르다고 평가할 수는 없다. 세 관점 모두 나름의 진실을 담고 있다. 또한 각 사회가 직면한 상황에 따라 세 관점이 제시하는 진단과 대안의 적실성 역시 달라진다. 한국의 공정성 및 능력주의, 기회 불평등의 상황을 보다 잘 이해하고 개선하기 위해서는 어떤 능력주의 관점이 더 적절하고 도움이 될까?

앞서 살펴본 것처럼 한국의 경우 교육에서의 기회 불평등은 상대적으로 공정성을 제고하는 데 있어 핵심적으로 개선해야 할 지점이라고 보기 어렵다. 공정성 문제가 '능력주의가 부족해'서 발생한 것이라는 진단은 적실성이 떨어진다. 사회적 성취 기회의 불평등 문제가 주로 교육 이후의, 교육을 넘어선 사회 및 노동시장의 영역에서 발생하고 있다는 점은 2021년 한국 사회에서 능력주의 특성을 이해하고 개선점을 찾는 데 '능력주의는 이룰 수 없는 꿈' 관점과 '바보야, 문제는 능력주의야' 관점이 더 유용할 수 있음을 시사한다. 이 두 관점으로부터 각각 얻을 수 있는 보다 공정한 한국 사회를 위한 팁을 정리하면서 마무리하고자 한다.

먼저 능력에 따른 사회경제적 보상의 크기를 축소하는 것을 생각해볼 수 있다. '능력주의는 이룰 수 없는 꿈' 관점이 제안하는 대안이다. 능력 안에는 우연적이고 불공정한 요소들이 포함되어 있기 때문에 이에 대한 프리미엄을 줄이자는 것이다. 한국은 대규모 대학 확대 정책 결과 대졸자의 공급이 단기간에 많아져서 그 결과 노동시장에서 대졸자 프리미엄이 증가하지 않았다. 하지만 다른 나라와 비교하면 대졸자와 비대졸자 임금 격차가 큰 편이다. 〈그림 6-5〉에서 볼 수 있듯 대학 간 서열에 따른 학벌 효과도 크다. 중·고등학교에서 공부를 잘해 좋은 대학에 가는 것이 실력의 징표라면, 이 실력에는 개인에게 오롯이 공을 돌릴 만한 요소가 부분적이기 때문에 출신 대학과 연동되어 주어지는 노동시장에서의 보상을 줄이는 정책이 필요하다. 대기업·정규직 및 전문직으로 대표되는 '좋은 직장,' '좋은 직업' 입직 과정에서 의도했든 아니든 작용하는 선별적 학벌 효과를 줄이기 위해 채용·승진 과정을 더욱 투명하게 하는 것도 한 대책이 될 수 있다. 그러나 궁극적으로는 좋은 직장 및 직업과 그렇지 않은 일자리 간 보상 격차를 줄이는 것, 그리고 좋은 직장 및 직업에 들어갈 때 작동하는 교육 프리미엄이 학벌로 고착되는 것을 막는 것이 더 중요해 보인다. 예를 들어, 정규직과 비정규직 간 벽을 낮추고 허물어야 한다는 것이다.

또 다른 제언은 입력 과정에만 초점을 맞춰 표준화된 시험을 통한 선발 결과=능력이라는 보는 반쪽짜리 능력 개념에 사회적 관점을 반영하여 재개념화하는 것이다. 그리고 이 사회적 관점에는 좁은 의미의 시장 생산성을 넘어 민주적 시민 공동체로서 자율적 개인들이 연대하여 유지되는 사회의 관점이 반영되어야 한다. '바보야, 문제는 능력주의야' 관점에서 대안이다. 불완전하지만 능력의 대리 지표로 학교 성적, 수능, 출신 대학, 각종 고시 등 취업 관련 시험 결과가 기업, 산업, 넓게는 사회적 필요에 따라 차등적 지위 배분과 경제적 보상 배분을 위해 일정 정도 사용되더라도, 그것이 다양한 사람들의 일과 그 일의 중요성, 사회적 기여에 대한 평가, 나아가 사람들에 대한 도덕적 판단으로까지 확대될 수 없다. 여기에는 당연히 좁은 의미의 공정성을 바탕으로 10~20대 시기의 시험 성취의 결과가 생애를 걸친 지위 획득의 차이로 이어지는 것이 불공정하다는 인식도 포함된다. 궁극적으로 보면 키워드는 다양성과 포용이다. 능력의 개념을 기회 독점의 통로가 아니라 다양한 가치를 가진 사람들에게 열린 기회의 통로가 되도록 다원화하기, 사회적 경쟁으로부터 아예 배제되는 소수자, 사회적 약자 집단에 대한 차별 및 소외를 적극적으로 교정하기, 경쟁에서의 승자가 아닌 사람들에게 만족스럽고 보람된 삶이 보장되도록 노력에 따른 재도전의 기회를 지원하기 등이다.

어떻게 이런 체제를 가능하게 하는 사회적 연대를 구축할 수 있을까? 하나는 세금과 복지, 즉 복지국가를 통한 방법이다(장제우, 2020). 개인들의 자산축적 경쟁은 취약한 복지국가로 인한 복지의 빈자리를 대신해 왔던 측면이 있다(김도균, 2018). 그렇다면 최근 청년층을 중심으로 표출되는 부동산 문제에 대한 공정성 관점에서의 불만은 사회적 연대의 부재로 인한 결과라고 볼 수 있다. 따라서 복지국가 확대를 통한 연대 구축이 하나의 해법이 될 수 있다. 또 하나는 교육을 통한 연대 구축이다. 교육을 통해 포용과 다양성을 바탕으로 한 민주적인 시민의 덕성, 사회적 연대의 가치를 폭넓고 공고하게 다져나가는 것이다. 공정성과 관련하여 교육의 역할이 있다면 바로 이 부분이 아닐까 한다.

노동시장을 개혁하고 복지국가와 교육을 통해 다양성 및 포용에 기반한 사회연대를 구축하기 위해서는 한국 사회가 어떤 사회이어야 하는가에 대해 사회적으로 적극적인 논의가 있어야 한다. 능력에 따른 경쟁과 시장에서의 보상을 핵심으로 운영되는 사회를 이상으로 하고 현재의 시장 중심적 능력주의 체제를 공정성, 기회 균등 촉진을 통해 더 밀어붙이는 방향으로 갈 것인가? 아니면 민주적 개인들의 연대로 성립되는 시민 공동체를 이상으로 하여 사회의 공공선에 기반한 다양한 자질과 능력을 모두 존중하면서 사회의 잠재력을 실현시키는 사회를 추구할 것인가? 지금까지 한국의 능력주의는 산업화 후발주자로서 다른 산업화 국가들을 따라잡기 위한 과정에서 필요악처럼 자리 잡고 활용되었던 측면이 크다. 지금 2021년 한국 사회는 감사하게도 자신감을 가지고 질적으로 살기 좋은 공동체로 도약할 수 있는 자리에 와 있다. 이제 거기에 맞는 새로운 공정성 논의가 필요한 시점이다.

제7장

·

90년대생 남자와 여자는
왜 불공정을 이야기하나?

정고운

현 경희대학교 사회학과 조교수. 펜실베니아대학교 박사후연구원. 가족, 젠더, 이주, 종교, 질적연구방법론 전공. 한국사회의 밀레니얼과 Z 세대의 젠더의식 및 가족 형성에 관한 연구 수행.

내용 요약

90년대생 남자와 여자는 왜 불공정을 이야기하나?

본 장에서는 90년대생들에 대한 초점집단면접을 통해 청년세대가 노동시장과 관련된 적극적 조치제도를 어떻게 인식하고 불공정을 의미화하는지 살펴본다. 90년대생들의 젠더 인식이 저성장 시대 생존주의 감정 및 능력주의 가치관과 무관하지 않음을 인지하고, 기존의 젠더 규범이 잔존하거나 변형하는 상황에 주목하며, '공정'의 서사가 차용되는 방식을 살펴보았다. 연구 결과 90년대생 남성들은 여성 우대 정책 및 적극적 우대 조치 제도에 대해 형평의 원리를 중심으로 이해하고, 90년대생 여성들은 이러한 제도에 대해 회복의 원리를 중심으로 수용하고 있음을 알 수 있었다. 90년대생 남성들은 노력의 절대가치를 평가하기 위해 그 보상이 적정한가를 평가해야 한다는 의미의 형평을 지지하고, 90년대생 여성들은 적극적 우대 조치가 작동하지 않는 영역에 진입하기 위해 역설적으로 능력주의를 통해 문화적 차원의 불평등을 극복하는 모습을 보이고 있었다.

이러한 연구결과는 '남성 역차별'이라는 프레임이 과거에도 존재하였지만, 현재 '젠더 갈등/불공정' 논의가 '세대 간 경제 기회 불공정 담론'과 연동하며, 능력주의(meritocracy)라는 상위의 개념을 바탕으로 형성되었음을 보여준다. 다시 말해 능력주의라는 신화는 역차별이라는 젠더 프레임을 대체할 강력한 서사로 대중들에게 폭넓은 정당성을 부여해줄 수 있는 도구가 된다. 각자도생의 경쟁 속에서 서바이벌을 향한 생존주의적 감정을 가진 90년대생 남성과 여성들은 서로 다른 방식으로 배틀 로열을 정의하고 생존의 절박함을 이야기한다. 이러한 가운데 90년대생 남성들의 서사는 노동을 통해 시민권을 인정받고 존재감을 주장했던 과거 남성세대의 종말과 더불어 노동의 몰락을 의미하며, 90년대생 여성들의 서사는 노동시장의 분화와 남성 중심적 조직 문화가 병존하고 있는 가운데, 페미니즘의 확산에도 불구하고 여성들이 직면해야 하는 문화적 배제와 부담이 가중되었음을 보여준다.

01
····

들어가며

2015년 온라인 공간에서 청년들을 중심으로 페미니즘이 부상한 이후, 2016년 강남역 사건, 그리고 2018년 미투운동을 필두로 청년들 사이에서 페미니즘은 큰 화두로 자리 잡았다. 특히 온라인 커뮤니티 및 플랫폼이 분화되면서 논쟁적인 사안들이 대두되었다. 남성 중심 커뮤니티에서 담론화되는 젠더 이슈는 '친밀한 관계에서의 남성 고충', '여성 위주 성평등 정책 고발', '국가 위기를 초래하는 좌파와 페미니즘 비판'으로 요약되어 남성 약자 내러티브가 특징적인 모습을 보이는 것으로 나타났다(김수아·이예슬, 2017; 마경희 외, 2020). 한편 여성 중심 커뮤니티에서 등장하는 젠더 이슈는 '여성 혐오 비판과 기존 젠더 규범의 탈실천(탈코르셋)', '연애 및 친밀성의 재구성', '성차별, 성폭력 범죄에 대한 문제의식'으로 나타나 기존의 가부장적 질서로부터의 탈피를 보여준다(마경희 외, 2020).

온라인 공간에서의 담론과 더불어 미디어 및 대중 담론은 20대 여성과 남성의 젠더 정책 및 의제에 대해 의견을 '젠더 불공정'이라는 프레임으로 조명하였다. 청년세대의 특징을 조망한 대중서 『90년생이 온다』(임홍택, 2018)에서는 공정성을 우선 가치로 두는 90년대생이 소개되어 새로운 세대에 대한 이해의 필요성이 제기되었고, 『20대 남자』(천관율·정한울, 2019)에서는 20대 남성 보수화 현상을 조명하였다. 이와 같이 급격한 세대교체와 젠더 감수성에 대한 이해가 동시다발적으로 진행되고 있는 가운데 한국 사회의 젠더 의제에 대한 90년대생 남성과 여성의 진단은 서로 다르게 나타난다. 한국여성정책연구원의 조사에 따르면, 2030세대 여성 90%가 한국 사회는 '여성에게 불평등하다'고 논의한 반면, 남성은 40% 가량이 '남성에게 불평등하다', 그리고 20%는 '이미 양성평등하다'고 응답하였다(김경희·마경희, 2019). 이러한 조사 결과를 바탕으로 볼때 20대 남성 다수에게 한국은 이미 양성평등하거나 오히려 남성이 더 차별받는 사회로 여겨진다. 그 연장선상에서 남성들은 여성 우대 정책과 적극적 조치[1]에 대해 박탈감이나 억울함의 감정을 드러

---

1 적극적 조치는 정책 영역에서 평등과 젠더 개념을 제도화한 정책 사례로, 성별에 근거한 불평등을 시정하기 위한 목적으로 남성 지배적 영역인 노동시장과 정치행정 분야에서 여성의 대표성을 높이기 위한 정책으로 정의된다(Bacchi, 1999; Mazur, 2002; 김경희, 2004: 177 재인용). 적극적 조치를 시행한 서구 여러 나라의 공통된 경험은 차별금지 법안에 담고 있는 여성이나 흑인을 대상으로 하는 적극적 조치가 역차별 논쟁을 일으켰다는 점이다. 적극적 조치를 실시하고 있는 서구의 대부분의 국가에서는 예외 조항을 두기 시작하면서 능력주의 논리에 의해 완화되어간 경험을 보여준다(김경희, 2004: 178).

내는 것으로 나타났다[2](조혜정 2019).

한편 기존의 젠더 불공정에 대한 담론 및 연구는 온라인 페미니즘 및 여성 우대 정책에 대한 남성과 여성의 서로 다른 평가를 기술적으로 다루는 데 치중해왔다. 미디어 담론이 남성과 여성간의 온라인 공간에서의 젠더의식을 갈등론적으로 제시한 것과 다르게 연구자들은 온라인 공간에서 형성된 여혐, 남혐 담론이 단지 남녀 간의 극단적 대립이라는 미시적인 진단으로 환원할 수 없는 한국 사회의 거시적 사회변동을 징후적으로 보여준다고 이야기한다(마경희 외, 2020). 일례로 청년세대는 기성세대보다 여성적·남성적 역할 규범의 실천에 있어 더욱 부정적인 입장을 보이는 동시에 역할규범의 혼란을 경험한다. 여성적 역할 규범으로서 화장 등 외모 관리에 대해 청년세대의 52.4%가 규범적 압력의 심각성을 인지하고 있으며 이는 기성세대(39.7%)보다 더 높은 비율이다. 동일하게 남성적 역할 규범으로서의 강한 남성성 요구에 있어서도 청년세대(62.6%)는 기성세대(49.8%)보다 더 높은 반감을 보이고 있다. 이러한 가부장 질서에 대한 반감은 남성과 여성 모두에게서 나타나는데, 이를테면 남성의 생계부양 책임 압력에 대해 여성(65.1%)과 남성(6.3%) 모두 전통적 규범의 심각성을 인식하고 있었다(마경희 외, 2020). 다시 말해 이러한 지표는 성별을 축으로 권력이 분배되었던 가부장적 질서에 균열이 일어나고 있음을 보여주는 것으로, 전환기적 상황에서 청년세대 남성과 여성이 젠더 역할을 재구성해나가는 과도기에 놓여 있음을 시사한다.

---

2 남성 차별 사례로 가장 많이 꼽은 것은 여성할당제, 지하철·주차장 등의 여성 전용 공간 같은 정책적·문화적 역차별(20%)이었고, 남성상 강요(18.1%)와 군복무 문제(15%)가 그 뒤를 이었다(김경희·마경희, 2019).

한편 가부장적 질서와 남성우월주의에 편재되어 있던 남성성 또는 여성성의 변화는 '성별'이라는 요소만이 아닌 개인적·사회사적 조건에 따라 변화함을 상기할 필요가 있다. 여성과 남성의 불평등 경험은 성별구분 이외에 인종, 계급, 섹슈얼리티, 지역 등의 다양한 위치에 따라 발생한다는 것에 주목하는 교차성 이론에 따르면 (Choo and Ferree, 2010), 90년대생 남성과 여성의 위치는 젠더, 세대라는 축뿐만 아니라 한국적 맥락에서 개인들이 가진 자원에 따라 달라진다. 다시 말해 남성과 여성의 가족배경, 학력, 기술, 노동시장 내 위치 등 개인적 자원에 따라, 그리고 개인이 배태된 구조적 조건—저성장 시대의 도래, 페미니즘의 부상, 온라인 공간의 확산—에 따라 그들의 경험이 이질성을 띠게 되고, 남성과 여성의 범주가 유연해지는 변화가 나타날 수 있다는 것이다(엄기호, 2014).

『90년대생이 온다』의 저자 임홍택은 90년대생들이 가지고 있는 세대적 특징 중 하나를 정직(integrity)에 대한 높은 기준으로 제시하였다. 90년대생들은 유일하게 공정한 채용 시스템으로 여겨지는 공무원직을 선호하고, 학생부종합전형을 '현대판 음서제'로 비판하며, 허위 매물 서비스에 대해 분노하는 세대로, 신뢰와 정직을 그 무엇보다 중요하게 여긴다. 즉 정직, 신뢰, 공정을 우선하는 세대로 공정함을 침해하는 인맥, 구습 그리고 기성 제도의 철폐를 외치며 '신뢰의 시스템화'를 요구하는 세대이다(임홍택, 2018: 113-5). 물론 90년대생의 공정에 대한 요구가 항상 공공성에 대한 높은 의식으로 해석될 수 있는 것은 아니다. 대학 랭킹, 기업 지위, 주택 소유 등이 촘촘히 서열화되고 경쟁이 더욱 치열해진 상황에서 공정성 담론은 공적인 의미만이 아닌 상대적 약자에 대한 폭력으로 또는 경쟁적 상황에 대한 분노의 정당화로 이어지기도 한다(정지우, 2020).

그 기원이 어디서 유래하든 90년대생의 이러한 공정에 대한 감수성은 젠더의식과도 무관하지 않다. 미디어는 90년대생이 어느 세대보다 젠더의식의 변화를 경험하고 첨예한 갈등을 겪고 있음을 보여주는데, 그 핵심에는 공정성 개념이 자리하고 있다. 이 연구에서는 90년대생의 젠더의식이 저성장 시대 생존주의적 감정, 그리고 능력주의 가치관과 무관하지 않음을 인지하고, 기존의 젠더 규범으로서 남성성과 여성성이 잔존하거나 변형하는 상황에 주목하며, '공정'의 서사가 차용되는 방식을 살펴본다. 특히 90년대생 남성과 여성이 담지 하는 젠더 불공정 인식이 적극적 조치 제도 등 노동시장 진입과 관련된 제도적 장치와 어떻게 연관되어 있는지 그 젠더화된 지형을 밝히고, 능력주의가 작동하게 된 구조적 배경을 제시하는 데 그 목적이 있다.

적극적 조치 제도는 문화, 의식, 법과 제도 등에 누적되고 내재된 구조적 차별을 동등 기회 전략만으로는 해결하기 어렵다는 문제의식에서 시작되었다. 하지만 친시장적, 시장 자율성 강조와 같은 대항 담론들로 인해 기존에 목표했던 차별 해소라는 기준을 달성했는지에 대해서는 의문이 남는다(유정미, 2012). 이 연구에서는 90년대생 남성과 여성이 '불공정'을 어떻게 의미화하는지, 서울시내 사립대를 졸업한 90년대생 남성과 여성 24명(남성 8명, 여성 16명)에 대한 초점집단면접 결과를 바탕으로 청년들이 노동시장과 관련된 적극적 조치 제도(예: 여성 우대 정책) 및 노동시장 내 규범에 대해 가지는 입장이 무엇인지 살펴보고, 90년대생 남성과 여성이 어떠한 시대적 감정과 가치를 바탕으로 자신의 불공정을 맥락화하는지 분석한다.

적극적 조치의 제도 변화,
능력주의 확산,
그리고 젠더 규범의 균열

적극적 조치(affirmative action)는 과거의 차별을 보상하고 현재의 불평등 상황을 치유하기 위한 잠정적 수단으로, 왜곡된 노동시장의 구조를 바로잡아 공정한 경쟁이 이루어지게 하는 것에 그 목적이 있다. 차별 집단의 실질적 평등이 이루어질 때까지 소극적 차별 금지를 넘어 잠정적으로 차별받은 집단을 우대하는 것이 적극적 조치의 기본 골자이다(안상수·김금미, 2008: 303). 일반적으로 적극적 우대 조치는 국가, 지방자치단체, 공공기관, 기업, 노동조합 등의 영역에서 시행되고 있는데, 여성 및 소수집단이 받고 있는 정치, 경제, 교육, 고용에서의 구조적 차별과 집단적 불이익을 제도적으로 구제하기 위해 실시된다(박경순, 2008: 119). 특히 여성에 대한 적극적 우대 조치는 불평등을 평등으로 조정하기 위한 적극적 변화 전략을 의미하는 것으로서 실질적인 평등을 위해 시행되는 제도적 장치로 매우 큰 의미를 가진다고 볼 수 있다(박경순, 2008: 120).

국내에서는 공공 부문에서 먼저 여성공무원 채용목표제 등의 적극적 조치가 시행되었지만, 차별 해소보다는 '국가경쟁력 강화', '남녀의 균형 조화'로 그 목적이 전환되는 상황이 나타났다(유정미, 2012: 153). 2006년부터 민간기업과 공기업을 대상으로 '적극적 고용개선 조치'를 도입하여 시행하고 있지만, 여성 차별을 해소할 수 있는 정책으로 기대를 모았음에도 불구하고 제도의 실행 성과는 그 기대에 미치지 못하는 것으로 나타났다.[3] 제도 실행을 통해 사업장의 여성 고용률과 여성 관리자 비율이 증가되었다고 보기에는 그 증가폭이 적으며 적극적 조치가 관리하는 영역이 고용 형태나 임금 등은 포함하지 않는다는 분석이다(유정미, 2012: 148-9). 유정미(2012)는 이러한 한계가 나타난 원인을 분석했는데, 차별의 피해자로서 여성의 당사자성은 약화되고 인력 활용의 대상으로 재현되는 경향이 강했고, 기업에게 부담이 되지 않는 방식으로 제도가 재구성된 것이 큰 원인이라고 보았다. 이렇게 재구성된 적극적 고용개선 조치 제도는 그 실효성이 약할 뿐만 아니라 성평등 정책이 완성된 것과 같은 착각을 일으켜 착시 현상을 일으킬 수 있다(유정미, 2012).

서구 역사를 볼 때에도 여성이나 소수자 집단의 차별을 시정하기 위해 시행되었던 적극적 조치는 다양한 저항 담론을 비롯해 개

---

3 기업 내 적극 고용개선 조치 제도 정책 기획안 중 차별 해소에 대한 항목으로 「남녀고용평등법」의 고용상 차별 행위를 근로 감독을 통해 시정하고 있지만 사업주의 형식적 대처 및 근로자의 차별신고 저조로 실효성에 한계가 있다고 보고된다(유정미, 2012: 153).

인들의 공정성 인식에 영향을 미쳐왔다. 개인들은 특정 집단에 대한 명백한 우대가 포함된 적극적 조치일수록 더 불공정하게 인식하고(Kravitz and Platania, 1993), 따라서 적극적 조치를 실시하고 있는 대부분의 서구 국가에서는 예외 조항을 두기 시작하면서 능력주의(meritocracy) 논리에 의해 적극적 우대 조치가 완화되어가는 경향을 보였다(김경희·신현옥, 2004: 178). 젠더 관련 적극적 조치에 있어서는 기존의 성차별 인식 및 편견이 영향을 미쳐 전통적 편견(classical sexism), 상징적 편견(symbolic sexism), 그리고 신성차별(neo-sexism) 편견이 모두 적극적 조치에 부정적 인식을 가져오는 것으로 나타났다(Sidanius, Pratto and Bobo, 1996; Tougas, Brown, Beaton and Joly, 1995).

국내에 존재하는 적극적 조치에 대해서도 남성과 여성은 서로 상이한 인식을 가지고 있음을 알 수 있다. 안상수·김금미(2008)의 연구에 따르면 대부분 여성들은 남성들보다 적극적 조치에 찬성하는 경향을 보이지만, 남성들 중에서도 성평등 의식에 따라 인식의 분화가 나타난다. 성평등 의식[4]이 높은 남성들일수록 그렇지 않는 남성들보다 '국공립대 일정 비율 여성교수 채용' 및 '여성 채용 우수기업 정부 지원 제도'와 같은 적극적 조치에 대해 찬성하는 입장을 보인다는 것이다(안상수·김금미, 2008). 한편 적극적 조치에 대해 부정적 태도를 취하는 경우에는 성평등 의식과 더불어 불공정성 지각

---

4   성평등 의식은 기혼보다는 미혼이, 장년층보다는 청년층이, 농축산 분야 종사자보다는 학생 및 화이트칼라 직종이 높은 것으로 나타났다. 한편 미혼, 20대 연령층, 학생 및 화이트칼라 직종, 서울경기 지역 거주 응답자들의 경우 성평등 의식은 대체로 높지만 성별 간, 즉 남성과 여성 간 차이는 더욱 크게 나타났다(안상수·김금미, 2008: 318).

이 영향을 미치는 것으로 나타났다(안상수·김금미, 2008: 315). 즉 안상수·김금미(2008)의 통계분석 결과에 따르면 공정성 문제 제기를 많이 하는 개인들일수록 적극적 조치에 대해 반대하는 경향을 보이는데, 이는 공정성이 성평등 인식 외에 적극적 조치에 대한 태도를 결정하는 매개 원리로 작동한다는 것이다.

안상수·김금미(2008)의 연구가 함의하고 있듯이, 적극적 조치는 능력주의에 위배된다는 이유로 공격을 받아왔다. 적극적 우대 조치는 기회의 배분에 있어서 개인의 능력과는 무관한 인종, 성별과 같은 불합리한 요소를 근거로 격차를 배제하고 자격이 부족한 자를 선택하므로 능력주의에 반한다는 입장이다. 결과적으로 이러한 적극적 조치는 사회의 경쟁력과 효율성을 감소시키고 사회를 비능률적으로 만든다는 논리로 프레이밍돼왔다(박경순, 2008: 121). 한편 이러한 능력주의 원칙에 대한 강조는 여성이 역사적으로 배제돼왔던 구조적 위치를 은폐할 가능성이 있다. 오랫동안 여성에게 기회의 평등은 주어지지 않았고, 능력을 측정하는 기준 또한 사회의 기득권을 유지하고 있는 남성 엘리트의 잣대로 측정돼왔기 때문이다(박경순, 2008: 121). 이러한 능력주의의 원칙은 친시장적 신자유주의적 흐름과 조우하며 주류 담론 간에 결합하는 경향을 보이는데, 기업 내 적극적 우대 조치는 차별 해소라는 목표가 때로 부정되거나 그 방향성이 희석되는 경향으로 나타나기도 한다. 즉 시장의 자율성 및 기업에 대한 규제 완화라는 신자유주의적 담론 속에서 적극적 조치는 갈등론적 관계를 맺게 된다(유정미, 2012).

다른 한편으로 적극적 우대 조치에 대한 비판적 견해는 다수에게 역차별이 발생한다는 것을 그 근거로 삼는다. 적극적 우대 조치가 과거에 차별을 받아 불이익을 당한 당사자에게 보상을 해주는 것이 아니라 개인이 속한 집단 전체에 혜택을 줌으로써 남성을 비롯한 다른 집단을 희생시킨다는 것이다(박경순, 2008). 하지만 여성과 남성 간 불평등을 해소하기 위해 할당제를 적용하여 과거 차별의 희생자가 아닌 사람에게 혜택이 돌아간다고 해서 적극적 우대 조치가 특혜를 받지 못한 사람들의 이익을 침해한다고 보기는 어렵다. 이 조치의 기조는 남성의 기회 평등이나 배분적 정의를 부정하는 것에 있지 않기 때문이다(박경순, 2008: 122). 마지막 견해는 집단적 보상의 부당성에 주목하는 것으로, 과거의 구조적 차별이 현재까지 이어져 온다는 인과관계가 부정확하다는 주장이다. 하지만 젠더 차별에 대한 시정은 개인으로서가 아니라 집단으로서의 여성이 문화적 구조적으로 차별받아왔음을 인지하는 것에서 시작하는 것으로 적극적 우대 조치는 현재에도 그러한 구조적 차별이 잔존한다는 것을 전제로 한다(박경순, 2008).

하지만 이러한 반론에도 불구하고 적극적 우대 조치는 보상과 분배의 정의를 강조하여 결과적으로 사회적 효용을 발생시킬 수 있다(박경순, 2008). 보상적 정의론에 따르면 과거로부터 현재까지 부당한 차별을 받은 소수집단은 보상을 받을 자격이 있고, 따라서 적극적 우대 조치는 누적된 차별로 인해 경쟁에 참여할 수 없었던 개인들에게 불합리한 제도를 완화시켜준다는 의미를 지닌다. 그러므로 다수집단의 특정 구성원을 희생시키는 것은 그들이 차별의 책임이 있어서가 아니라 경쟁상 유리한 조건을 억제하는 것을 의미 한다(박경순, 20008: 123). 결과적으로 보상과 분배의 정의론에 입각한 입장은 적극적 우대 조치가 사회의 요구를 만족시켜 공익을 극대화할 수 있다고 본다. 즉 사회적 약자에게 기회를 재분배함으로써 사회적 불평등을 감소시키고 긴장과 갈등을 해소하여 효율적인 성장과 사회통합에 기여할 수 있다는 것이다(박경순, 2008: 124). 이러한 기존 논의에 따라, 현재 한국 사회의 다양한 적극적 우대 정책은 개인의 위치와 구조적 배경에 따라 의미화 될 수 있는데, 90년대생 남성과 여성은 다른 수사를 통해 제도적 (불)공정함을 해석하고 있었다. 다음 절에서는 90년대생 남성과 여성이 경험하는 공정의 의미를 짚어보고, 이것이 젠더화되는 과정을 살펴보고자 한다.

90년대생 남성이 느끼는
젠더 공정성: 형평

공정성 이론가들이 주장하는 형평(equity)의 원칙에 따르면 개인들은 집단 내 개인의 보상과 책임의 분배가 기여도에 따라 결정될 때 공정한 것으로 인식한다. 교환관계에서의 기여에 대한 보상의 측면을 강조하기 때문에 형평의 원리는 조직 내 구성원들 간의 경쟁을 일으킴으로써 전체적인 성과를 올리는 데 효율적인 원칙으로 자리 잡았다(Leventhal, Karuza and Fry, 1980; 박효민·김석호, 2015 재인용). 이와 같이 형평의 원리는 교환관계 내에서 개인이 투자한 자원과 교환물의 가치에 대한 평가를 기준으로 작동하기 때문에 개인이 투입한 자원의 양을 중요시 여긴다는 점에서 시장자본주의 및 능력주의와 그 궤를 함께한다. 이러한 형평의 원칙을 바탕으로 공정성을 판단할 때, 구성원들이 가지는 다양한 위치(social location)인 젠더, 계급, 인종을 바탕으로 한 보상 및 대우는 불공정하다는 인식을 가져올 수 있고, 개인이 투입한 노력과 기여를 최우선으로 하는 공정이 합당하다는 인식이 확산된다고 볼 수 있다.

90년대생 미취업자 남성들의 경우 노동시장 진입과 관련된 여성 우대 정책을 공정을 침해하는 정책, 특히 형평을 침해하는 것으로 여기고 있었다. 직업의 분배를 향한 경쟁의 출발과 과정이 균등해야 한다는 형평의 원리(윤평준, 2012)를 적용한다면, 여성할당제 등의 적극적 조치는 균등한 출발점을 제공하지 않는다는 시각으로, 여성 중심의 적극적 조치 및 여성 우대 정책은 과정과 절차의 평등을 담보하지 않은 채 결과의 평등만을 강조하는 기계적 평등으로 이해되었다. 아직 노동시장에 진입하지 않은 남성들의 경우 대학생활을 비롯해 노동시장 진입의 기폭제 역할을 하는 능력계발 프로그램 속에 편재된 여성 우대가 불편한 감정을 유발한다고 이야기하였다. 예컨대 학교 내에서 공대 여성들만을 대상으로 하는 인턴 및 취업 관련 프로젝트는 직업의 수행 능력이 아닌 성별 등 외부적 조건을 바탕으로 평가하는 것이기에 불공정하다는 입장이다. 취업을 위해 필요한 것은 학업 성적이 뛰어나거나 필요한 능력을 갖추는 것이지 여성이라는 성별을 바탕으로 평가하는 것은 핵심적 요건을 간과했다는 주장으로, 대학이라는 공간뿐만 아니라 구청 등 공공기관에서 모집하는 여성을 위한 프로그램 또한 동일한 원리로 공정을 침해하는 행위로 인식되고 있었다.

성평등에 대해서 관념적으로만 옳다고만 생각하고 있었지 생활에서 그거를 계속 듣다 보니까 논란이 될 수 있는데 저도 약간 불편한 감정을 느끼기는 했어요. 근데 그게 왜 그런가를 생각해보면 아까 전에 초반에 나왔던 내용인데 이게 기회나 과정의 평등이 아니라 결과적인 평등을 조금 담보하고 얘기할 때가 있어서 그럴 때 내가 조금 불편함을 느꼈구나 싶어서.(김민수, 92년생, 취업준비생)

김민수 참여자의 응답에서 알 수 있듯, 남성 참여자들은 개념적으로는 성평등 요구를 인지함에도 불구하고, 실제 생활세계에서 불편한 감정을 느끼게 되는데, 이에는 기회와 과정의 평등이 아닌 결과의 평등을 강조하는 것이 불합리하다는 능력주의적 인식이 내포되어 있다. 이러한 능력주의적 인식은 한국을 비롯한 전 세계적 흐름으로 밀레니얼 세대 또는 청년세대에게서 나타나는 특징이다. 『밀레니얼 선언』의 저자 맬컴 해리스는 오늘날 청년층인 밀레니얼 세대가 불안한 삶으로 도태되지 않기 위해 쉼 없는 노력을 통해 완벽한 스펙을 꾸려야만 하는 상황을 묘사했는데, 특기할 것은 이러한 불안이 계층적 배경과 무관하게 작동한다는 점이다. 즉 하층에 있는 청년들은 극빈층으로 하강하지 않기 위해, 그리고 중상층에 있는 청년들은 그 위치를 최소한 유지하기 위해 자기 착취적 개발에 내몰린다는 것이다(해리스, 2019). 이러한 청년층의 불안을 생산해내고 또 해방구로 여기도록 하는 능력주의의 신화는 서울시내 사립대학에 재학 중인 또는 졸업을 한 90년대생 남성들에게서도 여실히 나타났다. 이들의 서사는 한국적 맥락에서 숭고하게 여기는 도덕적 의미의 노력이 중요함을 보여주고, 노력을 하지 않은 채 다른 요소에 의해 노동시장에 진입하는 것이 도덕적으로 그릇되다 하는 생각으로 형상화되었다.

저도 공대 전공인데 저는 이제 다 몸이 힘든 직군들이 많은데 이제 엔지니어 선발에도 보면 그게 몸이 힘든 것뿐만 아니라 다른 것도 다 필요한 역량이 있는데 그거에 대해서 지금 스터디 같이 하는 사람들은 보면 다 남녀비율만 보면 물론 중요한 사항이기는 한데 왜 우리는 안 뽑냐고 너무 적다라고 이렇게 말을 하는데 근데 딱 갈 것 같은 사람은 가더라고요. 가는 능력이 충분할 거 같은 사람은 가는데 저도 [적극적 조치가] 썩 그렇게 좋게 느끼지는 않더라고요.(신정현, 96년생, 취업준비생)

신정현 참여자의 응답에서 알 수 있듯, 능력주의에 대한 믿음은 취업준비생 90년대생 남성들이 '취업 자리'라는 당면 과제에서 젠더에 따른 적극적 조치를 받아들이는 데 중요한 기제로 작동한다. 90년대생 남성들 대부분은 현재의 여성할당제 및 우대 정책, 그리고 다양한 젠더이슈를 경제적 문제, 그리고 일자리의 문제로 치환해 이해하고 있었다. 취업에 있어 역량 외 조건으로 선발하는 것은 무엇보다 대학 시절까지 존중돼왔던 '노력'의 가치를 무화시키는 것으로 인식되었다. 노력은 90년대생들의 행위와 인식을 대표하는 개념으로, 이와 경합하는 다른 가치—예컨대, 차별 해소—보다 상위에 있어 초월성을 가지는 핵심가치로 여겨진다. 20대의 초상을 다룬 다양한 대중서 『인스타그램에는 절망이 없다』, 『하마터면 열심히 살 뻔했다』, 『공정하지 않다』 등은 '노력'을 넘어, '노오력'을 강조하는 한국 사회의 구조 속에서 자기 규율과 통제에 대한 압력에 지친 청년들의 모습을 보여준다. 이러한 자조 섞인 목소리는 역설적으로 노력을 했음에도 주어지지 않는 보상 때문에 규율과 통제의 원리에서 자율적으로 퇴각하고자 하는 청년들의 좌절감을 상징한다. 따라서 청년들에게 공정함이란 노력에 대한 차등적 보상을 의미하고, 노력이 부재한 결과의 평등은 현실을 부인하고 '무임승차'를 합리화하는 소수집단의 부도덕한 행위로 비춰질 수 있다.

한편 다수의 남성 참여자들은 노동시장에서의 젠더 불공정이 근래에 들어 시정된 것에 초점을 맞추며 남성들이 가지는 불편함의 맥락을 설명하였다. 예컨대, "요즘 주변에서 보면서 느끼는 거는 과거에는 과거라는 게 오래까지 갈 거 없이 그냥 5년 전에만 해도 전공이라든지 직업이라든지 굉장히 많이 갈렸거든요. 성비율이라고 해야 하나 소위 취업이 잘 되거나 이런 과들 같은 경우는 남자가 조금 많고 어문계열이나 인문계열 쪽은 여자가 많고. 근데 요즘 와가지고 그런 게 많이 해소가 된 거 같은데…"(윤기범, 96년생, 취업준비생)라고 이야기하는 한 남성 참여자는 급속하게 성비의 양적 균형을 이루어가는 직군을 예로 들며, 긍정적 상황 인식을 바탕으로 젠더 관계가 시정되고 있음에 주목하였다. 과거에 젠더화된 직군 (gendered occupations)이었던, 방송국 직종이나 공학 엔지니어 등을 예로 들며 남성 중심적 직군에 존재했던 남성 편향적 채용 관행이 다소 개선되었고, 각종 할당제를 비롯해 성별에 따른 비율을 조정하려는 움직임이 일어나 과거에 비해 빠른 변화가 이루어졌다는 입장이다.

한편 이와 같이 양적균형에 초점을 맞추어 젠더 관계를 파악하는 입장은 젠더 격차를 가져왔던 구조적 문제를 비가시화하는 결과를 낳는다(김경희·신현옥, 2004). 이상적 노동자로서 출산, 육아, 가사 등의 부담 없이 노동시장에 투입될 수 있었던 남성 노동자에 대

256

한 우대를 문제시하여 그동안 배제되었던 여성을 회복시킨다는 적극적 조치 제도는 타 집단의 기회 축소라는 서사를 바탕으로 불공정하게 여겨질 수 있다. 특히 이러한 양적 균형에 대한 강조는 대다수의 남성들이 성평등을 보편적 가치로 보지 않고 여성을 일방적으로 지원하는 특수하고 부분적인 이익으로 보기 때문에 나타난다. 다시 말해 여성에 대한 지원이 남성에게 피해를 준다는 영합(zero-sum)적 관계로 성평등을 이해한다는 것이다(안상수·김금미, 2008: 302-303). 통계분석을 시도한 안상수·김금미(2018)의 연구는 이를 뒷받침하는데, 다수의 남성들은 절차 혹은 분배의 공정성에 위배된다는 이유로 적극적 조치에 반대하는 입장을 보인다. 즉 성평등 의식 이외에 공정성이라는 개념이 매개로 작동하여 적극적 조치에 대해 부정적 태도를 형성하게 된다(안상수·김금미, 2008: 320).

한편 이러한 공정이 젠더 관계를 설명하는 중요한 서사로 등장한 것은 최근 한국 사회에 떠오른 청년 공정성 담론의 부상과 무관하지 않다. 공무원시험 열풍, 스펙 경쟁, 공공기관 비정규직의 정규직 전환 반대 등에서 표상되었듯, 청년세대의 불공정 담론에 대해 연구자들은 기성세대에 대한 반감 또는 기회축소에 대한 불만이 표현된 것이라고 본다. 즉 사회정책의 공정함이나 공공성의 확보로 이해하기보다 자신들에 대한 차별이나 기성세대의 허위성이 표현 되었다는 말이다(조혜정, 2019). 한국 사회의 갑-을 관계 및 세대 개념이 연동하면서 청년세대는 기성세대에 비해 적은 기회를 가지게 되었고, 이에 따라 능력주의적 언어를 적극적으로 수용하는 태도가 나타난다. 젠더 공정성 담론의 부상 또한 이러한 공정 담론이 전사회적으로 전면화된 맥락 속에서 이해될 수 있다. 예컨대 과거에 국소적으로 존재하던 역차별 담론은 최근 들어 더욱 표면화된 것으로, 군가산점제 부활이나 여성가족부 폐지가 일부 사이버 마초들의 언사로 여겨졌다면, 최근 들어 불거진 젠더 공정성 논의는 능력주의적 가치관을 외피로 하여 보다 포괄적이고 대중적인 정당성을 확보한 담론으로 이해될 수 있는 것이다. 한편 이러한 능력주의적 가치관은 90년대생 여성들에게서는 직접적으로 발견되지 않았는데, 여성들 또한 잔존하는 문화적 관행적 차별을 극복하기 위해 능력주의를 주장하는 역설적 모습을 보이기도 하였다. 다음 절에서는 90년대생 여성들이 느끼는 공정의 의미가 무엇인지 그 특징을 살펴보고자 한다.

04
....

90년대생 여성이 느끼는
젠더 공정성: 회복

초점집단면접에 참여한 90년대생 여성들은 다양한 여성 우대 정책에 대해 찬성하는 입장을 보이며, 이러한 제도가 응보적 정의, 회복적 정의를 이루고자 하는 노력임을 인지하고 있었다. 응보적 정의(retributive justice)란 규칙을 어긴 행위자를 처벌함으로써 정의를 실현하는 것으로, 응보적 정의의 하나인 회복적 정의(restorative justice)는 가해자에 대한 처벌보다 피해자에 대한 보상을 우선시한다. 즉 가해자에 대한 처벌과 관계없이 피해자의 피해가 회복되는 것을 궁극적인 목표로 삼는 것으로, 역사적으로 존재했던 여성차별의 관행을 개선하는 적극적 조치 제도−여성할당제를 비롯한 여성 우대 정책−가 그 예가 될 수 있다. 90년대생 미취업자 여성들은 이러한 적극적 조치에 대해 지지와 만족을 표현함에도 불구하고,

공공 영역에만 존재하며 시장 영역에서는 작동하지 않는 적극적 조치의 한계에 대해 이야기하였다. 청년들은 임금수준이 높고 고용 안정이 보장되는 대기업, 공기업, 공공기관의 일자리를 선호하여 장기간 공기업 입사나 고시, 공무원 시험을 준비하는데(신경아, 2014), 90년대생 미취업자 여성들의 경우 사기업에서의 진입장벽을 인지하고 공공 영역으로 진로를 변경하는 경우들이 존재하였다. 여성들은 정규직 일자리가 시장 영역인지 공공 영역인지에 따라서 젠더화된 노동시장 진입 패턴이 존재하고, 적극적 조치 제도가 선별적으로 실시되고 있다는 것에 공감하였다.

> 저는 여자가 더 힘들다고 생각을 했는데요. 그거는 입사 후의 살아남는 과정에서 여자가 힘들다. 결국에 들어갈 때부터 당연히 여자를 거르지 않을까? 하는 생각을 해요.(선정희, 96년생, 취업준비생)
> 네, 저는 일단 다른 분들과 다르게 회사를 준비하는 게 아니라 공무원시험을 준비하기 때문에 공무원시험에는 양성평등채용목표제 같은 게 있어요. 거기에서 여성분들의 정계나, 어떤 공항 부분에 있어서 진출을 도와주는 부분이 있어서 거기에 굉장히 만족하고 있고.(이현진, 92년생, 취업준비생)

선정희와 이현진 참여자는 사기업을 준비하다가 부딪친 장벽으로 인해 양성평등채용목표제[5]를 시행하고 있는 공기업으로 전환한

---

5 2003년부터 시행되고 있는 양성평등채용목표제는 1996년부터 시행돼왔던 여성공무원 채용목표제가 2002년에 종료되면서 그 대안으로 만들어졌으며, 이것은 불평등한 젠더 관계보다는 양적인 측면에서 어느 한 성의 과잉 대표성을 견

사례로, 공기업과 공무원을 준비하는 여성들에게 여성할당제와 같은 적극적 조치는 마지막 희망으로 여겨지고 있었다. 이렇게 트랙을 전환한 여성들의 경우 정치, 학계, 공기업, 공무원 등 공공 영역에서 여성을 우대하는 정책에 대한 만족감과 희망적인 의견을 표시하였는데, 이와 같이 희망 직장을 전환한 데에는 사기업에서 존재하는 문화적 차원의 불공정함이 큰 원인으로 지목된다. 취업과 채용에 있어서 근래에 빠르게 도입된 적극적 조치들로 인해 남성 행위자들은 노동시장 진입과 관련해 양성평등에 도달했다는 인상을 가지게 되는데, 여성 행위자들은 여전히 남성 중심적 기업 문화와 암묵적 차별이 존재한다고 진단을 하는 것이다. 면접에 참여한 다수의 90년대생 여성들은 여성할당제 등이 공적 영역에서만 선별적으로만 시행되고 있으며, 사기업에서는 여전히 남성 중심적 문화(androcentric culture)가 작동함을 소개하였다. 기업 내에 잔존하는 불균형한 채용 관행이 자주 등장하였는데, 한 미취업자 여성은 "제가 공대이다 보니까 공대는 IT 회사라든가, 보통 남자를 더 많이 선호하거든요. 같이 담배 피우러 가거나, 이런 거를 같이 해야 하다 보니까 회사를 들어가서도 직접 느꼈고요. 훨씬 더 여자들이 많이 준비를 해야 하고, 그래도 뽑힐까 말까 하는 것 같아요"라고 답하며 여전히 남성 선호가 당연시되는 분위기를 소개하였다. 이와 같

제하기 위하여 성비 균형을 이루는 것을 평등으로 이해하는 관점을 보여준다. 이러한 양성평등채용목표제는 평등 개념을 성비 균형으로 이해함으로써 그동안 가부장적 사회에서 누적돼온 여성 차별을 해소하고, 특히 입직 과정에서 여성에 대한 진입장벽을 제거하기 위한 방안으로 시행되는 적극적 조치의 근본 취지가 후퇴된 사례라는 여성주의적 분석이 있다(김경희·신현옥, 2004: 183-4).

이 개인이 시정할 수 없는 구조적 제약이 인지되는 가운데 여성들은 스펙 관리 등의 개인적 행위 전략을 통해 이를 극복하거나 공기업이나 공무원으로 전환함으로서 공정한 경쟁을 위한 길을 모색하게 된다.

사기업에서 여성에게 불리한 구조적 차별을 타개할 방법으로 90년대생들은 오히려 직무 중심의 능력중심주의에 의거한 채용을 제안하는데, 이러한 역설은 능력주의적 기준이 초월적으로 작동하는 것을 보여준다. IT 직종과 같이 젠더화된 직군에서 여성들은 채용 담당자들에게 출산과 육아로 인해 직장에 충실하지 못한 인재로 인식되고, 이러한 진입장벽에 대응하기 위해 여성들은 자신의 소수자성을 강조하기보다 능력주의적 기준에 부합하는 인재가 되기 위해 노력의 서사를 반복한다. 더 많은 준비와 스펙 관리를 통해 유리한 조건을 만들 수 있다는 능력주의적 신화가 내면화된 모습이다.

저는 할 수만 있다면 성별을 가지고 블라인드처럼 얼굴을 안 보고 하는 게 오히려, 오히려는 아니고 좋다고 생각하는 게 아까 솔직히 말씀드렸는데 저도 그쪽도 대기업이거든요. 제가 대학교 다닐 때 선배분이 남자였는데 현대 계열사의 최종 면접을 갔어요. 그런데 거기에 저희 과에 오래된 옛날 학번의 선배님이 계신 거죠. 그래서 어찌어찌해서 연락을 들었는데, "최종 면접에 3명이 올랐다. 그런데 너만 남자인데 우리는 남자를 뽑을 거야. 그러니까 너는 마음 편히 와"라고 한 거죠. 나머지 2명 여성분은 자기가 떨어질 거를 모르고 열심히 준비를 했는데…. (강수정, 92년생, 취업준비생)

강수정 참여자의 응답이 보여주듯, 다수의 여성들은 남성 중심적 문화를 극복할 수 있는 방법으로 블라인드 채용과 같은 능력주의적 제도를 제안하였다. 남성 중심적 조직은 남성이 다수일 뿐만 아니라 의사결정권을 가진 직위를 독점하고 있어 조직의 규범과 일상 문화가 남성의 의식과 경험을 토대로 형성된다. 따라서 이러한 곳에서 여성은 조직의 외부인처럼(outsiders) 취급되기 쉬운데(신경아, 2014), 여성들은 사기업의 최종 면접에서 남성 내정자의 들러리가 되거나 외부인으로 여겨지는 문화적 차원의 불평등을 지적하며, 이러한 남성 선호가 공정성을 침해하는 것이기에 블라인드 채용이 공정하다고 여긴다. 남성과 여성 면접관을 균등하게 배치하는 방법에 대해서는 거의 모든 여성 참여자들이 찬성하는 입장을 보였는데, 그 근저에는 학점, 영어 성적 등 수치화할 수 있는 지표가 신뢰할 수 있는 시스템이기에 남성 엘리트에 의해 좌우되는 규칙을 극복할 수 있는 대안이라는 생각이다.

한편 90년생 취업자 여성들은 노동시장 내에 남성 중심적 문화와 위계가 견고하여 이에 따른 업무 분담, 그리고 일 중심 보수주의가 여전한 것으로 분석하였다. 취업자 여성들은 여성들에게 적용되는 이중 잣대(double standards)가 건재함을 토로했는데, '힘이 들면 그만둘 수 있는 존재'로 여기면서 취업 시 불리함을 경험하는 만큼, 입사 후 출산과 육아를 하지 않고 커리어에 집중하는 여성들은 '야망년'이라는 오명을 가지게 되는 모순적 상황을 소개하였다. 양성평등한 노동시장 진입을 위한 장치가 마련된 것과 다르게 여전히 여성에게 부조리한 직장 문화를 야기하는 뿌리로 노동시장 내에서 여성은 인식되거나 배제되는 방식이 존재한다는 것이다. 이러한 인식은 근대화 이후 존재하였던 '산업역군—전업주부' 이데올로기가 일부 존재하는 모습을 보여주는데, 여성들이 생애기획을 가족 외 노동시장에서 추구하도록 유도되었음에도 불구하고 여전히 돌봄노동을 전담하거나 공적·사적 노동의 이중노동 부담을 짊어진다는 이유로 다시 열등한 노동력으로 간주됨으로써(배은경, 2009) 배제를 경험하게 된다. 90년대생 취업자 여성들의 서사는 이러한 근대적 성별 분업체계가 내재되어 여성 노동자가 여전히 문화적으로 배제되는 상황과 이로써 불공정이 작동하는 방식을 보여주었다.

05

····

90년대생 미취업자 남성:
생존주의 감정과 공정성 인식

　90년대생 남성들이 형평의 원리를 바탕으로 젠더 의제를 접근하는 것에는 개인들이 담지 하는 시대 감정과 가치가 영향을 미친다. 공정성과 감정 간의 관계에 대한 최근의 연구들에 따르면, 공정성 인식은 이성적 판단에만 근거하는 것이 아니라 감정이 영향을 미치는 것으로 나타났다(Barsky et al., 2011; 박효민·김석호, 2015 재인용). 예컨대 개인들이 긍정적인 정서를 가질 때에는 공정성에 대해 상대적으로 느슨한 잣대를 가지는 반면, 부정적 정서일 경우에는 기여와 보상에 대한 비율을 보다 정확하게 판단하려는 경향이 존재한다는 것이다(Fiske and Taylor, 2013; 박효민·김석호, 2015 재인용). 다시 말해 부정적 정서일 경우에 개인들은 공정성 판단에 보다 엄격해진다는 것으로, 이러한 연구 결과는 90년대생 청년들이 놓여 있는 사회적 위치와 그들이 가지게 되는 감정에 따라 공정성 인식이 좌우될 수 있다는 것을 시사한다.

2007년 우석훈과 박권일이 '88만 원 세대'라는 용어로 당시의 20대를 규정하며 낭만화된 대학생활이 척박해진 상황을 가시화한 이후[6] 기성세대와 청년세대가 놓인 경제구조에 대한 연구는 꾸준히 증가하여 다양한 세대 간 차이를 부각시키는 세대론이 부상하였다(신광영, 2009; 이철승, 2018). 이러한 세대론은 신자유주의의 지구적 확산뿐만 아니라 국내 내부 노동시장에서 나타나는 기성세대와 청년세대의 위치,[7] 586세대 중심의 위계적 문화 등을 그 원인으로 지목하였는데(신광영, 2009; 이철승, 2018), 청년층의 노동시장 내 지위에 관한 연구들은 젊은 세대가 인턴, 임시직, 비정규직(계약, 파견) 등 불안정한 상태로 노동시장에 진입하여 고용 관계의 불확실성을 지속할 가능성이 높다는 것을 보여주었다(김혜경·이순미, 2012; 신경아, 2014). 한편 현재 90년대생들에 대한 대중서들은 노동시장의 불확실성과 평생직장 개념의 해체에서 개인화된 방식으로 생존의 전략을 탐색하거나 워라밸 등을 중요시하는 새로운 라이프스타일이 등장함을 보여준다(임홍택, 2018).

한편 저성장 시대 속에서 학교-직업의 연속적 이동이 해체됨에

---

6   이후 청년세대를 미디어에서 조명하며 다양한 방식으로 호명하였는데, "IP 세대, Global 세대, 2.0 세대, 삼포세대" 등 차이에도 불구하고 담론적 차원에서 한국 사회내 청년세대론은 급격히 증가하였다(김홍중, 2015: 180).

7   경력집단은 상대적으로 경험과 경력, 그리고 노동조합을 통한 보호, 즉 내부노동시장 내부자(insider)로서의 이점을 누리는 데 반해 그 위험을 외부자(outsider)인 청년층에게 전가하고 있어 청년층은 지구화의 압력에 가장 크게 노출된 '루저'로 호명된다(Mills et al., 2005: 424; 김혜경·이순미, 2012 재인용).

따라 결혼, 출산 등을 포기한 청년세대는 다양한 방식으로 개념화되었는데,[8] 김홍중(2015)은 경제구조의 차이에 주목한 것을 넘어 청년세대가 가지는 감정, 실천, 전략 등을 중심으로 생존주의 세대로[9] 호명하였다(김홍중, 2015: 180). 김홍중(2015)에 따르면, 청년세대는 정서적 불안감, 폐색감, 항시적 위기의식에 시달리고 이러한 위기의식 속에서 도태되지 않고 살아남기 위해 각자도생의 전략을 세운다(김홍중, 2015). 한편 이러한 불안감은 부모의 계층적 배경과 상관없이 작동하는데 부모가 중산층인 20대는 중산층적 생활방식에 진입하지 못할 것이라는 불안감을 가지게 되고, 노동계급에 속한 청년들은 극빈층으로 추락할 것이라는 위기감을 가지게 된다(배은경, 2009).

이러한 신자유주의시대의 감정에 관해서는 한병철의 『피로사회』에서도 언급된 바 있는데, '성과주의 사회' 패러다임을 강조하는 신자유주의 질서 안에서 개인들은 좋은 삶에 대한 관심을 버리고 오직 생존하는 것에 대해 관심을 가지며 자신을 증명하고 전시하는 것에 몰두하게 된다(한병철, 2012). 자신의 몸과 소비습관을 소셜 네트워크 서비스 등에 전시하는 것이 일상이 된 세대는 개인적이고 주관적인 경험까지 모두 스펙화해 객관적인 평가의 대상으로 만들어야 하는데 상향 평준화된 가상공간 내 소비 중심적 이미지와 현

---

8 생애주기의 주요한 과업으로 여겨졌던 취업, 결혼, 출산을 포기했다는 삼포세대는 다양한 방식으로 변주돼온 청년세대를 호명하는 방식 중의 하나이다.

9 20대의 결혼 전망 불가능성에 대한 논의는 2000년대 후반부터 등장하기 시작하였다(박기남, 2011).

실 간의 괴리감은 피로감, 강박, 불안, 박탈감이라는 감정을 가져온다(정지우, 2020). 이와 같이 자기계발과 스펙화 과정에서 파생되는 피로감, 노동시장 진입에 대한 불안감, 계층 지위 하락에 대한 위기감은 청년들이 사회문제나 정치 이념에 대한 관심보다 경제적 지위, 문화와 미시 생활세계에 몰두하게 하는 결과를 가져온다. 이러한 가운데 청년세대는 생존에 대한 불안이라는 감정과 서바이벌을 향한 과열된 욕망, 그리고 경쟁에서 승리를 위해 자신을 계발하는 계산을 수행하고, 생존을 위한 이념 및 전략을 도덕적으로 정당화하는 행위자로 정의된다(김홍중, 2015: 186).

초점집단면접의 결과는 90년대생 청년 남성과 여성들이 생존주의 세대로서 경쟁에서 서바이벌하기 위한 불안감, 위기감 등의 부정적 감정을 공유하고 있다는 것을 보여주었다. 90년대생 남성들은 생존주의 세대로서 담지하는 불공정한 감정에 대해 "인국공(인천국제공항)으로 정점을 찍은 것 같아서 많이 무기력함을 느꼈다"(김민수, 92년생, 취업준비생)거나 "취업 관련해서는 부정청탁이라든지 이런 문제들뿐만 아니라, 인천국제공항 사건과 같이 비정규직을 정규직 시켜주는 것을 보았을 때 억울한 면이 가끔 있다"(윤기범, 96년생, 취업준비생)라며 상대적 박탈감과 무기력이 미취업자 청년세대가 느끼는 시대감정이라는 것에 동의하는 입장을 보였다. 90년대생들은 '거대 담론에서 자기 삶으로의 이동'이라는 가치관을 가진 세대로 표현될 수 있는데, 역사 발전, 민족주의와 같은 시대적 과제나 선후배 문화, 서열 문화, 군대 문화, 정답사회와 같은 집단주의적 가치를 부인하는 세대로 그려진다(정지우, 2020).

한편 전통적 생애주기가 균열되고 기성세대의 획일적 가치관에 저항하거나 분노하는 것이 자신의 삶을 기획하려는 청년들의 의지로도 볼 수도 있지만(정지우, 2020), 그 근저에는 저성장 시대 노동시장의 불확실성과 불안정성이 가져온 생존 경쟁의 원리가 작동한다.

저희 근처 세대들을 키워드로 표현하면 저는 개인주의라고 생각하거든요. 그게 부정적인 의미가 아니고 전에는 성장주의 사회였잖아요. 그래서 하나의 목표를 가지고 성장을 하면서 성장이 보장되어 있으니까 민주화라는 공통된 과제를 가질 수 있었다면 지금은 사실 저성장 세대이고 각자의 이런 안위도 보장이 안 된 상태이기 때문에…. 하나의 그런 통합이 안 되고 분열이 되는 그런 현상이 일어나고 있다고 생각하고 있어요…. 지금은 조금 더 추구하는 가치의 싸움이라기보다는 조금 더 생존에 가까운 싸움이라고 생각을 하고 있어요.(박정수, 94년생, 취업준비생)

박정수 참여자는 자신들을 개인주의적 성향을 지닌 세대로 호명하며 민주화, 경제 발전 등의 사회적 거대담론이 소멸되고 '안위 보장'이 되지 않은 상태에서 공통의 목표 없이 분열된 세대의 모습을 진단한다. 90년대생 미취업자 남성들의 이러한 견해는 90년대생 미취업자 여성들에게도 동일하게 나타나는데, 이들은 '개인주의', '각자도생', '소통의 부재 및 분열'이라는 경쟁의 원리 속에서 상대적 박탈감, 부러움, 무력함, 억울함, 좌절감, 회의감 등의 감정을 보였다. 남성 및 여성 청년들이 이와 같이 일자리, 특히 양질의 일자리로 여겨지는 공기업, 대기업에 대한 절박함을 가지는 것은 분절적 노동시장 구조[10]가 연관되어 있는데, 청년층은 첫 직장을 어디에서 시작하느냐에 따라 생애소득과 사회적 소득이 크게 달라지는 경험을 하게 되고, 노동시장 내 위치에 따라 임금 등 경제적 보상뿐만 아니라 가족 형성 기회에서 불평등을 경험하게 된다(김영미, 2016: 31).[11]

한편 이러한 생존주의 세대의 감정은 사회의 다양한 영역—정치제도, 사법제도, 공공기관—을 평가하는 데 영향을 미칠 뿐만 아니라 90년대생 미취업자 남성들이 젠더와 관련된 공정성 인식을 구성하는 데에도 영향을 미친다. 일찍이 젠더사회학자들은 신자유주의 시장 경제의 확산, 사회 양극화, 실업, 불안정 고용 및 노동 조건 속에서 성별 격차가 드러나는 방식을 조명할 필요가 있음을 지적하였다(신경아, 2014; 배은경, 2009). 신자유주의적 경제 질서의 세계적 확산과 가속화는 더 이상 남성이 단일한 생계 부양자로 살기 어려운 조건에 놓이게 했는데, 이에 따라 대다수의 남성들은 가족 부양의 경제적 부담을 더욱 심각한 것으로 인식하게 된다(신경아, 2014). 생존주의 세대의 감정을 지닌 남성들은 경제 부양자 역할에 대한 지

---

10 대기업과 중소기업 일자리 간 이동이 거의 없는 분절적 노동시장 구조 속에서 초기 노동시장 진입은 청년들의 이후 생애과정에 중요한 영향을 미치는 것으로 여겨진다(김영미, 2016).

11 신자유주의의 확장, 양질의 일자리 부족과 취업난 등의 거시적 논의가 현재 청년들이 가지고 있는 생존을 위한 투쟁의 절박한 감정의 배경으로 보이지만, 이에는 청년층 내부에서 계층적 배경의 이질성이 증가하는 것과도 무관하지 않다. 이러한 청년층 내부의 객관적 기회 구조의 불평등은 주관적 인식 격차로 이어져, 한국 사회의 기회 공정성에 대한 가족배경의 영향력이 노년층보다 젊은 세대에서 뚜렷하게 나타난다. 즉 노년층이 한국 사회의 기회공정성에 대해 긍정적으로 평가하고 있는 것과 다르게 청년층은 가족배경에 따라 기회공정성의 주관적 인식이 다르다는 것이다(김영미, 2016: 42).

속적 두려움을 공유하는데, 이는 남성 참여자들이 젠더 이슈를 '경제적 일자리'를 위한 남성과 여성 간의 투쟁으로 인식하는 데 기여한다. 남성들이 보기에 남녀차별 철폐에 대한 여성들의 목소리나 적극적 조치는 종국적으로 경제적 이권 점유에 대한 관심에서 나타나는 것으로, 90년대생 남성들은 문화적 차원에서 여성들이 경험하는 직장 내 성차별이나 출산, 육아와 관련된 경험에 주목하기보다 여성들의 일자리에 대한 관심이 남녀 갈등의 핵심이라고 보았다. 이러한 해석은 90년대생 남성들이 생계 부양자라는 자신의 핵심정체성에 기반 하여 90년대생 여성들의 목소리를 재해석한 것이라 볼 수 있다.

저는 여자, 남자의 평등을 위해서 너네가 가지고 있는 생각의 패러다임을 깨라고 주장을 하는데 결국에는 이제 말한 것처럼 밥그릇 싸움이 되고 이제 결과적 평등에만 치중하다 보니까 새로운 그런 생각의 틀을 만들어버린 거 같아서 오히려 이게 좋은 방향의 결론으로 발전을 한건가라는 생각을 해요.(송진우, 96년생, 취업준비생)

송진우 응답자는 여성차별 철폐를 위한 적극적 조치와 같은 제도가 취업 자리를 둔 경쟁에 기원하고 있다고 인식하며, '밥그릇 싸움'이라는 비유적 표현을 사용하였는데, 이러한 표현은 90년대생 미취업자 남성들이 공통적으로 인지하는 젠더 불공정의 핵심을 반영한다. 엄기호(2014)는 신자유주의의 지구적 확산과 다품종 소량생산, 유연 생산, 고용 없는 성장, 소비사회의 전면화 등이 남성의 지위 하락을 가져왔고, 이는 다시 여성에 대한 남성의 인식에 영향을 미쳤다고 주장한다. 성별을 가리지 않는 경쟁 속에서 탈락에 대한 공포, 생존을 위한 배틀은 근대적 성별 분업체계(division of labor)의 붕괴를 가져왔고 가장으로서의 남성성은 타격을 받게 되었다. 다시 말해 신자유주의가 양산하는 감정적 기제로서 탈락에 대한 공포, 생존을 위해 내달림에 따르는 감정적 피로가 '남성들의 루저 문화'를 낳았다는 관점이다(엄기호, 2014).

> 전체적으로 남성과 여성이라는 거시적으로 보면 이런 젠더 문제를 성행하게 된 원인이 어쨌든 저는 밥그릇 싸움이라고 생각하고 있거든요. 왜냐하면 이제 젠더에서 여성 측이 궁극적으로 주장하고자 하는 바는 여성 일자리를 늘려라, 세제상의 혜택을 줘라, 임원을 늘려라라든지 이런 게 궁극적인 목표를 가지고 주장을 하는데, 그것만으로는 설득력이 떨어지니까 남성과 여성이 보편적으로 공감할 수 있는 어떤 성폭력, 범죄 노출 같은 거를 명분으로 삼아서 그런 결과적인 평등을 주장하는 어떤 형국이라고 생각을 하는데…(박정수, 94년생, 취업준비생)

송진우 참여자의 응답과 비슷하게 박정수 참여자 역시 밥그릇 싸움이라는 단어를 통해 노동시장의 경쟁 상대로 부상한 여성들의 지위 변화와 더불어 위협적인 존재에 대한 인식을 보여주었다. 90년대생 미취업자 남성들이 보기에 여성들이 궁극적으로 주장하는 것은 여성 일자리 증가, 세제 혜택, 여성 임원 확충 등 경제적 이권 획득에 관련된 것인데, 이러한 경제적 측면의 혜택 확대를 위해 여성들은 성희롱, 성폭력을 앞세운 미투운동을 정치적으로

272

진행하였다는 것이다. 여성할당제 등과 같은 적극적 조치가 회복 (restoration)을 위한 조치이지만 적절한 명분이 부족하기 때문에, 보편적 감정에 기반한 성폭력 성범죄를 바탕으로 남성의 힘을 무력화시키는 것이 미투운동의 본질이라는 것이다. 성희롱 성폭력에 대한 경계와 주의에 대한 요구가 늘어남에 따라 남성들은 스스로를 자기 검열하는 과정을 통해 발언권 축소를 경험하게 되고, 이는 궁극적으로 남성이 노동시장에서 열세의 위치를 차지하는 결과를 초래했다. 이러한 남성들의 젠더 공정성 인식은 저성장 시대의 절박함이라는 감정이 남성의 젠더의식에 영향을 주었음을 보여주면서도 여전히 남성들 자신이 생계 부양자 역할을 핵심 정체성으로 삼는 것을 보여주고 있다.

06
....

90년대생 미취업자 및 취업자 여성:
생존주의 감정과 공정성 인식

　IMF 경제위기나 2008년 미국발 금융위기에서 확인된 바와 같이 경제위기는 남성과 여성의 노동시장 내 위치에 있어 동일한 변화를 가져오지 않는다. IMF 경제위기 이후 나타난 신자유주의적 성장, 양극화, 중산층 몰락, 사회 갈등은 여성들이 노동시장에서 더욱 취약해진 모습을 가지도록 했는데,[12] 여성들은 여성 우선 해고,

---

12 한국 여성의 고학력화 추세에도 불구하고, 여성들의 경력 단절과 가족 형성 주기에 맞춰진 M자형 취업 유형은 지속되고 있으며, 경력 단절 후 노동시장 재진입 시 비정규직, 자영업으로의 전환 등 일자리의 질은 악화된다. 한편 2008년 경제위기 이후 여성 노동자의 비정규직화와 불안정 노동은 제도화되었으며, 지속적으로 증가하던 소득 양극화는 2008년 위기 속에서 자영업자의 몰락, 그리고 자영업과 임시 일용직 일자리의 감소라는 결과를 낳았다. 이러한 가운데 노동시장에서 가장 취약한 집단이었던 여성들은 성차별

비정규직 가속화 등을 경험할 수밖에 없는 상황에 놓이게 되었다 (배은경, 2009). 이는 청년세대론에 대한 관심에도 불구하고 청년 여성들이 더욱 복잡하고 중층적 어려움을 갖게 될 수 있음을 의미한다. 초점집단면접의 결과 90년대생 미취업자 여성들은 남성들이 경험하는 노동시장 진입을 위한 생존주의 감정을 비슷한 방식으로 인지하고 있음을 알 수 있었다. 좁아진 '취준시장' 앞에서 공유되는 무기력함이나 좌절감은 많은 90년대생 여성들에게서 공유되는 감정이다. 고등학교 졸업생 우대나 지역인재 할당제 등으로 취업을 하게 되는 지방 출신 청년들을 바라보며 서울시내 사립대 출신 청년들은 상대적 박탈감을 경험하게 되는데, 소위 '노력의 배신'이라는 담론은 기성세대의 획일적 성공과 출세의 가치관, 표준적 라이프스타일이 더 이상 작동하지 않는 가운데 보상이 이루어지지 않거나 경쟁의 규칙이 바뀐 상황에 대한 좌절감의 표현이다. 2020년 논의된 인천국제공항 보안검색요원의 정규직화는 이러한 청년세대 내 공정성 담론을 재환기한 사례의 하나라고 볼 수 있다.

인천국제공항 사건에 대해 취업자 여성은 "취업이 어려운 가운데 개인들이 가지는 부정적 감정이 큰데, 그러한 전체적인 사회적 정서와 분위기가 도화선이 되었다"고 이야기했다. 한 응답자는 이를 분명히 언어화했는데, 인국공사태에 대해 절망하는 청년들 모두가 보안검색요원직 업무를 환영할 사람들은 아니더라도, 자신과 출발선이 다르다고 생각했던 사람들의 지위 상승에 좌절감을 느낄 수

이상의 비가시적이고 구조적인 형태의 불평등 기제를 경험할 수 있다(배은경, 2009).

밖에 없다는 것이다. 하지만 이와 같이 청년세대에게 공유되는 상대적 박탈감 등의 부정적 감정은 미취업자 여성들에게는 더욱 가중된 부담으로 나타나 교차적 어려움에 직면하는데, 그것은 경제난과 더불어 한국 사회에 존재하는 조직 문화와 일 중심 보수주의, 그리고 성장 중심적 가치관에서 기인 한다.[13] 취업에 성공한 90년대생 여성들은 또 다른 차원의 생존주의 감정을 표현했는데, 이는 남성 중심적 조직 문화 및 가치관 속에서 여성으로 살아가는 방식이 또 다른 의미의 생존으로 여겨질 수 있다는 점이다. 미취업자 여성들이 미취업자 남성들과 유사하면서도 다른 방식으로 불공정을 이야기했다면, 취업자 여성들은 저성장 시대 일자리 문제보다 직장 내 남성 중심적 문화가 생존 투쟁을 위한 장으로 작동한다고 보았다. 이들은 노동시장 진입 이후 개인들이 당면하는 구조적·문화적 차별로서 여성 근로자에 대한 부정적 이미지, 여성 리더십 부재로 인한 주변화, 남성 근로자 선호, 중년 남성들에 의한 성희롱 등의 불공정한 노동 조건을 논의하였다.

취집이 부정적인 단어일지 모르겠는데 취장이라는 말은 잘 안 쓰잖

---

13 노동시장 내 젠더 차별은 다양한 방식으로 나타나는데, 남성 중심적 조직 문화와 일 중심 보수주의, 그리고 성장 중심적 가치 외에 젠더에 따른 임금 격차에 주목한 90년대생 여성 참여자들도 다수 존재했다. 성별에 따른 임금 격차의 요인으로는 고용 형태, 즉 정규직과 비정규직의 성별 분포가 다른 것에서 원인을 찾을 수 있는데, 임금수준이 낮은 비정규직, 저임금 직종, 그리고 하위 직급에 몰려 있는 현상을 원인으로 지목할 수 있다. 이와 더불어 구조적·개인적 요인으로 설명할 수 없는 차별로 인한 성별 격차도 적지 않게 발생한다(신광영, 2011; 신경아·김영미 외, 2013).

아요. 취집이 더 많이 쓰이고 된장녀, 김치녀, 여자 앞에는 부정적인 수식어들이 붙는데, 그것도 그렇게 생각해요.(민주현, 94년생, 공공기관 근무)

민주현 응답자의 사례가 보여주듯, 여성 근로자에 대한 부정적 이미지는 여성에 대한 미소지니(misogyny)를 보여주는데 여성은 소비 중심적 주체라는 의미의 '된장녀', '김치녀'와 더불어 '취집'이라는 단어는 노동시장에서 여성이 흔히 마주하는 이미지로 등장하였다. 한국 사회 내 근대적 성별 분업 모델, '산업역군—가정주부'는 산업화 시기 이후 1980년대 말까지 '도구적 가족주의'와 결합하여 가족의 지위 생산을 위한 주부의 전략적 기획을 요구하며 고학력 여성들이 근대적 성역할 수행을 위해 생산노동을 유보하는 조건이 되었다(배은경, 2009: 63). 이러한 근대적 성별 분업 모델은 여전히 강력한 이데올로기로 작동해 미혼 여성들은 자기가 부양해야 할 가족이 없다는 이유로, 기혼 여성들은 자기를 부양해줄 가족이 있다는 이유로 노동시장에서 충실하지 못한 존재로 인식되었다(조순경, 1998; 배은경, 2009 재인용).

여성에 대한 이중 잣대를 대표하는 것이 바로 '취집'이라는 단어로, 취업과 시집을 결합한 단어인 취집은 여성들이 노동시장에서 언제든 자발적으로 퇴각할 수 있는 주체이기 때문에, 조직에 대한 충성도가 작고 사회생활을 하지 못할 구성원이라는 인식을 생산한다. 다수의 여성들이 취업 대신 결혼을 선택한 것은 신자유주의적·가부장적인 노동시장 속에서 고용 불확실성(uncertainty)에 대응하려는 노력으로 나타난 것이지만(김혜경·이순미, 2012), 90년대생 여성들에게 이러한 이데올로기가 더 이상 적용되기 어려움에도 불구하고 여전히 기업 내에서 잔존하고 있는 것으로 보인다. 비혼을 비롯해 자발적 출산 거부 등 표준적 생애주기라는 개념이 균열되고 90년대생 여성들이 노동시장 진입을 통해 자아기획을 시도하고 있음에도 불구하고, 성별 분업의 기본 구조는 여전히 문화적 차원에서 작동하여 여성 노동자들이 성실성, 조직 충성도, 사회성 등을 결여하고 있거나 앞으로 결여할 주체라는 인식이 존재한다는 것이다. 이러한 가운데 90년대생 여성들은 대학에서 학습한 페미니즘 이론과 다른 방식으로 작동하는 노동시장의 실제에 직면하고, 남성보다 더욱 뛰어난 역량과 성과를 보일 때에만 살아남을 수 있다는 인식을 강화, 내면화시킨다.

> 대학교 때에는 과가 아무래도 여초 과라서 그런 거에 되게 둔감했어요. 취업을 하고 보니까 실전이고, 정말 악바리처럼 살아남아야 하고, 그리고 여성 임원들도 워낙 없고, 이제 살아남아도 남성분들에게 쟤는 야망년이라고 욕먹고 이러더라고요. 현실은 심각하다….(이선정, 94년생, 사기업 근무)

90년대생 취업자 여성인 이선정 응답자는 취업 후 '악바리처럼 살아남아야 한다'는 자기 규율과 서바이벌 의식을 이야기하며, '훨씬 더 좋은 스펙'을 가지고 있어야만 입사할 수 있고, 여성 임원이 부재한 가운데 여성들이 서바이벌 의식을 가지고 있을 때에만 인정될 수 있음을 논의하였다. 압축적인 제도 변화와 평등주의적 의식의 확산 속에서 90년대생 여성들은 이념적 배움과 노동시장 현실

278

간의 괴리감을 역설하며, 자신들의 인식이 윗세대 여성 임원들과
도 다름을 인지하였다. 면접 시 만난 여성 면접관들은 여성의 위치
를 옹호하거나 임파워링하기보다는 남성 임원들을 위한 구색 맞추
기 정도의 역할을 하고 있다고 보았는데, 사기업에 종사하는 90년
대생 취업자 여성들은 '세상이 여성을 위해 더 좋아졌다'는 일반적
진단과 다르게 여전히 존재하는 문화적 불평등을 마주하며 좌절감
을 표현하였다. 이러한 문화적 불평등 중의 하나가 남성 중심적 집
단주의적 관행(야근과 회식, 술자리)인데, 이러한 관행이 작업장 내 제
도 도입에 따라 다소 사라졌음에도 불구하고 90년대생 여성들은
남성 중심적 문화에서 발생하는 직장 내 성희롱[14]의 문제가 존재함
을 적시하였다. 여성 임원이나 여성 상사가 부재한 가운데 90년대
생 취업자 여성들에게 직장 내 성희롱이나 성폭력은 일상화된 위험
이고, 이것은 남성 리더십이 주도적 문화와 위계를 형성하는 가운
데 여성들이 경험하는 생존주의적 감정의 핵심을 구성한다.

직접적인 것도 되게 많았던 것 같은데 어떤 집단에 있는 팀에 있었
을 때 같이 근무하시던 남자분이 저랑 나이가 24살 이렇게 차이가
났어요. 거의 아빠뻘인데, 옷 같은 거 입고 가면 아래위로 훑으면서
오~ 뭐 어쩌고 하면서 남자친구가 어떻겠네? 월요일에 많이 피곤해
보인다. 얼굴이. 그러면 주말에 남자친구랑 좋았나 보네. 이런 얘기

---

14 직장 내 성희롱은 "사업주, 상급자 또는 근로자가 직장 내 지위를 이용하거나
    업무와 관련해 다른 근로자에게 성적인 언동 등으로 성적 굴욕감 또는
    혐오감을 느끼게 하거나 성적 언동 그 밖의 요구 등에 대한 불응을 이유로
    고용상 불이익을 주는 것을 말한다(《남녀고용평등법》 제2조 제2항)."(신경아, 2014).

라든가, 그런 게 되게 빈번하게 많았던 것 같고…(박아름, 90년생, 공공기관 근무)

박아름 참여자의 응답과 같이 다수의 취업자 여성들은 나이 많은 남성 상사의 직간접적인 성희롱에 대해 고발하였는데, 이러한 성희롱은 문화적 차원에 배태되어 있는 것으로, 나이 많은 상사가 개인적 사생활에 관심을 두거나 동료와 연결시키는 등 사생활에 대한 간섭을 하거나 하대하는 문화로 나타난다. 미투운동은 많은 경우 한국화된 미소지니의 모습을 보여주는데, '여자들이 원인을 제공한 것이라거나, 꼬리를 친 꽃뱀'이라는 인식은 사적 이익 등 다른 목적을 가지고 위력을 가진 남성에게 접근하는 여성의 모습으로 상상되고, '지나갈 수 있는 일에 대해 지나치게 의견 개진을 하는 여성'으로 조직의 분위기와 업무 동력을 해치는 존재로 묘사된다. 한 여성 취업자는 "저는 제가 아는 거는 극히 일부라고 생각을 하거든요. 물어보셔도 제가 모르는 게 많을 거라고 생각을 해요. 한 회사에서 인사팀 쪽에서 계약직 여성분들 뽑았는데 그 팀장이 50대인데 쟤 내가 찜했으니까 건드리지 말라고, 20대 초반인데 그런 식의 얘기를 아무렇지 않게 하고"(진정민, 93년생, 사기업 근무) 라는 이야기를 통해 남성들끼리 공유되는 문화에서 여성이 성적으로 대상화되거나 위력에 의해 성적으로 이용될 수 있는 위치에 있음을 보여주었다.

친한 언니가 누구나 들어도 알 만한 되게 큰 건설회사를 다니고 있는데, 거기는 보통 여자 직원을 되게 조금 뽑고 남초 회사잖아요. 소장님이 거의 아빠뻘의 50대 넘는 소장님이 있었는데 여직원 숙소를 밤마다 와서 내가 너 사는 것 좀 확인해봐야겠다고 그러면서 막 힘으로 밀어젖히니까… 너 사는 것 좀 봐야겠다고 막 들어오면서 그 여자가 몸으로 막았는데도 밀치고, 서랍장이고 열어보고, 여자들 속옷 넣어놓은 거 확인하고 그래서 당장 나가시라고 난리를 쳤는데도 키스, 뽀뽀하려고 들이대고 그래서…(민주현, 94년생, 공공기관 근무)

민주현 참여자의 전언에서 알 수 있듯, 남성이 절대적으로 많은 회사에서 장년 남성이 젊은 여성 직원에게 위력으로 행사하는 성희롱이나 성폭력은 여성에게 공포감을 가져오는데 이러한 성희롱에 대한 처벌은 남성 직원에 대한 징계가 아닌 여성 직원을 더 이상 선발하지 않는 방식으로 나타났다. 이러한 처벌에 대해 '같은 여성으로서 화가 난다'는 반응을 보인 여성 참여자는 노동시장 내에서 여성들이 경험하는 불공정함이 게임의 규칙이 남성들의 사고방식과 관습을 반영하는 방식으로 형성되어 있다는 사실에서 찾았다. 이러한 남성 중심적 문화는 조직의 형태와 영역에 따라 이질적일 수도 있지만, 한국 사회에 폭넓게 편재해 있는 것으로 진단되었는데, 여성 의사들이 경험하는 성추행 성폭력, 그리고 서지현 검사의 사례 등을 바탕으로 노동시장 내 위치에 따른 주변화뿐만 아니라 다양한 방식으로 주변화와 불안의 감정을 경험 할 수밖에 없다고 보았다.

07
....

나가며: 압축적 제도 변화,
세대의 공존, 그리고 공정성 인식

 이 연구에서는 20대 청년들, 특히 90년대생들에 대한 초점집단 면접을 통해 젠더 공정성이 의미화되는 방식을 적극적 우대 조치 제도에 대한 입장을 중심으로 살펴보았다. 90년대생 남성들은 대학 내외의 여성 우대 정책 및 적극적 우대 조치 제도에 대해 형평의 원리를 중심으로 이해하고, 90년대생 여성들은 이러한 제도에 대해 회복의 원리를 중심으로 수용적인 태도를 보이고 있었다. 면접에 참여한 남성과 여성 참여자들은 서로 다른 공정의 하위 개념을 바탕으로 집단으로서의 남성과 여성이 어떻게 (불)공정한 위치에 놓이게 되는지를 설명하였는데, 그것이 구성된 방식은 상이했지만 능력주의적 가치관이 예외 없이 초월적으로 작동함을 알 수 있었다. 90년대생 남성들은 노력의 절대가치를 평가하기 위해 그 보상이 적정한가를 평가해야 한다는 의미의 형평을 지지하고, 90년대생 여성들은 적극적 우대 조치가 작동하지 않는 영역에 진입하기 위해 역설적으로 능력주의를 통해 문화적 차원의 불평등을 극복하는 모습을 보이고 있었다.

　한편 90년대생 여성과 남성의 의식 변화는 사회구조의 변화와 분리되어 생각될 수 없는데 성별, 연령, 세대에 따라 인식의 차이가 나타나는 것은 인식의 변화보다 빠른 사회 변화의 속도 때문이다(신경아, 2014: 6). '남성 역차별'이라는 프레임은 과거에도 존재하였지만, 2020년 현재 공론화된 '젠더 갈등 또는 불공정' 논의는 현재의 '세대 간 경제 기회 불공정 담론'과 연동하며, 능력주의라는 상위의 개념을 바탕으로 형성된 것이라 할 수 있다. 다시 말해 능력주의라는 신화는 역차별이라는 프레임을 대체할 강력한 서사로 대중들에게 폭넓은 정당성을 부여해줄 수 있는 도구가 된다. 한편 이러한 능력주의에 대한 믿음은 90년대생들이 생존주의 세대의 연장선상에 서 있다는 것과 관련되어 있다. 각자도생의 경쟁 속에서 서바이벌을 향한 생존주의적 감정을 가진 90년대생 남성과 여성들은 서로 다른 방식으로 배틀 로열을 정의하고 생존의 절박함을 이야기한다. 먼저 남성들은 자신들의 지위 하락에 대한 두려움의 감정을 가지는데, 이는 노동을 통해 시민권을 인정받고 존재감을 주장했던 과거 남성 세대의 종말과 더불어 노동의 몰락을 의미하는 것이기도 하다. 하지만 이러한 남성 지위의 하락은 모든 여성들의 지위 상승을 의미한다고 환원하기 어려운데, 이것은 노동시장의 분화 속에서 2차 노동시장에 소속된 여성들은 여전히 부담을 가지고, 1차 노동시장에 소속된 여성들은 문화적 차원의 배제를 경험할 수 있기 때문이다. 노동시장 내 근대적 성별 분업 인식의 잔존으로 인해 여성들은 언제든 퇴각할 수 있는 열등한 노동력으로 간주되거나 주변화되고 성희롱의 위험 속에 남겨진다. 90년대생 여성들의 서사는 남성들과 다르게 노동시장 진입 외에 노동시장 진입 이후 존재하는 남성 중심적 조직 문화와 관행이 페미니즘과 평등주의의 확산에도 불구하고 여전히 걸림돌로 존재함을 보여주었다.

이 연구에서 다루지 않았지만, 남녀 간의 서로 다른 인식차는 최근 들어 부상한 남성 중심, 여성 중심 커뮤니티를 바탕으로 한 온라인 공간의 작동과도 연관되어 있다. 즉 온라인 공간의 출현과 커뮤니티에서 오가는 혐오 표현 자체[15]가 오프라인상에서의 젠더관계를 상상하거나 예측하는 데 영향을 주고 있다는 것으로, 온라인과 오프라인을 넘나들며 개인들이 현실인식에 착시를 일으키는 데 영향을 미친다. 이는 신자유주의 저성장 시대라는 구조적 조건 이외에 온라인 공간이 집단으로서 여성과 남성을 정체화하고 피해자성을 드러내거나 자신의 젠더 정체성을 구성하는 데 영향을 주고 있음을 시사한다. 특별히 90년대생 남성들은 온라인 페미니즘을 양성평등이 아닌 여성우월주의 또는 남성 도태를 지향하는 정치화된 세력으로 상상하였다. 가부장적 힘과 문화를 무력화하고 균열시키려는 급진적 노력이 공적 영역에서의 남성 도태 및 기회 박탈을 가져올 것이라는 우려로 나타난 것이다. 젠더사회학자들은 이러한

---

15 한국언론진흥재단 미디어연구센터에 따르면, 20~50대 성인 남녀 1천명 중 80.7%가 성별을 기반으로 하는 혐오 표현 문제가 심각한 것으로 인지했는데 여성의 85.8%가 해당 문제의 심각성에 공감, 남성(75.6%)보다 높은 비율로 문제를 인지하고 있었다(이정현, 2018).

남성들의 지위 하락에 대한 인식이 '남성우월주의를 초역사적인 것'으로 간주하는 것과 관련되어 있다고 진단한다. 예컨대 남성들이 지위 하락을 현대 여성들과의 비교가 아닌 과거 남성들과의 비교를 통해 정당화함으로써 과거 남성 권위의 초역사적·초월적인 기준점을 사실화한다는 것이다(엄기호, 2014).

한편 90년대생 남성과 여성들이 가지는 공정성 인식을 이해하는 데에는 준거집단(reference group)의 작동을 살펴보는 것도 중요하다. 사회정의 이론(social justice theory)에 따르면, 공정성 인식에는 준거집단에 따른 사회적 비교(social comparison) 개념이 중요하다. 2019년 공정성연구회와 문화일보가 실시한 '한국 사회 공정성에 대한 조사'에 따르면, 20~30대 청년 남성들은 40~50대 장년 남성들에 비해 여성이 불평등한 대우를 받는다고 인식하는 비율이 낮았다. 반면 20~30대 청년 여성들은 40~50대 장년 여성들에 비해 여성이 불평등한 대우를 받는다고 인식하는 비율이 높았다. 청년 남성들이 여성에 대한 차별이 다소 완화되었다고 느끼는 것은 베이비부머 세대 여성들을 그 준거집단으로 삼기 때문이며, 청년 여성들이 가족, 직장, 사회 내 젠더 차별을 인식하는 것은 역사적으로 여성이 차별받아온 현실을 바탕으로 동시대를 살아가는 청년 남성을 기준점으로 삼기 때문이다(정고운·정우연, 2020). 대중적 담론은 대다수의 20대 남성들이 구조적 차별을 받은 것은 자신의 어머니 세대와 같은 '과거의 여성'이지, 또래인 젊은 여성이 아니며, 과거의 차별 때문에 아무런 차별을 당하지 않는 젊은 여성이 혜택을 보는 것은 부당하다고 생각함을 보여준다(조혜정, 2019). 현시대를 살아가는 남성으로서 차별에 직접적 책임이 없고 자신들 스스로가 노동시장 진입에 있어 위기에 직면했기 때문에 남성들을 동질적 집단으로 상정해 '가해자'로 지목하는 것이 부당하다는 견해이다. 본 연구에 참여한 90년대생 남성 참여자 한명은 이와 비슷한 입장을 표명하였는데, 젠더차별을 논해야 하는 주체는 90년대생이 아니라 80년대생 여성이라고 이야기하며 젠더 공정성 인식에서 준거집단을 과거의 여성들로 삼는 경향을 보였다. 하지만 이와 같이 젠더 차별과 불공정 문제를 과거의 문제, 양적 균형의 문제, 또는 사실 여부와 관계없이 시정된 것으로 진단하는 것은 여성들이 집단적으로 경험해왔던 초역사적·구조적·문화적 차별 기제를 비가시화거나 젠더 이슈가 쟁점화되는 것을 무화시킬 가능성을 내포하고 있다.

이러한 준거집단의 작동은 남성과 여성의 인식차뿐만 아니라 여성 내 인식의 분화를 이해하는 데에도 중요성을 가진다. 젠더 규범에 대한 인식은 같은 여성 집단 내에서도 세대에 따라 다른데, 이는 동일한 상황에 대해 서로 다른 준거점을 바탕으로 평가하기 때문이다. 예컨대 90년대생 취업자 여성은 '전보다 일하기 좋아진 환경'을 이야기하는 여성 임원의 말과 달리, 학내에서 배운 '페미니즘' 지식과 불일치하는 현실에 대해 문제점을 감지한다. 90년대생 여성들은 여성들의 성과가 평가절하 되거나 목소리가 전달되지 않는 상황을 문제시하고 이를 변화시킬 필요를 느끼는데, 이러한 90년대생의 인식과 60~70년대생 여성 임원들의 인식은 서로 다른 시대적 경험에서 비롯된 것으로 준거점이 다른 상황에서 인식의 분화가 필연적일 수밖에 없음을 보여준다. 즉 서로 다른 역사를 경험한 세대가 한 공간에 공존하며 동일한 상황을 다르게 평가할 수밖에 없는 공정성 인식의 주관적 측면이 드러나는 것이다.

본 연구가 가지는 또 하나의 함의는 남성들이 생계 부양자 역할을 중심으로 자신을 정체화하거나 노동시장 내 역할에 초점을 맞추는 반면, 여성들은 비혼 및 다양한 라이프스타일의 등장에도 불구하고 생계 부양자와 양육자 역할을 모두 수행할 수밖에 없거나 이를 염려하는 주체로 나타났다는 점이다. 2019년에 출간된『공정하지 않다』에 따르면, 청년 남성들은 적극적 조치로 인해 역차별의 가능성이 있다고 보는데, 이는 남성들이 공정성의 영역을 주로 공적 영역에서의 제도로 보아 여성할당제, 남성 군복무제 등에 무게를 두고 공정함을 판단하기 때문이다. 반면 청년 여성들은 공정성의 영역을 공적 역역(public sphere)과 사적 영역(private sphere) 모두로 간주하여 노동과 가정의 일을 자신의 일로 여기거나 이를 조화시키는 것의 고단함을 인식하고 있었다는 점이다. 90년대생 여성들은 슈퍼우먼 이데올로기를 통해 집밖에서의 노동과 집안에서의 노동-육아 및 가사-을 모두 해낼 수 있을 때에만 온전한 노동자로 자격을 부여받을 수 있는 현실에 대해 불공정함을 느낀다. 24시간을 노동에 투입할 수 있는 이상적 노동자 모델이라는 관념이 잔존하는 가운데 여성들은 결혼으로 언제든 퇴각할 수 있는 불안전한 노동 주체이거나 출산과 양육으로 온전히 노동시장에 몰입할 수 없는 열등한 주체로 인식되고, 이러한 문화적 기제는 젠더 불공정의 뿌리로 여겨지고 있었다.

　가족사회학자들은 이러한 전통적 성역할 관념이나 가족 개념이 큰 지속성을 가지며 쉽게 소멸되지 않는 것이라고 본다. 즉 개인들은 전통적 가부장제 관념에 대해 어느 정도 저항감(resistance)을 가지고 있으면서도, 여전히 그 구속력(maintenance)을 인지하는 가운데 행동하게 된다는 것이다. 일례로 90년대생 남성 참여자들은 성역할 규범이 변화하고 있지만, 현재에도 지속되는 규범은 남성이 지니는 경제적 책임이라고 여기며, 매력적인 배우자로 결혼시장에서의 위치를 점하기 위해 생계 부양자 역할을 적극적으로 내면화하고 있었다. 이러한 인식에는 90년대생 남성과 여성 당사자뿐만 아니라 전통적 성역할 모델을 가진 기성세대와 같은 다양한 행위자가 공존하고 있다는 사실도 영향을 미친다. 또 다른 예로 엄기호(2014)는 소비주의 시대 속에서 능동적 남성으로 여성의 욕망을 채워주기 힘든 자신의 위기의식을 여성에 대한 적대와 공격으로 전환한 '사이버 마초'들에 주목하며 남성들이 전통적 남성성을 보존하는 경향을 보인다고 주장한다(엄기호, 2014).

한편 전통적 성역할 규범 또는 근대적 성별 분업 구도가 쉽게 변화하지 않음에도, 최근 청년들의 선택은 이러한 젠더 규범이 균열되고 있음을 예비적으로 보여준다. 여성들은 노동시장에서의 지위와 가족 내에서의 지위 모두를 추구하는 생애 전망과 삶의 양식을 개발할 것을 요구받지만, 모든 면에서 경쟁이 격화되기만 하는 신자유주의 양극화 사회에서 성공의 기회란 제한되어 있다(배은경, 2009). 청년 여성들은 노동시장 진입과 가족 내 아내이자 어머니라는 근대적 젠더 체계에 소속되려는 열망을 보이기도 하지만, 이것이 양립하기 어려운 상황을 인지하며 비혼, 딩크족, 1인가구라는 대안적 삶에 대한 열망을 보인다. 이와 더불어 남성들 또한 결혼을 당연시 여기던 문화에서 벗어나 결혼을 필수가 아닌 선택으로, 시기에 구애받지 않는 것으로, 1인 생계 부양자가 아닌 2인 생계 부양자가 당연한 것으로 인식하고 있다. 여성학, 그리고 젠더사회학이 여성과 남성 모두의 변화를 이루어가야 한다는 문제의식에 출발했다는 것을 상기할 때, 현재의 젠더 공정 담론은 보다 성평등한 사회로의 전환을 위한 전환기적 상황을 반영하는 것이라 볼 수 있다(신경아, 2014; 마경희 외, 2020). 적극적 조치 제도가 불평등한 남녀 관계를 제도적으로 개선하고 시정하는 것을 목표로 하였다면, 문화적 차원의 불평등한 남녀 관계 개선은 더욱 더디지만 중요한 변화의 열쇠를 제공할 것이다.

제8장

•

일상이 된 코로나19,
우리는 공정한 의료를
누리고 있나?

심재만

현 고려대학교 사회학과 교수. 행위/실천이론, 의료문화, 혼합방법론 등 전공.
한국사회 개인성 및 사회성 간 만남 장기연구 진행 중(~2030년).

내용 요약

일상이 된 코로나19, 우리는 공정한 의료를 누리고 있나?

감염병이 일상이 된 시대는 의료·방역이 일상이 되는 시대이다. 한편으로 의료와 일상은 결코 쉽게 섞이지 않는 영역이기도 하다. 따라서 감염병 시대 의료의 문제란 결국 일상과 의료 간 경계 설정의 문제를 의미한다. 사회학 행위이론적 관점으로 공식화하자면, 일상(혹은 일상의 개인적 자유)과 의료(혹은 공공의 건강을 위한 구속)를 동시에 살아내는 문제를 의미한다. 공정한 의료는 자유와 구속 간 섞임과 공존에 있다는 이론적 제안이다.

코로나19 초기 4월에 실시한 설문조사를 분석한 결과, 개인적 자유와 공공적 구속 간 균형에 대한 지향이 우리 사회 의료·방역 실천(사회적 거리두기 실천)을 뒷받침하고 있는 점이 드러났다. 감염병 시대 의료는 공공적 구속이 개인적 자유보다 우선할 때 가능할 것이라는 해석과 전망이 잘못되었음을 시사한다. 반년 뒤 10월 거리두기 단계 조정 보도기사에 대한 댓글 내용분석에서도 비슷한 결과가 보인다. 절반에 가까운 사람들이 정부와 전문가 중심의 권위적 통제를 중요하게 생각하고 있음을 알 수 있다. '코로나 정치/정치 방역'에 대한 비판, 곧 방역과 정치(정치적 자유) 간 적절한 구분과 공존을 요구하는 목소리가 그다음이다. 개인의 분별력을 존중하는 가운데 올바른 방역효과가 달성될 수 있다는 의견이 뒤따른다. 정부와 전문가 중심 방역의 체계적 운영에 대한 요구, 그리고 정치, 정치적 자유, 개인분별력 등을 존중해야 한다는 요구가 섞여 있다.

코로나19 시대에 의료의 본질을 더욱 분명히 목도하는 셈이다. 자유와 구속의 동시 경험으로서의 건강, 그리고 이를 뒷받침해내는 의료가 공정하다.

01

....

공정한 의료?

2020년 2월 우리 사회에서 비로소 공인된 코로나19(COVID-19, Coronavirus Diseases 2019가 국제표준 명칭이지만 우리 문화의 맥락에서 '코로나19'로 칭함)로 우리는 일상화된 감염병의 시대를 살고 있다. 감염병 종식이 쉽지 않을 것이라는 감염병리학적 예측을 차치하고라도, 우리 각자는 2020년 말 현재 코로나19와 공존하는 일상을 적극적으로 기획하고 있음을 부인할 수 없다. 와중에 '의료의 문제'가 빠질 수 없다.

일상화된 감염병의 시대에 필요한 의료는 전통적인 의료의 범위를 넘어선다. 이전에는 의료로 분류·범주화되지 않았던 일상 중 많은 부분이 의료로 해석되는 과정이 불가피하다. 감염 이후 사후 치료를 위한 의료자원 이용뿐 아니라 감염 사전 예방을 위한 사회적 거리두기와 같은 예방적 실천이 방역이라는 의료의 옷을 입는다.

  그러다 보니 일상의 어느 부분까지를 의료의 이름으로 담고 조직·통제할 것인지, 그리고 어떻게 조직·통제할 것인지 고민하지 않을 수 없다. 그런 의미에서 지금은 의료가 일상이 되어버린 시대이다. 그러므로 감염병이 일상이 된 시대에 '의료의 문제'란 실제 일상과 의료 간 온당한 구분선을 놓고 서로 밀고 당기는 구획 설정의 문제(boundary work)(Lamont and Molnár, 2002)인 것이다. 감염병 대비 '방역' 담론과 실천이 일상과 의료 사이 경계를 넘나들며 각각의 구획을 역동적으로 만들어가는(Douglas, 1966; Star and Griesemer 1989; Turner 1967) 시대에 살고 있다. '의료' 담론과 실천이 개인의 자유와 공공의 구속·질서 간 경계를 드러내고 허물고, 다시 만들어가는 시대인 것이다. 공정한 의료 혹은 의료 공정은 자연히 이 구획설정 문제에 대해 우리 사회가 집단적으로 내놓는 역사적·우연적·실용적(실천적) 해답에 자리하게 된다. 그것이 인간적 자유와 구속의 본질적 과정이라는 게 사회학 행위이론(action theory)(Glaeser, 2016; Joas, 1996; Martin, 2011)이 우리에게 주는 오래된 보편적 지혜이다. 행위이론적 지혜에 기대어 이 장은 코로나19 시대에 그 구체적 과정을 기록하고자 한다.

02
····

의료: 언제나 자유와 구속 간 경계 설정 문제

    기록과 정리의 편의를 위해 의료 문화 분야에 특화된 행위이론적 상상력이 긴요하다(Shim, 2017). 현재 모두가 경험하고 있는 일상−의료 간 구획 설정 과정은 일찍이 사회학 내에서 '사회통제(social control) 기제로서의 의료'(Zola, 1972), 사회·삶의 '의료화(medicalization)'(Conrad, 1992), '생의료화(biomedicalization)'(Clarke et al., 2003), '유전자화(geneticization)'(Freese and Shostak, 2009; Shim and Kim, 2020) 등으로 표현돼왔다. 요약하자면 의료(medicine), 곧 아픔·병듦 내지 건강·고침에 대한 관심에서 이뤄지는 전문가적·비전문가적 실천이, 우리의 일상을 조직·통제하는 주된 방식이 되어가고 있다는 진단이다. 이 의료에서 점차 생의학과 유전학이 중심적 위치를 차지하고 있음을 부가적으로 강조하는 것이 생의료화와 유전자화 논의다. 코로나19 상황에서 감염학과 공중보건(public health)이 더욱 부각되는 작금의 경험을 반영하려면, 새삼 시간을 거슬러 19세기 말~20세기 초에 어울릴 법한 '방역화/위생화(sanitization)'의 시대를 산다고 이름하는 것이 필요할지 모르겠다.

무엇이라 이름하건 의료화에 관련한 사회학 행위이론적 상상력의 핵심은 일상의 조직화, 사회학자 베버의 시선으로 처리하면 변덕스럽고 혼란스러워 보이는 삶에 규칙과 질서를 부여해 안정감과 연속성을 확보하고자 하는 인간적 제실천(Kalberg, 1980) 중에 의료, 곧 아픔과 건강을 둘러싼 실천이 큰 비중을 차지한다는 발견이다. 일상과 의료 사이 접점 혹은 구획설정을 얘기하고 있는 것인데, 이 발견이 그저 그런 얘기가 아닌 까닭은 일상의 조직화 방식이 유독 의료일 필요 없이 다양하기 때문이다. 신학적 상상력에 먼저 기댄다면, 변덕·혼란·무질서로 점철되는 일상 가운데 규칙·질서·구속이 존재함은 일찍이 신의 섭리(providence)로 이해되고 실천되었다. 이 조직화 방식에서는 병듦과 치유·건강마저 신의 저주 내지 축복으로 다뤄진다(Zola, 1972). 여기에 또 다른 조직화 방식들이 역사적으로 경합하고 있었는데, 법(law)과 의료라고 졸라는 특정한다(Zola, 1972). 법적 조직화에 따를 경우, 병듦(가령, 정신질환)은 법적·윤리적 기준으로 정의되는 정상 상태에서의 일탈(deviance)로 이해된다. 치유는 교정시설을 통한 정상과 비정상·일탈 간 분리를 통한 질서의 회복으로 이해된다. 이와 같이 신의 섭리와 법의 통치에까지 닿아 있는 의료화 논의는 무엇보다 우리가 개인적 집단적 수준에서 무질서·자유와 질서·구속의 문제를 핵심으로 삼아 살고 있음을 알려준다. 따라서 의료를 통한 사회'통제'(control) 내지 사회의 의료적 '통제'란 결국 의료 가운데에 있는 삶의 조직화(control) 문제를 지칭한다.

의료화를 이와 같이 자유와 구속을 모두 담는 개인적 집단적 삶을 의료를 통해 조직화하는 과정으로 재정의하고 나면, 두 가지 중요한 시사점이 도출된다. 첫째, 의료의 주체 문제이다. 누가 이 조직화를 담당할 것인가의 문제이다. 의료 전문가 내지 의료정책 담당자에 더해 의료 이용자 혹은 소비자·환자가 온당한 주체로 등장한다(Zola, 1972). 현대적 생의학(biomedicine)을 포함해 전통의료(Shim, 2017; Shim, 2018) 및 주술과 같은 유사의료(Parsons, 1951)가 온당한 부분으로 등장한다. 어느 하나에 의한 독점은 보편적 현상이 아니라 설명이 필요한 특수한 현상, 곧 논쟁거리가 된다. 의료화는 모두의 비즈니스이기 때문이다. 모두의 비즈니스로서 의료가 시간과 공간상에서 다양하게 구성되는 방식들을 비교하고 차이를 논쟁하는 것이 관심의 대상이 된다. 둘째, 삶의 다층성 문제이다. 의료의 주체 내지 의료의 종류가 다원적이라 함은 곧 앓음과 고침, 삶과 죽음이 각각 다원적으로 이뤄져 있다는 말이 된다. 삶은 물질적·신체적 안녕을 포함해 영적·정신적 안녕을 포괄하게 된다. 질서와 구속은 물론 무질서와 자유를 포괄한다. 마셀 모스는 이 삶의 근원적 다층성을 극대화해 '총체성'(total services)으로 표현한 바 있다(Mauss, 1990[1950]). 총체성의 대명사로 주목했던 '선물(gifts)'에서 모스는 자유·자아·개인과 구속·타자·사회의 공존을 그 핵심으로 강조한다. 의료의 문제로 되돌아가, 졸라는 다음과 같은 의료사회학자 프리드슨(Freidson)의 두려움을 소개한다.

"시민적 자유와 윤리적 만족을 희생시키면서 물리적·기능적 안녕에 집착하는 전문성(곧 의료)과 그 전문성의 체계로서 사회는 필시 '과학'의 이름으로 놀라운 사회환경을 만들게 될 것이다. 질병이나 다른 근심과 관심이 전혀 없이 오직 열심히 달걀만 낳는 닭이 사는 양계공장과 같은 환경일 것이다."(Freidson, 1970: 354)

졸라 스스로는 다음과 같이 글을 마무리한다.

"삶과 일상의 주인공인 수많은 보통 사람들이 함께 의료화를 결정해가는 다원주의적 권위만 만들어진다면, 그것이 만들어낼지도 모르는 좌절과 심지어 실수까지도 안으며 살고 싶다."(Zola, 1972: 503)

과연 그러한가? 오늘 한국 사회 혹은 그 속의 수많은 개인들이 그리는 의료의 모습은 어떤지 기록하고 기획할 필요가 있다. 공정한 의료는 자유-구속 간 긴장과 균형/공존, 위험-안전 간 긴장과 균형/공존에 있는 것으로 가설을 세워볼 수 있다. 우리 사회 최근 경험에서 이 가설이 맞는지, 균형의 구체적 모습은 어떻게 그려지고 있는지 살펴본다. 보편적 현상으로서의 균형과 공존이 어떠한 모습으로 구체화하는지를 기술하고 이론화하는 것이 사회학적 연구의 전부라고 보는 행위이론가의 관점을 코로나19 시대에 던져보았다.

4월 서베이에 반영된
'자유-구속 간 균형'

개인의 자유와 일상에 대한 공공의료적 구속에 대해 일반인들은 어떻게 생각하는지, 그리고 이에 대한 의견에 따라 실제 사회적 거리두기 실천과 인식에 유의미한 차이가 존재하는지를 코로나상황 초기인 4월초에 이뤄진 온라인 사회조사 결과에서 살펴보았다.

2020년 고려대학교 연구처의 지원을 받아 고려대 사회학과 심재만 교수 연구실에서 진행한 '감염병과 사회적 개인' 연구 자료를 사용하였다. 2월 말~3월 초 한국 정부가 코로나19의 감염병 위험을 공식적으로 인정한 직후 초기 1개월 동안의 경험을 들여다볼 수 있는 자료이다. 마스크 공급이 원활하지 않아 마스크 배급제를 시행하면서 마스크 구매 자체가 힘들던 때이고 3월 개학 연기를 한두 차례 더 연기해야 할지 말아야 할지가 논란거리였던 시기다. 마스크 사용, 손소독제 사용, 거리두기 실천 등에 대한 실태와 의견을 묻는 설문조사를 심재만 교수 연구실에서 개발하였고 4월 2일~ 4월 9일 일주일 동안 사회조사회사(엠브레인)의 웹조사 패널에 전국 인구특성을 적용해 1,000명 할당표집해 실시하였다. 조사 결과 중 개인의 자유과 공공의 구속 간 관계에 대한 설문항, 그리고 여러 가지 사회적 거리두기 실천과 방안들에 대한 태도 관련 문항들만 선택적으로 이 연구보고서에 담았다.

1. 개인의 자유와 권리, 공공의 안전을 위한 구속, 혹은 둘 모두

공공의 건강을 위해 개인의 인권과 선택권은 유보될 수 있다(강제조치와 행정명령처럼)는 주장에 대한 동의 정도에 91.0%가 동의한다고, 9.0%가 동의하지 않는다고 응답했다(〈표 8-1〉 '합계'열). 공공의 안전을 위한 개인적 자유의 구속에 동의한다는 의견이 압도적으로 많은 것처럼 보인다. 그런데 질문을 바꾸어 개인의 인권과 선택권을 지켜주지 않으면 공공의 건강을 지키는 것도 힘들어진다는 주장에 대한 동의 정도를 물어보면, 63.6%가 동의한다고, 34.2%는 동의하지 않는다고 응답했다(〈표 8-1〉 '합계'행). 공공의 안전을 위해서도 개인의 자유와 권리가 중요하다는 의견이 지배적인 것이다.

많은 수의 응답자들이 공공의 안전을 위한 개인자유의 구속에 동의하면서 동시에 개인자유의 보장을 통한 공공의 안전 확보에도 동의하고 있는 데 따른 결과이다. 물론 두 질문 응답 간 상관성을 살펴보면, 개인자유의 구속에 동의한 사람들은 개인자유의 보장에

<표 8-1> 개인자유, 공공구속 혹은 둘 모두에 대한 응답자 분포

		개인자유 보장 없는 공공안전 없음		합계
		부동의	동의	
공공안전 위한 개인자유 구속	부동의	22	68	90
	동의	342	568	910
합계		364	636	1,000

동의하지 않는 경향성을 띠는 게 사실이다(피어슨 독립성 검정 p-value= 0.013). 그러나 가장 많은 사람(56.8%)이 둘 모두에 동의하고 있는 것으로 조사되었다. 다음으로, 공공안전을 위한 개인자유의 구속에만 동의(34.2%), 개인자유의 보장을 통한 공공안전 확보에만 동의(6.8%) 등의 순으로 응답자가 많았다. 개인의 자유만을 옹호하거나 공공의 안전만을 주장하는 응답 비율보다 둘 모두를 옹호하는 응답 비율이 가장 높은 것이다.

이상의 표에서 확인되는 응답 유형에 따라 사회적 거리두기 실천의 정도와 여러 방역정책에 대한 태도는 어떻게 나타나는지를 아래에서 분석하고자 한다. 이를 위해 먼저 거리두기 실천과 방역정책 태도 각각에 대한 응답 특성부터 분석한다.

2. 거리두기 실천

거리두기 실천의 정도를 알아보기 위해 모두 16가지 일상생활 내용별로 조사 시점 최근 2주 동안 해당 활동을 자발적으로 취소하거

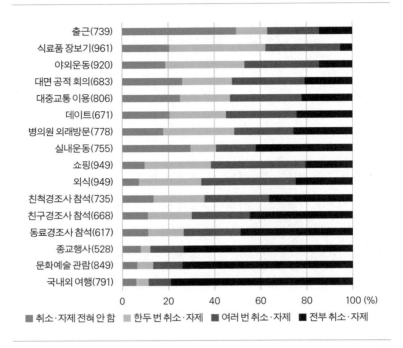

나 자제한 정도가 얼마나 되는지 조사하였다. 취소나 자제의 정도가 적은 것부터 많은 것 순으로 위에서 아래로 정리한 것이 〈그림 8-1〉이다(괄호 안 숫자는 각 영역별 응답자 수). 공적인 업무·학업과 관련한 활동(회의, 교통이용 포함)에서의 거리두기가 가장 쉽지 않음을 알수 있다. 건강관리와 필수적으로 연관되어 있는 병의원 외래이용역시 크게 줄어들지는 않는 모습이다. 그에 비해 여행, 여가활동, 종교활동, 사교, 외식, 쇼핑 등에서 거리두기 실천이 크게 나타나는편이다. 연인·배우자와의 데이트 항목에서는 그 만큼의 거리두기가 이뤄지지 않는다.

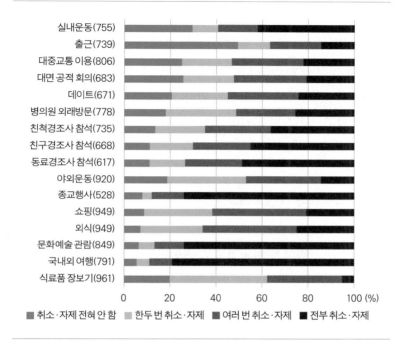

〈그림 8-2〉 4월 사회적 거리두기 실천 정도(정도순)

실내운동(755)
출근(739)
대중교통 이용(806)
대면 공적 회의(683)
데이트(671)
병의원 외래방문(778)
친척경조사 참석(735)
친구경조사 참석(668)
동료경조사 참석(617)
야외운동(920)
종교행사(528)
쇼핑(949)
외식(949)
문화예술 관람(849)
국내외 여행(791)
식료품 장보기(961)

0   20   40   60   80   100 (%)

■ 취소·자제 전혀 안 함   ■ 한두 번 취소·자제   ■ 여러 번 취소·자제   ■ 전부 취소·자제

동일 활동 내 응답자 간 거리두기 실천에서의 차이 정도, 즉 사람들마다 거리두기를 실천하는 정도에서 나타나는 차이를 기준으로 16개 영역별 응답 결과를 재분류한 것이 〈그림 8-2〉이다. 식료품 장보기, 여행, 여가활동, 종교활동 등에서 응답자들은 대부분 비슷한 행동 패턴을 보이고 있다. 가령 장보기의 경우 대다수가 한두 번 내지 두어 번 자제한 경험이 있다고 응답하고 있다(모두 최소했다거나 전혀 취소하지 않았다는 응답이 적다). 반면 여행과 종교활동에서는 대다수가 한결같이 전부 취소하거나 여러 번 자제한 것으로 나타났다.

그에 비해 공식적 업무·학업 관련 활동에서의 거리두기는 사람들 사이에서 큰 차이를 보인다. 각 영역 내 평균적 경향치와는 별개로, 누군가는 출근을 자주 자제하거나 취소하는 데 반해 누군가는 전혀 자제하거나 취소하지 않는다는 걸 의미한다. 공식적 대면 회의와 대중교통 이용도 마찬가지다. 병의원 이용 및 또 다른 친밀성 영역인 데이트에서도 적지 않은 편차가 보인다. 이러한 편차의 원인이 무엇일지 추가적인 관심이 필요하다.

3. 방역정책에 대한 태도

4월 조사 시점에서 사회적으로 논란이 되었던 방역정책과 관련한 태도를 알아보기 위해 6가지 질문을 하였다. 동의 정도 순으로 응답 결과를 정리한 것이 〈그림 8-3〉이다. 해외 입국자 및 의심 증

〈그림 8-3〉 4월 방역정책에 대한 태도

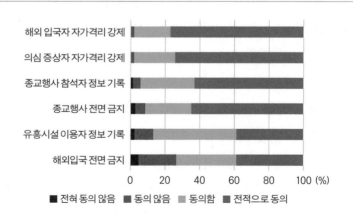

상자 자가격리 강제에 대한 동의 정도가 가장 높고, 예배·법회·미사와 같은 종교행사 참석에 대한 규제에 대한 동의 정도가 그다음이다. 유흥시설(노래방·피씨방) 이용자 정보 기록 의무화 및 해외 입국 전면 금지에 대한 동의 정도가 가장 낮았다.

각 정책적 제안에 대한 응답자 간 응답 편차를 기준으로 재정리하면, 이와 거꾸로 된 순서로 정리된다. 해외 입국 전면 금지와 유흥시설 이용자 정보 기록 강제에 대해 응답자들의 의견이 분분하다. 그에 비해 종교행사, 의심 증상자, 해외 입국자 관리 등에 대해서는 의견의 편차가 크지 않다.

4. 자유-구속 간 관계 인식에 따른 거리두기 실천과 방역정책 태도 차이

응답자 간 응답의 편차가 비교적 크게 나타났던, 연인·배우자와의 데이트 자제·취소 경험 및 유흥시설 이용자 정보 기록 의무화에 대한 태도가 각각 자유-구속 간 관계에 대한 인식 유형에 따라 어떻게 달라지는지 분석하였다. 두 영역 모두 개인적 자유와 친밀성이 사회적 구속과 공공성과 맞닿는 지점이라, 일상의 의료화와 관련해 자유와 구속 간 균형을 추구하는 입장이 자유만을 추구하거나 구속만을 추구하는 입장과 대비해 이 두 가지 생활 영역에서는 어떤 모습을 띠고 있는지 살펴볼 수 있는 기회를 제공한다.

〈그림 8-4〉는 일련의 교란변수들을 통제한 순위형 로짓회귀식을 바탕으로 추정한 확률이다. 연인·배우자와 데이트를 자제하거

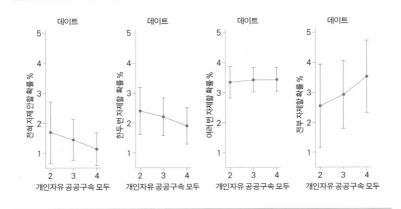

나 취소할 확률은 공공적 구속 아닌 개인적 자유만을 추구하는 사람들에게서 더 낮다. 개인적 자유 아닌 공공적 구속을 추구하는 사람들에게서 취소 확률은 더 높다. 개인적 자유와 공공적 구속 모두를 좇는 사람들에게서 취소 확률은 가장 높다. 마찬가지로 이들에게서 친밀성 행위를 취소하지 않을 확률은 가장 낮다.

〈그림 8-5〉는 일련의 교란변수들을 통제한 로짓회귀식을 바탕으로 노래방·피씨방 이용을 취소·자제할 확률을 추정한 것이다. 앞서 데이트에서 보았던 것과 마찬가지로, 개인적 자유만 좇는 사람들, 공공적 구속만 좇는 사람들, 둘 모두를 좇는 사람들 순으로 해당 사회적 거리두기 정책에 동의할 확률이 커진다.

소략하면, 사회적 거리두기 실천에 적극성을 보이는 사람들 그리고 관련 정책을 지지하고 동의하는 사람들 중에는 두 부류의 사람들이 섞여 있다는 것이다. 개인적 자유보다는 공공적 구속을 좇는

306

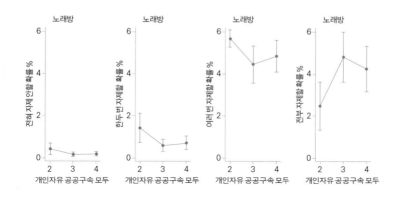

<그림 8-5> 노래방·피씨방 이용 취소·자제 의향 확률

사람들이 하나이다. 다른 하나는 개인적 자유와 공공적 구속 모두를 중시하는 사람들이다. 후자에게서 실천의 정도와 동의의 정도가 조금 더 크게 나타난다는 점도 주목할 필요가 있다. 이에 대한 여러 설명(행위이론적 설명 포함)이 필요하겠지만, 정책 설계의 관점에서 보면 실천적 함의는 간명하다. 특정 사회적 거리두기 정책이 개인적 자유와 공공적 구속을 함께 추구하는 것으로 고안되고 집행된다면, 그 효과는 공공적 구속만을 강조할 때보다 더 클 것이라는 점이다.

10월 생활방역정책 비판에 반영된
'자유-구속 간 균형'

10일 11일 정부가 거리두기 단계를 2단계에서 1단계로 하향 조정하였다. 8월 이후 2개월여 만에 이뤄진 중대한 정책적 전환으로서, 이에 대한 갑론을박이 정책 담당자는 물론 일반인 사이에서 크게 일었다. 일반인들은 무엇이 이상적인 코로나 대응 방안이라고 생각하는지를 들여다볼 수 있는 지점이다.

10월 11일자 경향신문 인터넷판 기사 "정 총리 '전국 사회적 거리두기 1단계로 조정'"이 네이버 뉴스 포털로 제공되었고 이에 대한 네이버 댓글 797개 중 순공감도(댓글에 대한 독자 공감 횟수로 측정) 순위 상위 310개 댓글에 대한 내용 분석(content analysis)을 하였다 (Schreier, 2012). 독자 공감을 한 번도 받지 못한 댓글 480여 개가 분석에서 제외된 결과이다. 분석에 포함된 310개 댓글에 대해 개방

〈표 8-2〉10월 방역정책에 대한 태도: 최종 코딩 프레임

최상위 코드	상위 코드	중위 코드	하위 코드	빈도	비중 (%)
공정 의료 방역	의료화 논쟁 불가피·필요			6	1.9
	방역과 정치 간 구분·공존 ('코로나 정치' 비판)	당면집회 억제 비판		31	10.0
		방역 실종 비판	정치자유 제한 방역정책 비판	3	1.0
			방역정책 위협 정치자유 비판	3	1.0
		재확산 방기 비판	재확산방기 포퓰리즘 비판	7	2.3
			미래 정치자유 제한 비판	10	3.2
			K방역 성공담 가공 비판	5	1.6
			정책 실패 희생양 가공 비판	5	1.6
			코로나 음모론	10	3.2
		기타		8	2.6
	정부·전문가 주도 과학적·권위적 통제	코로나 완전 종식		9	2.9
		체계적 단계론		76	24.5
		선별 통제 선별 완화	방역 불평등 고발	4	1.3
			영역별 완화	11	3.5
			영역별 통제	17	5.5
		개인방종 견제		15	4.8
		기타		9	2.9
	개인분별력 존중	개인분별 의존		12	3.9
		개인분별 신뢰		8	2.6
	개인방종 체념			7	2.3
	(의미 불분명)			54	17.4
(합계)				310	100.0

코딩(open coding)과 폐쇄 코딩(closed coding)의 과정을 여러 차례 반복하면서 코딩 프레임(coding frame)을 완성하였다. 상술하면, 손공감도 순으로 상위 100여 개 정도의 댓글을 개방 코딩하던 중 코딩의 포화 단계(saturation)에 이르러 코딩 프레임을 일차로 완성하였다. 이 초기 코딩 프레임을 사용해 나머지 200여 개 댓글에 패쇄 코딩을 진행하였고, 진행 중 코딩 프레임에 추가해야 할 세부 코드나 코드에 대한 개념적 정의(개념화) 등 보완을 진행하였다. 이후 개방 코딩으로 진행했던 최초 100여 개 댓글에 대해서도 최종 코딩 프레임에 맞춰 폐쇄 코딩으로 재코딩하는 절차를 진행하였다. 아래 기술은 이 최종 코딩 프레임과 코딩 결과를 반영한 것이다.

 공정 의료·방역을 구성하는 5개의 상위 코드는 의료화 논쟁 불가피·필요(6개 댓글, 전체의 1.9%), 방역과 정치 간 구분·공존(82개, 26.5%), 정부·전문가 주도 과학적·권위적 통제(141개, 45.5%), 개인분별력 존중(20개, 6.5%), 개인방종 체념(7개, 2.3%) 등이다. 우선 첫 번째 상위 코드는, 2020년 10월 현재에 걸맞은 의료·방역이 어떠해야 하는지에 대한 논의가 필요하다는 점을 직접 대변한다. 현재 댓글로 반영된 논의 가운데에서는 절반에 가까운 사람들(45.5%)이 정부와 전문가 중심의 권위적 통제(가령, 거리두기 단계 정책)를 중요하게 생각하고 있음을 알 수 있다. 소위 '코로나 정치 / 정치 방역'에 대한 비판, 곧 방역과 정치(정치적 자유) 간 적절한 구분과 공존을 요구하는 목소리가 그다음(26.5%)이다. 다음으로, 개인의 분별력을 존중하는 가운데 올바른 방역 효과가 달성될 수 있다는 의견이 7% 정도에 이른다. 정부와 전문가 중심 방역의 체계적 운영에 대한 요구, 그리고 정치, 정치적 자유, 개인분별력 등을 존중해야 한다는 요구가 섞여 있음을 보이는 결과이다.

1. 의료화 논쟁 불가피·필요

　(사회적) 거리두기 단계로 대변되는, 이 시대 올바른 의료를 만들어가는 것이 중요하면서도 단순치 않다는 점을 단적으로 보여주는게 '의료화 논쟁 불가피·필요' 코드이다. 좋든 싫든 거리두기에 대해 서로 다른 생각과 주장이 뒤섞여 공존할 수밖에 없다는 인식을 지칭한다. 아래 구체적인 댓글을 보면, 코로나 감염 상황(개인의 처지 및 집단적 상황 포함)을 정부 및 개인이 어떻게 이해하고 있고 어떻게 대응하는 것이 올바른 것인지에 대한 의견이 분분하다, 심지어 어떻게 하는 것이 옳은지 모르겠다 등의 인식이 담겨 있다. 감염병의 일상화가 무엇인지를 이해하는 작업이 힘겹고도 중요한 일이라는 인식인 셈이다. 예기치 못한 재난과 파국을 정의하고 이해하는 일은 오랜 시간이 필요한 사회적 과정임을 암시한다. 첫 번째 댓글을 제외하면, 정부의 거리두기 단계 완화 조치를 수용하는 태도를 보인다는 게 특징이다.

- 이랬다 저랬다 (하는 게 불만)
- 풀어줘도 난리, 안 풀어줘도 난리임
- 빡세게 막으면 경제 조진다고 뭐라 하고 풀어주면 코로나 방치한다고 뭐라 하고. 어쩌란 거야
- 늙은이들 이것도 싫다 저것도 싫다 (하면서) 할 줄 아는 게 징징대

는 것밖에 없는 듯

- 너무 조이면 나라 망하고 안 그러자니 감염자 늘 것 같고. 이러지도 저러지도 못하는 거지. 진짜 큰일이다

- 단계 낮으면 낮다고 단계 높으면 높다고 불평하는 게 현실임. 1단계 하면 이 위험한 시기에 1단계가 말이 되나. 2단계 하면 자영업자 죽어나가는 거 안 보이냐. 2.5단계 하면 애매하게 그게 뭐냐. 3단계 하면 경제 폭망하면 어쩔 거냐 하는 것이 현실

2. '코로나 정치' 비판: 방역과 정치 간 구분·공존 희망

전체 댓글 중 26%인 82개의 댓글이 정부 및 사회단체의 정치적 행위와의 관련 속에서 거리두기 등 방역을 해석하는 것으로 나타났다. 정부의 방역정책 혹은 사회단체의 대정부 정치활동을 '코로나 정치'로 비판하는 댓글들이 이에 속한다. 비판의 목소리를 크게 네 가지로 분류하였는데, 모두는 결국 방역과 정치 간 상호 부정을 넘어 나란한 공존을 희망하는 것으로 해석되었다. 감염병의 일상이라는 작금의 현실이, 사람들로 하여금 방역을 배려·존중하는 정치, 그리고 동시에 정치를 배려·존중하는 방역을 희망하도록 한 것으로 해석한다. 세부 코드들은 다음과 같다.

1) 당면집회 억제 비판

31개 댓글이 10월 11일자 거리두기 단계 완화 정책 발표를 "반정

부 집회를 막았다가 연휴 집회 가능성이 사라지니 1단계로 완화"한다는 비판을 주요 내용으로 하고 있다. 10월 초 연휴 기간 반정부 집회가 허가되지 못했던 것에 대해 방역을 목적으로(허울 아닌 진정성이 있다 하더라도) 반정부 결사의 자유를 억압했던 것에 대한 비판을 담는다. 대체로 다음과 같은 직설적 비판의 모습을 띤다.

- 집회 끝났다 이거냐? 집회 막으려고 2단계 했냐? 달라진 게 뭔데
- 10월 3일 10월 9일 지나니까 바로 (내림). 진짜 속보임
- 연휴 끝나서 탄핵집회 걱정 없다 이거지. 온통 정치 전략만 있고 국민 국가는 안중에 없는 정부
- 광화문은 막았고 광화문 교보문고는 안 막아서 사람 정말 많았음. 지금도 마찬가지. 근데 뜬금없이 1단계?
- 재인산성 쌓아서 광화문 집회 막았으니 목적 달성. 국가 재난 바이러스를 정치에 이용하는 정권
- 한글날 끝나고 귀신같이 완화
- 우파 시위는 차량으로 9대도 안 되고 단풍놀이는 되는구나
- 반정부 시위 이제 신청하자

연휴 기간 당면했던 정치적 집회를 허가하지 않았던 것을 직접 언급하지 않더라도 그동안 방역정책이 '정권 유지'라는 의도에 복속되었다고 보는 댓글들도 있다.

- 정권 유지용 방역이었음
- 공무원 사망 현 정부 비리 등을 위한 물타기용

이상 '당면집회 억제 비판' 코드는, 정치적 자유가 방역에 의해 부정되는, 정치—방역 간 적대화, 즉 정치 억압에 방역 있는 것처럼 진행되는 현실에 대한 비판으로 요약된다. 방역은 정치 가운데, 정치는 방역 가운데 있다는 점, 그리고 정치도 하면서 방역도 하라는 요구가 반영된 비판적 인식으로 이해할 수 있다.

2) 방역실종 비판

방역에 의해 부정되었던 정치적 자유에 대한 비판은, 드물게는 정치적 자유를 억압하는 것 외에는 정부 방역정책의 목적이 따로 없어 보인다는 보다 극단적인 비판으로 이어진다. 방역 관심이 정치로부터 떨어지지 못했다는 주장이다.

- 정권 반대 집회 하면 바로 검사수 늘릴 것임(정치에 갇힌 방역)

정치로부터 독립된 방역 내지 감염병 대응 관심이 보이지 않는다는 비판의 목소리는 비단 정부만을 향한 것이 아니다. 감염 상황 및 방역의 효과성은 아랑곳하지 않고 오직 반정부 집회에만 몰입하는 사회단체의 정치적 행위에 대한 비판도 존재한다.

- 전광훈 일장기 부대가 광화문에서 대한민국에 가한 테러로 코로나를 확산시켜 K방역 무너뜨려 경제와 현 정부를 무너뜨리려 했음
- (이번 단계 완화는) 국민의 적들이 집회만 안 하면 방역수칙 지키면서 서민도 사는 적절한 조치

이상 '방역실종 비판' 코드는, 한편으로 방역 관심이 정치로부터 떨어지지 못하는, 정치−방역 간 환원, 곧 방역을 목적으로 정치만 하는 현실에 대한 비판이면서, 다른 한편으로는 정치 가운데 방역이 있을 수 있으나 둘은 서로 구분되기도 하여야 하고, 방역은 정치와 별개로 따로 해야 한다는 요구이기도 하다.

3) 재확산방기 비판

방역에 대한 관심 자체가 애초에 부재하는 상황, 즉 방역에 오직 정치적 관심만 있어 정치를 목적으로 방역이 이뤄지는 현실을 비판하는 인식이 37개 댓글에서 읽혔다. 이는 다시 크게 다섯 가지 모습으로 이뤄져 있는 것으로 분석되었다. 첫째, 거리두기 단계 원칙보다는 국민 눈치 혹은 민생을 핑계로 대중적 기대를 빌어('포퓰리즘') 정부가 재확산의 위험을 방기하고 있다는 비판이다. 다음이 그 예이다.

- 포퓰리즘
- 수능과 고3이 뭐라 하지 않게끔 두 달 동안 이렇게 운영하다가 수능 후 확진자 증가시켜 또 못 움직이게 할 것 같음
- 가장 조심할 시기에 또 풀어주는구나. 코로나를 정치에 기막히게 이용하네

둘째, 감염 재확산을 방기함으로써 재확산이 심각해지는 국면을 활용해 미래의 정치적 결사·집회의 자유를 제한하거나 기타 현안

에 대한 반정부 여론 형성을 억제하려는 현실을 비판하는 인식이다
('미래 정치자유 억압').

- 계속 확진자 나오는데 조정 잘못. 확진자 나오게 한 후 정치적으로
  집회 못하게 하는 이용 말라
- 2.5단계 가기 위한 사전 포석임. 주기적으로 국민을 풀었다 옥죄
  었다 하려 함
- 이러다 다시 빨간 날이 오는 시점에서 또 2단계로 올려 집회를 막
  겠지. 코로나 아니면 집회 막을 이유도 없으니
- 집회하라고 밑밥 까는 중. 집회하면 확진자 수 늘려서 집회 참석자
  검거하고 반대 세력 색출하는 전술
- 정권 지키기와 반대 세력 탄압 위한 코로나 방역

셋째, 감염 재확산 방기 후 성공적(혹은 성공적으로 보이는) 확산 통
제를 거치며 K방역 성공담을 만들어 정치적 지지 기반을 재생산하
려는 현실을 비판하는 인식이 있다('K방역 성공담 가공').

- 1단계 → 전국 확산 → 2단계 3단계 → 확산 주춤 → 지지율 상승
  이 반복되고 있음
- k방역은 정치 방역. 피해는 국민 개개인이 질 것. 무한국민책임
- K방역은 대국민 사기극. 검사자수 조절로 확진자 수 조절 중

넷째, 감염병 통제 및 경기 살리기 등을 제대로 못 하는 정부가
자신의 무능을, 재확산을 방기한 후 희생양을 찾는 식으로 넘기려

한다는 비판이다('희생양 만들기').

- 1단계에서 집회 한 번 하면 또 집회 참석자들 조져서 총알받이로
  세우겠군
- 1단계 후 또 확 퍼지면 또 누구 탓하려고
- 1단계란 코로나 환자 늘어나면 그건 국민 탓이라는 명분의 단계
  를 만드는 것
- 다음 집회까지 1단계. 그다음 광화문 모인 사람에 뒤집어 씌워서
  3단계. 다 계획이 있구나

다섯째, 감염병을 통제하기보다 적당한 확산과 재확산을 계속 유
지함으로써 국민·시민의 통제 및 정권 유지를 이루려 한다는 '음모
론'적 비판이다.

- 서울경기는 2단계 유지해야. 50명 이상 계속 나오는데. 코로나 안
  끝나길 바라는 정부인가
- 요즘 확진자 수 들어드니까 다시 확진자 수 급 늘려서 국민들이 집
  회 못 하고 정부에 대응 못 하게 하려는 꼼수 같음
- 코로나를 이 정권 끝날 때까지 우려먹겠지. 이러다 확진자 조금 더
  나오면 미소 지으며 2단계 격상시켜 국민들 조이겠지
- 코로나는 이제 이 정권의 유지 수단. 정치 코로나. 코로나 없으면
  벌써 도태되었다
- 코로나가 아예 없어지면 관심이 정치로 쏠릴까 봐 미리 푸는 것.
  항상 적정선 유지하는 게 제일 좋은 시나리오

이상 다섯 가지 하위 코드를 갖는 '재확산 방기 비판' 코드는 한 편으론 방역과 정치 간 환원을 비판하면서, 다른 한편으론 방역 가 운데 정치가 있을 수 있으나, 동시에 서로 구분되기도 하여야 하고 정치는 방역과 별개로 따로 해야 한다는 요구를 반영한 것으로 해 석될 수 있다.

3. 정부·전문가 주도 과학적·권위적 통제

논쟁적인 정치 과정으로부터 독립된 방역정책의 구체적인 모습 은 일반인들에게서 어떻게 인식되고 있는지가 전체 댓글 중 45%인 141개 댓글에서 확인되었다. 이들은 다시 '완전종식', '단계론', '선별 통제(선별완화)', '개인방종 견제', '잔여 범주' 등 다섯 가지 하위 코드 로 나눠질 수 있다. 잔여 범주를 제외하면, 하위 코드들 각각은 코 로나 완전종식 희망, 체계적 거리두기 단계 설정, 생활 영역별·분야 별·지역별 선택적 통제와 완화, 방역수칙을 무시하는 개인방종 견 제 등의 구체적 요구의 형태로 정부 전문가 주도 과학적 권위적 감 염병 관리가 우리 사회에 필요한 것이라는 인식을 드러냈다고 이해 할 수 있다.

1) 코로나 완전종식

코로나와 더불어 사는 일상이라는 인식이 일반화되고 있는 것처 럼 보이지만, 코로나 완전 종식을 감염정책의 목표로 삼아야 한다는 인식이 분명히 존재하고 있음을 확인할 수 있다. 아래 댓글들이 이에 해당하는데, 요약하자면 거리두기 단계를 낮추거나 높이며 탄력적으로 운영하기보다 가능한 한 최대한의 사회적 통제를 통해 하루 빨리 감염자가 없는 상황을 확보하는 것이 바람직한 대응이라는 것이다. 감염자 제로 상황이 올 때까지 일상은 불가능하겠다는 인식이기도 하다.

- 아예 씨를 말리자고. 왜 자꾸 중요한 시기에 그거 못 참고 풀어서 문제 만드나
- 아직 종식 되려면 멀었음. 마스크 벗기 두렵고 마스크 안 쓴 사람 근처는 꺼려지는데 뭐 하는 건가
- 빡시게 3단계 하는 게 나은데, 자영업 때문에 1단계로 낮추니 장사는 좀 되겠지만 이게 계속 유지될까요? 개인적으론 아직 섣부르다 싶음
- 제발 강력하게 밀고 나가자. 이러다 또 확산되면 어쩌려고. 빨리 끝내자. 코로나
- 완전종식을 해야지 확산만 잡으려 해선 안 됨
- 단계 낮추고 검사자 수 적을 때 원하는 (모든 사람), 그리고 직장인 학생 전수조사해서 무증상자 찾을 시점임. 그리고 근절해야 함

2) 체계적 단계론

가장 많은 75개 댓글에서 현재의 사회적 거리두기 단계를 체계적으로 잘 운영해야 한다는 인식이 보였다. 상황에 따라 1단계~3단

계로 대응하는 정부의 단계론적 접근을 중시하는 입장이다. 대체로 정부의 특정 단계 설정에 대한 시의성 여부(성급함 혹은 적절함) 판단의 모습으로 드러난다. 일일 확진자 발생 규모, 계절·절기, 사회문화적 감염 유발 가능 사건(행사, 연휴, 명절) 등에 대한 고려를 강조하는 모습으로 세분화되어 있다. 구체적인 댓글은 생략하였다.

3) 선별통제 선별완화

거리두기 단계의 체계적·원칙적 운영 외에, 특정 단계와 원칙의 운영에 있어 선별성·유연성을 도입해야 한다는 인식이 존재한다. 다음의 댓글이 이 입장을 대표적으로 보여준다.

"적어도 한 자릿수까지 떨어질 때까지 계속 긴장하고 있어야지 않나? 지금 빡세게 2단계 유지하면서 정말 완화가 시급한 부분들만 잡아주면서 (완화) 실시하면 참 좋을 것 같은데. 불가능한 건가"

이와 같은 입장에는, 거리두기 단계와 방역수칙을 획일적으로 운영하는 과정에서 경제적 어려움이 특정 사회집단에 집중돼 불평등과 양극화가 심화하고 있다는 인식이 깔려 있다.

- 인정하고 받아들여야 함. 계속 (거리두기 강화한 채로) 이러다간 굶어 자살하는 사람이 더 많이 나옴(불평등 얘기)
- 소상공인 다 죽기 전에 확진자 수 관리 잘 해서 1단계 잘 유지하자
- 생계로 죽으나 코로나 걸려 죽으나 매한가지. 제발 영업 좀 하자. 아니면 형평성 맞게 하시든지

그러다 보니 당연히 자영업 및 소상공인에 대한 배려와 방역수칙의 탄력적 운영을 요구하는 목소리가 나온다. 이 입장에선 획일적이기는 하나 10월 11일자 단계 완화 조치 발표가 대체로 반가운 것으로 받아들여진다.

- 유흥업소 운영자로 단계 완화 수용하지만 수도권과 타 지역 간 차별적 적용/실행에 불만. 2단계 중에도 제주 여행자들에 분통
- 자영업자 여러분 힘내고 사업 잘 되길 바람
- 빚까지 내서 제일 피해 본 게 고위험 시설 자영업자다. 2단계로 다시 격상해야 한다고 하지 말자
- 자영업자 아닌 사람은 (여태껏 얼마나 힘들었는지) 모른다
- 나라경제와 자영업은 무너지는데 1단계 해야 함. 애버랜드에 1~2시간 긴 줄 있는데 얼마나 더 불평등한 거리두기해야 하나

위 마지막 댓글에서도 확인되는데, 특정 영역 완화에 대한 바람은 다른 영역 통제 강화에 대한 바람과 더불어 나타난다. 교회, 정치집회, 여행, 유흥시설, 백화점·골프장 등에 대한 통제 강화 요구가 대표적인 몇 가지 예이다. 학교 등교에 대해서도 완화 가운데 위험을 감내하기보다 통제하고 자제하기를 원하는 목소리가 보인다.

4) 개인방종 견제

거리두기 단계와 방역수칙이 정해지면 이것을 따르지 않는 개인적 방종을 견제하고 통제해야 한다는 요구가 발견된다. 구체적으

로, 거리두기 단계 시행에도 불구하고 이를 따르지 않는 경우가 많았다는 불평성 고발이 우선 확인된다. 다음으로, 개인방종이 견제·통제되지 않을 경우 국가 수준의 사회적 거리두기 정책에 따라 특정 사회집단에 피해가 발생하면 형평성에 대한 문제 제기로 이어지는 모습도 확인된다. 마지막으로, 방역수칙과 거리두기를 좀 더 완화하고 대신 개인적 일탈을 참는 노력을 하자는 보다 적극적인 목소리도 존재한다.

- 뭣만 하면 정부 탓. 2단계였을 때는 소상공인들 죽어난다고 난리고 지금도 (또 난리). 우리 국민들 코로나에 대한 인식 바꿔야 한다. 1단계여서 괜찮겠지 하고 여행 가고 마스크 안 쓰는 사람들이 정신 차려야
- 매장 내 거리두기는 프랜차이즈 아니면 안 지켜짐. 번화가 술집은 풀테이블 다 받음
- 거리두기 자체를 없애야 함. 고위험 시설만 금지? 다 같이 금지하든가 (해야지) 거리두기 한다고 해결될 문제가 아님. 백화점 음식점 술집 가보면 다닥다닥 붙어서 거리두기가 의미 없음. 자영업자 굶겨 죽이려는 거지. 전부 올스톱하자. 공평하게
- 힘들어하는 분들 위해 완화된 조치 유지될 수 있도록 앞으로 어떻게 할지가 더 중요하다고 생각. 조심 또 조심합시다
- 1단계에서도 지킬 건 지키자
- 진짜 잘 지킬게요. 다른 사람들도 좀 지키세요 2단계 또 올라가기 전에
- 단계 조정되니 가을 단풍놀이 가야겠다 생각하는 것들 많을 텐데

이번 달까지는 좀 더 지켜보자 제발

- 1단계든 2단계든 3단계든 항상 방역수치 지키며 생활하는 건 똑
  같지. 방심 말고 잘 지키자
- 대신 1단계로 내리는 조건은 조심하기 방역수칙 잘 지키기
- 마스크나 착용 잘해라
- 1단계라도 계속 개인 방역 신경 써야 한다. 제발 나 하나만 보지 말
  고 주변도 보면서 살기를
- 완화시키되 마스크 안 쓴 사람 강력히 처벌하고 길거리에서 벌금
  물게 하자. 방역 제대로 안 하는 업장들도 벌금 영업정지 먹이고

5) 잔여 범주

정부 및 전문가 주도의 체계적·권위적 통제에 대한 바람이 위의
네 가지 코드로 세분화하지 않은 요구들이 있다. 국민과 시민사회
를 '탓'하지 말고 정부가 책임 있게 나서야 한다는 요구이다.

- 코로나를 이용하는 정부. 저러다 확산하면 국민 탓 하겠지
- 정부가 현 상황에 대해 책임을 지려 하지 않음
- 나중에 남 탓 하지 마라. 8월 달처럼 다 완화시켜놓고 또 남 탓 하
  면 진짜 안 됨
- 이러다 또 퍼지면 국민 탓 무한반복

4. 개인분별력 존중

거리두기 단계가 완화되거나 강화되는 것과 별개로, 성공적 방역은 궁극적으로 개인의 분별력에 달려 있다는 인식 역시 적지 않다. 개인의 분별력을 방종으로 폄훼하지 않는 점에서 앞의 개인방종 견제 코드와 다르다. 또 개인의 의미를 일체 부정하고 오직 중앙집중적인 통제 강화만을 좇아야 한다는 4절 5항의 개인방종에 대한 체념과도 다르다. 구체적으로 다음의 둘로 나타난다.

1) 개인분별 의존

개인의 분별력을 명확히 언급하거나 그에 대한 신뢰를 분명히 밝히지는 않은 채, 혹은 경우에 따라 개인의 분별력 부족을 언급하면서도, 궁극적으로는 개인분별력에 의존할 수밖에 없다는 인식이다.

- 자영업자는 코로나 아니라 망해 죽는다. 완화하고 그래도 철저한 마스크 착용해야 한다
- 답이 없어 답이. 높이자니 소상공인들 죽어나가고 낮추자니 불안하고. 이제 각자도생이 답인 듯. 조심하고 또 조심하자. 아 근데 지겹고 불안하고 죽겠네 죽었어
- 이제 거리두기 자체를 그만할 때가 됐지
- 완전 해제하라. 소상공인 굶어 디지것다.
- 정부 너네 인성 문제 있어? 국민이 개돼지로 보이냐? 무슨 공산당 나라냐? 그래서 거리두기 해서 코로나가 없어지긴 했나?

- (확진자가) 두 자릿수가 또다시 높아지면 문제 될 것 같음. 지금 상황 풀어주면 다시 올라감. 전 걸리지 않게 조심할 겁니다. 1단계든 2단계든
- 솔직히 불안함. 1단계로 조정됐으면 일단은 좀 조심하게 생활해야 하는데 여기저기 다 놀러가야지 하는 마인드가 문제. 놀겠다고 난리 떨지 말고 서로 조심하자
- 2단계 계속 가면 자영업자들 무너진다고 해놓고 1단계 가니 또 위험하다고 무조건 비난. 자기들만 생각 말고 주변 봐라. 마스크만 잘 쓰고 다니면 1단계든 2단계든 줄어든다고
- 1단계 맞음. 2단계 2.5단계로 코로나가 없어지지 않음. 자영업만 죽여놨지. 개인방역을 최선으로 해야지 단계 통한 대응 의미 없음
- 이제 더 조심해야겠다

2) 개인분별 신뢰

개인의 분별력에 대한 신뢰가 조금 더 드러난 가운데 코로나 대응은 그러한 개인분별력에 의지해 올바르게 할 수 있다는 인식이다.

- 코로나는 이제 일상이야. 1단계든 2단계든 개인방역수칙 잘 지키면서 경제도 살리고 애들 학교도 가야지 평생 이러고 살래
- 사실 거리두기가 몇 단계이든 생활 속 큰 차이 없고 무의미하다는 거 다들 경험상 앎. 2단계여도 방역수칙 여전히 안 지키는 사람 있고. 1단계여도 수칙 잘 지키는 사람들 있고. 이젠 실효성 없는 방역정책 대신 시민의식 높은 개개인이 조심하는 방향으로 가야 함.

아니면 완전 모두 완전 봉쇄해서 짧고 굵게 끝내든지

- 벌써 거의 1년째인데 매일 셧다운하고 그럴 순 없잖아요. 개인이 경계 늦추지 않고 노력하면 좋은 결과 있을 것. 중간에 트롤들만 없으면 좋겠지만. 일부가 퍼뜨린 거지 나머지 국민들은 최선을 다함
- 이제 숨통 좀 트자
- 1단계 되어서 기분 좋지만 여러분 모두 조심하고 행복하길 바람
- 적어도 두 달은 이대로 (단계 완화해서) 운영해주세요. 그래야 두 달 벌어 몇 달 아껴 쓰며 살 수 있음. 그동안 개인방역 철저히 하자. 그게 이제 일상임
- 1단계 2단계를 떠나서 알아서 조심합시다
- 자영업 하는 가족 있으면 그런 소리 못 한다. 마이너스 나면서 버티면서 방역이든 뭐든 철저히 하고 있는데 자영업자들 무너져가고 있음. 직장인과 월급쟁이는 어려움 모름. 집회에서 엄하게 감염되는 것 막아서 자영업자들 살려야 함. 큐알코드 경로 등 철저히 하고 또 마스크도 다 벗고 다니는 것도 아니고 하니 경제가 돌아가게 해야 함

5. 개인방종에 대한 체념

개인에게 맡기면 방종으로 이어지는데, 이 방종에 대한 항복·포기·체념이 드러나는 인식이다. 개인방종을 못 이긴다는 패배감도 드러난다. 항복·포기의 극단적 모습으로, 개인방종의 뿌리인 개인의 자유를 부정하고 최대한의 사회통제를 요구하는 완전봉쇄 주장

이 보이기도 한다. 4절 3항의 체계적 권위적 통제 및 4절 4항의 개인분별력 존중을 모두 부정한다는 점이 특징이다.

- 단계 완화는 드립 같네. 그냥 7단계 올려도 어차피 사람들 여기저기 다 쏘다님
- (단계) 의미가 있나? 단계 높아도 싸돌아다니는 인간들 많고 술 퍼마시는 것들 겁내 많던데. 현실은 애초 말 안 듣는 인간들 많아서 퍼지면 올리고 줄어들면 내리고 이 패턴 계속될걸
- 1단계 내리길 잘했다. 어차피 2단계 해도 식당 카페 술집 사람 바글바글하고 방역수칙 지켜지지 않는다
- 집에서 한 달 지내다 나가본 결과 방문기록 큐알 안 적는 곳이 대부분임. 1단계 하면 또 터질 것임. 2.5단계나 3단계 했어야 함. 단계별 방역수칙 준수 안 됨. 더 높은 단계로 가야

결론: 의료화에서 지켜야 할 것

　최근 코로나19 시대 의료에 대한 사람들의 경험을 의료화라는
열쇳말로 살펴보았다. 특별히 이번 감염병 상황의 초기 시기에 해당
하는 4월과 비교적 최근 시기인 10월 각각의 시점에서 사회조사와
온라인 뉴스 기사 댓글 자료를 분석해 그 경험을 구체화해보았다.

　이 장은 감염병이 몰고 온 불안정과 무질서의 시대에 질서와 안
정감을 확보하고자 하는 제 노력의 일환으로 의료가 정의될 수 있
음을 보았다. 곧 의료란 개인적 자유와 공공의 안전을 위한 구속
양자의 동시 추구 혹은 양자 간 균형 추구의 주요 수단이다. 4월과
10월 두 시기 모두 대부분의 사람들은 역시나 자유와 구속 모두를
추구하고 있었다. K방역의 성패가 마치 개인주의의 억압, 그리고
집단주의의 옹호에서 가능할 것이라는 짐작과 해석은 보통 사람들

의 희망과 실천에서 벗어난 것임을 알 수 있다. 감염병 시대 의료에서 사람들은 단순히 집단적 수준에서 확보되는 안전만을 좇지 않는다. 시공간을 가로지르는 의료의 본질을 생각할 때, 놀라워할 까닭이 없다. 의료는 자유를 위한 인간적 기획이 그 본질이다. 이것을 놓치면 의료의 공정을 이루기 힘들다.

제9장

이주민에게도 공정한 사회인가?

장서현

현 성균관대학교 사회학과 조교수. 국제이주, 초국가주의, 건강 불평등 전공.
이주민과 소수자의 건강 증진을 위한 다수의 연구 진행 중.

내용 요약

이주민에게도 공정한 사회인가?

지난 30년간 한국 사회 내에서 증가한 것은 비단 공정성에 대한 국민적 관심 뿐만이 아니다. 이주민의 숫자와 다양성도 함께 증가해 한국 사회는 바야흐로 다문화 사회에 진입하였으나 이주민 공정성에는 정답도 사회적 합의도 없는 실정이다. 지난 30년 동안 언론의 공정성 기사와 담론에서 이주민은 배제돼왔고, 공정성을 프레임으로 사용한 이주민에 대한 연구 역시 드물었다. 따라서 이주민 공정성에 대한 이 장의 논의는 사회통합을 위한 작은 시작점이 될 수 있다.

이 장에서는 이주민에 대한 권리와 인식을 바탕으로 이주민 공정성을 논의하고자 한다. 첫째, 시민권과 인권이라는 서로 다른 두 개의 충돌하는 큰 틀을 통해 다양한 영역에서의 이주민의 사회적 권리의 미흡한 실태와 필요성에 대해 고찰한다. 둘째, '2013년 체류외국인 실태조사', '2016 서울시 외국인 주거환경 조사', '2017 사회통합실태조사' 등 여러 데이터 분석을 통해 내국인과 이주민의 이주민 공정성에 대한 서로 다른 인식과 관련한 요소를 고찰한다.

국적의 유무와 상관없이 이주민의 사회적 권리는 보편성과 평등성에 입각한 인권의 차원에서 이해될 필요가 있다. 이주민도 공정한 사회에서 살아가기 위해 다양한 사회단체 참여와 이주민에 대한 객관적인 시각을 유지하는 언론 보도 등 이주민과의 양질의 직간접 접촉의 실천과 이주민이 사회 구성원으로서 책임과 의무를 다할 수 있도록 정부와 시민단체의 지원이 필요함을 정책적 함의로 제시한다.

01
····

한국 사회, 이주민을 바라보는
두 권리와 이주민 공정성

    바야흐로 다문화 시대, 2020년 현재 한국 사회에는 약 173만 명의 외국인이 거주하고 있으며, 이러한 추세라면 국내 거주 외국인의 숫자가 2040년에는 약 228만 명에 이를 것으로 예상된다(통계청, 2020). 고령화, 저출산, 노동력 부족 등의 인구학적 이유로 시작된 한국 사회의 이주는 다양한 법과 정책들에 의해 뒷받침되었다. 1990년대 시작된 '농촌 총각 결혼시키기' 프로젝트, 1993년 외국인 산업연수제도와 2000년 연수 취업제(연수 2년 + 취업 1년)의 도입으로 초기 이주민 구성은 외국인 근로자와 결혼이민자가 큰 비중을 차지했다. 이후 1997년 북한이탈주민의 보호 및 정착지원에 관한 법률 제정과 2002년 서비스 분야 외국 국적 동포 취업 관리제 시행, 2013년 난민법 시행 등을 통해 한국사회의 이주민 구성은 중국동포를 포함한 북한이탈주민, 외국 국적 동포, 난민, 유학생 등으로 더욱 다양해졌다. 2018년 지방자치단체 외국인 주민 현황에 따르면 가장 많은 비중을 차지하고 있는 장기체류 외국인 유형은 외국인 근로자[1](32.0%)이며, 기타 외국인(31.4%), 외국 국적 동포(17.9%), 결혼이민자(10.1%), 유학생(8.6%)이 그 뒤를 이었다.

이렇듯 다문화 시대에 접어든 한국 사회에서 이주민은 '완전한' 사회 구성원으로서 받아들여지고 있을까? 사회 구성원으로 인정받기 위한 조건은 무엇일까? 2017 사회통합실태조사에 따르면 다양한 소수자 그룹을 '사회 구성원으로 받아들일 수 없다'는 진술에 대해 외국인 이민자·노동자(6.14%)는 장애인(1.84%), 결손가정의 자녀(1.39%)보다는 배타적이었지만 북한이탈주민(16.25%), 동성애자(58.56%), 전과자(69.95%)보다는 더 우호적으로 받아들여졌다. 이는 사회 구성원으로서 인정받는데 국적보다는 사회적 규범이나 관습이 더 중요하다는 점을 시사한다. 그렇다면 더 나아가 한국 국적이 없는 이주민이라 할지라도 정당하게 경제활동을 하고 세금을 내는 등 사회적 의무와 책임을 다하며 범죄를 저지르지 않는다면 내국인과 동등한 권리를 가질 수 있을까?

영국의 사회학자인 토마스 험프리 마셜(Thomas Humphrey Marshall,

---

1 해외 국적을 가지고 한국에서 일하는 노동자는 외국인 근로자, 외국인 노동자, 이주노동자 등 다양한 이름으로 명시되고 있다. 국내법상 이주노동자가 체류 자격에 상관없이 모든 해외 국적 노동자를 포함하는 더 포괄적인 개념인데 반해 국내법이 지칭하는 용어인 외국인 근로자는 합법적 체류 자격을 가진 해외 국적 노동자를 포함한다. 이 장에서는 다양한 선행 연구와 데이터를 분석하였기에 각 선행 연구와 데이터에서 사용한 용어를 혼용하여 사용하였음을 알린다.

1893~1981)은 한 사회의 '완전한' 사회 구성원에게 부여되는 여러 가지 권리를 행사할 수 있는 지위가 시민권(citizenship)이라고 제시하였다(Marshall, 1963). 마셜은 시민권은 개인의 자유와 평등에 대한 보장을 의미하는 공민적 권리(civil rights), 정치적 참정권을 포함하는 정치적 권리(political rights) 그리고 교육, 의료, 복지 등의 권리의 보장을 의미하는 사회적 권리(social rights) 이 세 가지 요소로 이루어진다고 주장했다. 영국에서 시민권의 각 요소들은 민주적 자본주의와 법정, 선거권, 연금과 사회서비스 등의 제도적 발전을 통해 공민권(18세기), 정치권(19세기), 사회권(20세기)의 순서로 발전되고 확립되었다(김윤태, 2013; 나영희·김기덕, 2009; Marshall, 1963). 마셜은 시민권의 확장이 결국은 불평등의 완화와 평등을 향한 것으로 보았으며, 시민권을 통해 시민들은 정체성과 유대감을 지닌다고 주장했다. 그러나 마셜의 시민권은 시민권이 없는 구성원과 여성, 흑인, 장애인 등 소수자의 권리는 제대로 보장하지 못한다는 한계와 함께(오윤수, 2017), 국제이주가 증가하는 글로벌한 시대에 여전히 민족국가에의 소속을 시민권의 필수 조건으로 고집하는 것은 시대적 맥락에 맞지 않는다는 비판을 받았다(Marshall and Bottomore, 1992).

시민권과 충돌할 수도 있지만 이주민을 바라볼 때 또 한 가지 생각해볼 수 있는 권리는 바로 인권이다. 인권은 인간이 인간답고 존엄하게 살기 위해 양도할 수 없는 모든 권리로서 1948년 국제연합(United Nations: UN) 총회에서 제정된 세계인권선언(Universal Declaration of Human Rights)[2]에 따르면 인권은 국적, 인종, 성별, 나

---

2 https://edu.humanrights.go.kr/academy/eduinfo/worldHnrtList.do

이 등 어떤 종류의 구별을 넘어서 모든 사람을 대상으로 한다. 즉 인권의 보편성은 모든 권리에 우선한다. 따라서 보편성과 평등성에 입각한 인권적인 측면에서 보면 비록 국적·시민권이 결여되었더라도 교육, 의료, 복지 등 인간이 사회에서 살기 위해 필수적인 환경은 이주민과 내국인이 비슷하기 때문에 그들에게도 차별 없이 동등한 사회권을 제공해야 하는 것이다. 실제로 마셜이 살아 돌아온다면 이주민은 국적이 없으므로 사회적 권리를 주지 말아야 한다는 주장을 했을 수도 있겠지만, 최근 영국, 프랑스, 독일 등의 여러 유럽 나라에서는 국적이 없더라도 합법적으로 체류하는 이주민에 대해 여러 사회복지 혜택을 제공하고 있다. 한국에서는 결혼이민자의 경우에는 내국인과 동등한 사회복지 혜택을 제공하고 있으며(서울여자대학교 산학협력단, 2012), 국내에 합법적으로 체류하는 외국인 근로자는 4대 사회보험(산업재해보상보험, 국민건강보험, 고용보험, 국민연금보험)뿐만 아니라 이주노동자를 위한 전용 4대 보험(출국만기보험, 임금체불 보증보험, 귀국비용보험, 상해보험)을 추가로 포함하여 총 8가지 사회보장보험에 가입할 수 있다(한국보건사회연구원, 2020).

이 책의 여러 장에서 살펴보듯이 공정성은 여러 가지로 정의될 수 있고, 여러 각도에서 고찰될 수 있다. 전반적인 공정성뿐만 아니라 이주민 공정성에 대해서도 하나의 정의가 있는 것은 아니다. 이 장에서는 이주민에게 내국인과 동일한 권리를 부여하는 것을 넓은 의미의 이주민 공정성으로 정의하고 이에 대해 탐색해보고자 한다. 또한 이주민 공정성에 대해서 ① 모두의 인권을 보장하기 위해 국가가 사회 구성원을 차별 없이 대하여 확보될 수 있는 공정성의 차원인 평등, ② 모두에게 동등한 기준을 통해 자원을 나누어 주어야

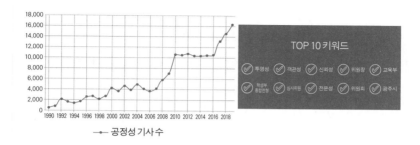

자료: 한국언론진흥재단 빅카인즈 검색결과(검색 언론사: 47개 중앙지·경제지·지역 종합지, 검색어: 공정성)

한다는 공정성의 형태인 분배 공정성, 그리고 ③ 앞서 말한 그 '모두'에 속하기 위한 조건과 그에 대한 사회적 합의, 이렇게 세 가지에 초점을 맞추어 탐색해보고자 한다.

초기의 이주민 연구가 주로 이주노동자의 인권침해와 노동권 보호 방안, 결혼이주여성의 한국 사회로의 동화(김두섭, 2014) 등이었던데 반해 최근 이주민 연구는 그들의 건강과 의료접근(김계형·박상민, 2014; 김미선, 2014), 정주민과의 관계(박재윤, 2020), 이주민에 대한 뉴스 보도(김찬중, 2020), 난민에 대한 혐오(오혜민, 2019) 등 그 논의가 확대되었다. 최근 소수의 연구가 이주민 공정성을 다루었지만(송유진, 2012), 〈그림 9-1〉이 보여주는 것처럼 한국 사회에서 공정성에 대한 관심과 담론이 지난 30년 동안 폭발적으로 증가했음에도 불구하고, 톱(Top) 10 키워드는 주로 교육에 집중되어 있었고 이주민과 관련된 키워드는 부재했다. 1990년 1월부터 2020년 8월까지 '공정성'이라는 키워드로 47개 중앙지, 경제지, 지역 종합지를 포함한 언론사에서 발표된 뉴스를 한국언론진흥재단의 빅데이터 분석 사이트인 빅카인즈(bigkinds.or.kr)를 통해 검색된 약 19만 4,500개의 기사 중에서 각 이주민 그룹을 키워드로 추가하여 검색한 결과, 난민 공정성에 대한 기사는 208개, 그리고 결혼이주여성, 외국인 노동자에 대해서는 각각 50개 미만에 그쳐서 우리 사회의 이주민 공정성 연구에 대한 필요성을 보여준다.

이 장은 시장에서 소외당하고 시민사회에서 배제되는 약자이자 소수자인 한국 사회의 이주민에 대한 공정성 논의를 환기함으로써 내국인의 이주민에 대한 공정성 인식 개선과 더불어 이주민 공정성 향상을 위한 방안을 제시하여 궁극적으로 사회통합에 기여하고자 한다. 이 장은 다음과 같이 구성된다. 제2절에서는 이주민의 사회적 권리의 실태와 필요성에 대해 알아본다. 외국인 근로자와 외국 국적 동포에 집중하여 제3절에서는 이주민의 사회적 권리에 대한 내국인과 이주민의 인식 차이에 대해 알아보고, 제4절에서는 이주민의 사회적 권리에 대한 내국인의 인식과 연관이 있는 요소들을 고찰한다. 마지막 제5절에서는 이주민에게도 공정한 사회를 만들기 위한 제언을 하고자 한다.

02
....

이주민의 사회적 권리: 실태와 필요

    대한민국 헌법 제2장 제10조에 따르면, "모든 국민은 인간으로서의 존엄과 가치를 가지며, 행복을 추구할 권리를 가진다. 국가는 개인이 가지는 불가침의 기본적 인권을 확인하고 이를 보장할 의무를 진다." 이주민을 '국민'으로 받아들일 수 있을지에 대한 논의는 제4절에서 더 다루겠지만 국적의 유무를 떠나서 헌법에서 명시하듯이 이주민도 한 인간으로서 누려야 할 천부적인 기본적 권리를 행할 수 있는 주체로서 고려되어야 함은 부정하기 힘들다. 또한 개인적 영역을 넘어 국가는 사회적 약자의 보호와 평등의 가치 실현을 위해 이주민의 기본적인 인권을 보장할 필요가 있다.

    대한민국 헌법에서 유일하게 외국인에 대해 명시하는 제1장 제6조 2항에 따르면, "외국인은 국제법과 조약이 정하는 바에 의하여 그 지위가 보장된다." 따라서 "모든 사람은 사회의 일원으로서 사회보장을 받을 권리가 있다"는 제22조항을 포함한 국제연합(UN)의 세계인권선언과 이주노동자협약(International Convention on the Protection of the Rights of All Migrant Workers and Members of Their Families), 국제노동기구(International Labour Organization: ILO)가 제시하는 내국인과 이주노동자 간의 평등한 대우,[3] 또한 경제, 사회, 노동, 교육, 가족 등에 대해 이주민의 다양한 권리를 명시한 국제이주민권리장전(International Migrants Bill of Rights Initiative)[4] 등을 참고할 수 있을 것이다(국가인권위원회, 2012).

한국 사회에서 이주민은 존엄하고 행복하게 살아가기 위해 인간으로서의 기본적 권리를 보장받으며 국가는 이를 뒷받침하고 있는가? 〈표 9-1〉은 사회적 권리의 다양한 영역과 그와 관련된 인간으로서의 기본적 권리, 그를 뒷받침하는 법과 정책을 보여준다. 처음 네 지원 영역(생계, 건강, 고용, 교육)이 내국인과 이주민 모두에게 적용될 수 있는 공통의 영역인 데 반해 마지막 정책인 사회적응은 이주민에게만 적용될 수 있는 영역이다. 앞의 네 영역에 대한 혜택은 좁은 의미의 국민인 대한민국 국적자에게만 한정되고 이주민은 그 혜택의 수혜에서 배제되고 있다. 또한 모든 영역에 대해 이주민은 내국인에 비해 열악한 환경에 처해있을 뿐만 아니라 이주민이 접근할 수 있는 권리는 제한적이다(서울여자대학교 산학협력단, 2012).

---

3   https://www.ilo.org/dyn/normlex/en/f?p=NORMLEXPUB:12100:0::NO::P12100_ILO_CODE:C157

4   https://www.law.georgetown.edu/human-rights-institute/our-work/international-migrants-bill-of-rights-initiative/

〈표 9-1〉 사회적 권리의 영역과 헌법, 관련 정책

영역	기본권	헌법 조항	관련 법과 정책
생계	생존권	제34조 인간다운 생활권	국민기초생활보장정책, 긴급복지지원정책
건강	보건권	제36조 보건에 관하여 국가의 보호를 받을 권리	건강보험정책, 국민기초생활보장
고용	근로권	제32조 근로의 권리	고용촉진정책, 고용안정정책
교육	교육권	제31조 교육을 받을 권리	유아교육법, 초중등 교육법, 고등교육법, 평생교육법
사회적응	인권	–	재한외국인처우기본법, 다문화가족지원법

참고: 서울여자대학교 산학협력단(2012). 「국내 체류 이주민의 사회복지지원체계 개선을 위한 실태조사」, [NHRC] 국가인권위원회 발간자료와 대한민국 헌법을 참고하여 재구성함.

예를 들어 의식주는 모든 인간이 가져야 할 기본 권리로서 세계인권선언의 제25조에도 "모든 사람은 먹을거리, 입을 옷, 주택, 의료, 사회서비스 등을 포함해 가족의 건강과 행복에 적합한 생활수준을 누릴 권리가 있다"라고 명시하고 있다. 그러나 지난 1년간 경제적 이유로 식비를 줄이거나 결식했다는 결혼이주여성의 비율은 15.5%로(보건복지부, 2005) 가장 인간적인 밥을 먹을 권리마저도 위협받고 있음을 알 수 있다. 외국인 노동자와 난민의 경우 결혼이주여성보다 더 높은 결식률을 보여주었다. 외국인 노동자의 경우 약 3분의 1이 경제적 이유로 결식하였으며, 결식률은 외국인 등록증이 없는 그룹에서 더 높게 나타났다. 또한 난민의 경우에도 약 3분의 1이 경제적 이유로 결식한 경험이 있었으며 약 7.5%는 10번 이상 결식한 것으로 나타났다. 이주민의 주거권 역시 침해받고 있는 경우가 많다. 난민의 경우 불안정한 주거 형태를 가지고 있는 경우가 많고(서울여자대학교 산학협력단, 2012), 대다수의 이주노동자가 거주하는 일터에서 제공한 기숙 시설은 대체로 좁고 컨테이너나 패널 형식에 여러 명이 살아야 하거나 취사나 화장실, 샤워, 난방 시설을 제대로 갖추지 못한 곳이 많다(이재산, 2014).

결혼이주여성의 경우 절대적 빈곤을 겪는 비율이 절반 이상이지만(국가인권위원회, 2012; 보건복지부, 2005), 국가로부터 생활비 보조를 받은 결혼이주여성은 약 3%에 그쳐(국가인권위원회, 2012) 국민기초생활보장제도 수급 비율이 매우 낮았다. 대개 한국 국적의 남성과 결혼하여 정착하는 결혼이주여성과 달리 외국인 노동자는 영주 목적을 가지지 않은 단기 이주민으로 고려되는 경우가 많아서 결혼이주여성보다 더 사회보장제도에 대한 최소한의 접근마저 어려운 것으로 나타나 생존권이 침해받고 있다(서울여자대학교 산학협력단, 2012).

이주민의 보건권 역시 침해받고 있었는데 결혼이주여성의 약 4명 중 한 명은 건강보험이 없었고 약 10명 중 한 명은 병이나 부상이 있었지만 적절한 의료서비스를 받지 못했다고 대답했다. 결식률과 비슷하게 이주노동자와 난민이 결혼이주여성보다 건강보험에 가입되어 있지 않은 비율이 더 높았는데 절반 이상의 이주노동자(51.6%)와 난민(58.1%)이 건강보험이 없었고, 따라서 병이나 부상이 있었을 때 제때 제대로 된 치료를 받기 어려운 것으로 나타났다(서울여자대학교 산학협력단, 2012). 특히 소위 '불법체류자'라고 불리는 미등록 이주민 10명 중 6명은 몸이 아파도 병원에 가지 않는다고 응답하였고 신분의 노출과 의료비가 두려운 경우가 대다수였다(신유나 외, 2019).

우리나라에서는 평균 하루 17명의 이주노동자가 일터에서 산업 재해를 당한다(김미선, 2014). 이주노동자의 약 20%는 지난 1년 사이 작업 중 부상을 당한 적이 있었다고 응답하였으며, 작업으로 인한 질병을 얻었다는 응답도 15.3%에 육박하였다(한국보건사회연구원, 2020). 국민건강보험, 고용보험, 국민연금보험, 산업재해보상보험에 대한 권리는 이주노동자에게도 법적으로 보장되어 있다. 그러나 이에 대해 알고 있는 이주노동자는 절반에도 미치지 못했으며 (서울여자대학교 산학협력단, 2012) 산업재해를 겪은 이주노동자 중에서 자비로 치료비를 부담하였다는 비율(29.9%)이 산업재해보상보험으로 처리한 비율(23.1%)과 건강보험으로 처리한 비율(17.6%)보다 높았다는(한국보건사회연구원, 2020) 사실은 이를 방증한다. 2013년 체류외국인 실태조사 분석에 의하면 중국 동포의 84.2%와 외국인 노동자의 69.3%가 산재보험에 가입하였고, 고용보험에는 중국 동포의 72.2%, 외국인 노동자의 53.3%만이 가입한 것으로 나타나 보험에 가입하지 않은 중국 동포와 이주노동자가 근로권과 보건권의 사각지대에 놓여 있음을 시사한다.

다음으로 고용의 영역에 있는 근로권에 대해 살펴보면 중국 동포와 외국인 노동자의 경우 내국인보다 더 열악한 근로환경, 산업재해와 임금체불로 고통받고 있다. 2020년 한국보건사회연구원의 자료에 따르면 이주노동자의 평균 주당 노동시간은 50시간이었고, 5명 중 한 명은 주당 60시간 이상 일하고 있는 것으로 나타났다. 2013년 체류외국인 실태조사 분석에 따르면 중국 동포의 경우 주당 평균 근로시간은 54.3시간, 외국인 노동자[5]의 경우는 58.7시

5　네팔, 몽골, 미얀마, 방글라데시, 베트남, 스리랑카, 우즈베키스탄, 인도네시아, 중국, 캄보디아, 키르기스스탄, 태국, 파키스탄, 필리핀을 포함

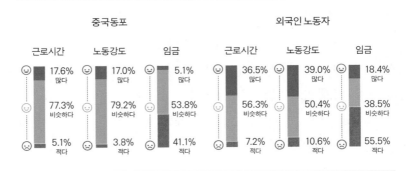

〈그림 9-2〉 중국 동포와 외국인 노동자의 직장 내 공정성 인식

자료: 2013년 체류외국인 실태조사

간으로 현행 근로기준법상 규정된 주 40시간을 훨씬 상회하였으나 두 그룹 모두 약 17%만이 초과근로수당이나 휴일근로수당을 받았다고 응답했다. 이들은 〈그림 9-2〉가 보여주는 것처럼 모두 내국인 노동자와 비교하여 고용상황이 불공정하다고 인식하고 있었다. 77.3%의 중국 동포가 한국인 근로자와 비교했을 때 비슷한 시간을 일하지만 17.6%가 더 많은 시간을 일한다고 인식했고 단지 5.1%만이 덜 일 한다고 대답했다. 노동강도 역시 비슷한 양상을 보였다. 약 80%의 중국 동포가 한국인 근로자와 비슷한 강도로 일한다고 대답했지만, 한국인 근로자에 비해 더 높은 강도로 일한다고 대답한 중국 동포(17.0%)가 더 낮은 노동강도로 일한다고 대답한 중국 동포(3.8%)보다 약 4.5배 더 많았다. 임금은 중국 동포 노동자들이 가장 불공정하다고 느끼는 영역이었다. 10명 중 약 4명(41.1%)의 중국 동포 노동자들은 한국인 근로자에 비해 더 적은 임금을 받는다고 인식했으며, 약 53.8%이 비슷한 임금을 받는다고 인식했고 단지 5.1%만이 더 많이 받는다고 대답했다.

344

중국 동포를 제외한 외국인 노동자 역시 한국인 근로자와 비교했을 때 근로시간, 노동강도, 임금 면에서 불공정하다고 인식하고 있었다. 중국 동포와 마찬가지로 외국인 노동자 역시 임금 면에서 인식하는 불공정 정도가 가장 컸는데 절반이 넘는 외국인 노동자 (55.5%)가 한국인 근로자와 비교했을 때 더 적은 임금을 받는다고 인식하였다. 또한 3분의 1이 넘는 외국인 노동자가 한국인 노동자보다 더 오래 일하고 더 센 강도로 일한다고 대답하였다.

교육권 역시 인간으로서 보장 받아야 하는 기본적인 인권이지만 국내 거주 이주아동과 다문화 청소년의 경우를 살펴보면 그 권리가 미흡하다는 것을 알 수 있다. 이주아동 10명 중 6명은 한국어 능력이 부족하여 입학이 불가능했으며 이들은 인종, 민족성 그리고 불안정한 신분으로 학교생활에서도 차별을 받은 경험이 있었다 (서울여자대학교 산학협력단, 2012; 이중희·구은미, 2016). 특히 합법적으로 체류하고 있지 않은 이주아동의 경우에는 교육기관 재학률이 10%에 불과할 것으로 예측되었다(이중희·구은미, 2016). 이주아동은 공교육에 진입하는 데 한국어 능력 부족, 체류 신분, 입학 절차의 이해 부족, 학교 측의 입학 거부 등 다양한 장애 요인에 마주하였으며, 공교육에 진입한다고 해도 교육 단계가 올라갈수록 중도 이탈률이 상승하였다(이혜원, 2010).

마지막으로 이주민에게만 해당될 수 있는 사회적응 영역을 살펴보면 이주노동자 4명 중 3명이 한국어 교육이 필요하다고 응답했지만 실제로 교육을 받은 사람은 절반에도 미치지 못했다(서울여자대학교 산학협력단, 2012). 이주노동자보다 한국에 영구 거주하며 사회 구성원으로 더 수용되는 결혼이주여성의 경우에도 대략 10명 중 4명만이 한국어 교육을 참여한 적이 있다고 응답했다(문석우, 2010; 황민철, 2016). 체류외국인 실태조사(2013)에 따르면, 중국 동포 중에서도 한국 정부가 운영하는 사회통합 프로그램을 인지하고 있는 사람은 18.2%에 불과하였으며 인지한 사람들 중에서도 약 27.4%만이 참여하여 저조한 참여율을 보여주었다.

03
....

이주민의 사회적 권리에 대한
내국인과 이주민의 동상이몽

　이주민 증가와 다양화, 그리고 여러 이주민 집단에 대한 다양한
법과 제도 등에도 불구하고 한국 사회에는 아직도 뿌리 깊은 단일
민족 중심주의, 동화주의적이고 배제적인 다문화주의 정책, 또한
외국인과 타문화에 대한 낮은 관용성이 팽배하다(양재영 외, 2017).
선행 연구에 따르면 내국인의 이주민에 대한 인식은 상당히 부정적
이며, 시간이 지날수록 더 부정적으로 변화하고 있다. 예컨대 "이
민자가 한국인의 일자리를 빼앗는다"는 진술에 대해 2003년에는
2.15점(1–5점으로 측정: 1점은 매우 동의하지 않음, 5점은 매우 동의함) 이었던
점수가 2013년에는 2.86점으로 증가하였고(윤인진, 2016), 최근 조사
에 따르면 같은 문항에 대한 점수는 2.96점(비전문취업 이주노동자)와
3.18점(중국 출신 재외동포)로 증가하였다. 그뿐만 아니라 외국인 근로

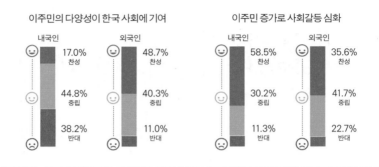

이주민의 다양성이 한국 사회에 기여

내국인	외국인
17.0% 찬성	48.7% 찬성
44.8% 중립	40.3% 중립
38.2% 반대	11.0% 반대

이주민 증가로 사회갈등 심화

내국인	외국인
58.5% 찬성	35.6% 찬성
30.2% 중립	41.7% 중립
11.3% 반대	22.7% 반대

자료: 2016 서울시 외국인 주거환경 조사

자가 사회복지비용을 증가시키기 때문에 우리나라에 부담이 된다
는 점수도 3.36점(비전문취업 이주노동자)와 3.57점(중국 출신 재외동포)으
로 높게 나타났다(한국보건사회연구원, 2020).

〈그림 9-3〉은 이주민에 대한 내국인과 외국인의 인식 차이를 보
여준다. 예를 들어 이주민의 다양성이 한국 사회에 이바지하느냐는
질문에 대해 내국인의 17.0%가 찬성, 38.2%가 반대하였던 데 비해
거의 절반에 해당하는 48.7%의 외국인이 찬성하였고, 단지 11.0%
만이 반대하였다. 또한 약 58.5%의 내국인이 이주민이 늘어나면
한국 사회의 갈등이 심해질 것이라고 대답하였는 데 반해 35.6%의
외국인이 이주민 증가는 국가의 결속력을 해쳐 갈등이 심화될 것이
라고 대답하였다.

내국인이 인식하는 이주민의 시민권, 그중에서도 정치적·사회적
권리에 대한 인식은 이주민의 인식과 크게 차이가 나는 것으로 나
타났다(〈그림 9-4〉). 정치적 권리가 "합법적으로 한국에 장기간 거주
한 외국인들에게는 영주권이 없더라도 지방선거 투표권을 주어야

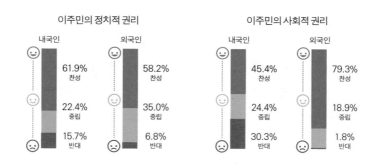

자료: 2016 서울시 외국인 주거환경 조사

한다"라는 진술로, 사회적 권리는 "한국 국적이 없어도 합법적으로
한국에 이주한 사람들에게 한국 사람과 동등한 복지 혜택이 주어
져야 한다"라는 진술로 측정될 때 내국인은 이주민의 사회적 권리
보장보다 정치적 권리 보장에 더 포용적이었으며, 통계적으로 유의
하지는 않았지만, 오히려 이주민의 정치적 권리에 대한 찬성의 비
율이 내국인(61.9%)이 외국인(58.2%)보다 약간 더 높았다. 반면 대다
수 외국인(79.3%)가 사회적 권리에 찬성하여 그들에게 정치적 권리
보다 사회적 권리가 더 필요하다는 것을 시사한다. 그러나 내국인
의 45.4%만 동등한 복지 혜택을 주어야 한다는 진술에 찬성하여
내국인은 이주민의 사회적 권리에 대해 정치적 권리보다 더 배타적
인 태도를 보였다. 내국인과 외국인의 인식 차이는 정치적 권리에
대한 차이(찬성 61.9% 대 58.2%) 보다 사회적 권리(찬성 45.4% 대 79.3%)에
대한 차이에서 더 크게 나타났다.

그러면 이주민에게도 내국인과 동등한 복지 혜택을 제공해야 한
다는 이주민 공정성에 대해 어느 그룹이 더 찬성할까? 2016 서울

시 외국인 주거환경 조사에 따르면 여자가 남자보다(39.0% 대 29.7%) 더 높은 반대표를 던지는 것으로 나타났고, 그 차이가 통계적으로 유의했다. 그러나 성별 외 연령, 정치적 성향, 대한민국 국민으로서의 자부심, 교육수준, 결혼 여부, 미성년 자녀 여부에 따라 내국인 집단을 나눠서 이주민 공정성에 대한 차이를 봤을 때, 그 차이는 통계적으로 유의하지 않았다. 반면 이주민을 국민으로 받아들일 수 있는 수용 정도와 이주민에 대한 신뢰는 이주민 공정성과 유의한 관계가 있는 것으로 나타나 다음 절에서 더 자세히 고찰해보도록 하겠다.

04

....

국민으로의 수용도, 신뢰, 그리고 이주민의 사회적 권리

 2016 서울시 외국인 주거환경 조사에 따르면 100점을 만점으로 봤을 때 대한민국의 내국인은 외국인이 직장동료(67.2점)나 이웃(56.3점)이 되는 것보다 우리나라 국민(47.2점)으로 받아들이는 데 더 배타적이었다. 또한 중국인(34.8점), 동남아시아인(38.0점), 일본인(38.1점), 중국 동포(41.8점), 미국인(57.9점)에 비해 북한이탈주민(72.4점)이 국민이 되는 것에 대한 찬성 점수가 압도적으로 높다는 점은 국민에 대한 정의가 아직 단일민족 이데올로기에 기반하고 있다는 것을 시사한다.

 이주민을 국민으로 받아들일 수 있는지에 대한 수용도는 이주민 공정성과 연관이 있었는데 2016년 서울시 외국인 주거환경 조사 분석 결과, 이주민도 국민으로 받아들일 수 *있다*고 응답한 내국인이 이주민에게도 내국인과 등등한 복지 혜택을 제공해야 한다는 이주민 공정성 진술에 대해 이주민을 국민으로 받아들일 수 *없다*는 응답자보다 더 높은 찬성률을 보였다(43.0% 대 32.0%).

이주민을 국민으로 받아들일 수 있느냐에 덧붙여 이주민에 대한 신뢰도 이주민 공정성과 연관이 있는 것으로 나타났다. 신뢰에 대해서는 다양한 정의가 있다. 후쿠야마(1995)는 신뢰를 '어떤 공동체 내에서 공동체의 타 구성원이 보편적인 규범에 기초하여 예측 가능하고 정직하며 협동적인 행동을 할 것이라는 기대'로(권아연·조삼섭, 2014 재인용), 모건(1994) '집단에 대한 믿음이나 의지'로, Lewis 외(1985: 969)는 '상대방이 자신에게 부정적인 결과를 초래할 수 있는 상황에서 자신에게 유리하게 행동할 것으로 생각하는 믿음 혹은 기대'(심규선 외 2017 재인용)로 정의하였다. 즉 신뢰에 대한 다양한 정의는 타인이나 타 집단에 대한 긍정적인 믿음과 기대로 요약될 수 있다.

신뢰는 사회 안 구성원들의 상호작용을 가능하게 하며, 사회적 비용을 줄여주고, 사회 구성원들이 위기에 함께 대응하게 하고 이주민에 대한 높은 이해와 관용을 보이게 하는 사회적 자본의 한 요소이다(심규선 외, 2017). 신뢰는 사회나 제도에 대한 사회 신뢰 혹은, 그리고 처음 보는 사람(일반 신뢰)과 이미 잘 아는 사람(특수 신뢰)에 대한 대인 신뢰로 나뉠 수 있으며(심규선 외, 2017 재인용; 최종렬, 2004), 대인 신뢰는 사회 신뢰를 위한 필요조건이며(권아연·조삼섭, 2014; 최종렬, 2004), 타인종과 타민족에 대한 신뢰는 그들과의 접촉과 상호작용이 증가하면 증가하는 것으로 나타났다(Pettigrew, 1998).

선행연구(이재완, 2013)에 따르면 외국인에 대한 신뢰가 높은 내국인이 더 외국인 이주 정책과 다문화가족 정책을 지지하는 것으로 나타났다. 서울시 외국인 주거환경 조사를 분석한 결과, 이주민에게 동등한 복지 혜택을 제공해야 한다는 문항에 대해 외국인에 대한 신뢰도가 낮은 내국인 집단의 25.7%가 찬성하였는 데 반해 외국인 신뢰도가 높은 내국인 집단의 36.1%가 찬성하였으며 이 차이는 통계적으로 유의하게 나타났다.

이재완(2013)은 이주민에 대한 신뢰를 높이기 위해 그들과의 접촉과 소통이 필요하다고 주장한다. 이는 여러 학자가 주장하고 연구를 통해 확인한 접촉이론(intergroup contact theory)과 궤를 같이한다. 접촉이론에 따르면 내국인의 이주민에 대한 편견과 태도는 '낯섦'에서 주로 비롯되며(노성훈, 2013), 그들과 실제로 접촉한 적이 있는지에 대한 여부와 연관이 있으며 이주민과의 교류와 상호작용은 내국인의 이주민에 대한 편견을 감소시키고 긍정적 태도를 가져오는 데 영향을 미친다(심규선 외, 2017). 이는 빈번한 접촉을 통해 서로 관계를 맺으며 서로에 대한 친숙도, 호감과 신뢰가 증대되어가기 때문이며(Putnam, 1993; 심규선 외, 2017 재인용) 국내 여러 연구들이 접촉이론이 한국 사회에도 적용 가능하다는 점을 확인하였다(박효민 외, 2016; 이명진 외, 2010; 정기선 외, 2010; 정영태, 2016).

여기서 한 가지 중요한 것은 단순한 접촉보다는 직접 대화를 하거나 같은 목적을 해결해본 경험 등 양질의 접촉이 중요하다는 것이다(심규선 외, 2017). '우연히' 길에서 이주민을 만난 내국인이 그렇지 않은 사람보다 더 "한국 국적이 없어도 합법적으로 한국에 이주한 사람들에게 한국 사람과 동등한 복지 혜택이 주어져야 한다"는 진술의 이주민 공정성에 우호적이었지만, 이 상관관계는 통계적으로 유의하지 않았다. 반면 지난 2주간 대면, 전화, 우편, 인터넷을 통해 이주민과 직접 접촉한 내국인이 이주민 공정성에 중립(45.3%)이거나 찬성(26.4%)하는 비율이 직접 접촉하지 않은 그룹(중립: 38.5%, 찬성 22.9%)에 비해 훨씬 더 높았고 이 차이는 통계적으로도 유의했다.

그렇다면 내국인의 이주민에 대한 접촉은 어디서 이루어질 수 있고 어떻게 양질의 접촉을 증대시킬 수 있을까? 첫째, 직접적인 접촉을 들 수 있다. 이희창(2018)의 지난 연구가 보여주는 것처럼 개방적 사회단체에의 참여는 이주민에게 더 포용적인 태도와 연관이 있는 데 반해 폐쇄적인 사회단체의 참여는 이주민에게 배타적인 태도와 연관이 있다. 이주민 관련한 단체가 아니더라도 이주민을 포함한 소수자에게 더 열린 사회단체에 참여함으로써 단일민족에 대한 정체감을 완화하고 더 넓은 의미로 시민적 정체성을 증가시킬 수 있을 것이다. 또한 이주민과 관련 단체가 주최하는 행사에 참여함으로써 다양한 활동을 통해 신뢰를 한 뼘 더 높이는 효과를 볼 것이다. 둘째, 양질의 직접적인 접촉뿐만 아니라 미디어를 통한 간접 접촉도 이주민 공정성에 영향을 미칠 것으로 예상된다. 일반 대중의 이주민에 대한 접촉이 주로 미디어를 통해 이루어진다는 점을 미루어 볼 때 미디어도 이주민을 위협적이거나 온정을 베풀어야 하는 시혜의 대상이라는 정형화된 이미지에서 탈피하여 공정하고 보다 중립적인 시각으로 그릴 필요가 있다(김찬중, 2019). 지금까지 미디어에서 묘사하는 이주민은 내국인보다 모자라고, 내국인의 안전과 기회를 위협하고, 내가 낸 세금을 축내는 부정적인 존재로 그려졌다. 전통적인 미디어 매체뿐만 아니라 온라인 매체나 소셜 미디어의 중국 동포 외국인 근로자에 대한 내용이 부정적이었다고 인식

354

한 내국인의 응답률이 90%였다는 데 미루어볼 때(한국보건사회연구원, 2020), 이주민에 대한 부정적인 고정관념과 보도에서 벗어나 이주민도 정당한 한국 사회의 일원으로서 의무를 다하고 주체적으로 삶을 사는 우리의 이웃이자 친구로 그려진다면 내국인으로 하여금 미디어를 통한 간접 접촉을 통해 보다 이주민을 가깝고 긍정적으로 느낄 기회를 제공할 것이다.

05

····

이주민에게도 공정한 사회를
만들어나가기 위하여

지금까지 과연 한국 사회가 이주민을 사회 구성원으로, 더 넘어서 대한민국 국민으로 받아들일 준비가 되어 있는지를 살펴보며 마셜의 시민권 개념과 인권의 개념을 적용하여 이주민 공정성에 대해 고찰하였다. 앞서 보여주었듯이 절반에 가까운 45.4%의 내국인이 국적이 없는 이주민에게도 동등한 복지 혜택을 주어야 한다는 이주민 공정성 진술에 대해 찬성하였다. 그러나 같은 진술에 대해 79.3%의 외국인이 찬성하여 내국인과 이주민의 이주민 공정성 인식에는 상당한 간극이 있다는 것을 확인하였다. 많은 이주민이 미흡한 사회권으로 인간다운 삶의 영위를 위협받고 있다는 점을 상기해볼 때 과연 국적(시민권)이 인권에 우선하느냐에 대해서는 사회적 논의가 필요하다.

마셜의 시민권 이론이 백인 남성들에게 한정적이었던 것을 비판하며 이후 여러 학자들은 시민권은 자연적 속성이 아니라 문화적 인공물(휜스테런, 2018)이며, 따라서 시대적 변화에 따라 시민권 개념이 확장되어야 한다고 주장한다. 브루베이커(1989, 1992)는 제2차 세계대전 이후 증가하고 있는 이주 현상을 가리키며 형식적(formal) 시민권과 실질적(substantive) 시민권을 구분할 필요가 있으며, 형식적 시민권이 민족국가의 국민이라는 자격을 요구하는 반면에 실질적 시민권은 사회 속 개인의 사회권과 인권과 밀접한 연관이 있다고 주장한다. 또한 이주민을 포함한 여러 소수자 집단을 포함하는 '포용적 시민권(inclusive citizenship)' 개념도 제시되었다(김윤태, 2013; Lister, 2007). 즉 합법적인 외국인 체류 집단과 정주국에 오래 살았지만 시민권이 거부된 이주민 집단 등 여러 거주—시민권 관련 이슈에 대해 논의를 할 때 민족국가에 기반한 기존의 시민권에 대한 해석을 사회권과 인권으로 확장하는 것이 시대적·상황적 맥락을 고려해볼 때 더 적절할 수 있다는 것이다.

각 나라마다 국민의 개념은 다르다(브루베이커, 1989). 이주에 의해 국가가 이루어지거나 큰 영향을 받는 나라와 그렇지 않은 나라 사이에는(특히 민족성에 기반하여) 국민을 정의하고 이주민을 국민으로 받아들이는 데 큰 차이가 있다. 이제 국제 이주의 시대와 다문화 사회에 접어든 한국 사회도 민족 이데올로기에서 벗어나 국민을 더 넓게 정의하며 포괄적인 시민권을 고찰할 시대에 도래한 것이 아닌지 생각해볼 문제다.

한국 사회에서 필연적으로 이주민과 그의 2세들이 한국 사회에 더 많아질 것으로 예상되는 가운데 그들의 사회통합에 대한 우려가 제기된다. 이주민, 특히 국적이 없거나 이중국적인 이주민에게도 시민권, 그중에서도 사회적 권리를 제공해야 해야 하느냐에 대한 질문에 대한 정답도 사회적 합의도 없는 실정이다. 그러나 마셜이 결국 사회적 권리를 통해 사회의 불평등을 극복하고 시민들이 정체성과 유대감을 지닌다고 주장한 바와 같이, 또한 사회권이 인권의 기본임을 상기시켜볼 때 이주민에게도 의료, 교육, 복지 등 사회권을 보장하는 것은 결국 이주민과 그의 자녀들의 한국 시민으로서의 정체성과 유대감 강화를 통한 사회통합에 기여할 것으로 보인다.

이주민 공정성은 어느 한쪽의 노력만으로는 달성될 수 없다. 즉 이주민 공정성은 보편적 인권으로서의 이주민의 사회적 권리에 대한 내국인의 수용과 관용과 같은 인식 전환뿐만 아니라 이주민 스스로의 사회 구성원으로의 책임이 동반될 때 비로소 이루어질 것이다. 세계인권선언의 제22조, "모든 사람은 사회의 일원으로서 사회보장을 받을 권리가 있다"와 더불어 제29조에 따르면, "모든 사람은 자신이 속한 공동체에 대해 한 인간으로서 의무를 진다." 이주민의 정주국에서의 권리와 함께 그에 상응하는 책임과 의무도 강조한 것이다. 앞서 살펴본 바와 같이 마셜도 시민권을 완전한 사회 구성원에게 부여되는 여러 가지 권리를 행사할 수 있는 지위라고 정의하면서 이러한 지위를 가진 사회 구성원에게는 평등한 권리와 의무가 부여된다고 주장했다. 따라서 국적의 유무를 떠나 이주민 스스로도 한국 사회의 구성원임을 인식하고, 기본권의 향유자로서 주체성을 가지고 기본 의무를 다할 때 비로소 내국인과 동등한 사회적 권리에 대한 요구도 행사할 수 있을 것이다. 이를 위해 이주민이 수동적인 사회복지의 수혜자에서 좀 더 적극적인 목소리를 내고 사회적 연대감을 가지고 제 역할을 다할 수 있도록 정부와 시민단체의 지원이 필요하다.

지금 당장은 이주민에게 사회적 권리를 제공하는 것이 세금의 낭비라고 생각할 수 있겠고, 이 부분에 대해서는 사회적 합의가 필요한 것도 사실이다. 그러나 이주민 공정성은 결국 권리와 책임의 선순환을 가능하게 할 수 있다. 예를 들어 한국어 교육은 결혼이주여성, 난민, 외국인 노동자 등 다양한 그룹에 있어서 사회 적응에 필요한 사회적 권리다. 다양한 프로그램을 통해 이주민의 한국어 능력이 배양되면 이주민의 경제활동과 사회참여가 가능해지고, 결과적으로 그들도 사회 구성원으로서 책임과 의무를 다하며 목소리를 낼 수 있을 것이다.

이 장에서는 이주민 공정성을 분배 공정성이라는 형태에 초점을 맞추어서 고찰하였지만, 이 장에서 다루어지지 않은 의사결정 속 절차에 대한 절차 공정성, 결정 후에 이루어지는 정책적 대응인 사후 공정성, 구성원이 타인과 맺는 관계에서 느끼는 존중감과 제대로 된 정보의 전달을 포함하는 상호작용 공정성 등 보다 다양한 공정성의 형태에 대한 연구가 필요하다. 또한 한국 사회의 공정성에 대한 후속 연구는 이주민뿐만 아니라 장애인, 성 소수자, 전과자 등 다양한 다른 소수자 집단도 포괄해야 한다.

사회적 합의가 도출되지 않은 어떤 사안에 대해 사회 구성원이 모두 함께 그 합의점을 찾아가는 과정이 공정이 아닐까. 이주민 공정성에 대한 이 장이 그 과정의 작은 첫 발걸음이 되기를 기대한다.

제10장

·

인공지능은 즐거운 노동을 가능하게 할까?

김지영
현 서울시립대학교 도시사회학과 조교수. 서울대학교 사회발전연구소 선임
연구원 역임. 종족정체성, 일본연구 전공.

인공지능은 즐거운 노동을 가능하게 할까?

한국 사회에서 노동과 공정성은 오랫동안 직업을 가진 사람들을 대상으로 논의돼왔다. 이들 연구에서는 직장인의 공정성 인식이 직무에 대한 만족감과 회사 조직에 몰입하는 정도에 영향을 주는 것으로 전제하고, 공정성에 대한 인식을 주로 임금체계, 인사이동, 업무 결정 과정의 영역에서 살펴보았다. 그러나 노동시장의 양극화가 심화되고 양질의 일자리에 대한 경쟁이 치열해지면서 노동시장 진입 관문의 공정성 자체가 주요한 의제로 대두되고 있으며, 노동시장에 진입한 이후의 노동 과정과 이직 역시 인공지능(Artificial Intelligence: AI)의 영향을 크게 받을 것으로 예상되고 있다.

최근 노동시장 진입의 공정성을 해결하는 방안으로 고안된 AI 면접이나 빅데이터를 활용한 인재 선별 역시 편향을 가지고 있다는 점이 다수의 사례를 통해 밝혀지고, 인사 영역이나 부서 배치 등의 과정에서 사용되는 인공지능의 한계점이 구체적으로 논의되기 시작하면서 급격한 기술변동과 노동, 그리고 공정성 사이에서 나타나는 다양한 문제에 대한 관심도 높아지고 있다.

이 장에서는 인공지능과 같은 발전된 기술이 노동 현장에 도입되면서 발생하게 된 문제를 공정성의 차원에서 짚어가고자 한다. 이를 위해 노동수요 및 노동공급 문제와 관련이 있는 채용, 노동자의 인적자본에 대한 투자와 관리, 노동이동의 문제 가운데 하나인 이직이라는 세 가지 주제를 중심으로 인공지능이 인간의 노동에 미치는 영향을 분석한다.

공정성은 타인이 존재할 때에만 성립될 수 있는 개념이기 때문에 비교의 차원을 제외하고 공정성을 논하는 것은 매우 어려운 일이다. 공정성에서 중요하게 다루고 있는 공정한 정도에 대한 개인의 감각 역시 타인과의 비교를 통해 획득된 것이다. 이와 같은 감각은 개개인이 처한 현재의 삶 또는 미래의 삶에 미치는 영향력이 강한 문제일수록 더욱 날카로워질 수밖에 없다.

이 장에서 다루는 노동의 영역이 공정성과 밀접하게 연관될 수밖에 없는 까닭은 어떤 노동을 하고 있는가 혹은 어떤 직업에 종사하고 있는가가 한 사회에서 차지할 수 있는 계층을 가늠하는 핵심적인 요소이기 때문이다. 즉 노동은 개인의 삶의 현재 수준과 미래 수준을 좌우하는 요소이기 때문에 노동의 영역은 엄밀한 공정성이 요구되는 분야라고 할 수 있다.

한국 사회에서 노동과 공정성은 오랫동안 직업을 가진 사람들을 대상으로 논의되어 온 경향이 있다(김영진, 1996; 김동배·김기태, 2008; 오계택·윤정구, 2008; 정이환, 2009). 이들 연구에서는 직장인의 공정성 인식이 직무에 대한 만족감과 회사 조직에 몰입하는 정도에 영향을 주는 것으로 전제하고, 공정성에 대한 인식을 주로 임금체계, 인사이동, 업무 결정 과정의 영역에서 살펴보았다. 그러나 노동시장의 양극화가 심화되고 양질의 일자리에 대한 경쟁이 치열해지면서 노동시장 진입 관문의 공정성 자체가 주요한 의제로 대두되고 있으며, 노동시장에 진입한 이후의 노동 과정과 이직 역시 인공지능(Artificial Intelligence: AI)의 영향을 크게 받을 것으로 예상되고 있다. 그러나 노동시장 진입의 공정성을 해결하는 방안으로 고안된 AI 면접이나 빅데이터를 활용한 인재 선별 역시 편향을 가지고 있다는 점이 다수의 사례를 통해 밝혀지고, 인사 영역이나 부서 배치 등의 과정에서 사용되는 인공지능의 한계점이 구체적으로 논의되기 시작하면서 급격한 기술 변동과 노동, 그리고 공정성 사이에서 나타나는 다양한 문제에 대한 관심도 높아지고 있다.

이 장에서는 노동과 관련된 공정성의 문제가 취업자뿐만 아니라 취업을 준비하는 과정에서부터 시작되고 있다는 점에 주목하고, 인공지능과 같은 발전된 기술이 노동현장에 도입되면서 발생하게 된 문제를 공정성의 차원에서 짚어가고자 한다. 이를 통해 인공지능 시대에도 여전히 인간이 노동의 진정한 주체가 되기 위한 방안에 대해 고민해보고자 한다. 이를 위해 노동수요 및 노동공급 문제와 관련이 있는 채용, 노동자의 인적자본에 대한 투자와 관리, 노동이동의 문제 가운데 하나인 이직이라는 세 가지 주제를 중심으로 인공지능이 인간의 노동에 미치는 영향을 분석해나가고자 한다.

01

····

기계 앞에 선 취준생

1. 공정한 채용에 대한 관심 증가

2020년 5월에 실시된 통계청의 경제활동인구조사 결과에 따르면 최종 교육기관을 졸업하거나 중퇴한 청년이 첫 취업까지 걸리는 평균기간은 10.0개월인 것으로 나타났다. 체감하는 경제 불황에 비해 취업에 걸리는 시간이 상대적으로 짧은 것처럼 보이지만, 대졸자의 경우 재학기간 중에 취업활동이 시작된다는 점과 남성의 평균 휴학기간이 2년 4개월, 여성이 1년 3개월로 대학 졸업까지 걸리는 시간 자체가 길어졌다는 점을 감안하면, 취업까지 걸리는 기간은 결코 짧지 않다. 더욱이 첫 직장에서의 근속기간이 평균 18개월 정도로 2년이 채 되지 않는다는 점에 비추어볼 때 개개인에게 취업은 한

번으로 끝나지 않는 '삶의 반복적인 이벤트'로 자리 잡았다고 볼 수 있다.

이와 같은 상황에서 공정성은 첫 취업을 준비하는 청년들과 이직자 모두에게 매우 민감한 요소일 수밖에 없다. 자본주의 사회가 시작되면서 노동은 생계유지를 위한 수단으로 인식돼왔을 뿐만 아니라, 내가 진입하는 노동의 현장, 즉 종사하는 직업의 경우 개인의 사회계층을 나타내는 주요한 지표로 작용하기 때문에 어떤 직장에 들어가느냐는 경제적 안정뿐만 아니라 사회적 위신을 결정짓는 핵심적인 요소로 작용한다. 따라서 채용 과정에서의 공정성을 담보하기 위한 사회적 장치로서 인적 사항을 배제하고 직무능력 중심으로 평가하기 위한 블라인드채용의 기준(고용노동부, 2018)이나 공정한 채용에 대한 가이드(인사혁신처, 2018)가 마련되는 등 공정한 채용을 위한 노력은 개별 기업 수준을 넘어 정부 차원으로 확대되고 있다.

그러나 공정한 채용을 위한 사회적 노력이 이루어지고 있음에도 불구하고 여전히 우리는 채용 비리와 관련된 보도를 쉽게 접할 수 있으며 채용 공정성에 대한 구직자의 인식 역시 크게 나아지지 않고 있다. 구직자들이 갖는 공정성에 대한 인식이 나아지지 않는 배경에는 성별, 학력, 인적사항과 같은 정보를 가리고 채용의 기준을 명확히 공개한다고 하더라도 여전히 채용에 대한 결정권을 사람이 가진다는 점에 있다. 즉 면접이라는 채용의 관문에서 만나게 되는 인사권자가 가진 가치관이나 편향, 청탁을 받았는가의 여부 등은 제도의 개선만으로 해결되지 않는 영역이다.

이런 빈 구멍을 메우기라도 하는 듯 최근에는 채용의 과정을 사람이 아닌 인공지능(AI)에게 맡기는 사례가 증가하고 있다. 사람에 대한 불신이 인공지능 면접관에 대한 기대로 옮겨가고 있는 것이다. 그렇다면 과연 기계의 도입은 노동시장 진입의 공정성을 담보할 수 있을까?

2. 면접관에 대한 불신, AI 면접관에 걸어보는 기대

인공지능 면접에 대한 관심이 뜨거워지고 있다. 한국언론진흥재단에서 제공하고 있는 공공뉴스 아카이브 빅카인즈를 통해 인공지능 면접과 관련된 기사를 검색해보면 한국의 주요 언론사에서 인공지능 면접과 관련된 기사가 보도된 시점은 2017년부터로 나타난다. 2017년에는 11건에 불과했던 인공지능 면접 관련 기사는 2018년에 20건, 2019년에 153건, 2020년 11월 말까지 152건으로 매해 크게 증가하고 있으며 지난 4년간 월별로 보도된 추이를 살펴보면 〈그림 10-1〉과 같다.

인공지능 면접에 대한 기사가 보도되기 시작한 2017년에는 인공지능 면접을 도입한 해외 사례에 대한 소개가 주를 이루고 있으며 인공지능 면접관에 대해 '사심이 없다(중앙일보, 2017년 9월 14일)', '공정한 평가를 내려준다(세계일보, 2017년 2월 28일)' 등의 긍정적인 평가를 하고 있다. 반면 대기업을 중심으로 한국에 인공지능 면접이 본격적으로 도입되기 시작한 2018년부터는 인공지능 면접을 도입하는 기업에 대한 소개가 주를 이루는 가운데 인공지능 면접에서 좋은 점수를 받을 수 있는 요령을 소개하는 기사가 다수 등장하고 있다.

그러나 이러한 기사들과 함께 눈에 띄는 것은 "AI 채용, 금수저

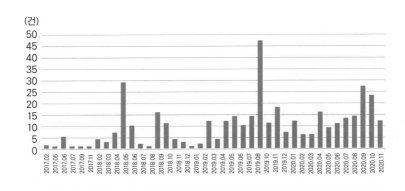

〈그림 10-1〉 인공지능 면접과 관련된 기사의 추이: 2017년 1월~2020년 11월

자료: 한국언론진흥재단 빅카인즈 검색 결과(검색 언론사: 중앙지와 경제지, 검색어: AI 면접 반드시 포함, 인공지능, 빅데이터, 공채, 신입, 채용 가운데 하나 이상 포함)

발 못 붙일까요"(서울신문, 2018년 2월 12일), "AI가 신입사원 채용 심사? 객관적·회의적 의견 분분"(경향신문, 2018년 4월 16일), "AI 채용바람, 채용비리 막을 수 있을까?"(아주경제, 2018년 10월 17일), "피도 눈물도 없는 AI 면접 못 믿겠다 vs. 편하다"(중앙일보, 2019년 11월 11일), "공공기관 AI 면접 무슨 기준이냐 시민단체 정보공개 행정소송"(한국경제, 2020년 10월 27일) 등 노동시장 진입 관문을 인간이 아닌 기계에게 맡기는 것에 대한 문제를 제기하고 있는 기사들이다.

실제로 Recruit Works Institute(2019)의 보고서에 따르면 인공지능 면접은 지원자의 '과거' 데이터를 바탕으로 판단을 하기 때문에 만약 기계에 투입된 데이터 자체에 편향이 있을 경우 판단의 편향이 그대로 답습된다는 문제점이 있다. 또한 데이터 조합 방식에 따라 얼마든지 취득한 정보 이외에도 다양한 알고리즘을 만들어낼 수 있기 때문에 어떤 데이터를 조합하여 어떤 방식으로 인재를 평가하고 있는지 평가의 과정을 판단하는 것이 용이하지 않다. 도출된 결과는 있지만, 그 과정이 명확하지 않은 경우 어떤 근거로 채용 여부를 결정했는지 파악하기 어렵다는 위험성을 가지고 있다. 그 밖에도 지원자가 인공지능이 만들어놓은 특정 카테고리에 속할 경우 다른 요소를 전혀 고려하지 않고 채용하지 않을 가능성도 있다.

인공지능 면접은 공정성과 효율성을 한 번에 높일 수 있는 시스템으로 주목받고 있지만, 앞서 살펴본 것처럼 인공지능은 어떤 정보를 투입하는가에 따라 다양한 결론을 도출할 수 있기 때문에 데이터의 투입 과정이 공정성을 담보하는 주요한 요인이 될 것으로 보인다.

02
····

노동의 영역으로 들어온 인공지능

1. 인적자본을 관리하는 인공지능, 그 명과 암

인공지능은 각 산업 분야뿐만 아니라 개별 산업 분야에서 이루어지는 노동의 전 과정에도 영향을 미치고 있다. AI 면접 시스템으로 널리 사용되고 있는 슈퍼컴퓨터 왓슨(Watson)을 개발한 IBM이 인사 분야의 AI 도입 사례에 대해 소개한 보고서(2018)에 따르면, 인공지능을 인적자본 관리 영역에서 활용할 경우 노동자가 갖고 있는 기술을 쉽게 파악할 수 있고 직원의 이직률이 낮아지며, 직원들의 불만 사항에 신속하게 대응할 수 있고, 승진과 같은 문제를 합리적으로 다룰 수 있으며 급여를 효율적으로 관리하고 계산할 수 있다는 점이 기술되어 있다.

이처럼 인공지능이 노동 현장에 도입되면 채용의 단계뿐만 아니라 채용 후 직원의 배치와 이동에 대해서도 인사관리자의 '감각'이나 '노하우'가 아닌 인공지능의 '분석 결과'가 중요한 역할을 담당하게 된다. Recruit Works Institute(2019) 역시 인공지능이 직원의 평가·부서의 배치 전환·승진, 직원의 커리어 개발, 회사 조직 개발 등 경영의 전 과정에 활용될 것이라는 청사진을 제시하며, 개개인의 노동자가 기계와 협업하지 않고 일하는 것은 앞으로 상상하기 어렵다는 전망을 내놓고 있다(〈표 10-1〉).

〈표 10-1〉에서 볼 수 있듯이 앞으로 노동의 전 과정은 인공지능의 영향을 크게 받을 것이다. 인공지능은 직원을 채용한 이후에도 직원에 대한 평가와 부서 배치 및 승진의 과정에서 다양하게 활용될 수 있는데, 특히 평가를 위한 데이터를 광범위하게 수집할 수 있고, 효율적인 인재 활용을 위한 부서 배치나 승진에 대한 모델을 구축하여 일관성 있는 인사관리를 할 수 있다.

더욱이 노동자의 건강 상태나 마음의 상태를 인공지능이 파악함으로써 조직 전체의 활력이나 생산성을 향상시키는 효과를 얻을 수도 있다. 인공지능은 노동자 개개인에게 필요한 연수를 추천해줌으로써 노동자 스스로 자신의 커리어를 개발할 수 있는 길을 열어줄 수 있다. 조직 전체의 차원에서도 인공지능은 활발하게 활용될 수 있는데, 특히 현재의 조직 현황을 파악하고 조직이 좀 더 효율적으로 운영되기 위해 보완해야 할 점을 분석해줌으로써 조직의 생산성을 높일 수 있는 방안을 제시하기도 한다.

위에서 제시된 대로 인공지능을 활용할 수만 있다면 우리의 노동은 말 그대로 '즐거운' 활동이 될 수 있을 것이다. 그러나 〈표

〈표 10-1〉 인공지능이 노동 과정에서 활용되는 사례

인사 영역	인공지능이 사용되는 예	문제점
직원의 평가 · 부서의 배치 전환 · 승진	인재를 평가하기 위한 데이터를 수집	• 정확한 평가를 위해 보다 '연관성' 있는 정보를 모으려고 하기 때문에 프라이버시를 침해할 가능성이 있음 • 낮은 평가를 받았던 이력이 계속 남아 평가가 고정될 위험이 있음 • 타인에게 정보가 게시되거나 분석될 여지가 있음
	승진이나 부서 배치를 위한 모델 구축	• 과거의 실적에 기반을 둔 편향이 그대로 답습될 수 있음 • 특정 카테고리에 속한다고 판단하여 승진 여부를 결정할 위험이 있음 • 알고리즘이 블랙박스화되어 어떤 근거로 승진 여부를 결정했는지 설명하지 못함 • 낮은 평가를 받았던 이력이 계속 남아 승진을 방해할 위험이 있음 • 인공지능의 결정에 대해 불복하기 어려움
	건강 상태나 마음의 상태를 파악	• 정확한 평가를 위해 보다 '연관성' 있는 정보를 모으려고 하기 때문에 프라이버시를 침해할 가능성이 있음 • 퇴직 시기 예측 등 목적 이외의 예측에 분석 자료가 쓰일 수 있음
직원의 커리어 개발	필요한 연수 등을 추천	• 추천의 근거가 블랙박스화되어 있음 • 의도적으로 유도할 가능성이 있음
조직 개발	조직의 현황 파악	• 정확한 평가를 위해 보다 '연관성' 있는 정보를 모으려고 하기 때문에 프라이버시를 침해할 가능성이 있음 • 조직 전원의 데이터를 모을 수 있는 것이 아니기 때문에 데이터 풀이 그 조직의 대표성을 담보하지 못할 경우 정확한 판단이 어려움 • 잘못된 인과관계가 만들어질 경우 잘못된 대책을 내놓을 수 있음
	조직의 다양성과 포용성 증진	• 데이터의 편향에 의해 소수파에 대한 차별이 재생산될 가능성이 있음

자료: Recruit Works Institute(2019) works No.156, 19페이지 표를 필자 재구성

10-1〉의 오른편에 기술되어 있는 것처럼 노동의 모든 영역에서 인공지능이 제대로 '활약'하기 위해서는 선행되어야 할 과제가 산적해

있다는 점 역시 주의 깊게 살펴봐야 한다.

우선 인공지능은 기본적으로 다양한 데이터를 학습하고 데이터 사이의 관계성을 분석하여 결과를 도출하는 과정을 포함하고 있기 때문에 어떤 데이터를 학습하느냐, 얼마만큼의 데이터를 학습하였는가, 그 데이터는 자주 갱신되고 있는가에 따라 분석의 결과는 얼마든지 달라질 수 있다. 기술이 발달한다고 해도 인공지능에 데이터를 투입하는 주체는 인간이기 때문에 데이터를 투입하는 데 있어 편향이 발생하지 않도록, 새로운 데이터를 지속적으로 투입하여 정확한 판단을 내릴 수 있도록 꾸준하게 노력해야 한다.

여기서 문제는 데이터의 문제가 해결된다고 하더라도, 데이터를 바탕으로 내려진 다양한 판단 결과가 앞으로의 판단 결과에 영향을 미친다는 점이다. 예를 들어 인공지능을 통해 승진 과정에서 부정적인 판단을 받아 승진이 유보된 사람이 그다음 승진의 기회에 도전할 경우, 이전 데이터는 그대로 인공지능에 남아 있기 때문에 부정적인 평가로 이어질 수 있다. 또한 다양한 데이터를 분석한 결과 승진이나 부서 배치의 결과가 도출되었다고 하지만, 현재 기술에서는 구체적으로 어떤 인과관계에 따라 결과가 도출되었는지 명확히 판단하는 것이 어렵다는 문제도 있다.

인공지능을 개개인의 노동자를 평가하고 커리어를 개발하는 데 쓰는 것이 아니라 조직의 현황을 파악하고 조직의 생산성을 높이기 위한 진단도구로 사용할 경우에도 해결해야 할 문제는 다수 존재한다. 무엇보다도 조직 전체의 문제점을 도출하고 새로운 방향을 제시하기 위해 필요한 노동자 개개인의 데이터를 모두 수집하는 것이 매우 어렵다는 점이다. 데이터의 대표성이 담보되지 않을 경우 인공지능을 통해 도출된 조직의 현황이나 문제점은 실제로 조직이 경험하고 있는 문제점과 반드시 일치하지 않을 가능성이 높다. 또한 대표성이 결여된 데이터는 소수 사람들이 경험하고 있는 문제에 대해서는 충분히 파악하지 못하여 문제가 재생산될 가능성 역시 높아진다.

2. '과거'를 학습하는 기계와 공정성

앞서 살펴본 바와 같이 인공지능이 더 이상 우리가 일하는 문제와 멀리 떨어진 존재가 아니라는 점은 확실하다. 다만 앞서 인공지능이 갖는 문제점을 통해서도 알 수 있는 것처럼 인공지능이 보장하는 효율적이고 합리적인 일처리가 실현되기 위해서는 인공지능을 다루는 인간이 일정한 원칙과 윤리의식을 가지고 데이터를 수집하여 기계에 투입해야 한다. 여기서 다시 한 번 주목해야 하는 이슈가 바로 공정성이다.

캐시 오닐(2017)은 인공지능이 알고리즘을 생산해내는 과정에서 언제든지 허점이 발생할 수 있다는 점에 주목한다. 그녀는 프로그램은 실수할 수 있지만, 기계가 새롭게 학습할 수 있도록 데이터를 새롭게 투입하고 관리하는 주체는 인간이라는 점을 강조한다. 노동의 현장에서 광범위하게 활용되고 있는 인공지능에는 소비자의 '과거' 데이터를 통해 '미래'를 예측하는 과정에서 '과거와 다른 미래'를 실현해낼 수 있는 인간을 전혀 그려내지 못한다는 문제를 갖는다.

AI 면접에서 부적절한 인성평가를 받은 사람은 다른 곳에서도 여전히 '골라내야 할' 사람이 되고, 직장 내 인사평가에서 낮은 점수를 받은 사람은 앞으로도 '조직에 도움이 되지 않을' 존재로 평가되고 만다. 노동 현장에 완전히 자동화된 시스템, 즉 인간이 전혀 개입하지 않는 인공지능이 도입되어 활용되는 상황을 막지 못한다면 우리는 인공지능이 만들어내는 알고리즘에서 빠져나올 수 없는 '과거에 묶인' 존재로 남을 수밖에 없다. 시스템에 공정성을 주입할 수 있는 주체는 인간뿐이다.

여기서 문제가 되는 것은 인간이 개입하는 범위와 수준이다. OECD(2019)에서는 데이터의 편향을 줄이기 위한 방안으로 인공지능 시스템이 식별 가능한 요소를 인식하지 않도록 하는 '비인식 접근법(Unaware approach)', 집단의 차이를 인식하고 비슷한 상황에 놓인 개인을 동일한 방식으로 대우하는 '인식을 통한 공정성(Fairness through awareness)', 소속 집단이 다르더라도 결과가 다르지 않도록 하는 것과 함께 기존의 편향성이 고착되지 않도록 하는 '집단적 공정성 접근법(Group fairness approaches)' 등이 제안되고 있다.

그러나 인공지능이 성별, 인종, 성적 성향, 학력 등 노동시장에서 블라인드 처리가 요구되는 데이터를 인식하지 않는다고 하더라도 그 밖의 다양한 데이터를 통해 위의 요소들은 충분히 예측 가능하고, 이들 정보를 완전히 배제할 경우 인공지능이 만들어내는 알고리즘의 정확성이 떨어질 수 있다는 문제점이 발생하기 때문에 인공지능에서 공정성을 담보하는 것은 쉽지 않은 과제로 남아 있다.

03
....

누가 '즐거운' 노동을 하게 되는가?

1. 이직과 사회이동

이 장 서두에서 밝힌 바와 같이 직업은 한 사회의 계층을 드러내는 핵심적인 지표이다. 한 개인 또는 집단이 한 계층에서 다른 계층으로 옮겨가는 정도를 측정한 사회이동(Social mobility)(홍두승·구해근, 2008) 지표 역시 직업의 이동을 통해 분석되고 있다. 이처럼 이직은 한 사회에서 개인이 차지할 수 있는 계층을 바꿀 가능성을 내포한 행위라 할 수 있다.

1955년부터 개인의 이직 과정을 분석하여 한 사회의 계층구조가 변화하는 양상을 연구해온 일본의 경우, 사회이동의 가능성이 높은 사회를 계층의 개방성이 큰 사회로 바라보았다. 그러나 사회이동의 정도를 측정한 SSM(Social Stratification and Mobility) 조사에서 명백히 밝히고 있는 것처럼 사회이동의 지표를 나타내는 이직의 양상은 순수하게 개인이 한 직업에서 다른 직업으로 이직하는 경우도 포함되어 있지만, 경제성장이나 산업구조의 변동 때문에 할 수 없이 한 직업에서 다른 직업으로 이직한 경우 역시 포함되어 있다. 여기서 순수하게 개인이 이직하는 비율을 순수이동률, 산업구조의 변동으로 인해 이직하는 비율을 구조이동률(강제 이동률)이라고 한다(하라 세이야마, 2002).

역사 속에서 새로운 직업이 기하급수적으로 증가했던 시기는 앨빈 토플러가 비유적으로 사용했던 '물결(wave)'의 시대를 지나는 시점이었다. 제2의 물결이라고 불리는 시기에는 제조업과 유통업을 비롯한 2차 산업과 관련된 직종이 새롭게 생겨났으며, 제3의 물결이라고 불리는 정보화시대에는 서비스업과 전문 기술직종과 관련된 수많은 직업이 새롭게 만들어졌다. 제2의 물결 시기까지 새롭게 만들어진 직업은 노동자가 일하는 장소를 농장에서 공장으로 옮겨 놨을 뿐 일의 성격은 육체노동에 속하는 것이었다. 숙련을 통해 적응하고 배울 수 있는 수준의 일자리였던 것이다. 그러나 제3의 물결을 지나면서 생겨난 직업의 대부분은 육체노동이 아닌 인지노동의 형태를 띠기 때문에 직업에서 요구하는 전문성 또한 점점 높아져갔다.

여기서 한 사회의 산업구조가 변화함에 따라 개인이 겪게 되는 비자발적 이직의 현황을 나타내는 구조이동률에 주목할 필요가 있다. 왜냐하면 산업구조의 변화는 항상 새로운 일자리를 만들어왔지만 새롭게 생겨난 직업의 대부분은 누구나 할 수 있는 일이 아니라 고등교육을 받거나 특정 기술을 요하는 것이기 때문이다(홍두승, 2005). 이는 하나의 작업 과정에 숙련된다는 것과는 질적으로 다른 의미를 가지며 새롭게 생겨난 직업의 진입장벽이 그만큼 높아진다는 것을 의미한다. 이런 점에서 구조이동률이 높아지는 시점은 이직을 해야만 하는 개인이 자유롭게 선택할 수 있는 직업의 폭이 매우 좁을 가능성이 크다.

인공지능이 개발되고 개발 속도가 가속화되고 있는 이 시점 역시 새로운 직업이 끊임없이 생겨나고 있지만, 이들 직업의 특징은 주로 4차 산업혁명 등 과학기술의 발전, 고령화 등 인구학적 변화, 전문화 등 사회환경 변화, 정부 정책 등 제도의 변화에 따라 만들어진 것으로(한국고용정보원, 2020) 새로 생겨난 직업에 종사하기 위해서는 관련 분야의 지식을 갖추는 것은 물론 지식을 갖추는 데 걸리는 시간 역시 짧지 않다.

그렇다면 산업구조의 변동에 따라 이직을 강요받는 사람들, 다시 말해 '강제된 선택'에 내몰리는 사람들은 주로 어떤 사람들이며, 이들은 이렇게 새롭게 생겨난 직업으로 옮겨갈 수 있는 것일까?

2. 사람들은 왜 이직을 하는가?

통계청이 발표하는 경제활동인구조사에서는 매년 15~29세 청년층과 55~64세 고령층을 대상으로 이직과 관련된 설문을 하고 있다. 청년층의 경우 첫 일자리를 그만둔 이유를 묻고 있고(《그림 10-2》), 고령층의 경우 가장 오래 근무한 일자리를 그만둔 이유를 묻고

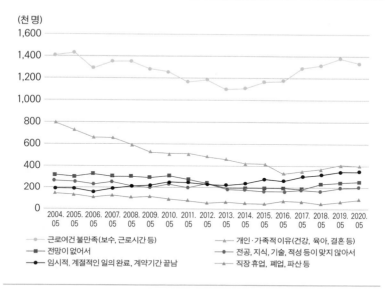

〈그림 10-2〉 첫 일자리를 그만둔 이유: 15~19세 청년층 대상

(천 명)

- 근로여건 불만족(보수, 근로시간 등)
- 개인·가족적 이유(건강, 육아, 결혼 등)
- 전망이 없어서
- 전공, 지식, 기술, 적성 등이 맞지 않아서
- 임시적, 계절적인 일의 완료, 계약기간 끝남
- 직장 휴업, 폐업, 파산 등

주: 경제활동인구조사 매년 자료를 바탕으로 필자 구성
자료: https://kosis.kr/statHtml/statHtml.do?orgId=101&tblId=DT_1DE9063S&conn_
path=I3(검색일: 2020년 12월 5일)

있다(〈그림 10-3〉).

청년층의 경우 보수나 근로시간 등의 근로 여건에 만족하지 못했기 때문이라고 응답한 응답자가 압도적으로 많으며 이와 같은 응답은 2004년부터 2013년까지는 감소하다가 2014년부터 다시 증가하는 추세를 나타낸다. 그다음으로는 건강 문제나 결혼 및 육아 등 개인 또는 가족적인 이유를 든 응답자가 많은 것으로 나타난다.

산업구조의 변화와 맞물려 생각해볼 수 있는 응답은 '전망이 없어서'란 응답과 '직장 휴업, 폐업, 파산'이라는 응답이다. 여기서 전망이 없다는 것은 다양하게 해석해볼 수 있지만 앞으로 계속 일할

〈그림 10-3〉 가장 오래 근무한 일자리를 그만둔 이유: 55~64세 고령층 대상

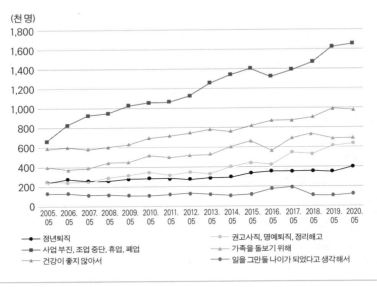

주: 경제활동인구조사 매년 자료를 바탕으로 필자 구성
자료: https://kosis.kr/statHtml/statHtml.do?orgId=101&tblId=DT_1DE8037S&conn_
path=I3(검색일: 2020년 12월 5일)

만한 직장 혹은 직종이 아니라는 의미를 내포하고 있는 것으로 볼 수 있으며, 직장이 없어지는 경험을 했다는 것 역시 단순한 경영 실패를 넘어 안정적으로 수익을 낼 수 없는 현황이 반영되었다고 해석해볼 수 있다. 산업구조의 변동이 개인의 이직에 미치는 영향력은 고령층에서 더욱 뚜렷하게 나타나고 있다(〈그림 10-3〉).

고령층을 대상으로 가장 오래 근무한 일자리를 그만둔 이유를 묻는 설문에서 가장 많은 응답자가 응답한 항목은 다름 아닌 '사업 부진, 조업 중단, 휴업, 폐업'이다. 이는 노동자가 직장을 계속 다닐 의사가 있음에도 불구하고 회사의 여건 때문에 더 이상 일을 할

수 없는 상황이 생기는 경우가 발생하고 있다는 것을 가늠하게 한다. 이처럼 일하고 있던 직장이 없어지거나, 더 이상 수익을 낼 수 없는 사양 산업에 속하여 일을 그만둔 사람은 2005년 66만 명에서 2020년 165만 8,000명으로 지난 15년간 2배 이상 증가하고 있다. 이와 같은 조사 결과에서 알 수 있듯이 개인의 이직은 개인의 의사에 따라 이루어지는 것이기도 하지만, 산업구조의 변동과 함께 '강제된' 것이기도 하다.

3. 사라지는 일자리와 기술적 실업

한국고용정보원에서 발간한 2019년 한국직업전망 보고서에 따르면 2021년부터 2026년까지 직업 대분류별 취업자 증감률은 전문가 및 관련 종사자가 0.9%로 가장 높고 서비스 종사자가 0.7%, 사무 종사자가 0.5%, 장치 기계조작 및 조립 종사자가 0.4%, 단순노무자가 0.3%, 판매종사자가 0.3%, 기능원 및 관련 기능 종사자가 0.1% 순으로 나타난다. 관리자와 농림어업 숙련 종사자는 각각 0.4%, 1.9% 줄어들 것으로 전망되고 있다(〈그림 10-4〉).

인공지능의 발달과 함께 단순노무와 판매, 서비스, 일반 사무와 관련된 일자리가 크게 줄어들 것이라는 예측이 나오고 있음에도 불구하고 〈그림 10-4〉에서는 앞으로도 여전히 이들 분야에서 종사하는 취업자가 증가할 것이라는 예측을 하고 있다는 점은 흥미롭다. 이는 기계가 대신할 수 있는 육체노동도 정신노동과 마찬가지로 시각, 청각, 언어적 인지능력과 상호작용을 필요로 하며 이는

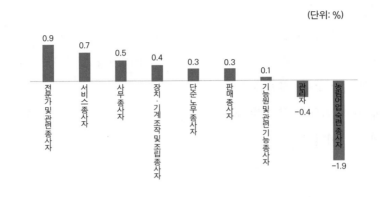

〈그림 10-4〉 직업 대분류별 취업자 증감률 전망: 2021~2026년

(단위: %)

주: 2019년 한국직업전망 보고서 자료를 바탕으로 필자 구성
자료: 한국고용정보원 홈페이지 https://www.keis.or.kr/user/extra/main/2108/publication/
publicationList/jsp/LayOutPage.do?categoryIdx=125&pubIdx=5212&spage=1&onlyList
=N (검색일: 2020년 12월 8일)

물리적 유연성과 다양한 경험에서 비롯되는 암묵지(Tacit knowledge)
를 통해 수행되는 경우가 많기 때문이다. 그렇기에 작업 자체를 기
계가 대신할 수 있다는 것만으로 모든 노동이 기계로 대체되는 것
은 쉽지 않은 일이다(허재준, 2019).

　권현지 외(2017)가 분석한 것처럼 인공지능의 발달 자체가 갖는
위협은 일자리를 소멸시키는 것에 있는 것이 아니라, 기계가 대신
할 수 있는 일자리의 고용 안정성(Employment security)이 떨어지거나,
임금수준이 크게 낮아질 수 있다는 점에 있다. 이는 이들 직종에서
일하는 노동자가 다른 직종으로 이직하는 것이 쉽지 않다는 것을
의미하며, 기술 발달과 함께 일자리에 따른 소득분배 격차가 심화
될 것이라는 점을 시사하고 있다.

　실제로 2020년 경제활동인구조사 자료를 바탕으로 지난 20년간

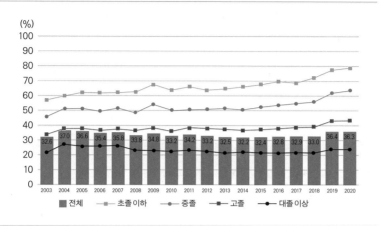

〈그림 10-5〉 교육수준별 비정규직 취업자 비율

주: 경제활동인구조사 매년 자료를 바탕으로 필자 구성
자료: https://kosis.kr/statHtml/statHtml.do?orgId=101&tblId=DT_1DE7009S&conn_path=I3(검색일: 2020년 12월 9일)

전체 임금노동자 가운데 비정규직이 차지하는 비율을 분석해보면 〈그림 10-5〉, 2003년부터 2020년까지 전체 임금노동자 가운데 비정 규직 노동자가 차지하는 비율은 32.6%에서 36.3%로 소폭 증가한 것으로 나타난다. 그러나 교육수준으로 나누어볼 경우 대졸 이상 의 학력을 가진 자 가운데 비정규직 노동자의 비율은 30% 미만으로 전체 평균을 밑돌고 있는 반면, 2020년을 기준으로 고등학교를 졸업한 노동자 가운데 40% 이상, 중학교를 졸업한 노동자 가운데 60% 이상, 초등학교를 졸업한 노동자 가운데 약 80%가 비정규직 형태로 고용되어 있다는 점을 발견할 수 있다. 더욱이 교육수준이 낮은 노동자가 비정규직으로 고용되는 비율은 2003년부터 2020년 까지 증가 추세를 이어오고 있다는 점에서 주목할 만하다.

비정규직의 비율이 증가한 것은 이직을 반복해야 하는 노동자가 증가했다는 것을 의미하며, 대졸 이상의 학력을 가진 노동자에 비해 고졸 이하의 학력을 가진 노동자의 비정규직 비율이 월등히 높다는 점에서 이들 집단의 이직은 전체 노동시장에서도 간과할 수 없는 부분이라고 할 수 있을 것이다. 그러나 앞서 언급한 바와 같이 산업구조의 변동이 일어나고 있는 현시점에서 '강제된 선택'을 통해 이직을 해야 하는 노동자가 겪는 가장 큰 문제는 새로 생긴 일자리 또는 보다 안정적인 일자리에서 요구하는 기술의 수준이 높다는 것에 있다. 권현지 외(2017)의 논의에서도 밝히고 있는 것처럼 산업구조가 조정되는 과정은 노동자의 기업 간, 산업 간 이동을 필연적으로 수반한다. 새로운 차원의 기술 진보는 제조업 노동자들이 노동이동이라는 과정에서 과거보다 더 큰 어려움을 겪게 만들고 있다. 이와 같은 어려움의 본질은 새롭게 생겨난 직종으로 쉽게 이직할 수 없다는 기술적 실업(Technological unemployment) 현실에 있다.

대니얼 서스킨트(2020)는 이직할 수 있는 일자리가 있음에도 불구하고 노동자들이 자유롭게 다른 일자리로 이직할 수 없는 상황을 '마찰적 기술실업(Frictional technological unemployment)'이라는 용어로 분석하였다. 산업구조가 변하는 시점에서 이들이 자유롭게 일자리를 옮길 수 없는 이유는 크게 이직 전후 일자리의 숙련 기술이 일치하지 않거나, 정체성이 일치하지 않거나, 장소가 일치하지 않기 때문이다. 새롭게 생겨나는 일자리는 읽고 쓴 능력과 산술 능력 정도의 기술이 아닌 숙련된 전문 기술과 교육수준을 요하고 있다. 고등교육을 수료하는 데까지는 상당한 시간이 요구될 뿐만 아니라 양질의 교육을 받는 것 역시 쉽지 않은 일이다.

숙련 기술의 불일치 이외에도 정체성 불일치 역시 마찰적 기술실

업을 만들어내는 주요한 요소라고 할 수 있다. 정체성의 불일치의
경우 제조업에서 밀려난 남성 노동자에게 주로 나타나는데, 저임금
또는 저숙련 일자리의 대부분이 요양 보호, 판매 서비스, 가사 서
비스 등의 직종에 집중되어 있고 대부분 여성이 이런 일을 담당해
왔기 때문이다. 과거 제조업에 종사하던 남성 노동자의 대다수는
특정 직종에 대한 정체성이 강하기 때문에 이와 같은 일자리로 바
로 옮겨가지 못하는 경우가 많다. 그뿐만 아니라 적절한 일자리를
찾는다 하더라도 그 일자리가 노동자의 현재 주거지역과 멀리 떨어
져 있는 경우 이직의 가능성은 현저히 낮아질 수밖에 없다.

4. 기술적 실업과 공정성

기술적 실업이 나타나는 상황은 다양하지만, 기술적 실업의 결과
는 소득이 급격하게 줄어들거나 소득이 없는 사람들의 창출로 귀결
된다. 노동의 지위가 한 사회에서 차지하는 개인의 지위를 대변하
고 개인의 현재와 미래의 삶의 수준을 결정하는 주요한 요소라는
점을 감안할 때 기술적 실업에서 벗어나지 못하는 사람들이 증가
하는 것은 사회 전체의 소득 불평등이 심화된다는 것을 의미한다.
대니얼 서스킨드(2020)가 언급한 것처럼 불평등은 어떤 사람이 소유
한 자본의 가치가 다른 사람이 가진 자본의 가치보다 월등하게 떨
어지는 경우 나타나는 것이다. 기술적 실업은 어떤 사람이 시장에
서 가치 있게 평가되어 거래되는 전통적인 자본이나 인적 자본을
전혀 소유하지 못했을 때 생겨나는 현상이므로 기술적 실업이 장기

화되거나 기술적 실업 상황에 놓인 노동자가 증가하면 증가할수록 불평등 또한 심화될 수밖에 없다.

인공지능으로 대표되는 기술 발전 과정에서 발생하는 기술적 실업과 이로 인한 소득 불평등의 심화 현상을 해결해나가기 위해서는 무엇보다도 분배 공정성에 기반을 둔 다양한 정책을 마련하는 것이 필요하다. 노동은 소득의 안정성을 담보하는 주요한 행위임에도 불구하고 기술 발전 과정에서 노동의 권리를 빼앗기는 집단은 인적자본이 상대적으로 적은 집단에 집중되기 때문이다. 또한 이들이 실업 상황에서 벗어나기 위해 선택할 수 있는 일자리 역시 고용이 불안정하거나 임금이 낮은 경우가 많다는 문제도 간과할 수 없다.

기술 발전이 특정 집단에 미치는 위협을 줄이기 위해서는 분배 공정성을 구성하는 형평(Equity), 평등(Equality), 필요(Need)의 세 가지 원칙 가운데 노동자가 일정 수준 이상의 삶을 영위할 수 있도록 생활의 안정성을 보장하는 필요의 원칙을 적극적으로 고려하는 것이 필요한데, 이를 위해서는 다음과 같은 방안을 생각해볼 수 있다.

첫째, 기술적 실업 상황에 놓인 노동자의 이직을 돕기 위한 기술교육 프로그램의 확충이다. 기술 변화의 시대에 대응하기 위한 근본적인 대응책은 미래의 핵심 기술과 관련된 직업 및 직무 능력의 특징을 고려한 맞춤형 교육제도를 만드는 것에 있다. 이를 위해서는 교육기관과 기업이 연계하여 교육과 현장실습이 반복적으로 시행되어 이직을 준비하는 노동자가 실무를 효과적으로 익힐 수 있는 교육 프로그램이 마련될 필요가 있다. 또한 프로그램의 기간이나 교육기관의 연계 정도에 따라 현장실습의 기회를 제공하는 기업에 대해 다양한 인센티브를 제공하는 방안도 마련되어야 한다(이학기·이경남·김수현, 2018).

그 밖에 교육의 프로그램이 전 연령대에 걸쳐 다양하게 구성되는 것도 매우 중요하다. 기술 변동 과정에서 기술적 실업 상황에 놓인 노동자가 대량으로 양산되는 것을 막기 위해서는 고령자 중심의 평생학습 커리큘럼을 개편하여 모든 노동자가 일하면서 새로운 기술을 습득할 수 있는 다양한 통로를 만드는 것이 필요하다. 온라인과 오프라인을 포함하여 자신이 관심 있는 새로운 기술을 습득할 수 있도록 다양한 강좌를 개발하고 이와 같은 강의를 수강하는 데 정부의 지원이 주어질 필요가 있다(한국보건사회연구원, 2017).

둘째, 소득 불평등을 완화하기 위한 보편적 기본소득(Universal Basic Income: UBI)의 도입이다. 기본소득이란 지방자치체 또는 정치공동체가 모든 구성원에게, 무조건적으로, 개개인에게 직접 지급하는 소득을 말한다(기본소득한국네트워크 홈페이지). 고용과 상관없이 부여되는 보편적 기본소득은 노동자로 하여금 부당한 고용이나 불안정한 고용을 거부할 수 있는 능력을 주며, 일하고자 하는 노동자가 생계유지를 위한 일뿐만 아니라 스스로에게 의미 있는 일을 찾을 수 있는 기회를 준다는 장점을 가지고 있다(박영숙·제롬 글렌, 2020). 인공지능에 의해 일자리가 대체되는 속도가 가속화되고 안정적인 일자리를 보장하는 것이 어려워지고 있다는 점에서 기술적 실업에 놓인 노동자의 생활권을 보장하고 인공지능 발전에 따른 성과를 사회 전체에 분배할 수 있는 제도를 마련하는 것이 필요할 것으로 보인다.

04
....

인간이 노동의 주체로 남기 위해서는

이제까지 우리는 인공지능 시대의 노동 문제를 공정성의 측면에서 살펴보았다. 인공지능은 노동의 수요와 공급을 결정하는 노동력 채용의 단계뿐만 아니라 기업이 노동자의 인적자본을 관리하는 인사 영역, 그리고 노동의 이동이 일어나는 이직의 분야 모두에서 강력한 영향력을 행사하고 있다. 그러나 이 장에서 살펴본 것처럼 인간의 한계를 넘어 효율성과 공정성을 담보해줄 것으로 기대되고 있는 인공지능 역시 어떤 데이터를 투입하는가, 어떤 알고리즘을 만드는가에 따라 분석 결과의 편향은 언제든지 나타날 수 있다.

특히 채용과 인적자본의 관리 측면에서 활용되는 인공지능의 경우 기계에 투입되는 정보가 항상 '과거'의 것이라는 점에서 기계의 사용은 더욱 주의를 요한다. '과거'를 분석하여 도출된 개개인에 대한 평가는 '과거와 다른 미래'를 만들어낼 가능성이 높은 인간을 충분히 고려하지 못한다는 맹점을 가지고 있다. '과거'에 받았던 평가가 끊임없이 '미래'의 나를 평가하는 데 쓰이기 때문에 인공지능의 결과를 맹신하면 할수록 인간이 갖는 주체성은 점점 힘을 잃게 된다. 여기서 중요한 것은 인공지능이 도출한 결과를 현실에 비추어 평가할 수 있는 존재는 인간뿐이라는 사실을 잊지 않는 것이다. 기계가 만들어낸 결과에 의존하지 않고, 참고할 수 있는 노동자가 많아질 때 인간은 기계의 시대에도 여전히 노동의 '주체'로 설 수 있을 것이다.

기술 발전과 함께 사라지는 직업과 새로 생겨나는 직업이 많아지고 산업구조의 변동에 따라 '강제적으로' 일자리를 옮길 수밖에 없는 노동자가 많아지는 문제 역시 공정성의 차원에서 접근해야 할 문제이다. 노동자가 갖고 있는 인적자본이 노동시장에서 더 이상 가치를 갖지 못하는 경우 노동자는 기술적 실업에 빠지게 되며, 기술적 실업 상황에 놓인 노동자가 선택할 수 있는 일자리는 임금수준이 가족의 생계를 꾸려나가는 데 턱없이 부족하거나, 고용의 안정성이 매우 떨어지는 경우가 대부분이다.

기술 발전이 특정 노동자 집단의 삶의 수준을 집중적으로 떨어뜨릴 가능성은 앞으로 더욱 커질 것이다. 이와 같은 상황에서 분배 공정성의 필요 개념을 적극적으로 도입한 평생학습 기회의 제공이나 체계적인 맞춤형 직업훈련 기회의 제공 또는 보편적 기본소득 제도 실시는 노동자가 '즐거운' 노동을 이어갈 수 있도록 도울 수 있는 기제가 될 것이다.

노동의 모든 과정이 기계와 함께 이루어지는 시대가 점점 다가오고 있다. 바로 이 시점에서 인간이 가진 미래를 바꿀 수 있는 가능성을 적극적으로 평가하고 일자리를 찾는 자에게 노동의 자리를 제공하려는 노력이 지속될 때 인공지능 시대에도 '즐거운' 노동을 할 수 있는 노동자가 늘어날 수 있을 것이다.

제11장

•

공정성은 행복을
가져다줄 수 있나?

임채윤
현 위스콘신대학교 사회학과 교수. 시민사회, 종교사회학, 정치사회학,
사회자본론 등 전공. 논문으로 「Religion, Social Networks, and Life
Satisfaction」 외 다수.

내용 요약

공정성과 행복

이 장에서는 최근 설문조사 자료를 활용해 한국인들의 한국 사회의 전반적인 공정성에 대한 인식과 행복감의 관계를 검토하였다. 최근에 실시된 여러 조사에서 한국 사회의 전반적 공정성에 대한 인식이 모든 사회집단 및 계층에서 매우 낮은 것으로 나타났고, 특히 1990년 이후 한국 사회가 공정하지 않다고 평가하는 사람들의 비율이 지속적으로 늘어나서 최근에는 세계 여러 나라들과 비교해서도 한국인들의 공정성 인식이 낮은 것으로 드러났다.

이렇게 낮은 공정성 인식은 한국인의 행복감은 물론이고 삶에 대한 전반적 만족도, 그리고 일상생활에서의 감정적 경험 등 주관적 안녕감의 다양한 측면들과 강한 관계를 가지고 있는 것으로 확인되었다. 특히 그 관계의 강도가 소득수준과 비교할 만하거나 오히려 더 강한 것으로 드러났고, 비슷한 소득수준을 가진 사람 중에서도 한국 사회가 불공정하다고 평가하는 사람들의 행복감과 만족감이 더 낮았다. 또 공정성 인식이 낮은 사람들 중에서 소득수준에 따른 행복감의 격차가 더 큰 것으로 나타났는데, 이런 결과는 사회의 전반적 공정성에 대한 인식에 따라 소득 불평등이 사람들의 행복감에 미치는 영향이 증폭될 수 있음을 시사한다.

01
....

공정성과 행복

이 절에서는 사회의 공정성과 행복 및 주관적 안녕감(subjective wellbeing)과의 관계를 살펴본다. 공정성에 대해서는 다양한 정의와 여러 가지 측정 방식이 있지만 이 장에서는 사람들이 사회의 전반적인 공정성에 대해 가지는 인식에 초점을 맞춘다. 물론 사람들의 공정성에 대한 인식이 객관적 사회의 현실을 늘 정확하게 반영하는 것은 아니다. 특히 공정성은 매우 추상적인 개념으로 사람에 따라 다르게 정의할 수 있고 개인의 가치관이나 경험에 따라 사회의 공정성에 대한 평가가 크게 달라질 수 있다. 따라서 사회의 절차적·분배적 공정성을 객관적 지표를 통해서 살펴보는 것이 중요하지만, 사람들이 인식하는 공정성 역시 중요하다. 아무리 객관적인 지표로 살펴본 사회의 공정성이 훌륭하다고 해도 사회의 성원들이 그렇지 않다고 인식하고 있다면 왜 인식과 객관적 지표의 간극이 나타나는지, 그런 공정성에 대한 인식이 사회 구성원들의 삶의 질과 어떤 관련을 가지는 지 살펴보아야 할 것이다. 사회학자 윌리엄 토마스의 이름을 딴 토마스 명제(Thomas Theorem)라는 것이 있는데, 많은 사람이 어떤 상황을 실재하는 것으로 인식하면 그것만으로도 우리 삶에 실질적인 영향을 미칠 수 있다는 것이다(Thomas and Thomas, 1928). 따라서 한국인들의 사회의 전반적 공정성에 대한 평가는 한편으로 객관적인 공정성의 현실과 행복감의 관계를 매개해줄 수 있을 뿐 아니라 객관적인 현실과 독립적으로 행복감과 밀접한 상관관계를 가질 수 있다.

사회의 공정성에 대한 인식이 삶에서 느끼는 행복감이나 만족감과 관련될 수 있다는 것은 어쩌면 너무 당연해 보일 수도 있겠다. 공정성을 크게 결과와 절차의 공정함으로 나누어 볼 수 있을 텐데(Tornblom and Vermunt, 1999), 사람들이 가진 자와 못 가진 자의 격차가 지나치게 크고 사회적 자원이 소수에게 집중되어 있다고 느낀다면 그에 따라 상대적 박탈감을 느끼고 스스로의 삶에 대한 만족감도 낮아질 것으로 예측할 수 있다. 또 그런 결과가 공정한 절차에 의해 나온 것이 아니라고 느낀다면 그 결과를 받아들이기 더 어려울 것이고 자신의 몫에 대한 만족도도 낮아질 수 있다.

공정성 인식과 행복의 관계가 너무 당연하다고 생각해서인지 이에 대한 경험적 연구는 드문 편이다. 경제학자들의 연구는 대부분 불평등과 행복의 관계를 살펴보았는데 그 결과는 소득 불평등을 어떻게 측정하는지에 따라, 그리고 국가별로 다르게 나타난다(Alesina et al., 2004; Dolan, Peasgood and White, 2007). 비외른스코프(Bj rnskov)와 동료들의 연구(2009)가 공정성 인식과 행복감의 관계를 살펴 본 몇 안 되는 연구 중 하나인데, '세계 가치관 조사' 자료를 이용해 노력이 성공을 가져다준다고 믿는 사람들이 그렇지 않은 사람들에 비해 높은 행복감을 가지고 있음을 보여준다. 중국의 사회학자 순과 샤오(Sun and Xiao, 2012)의 연구에서는 북경 시민들의 사회보장 및 재분배 정책의 공정성에 대한 인식과 주관적 안녕감 간에 긍정적 상관관계가 있는 것으로 나타난다. 최근 연구에서 김재우(2019)는 한국 사회에서 기회가 공평하게 주어진다고 인식할수록 삶에 대한 전반적 만족도가 높아진다는 것을 보여주고, 또 기회 불평등이 높다고 생각하는 사람들 사이에서 주관적 계층의식과 삶의 만족도의 관계가 더 강하다는 것을 밝히고 있다.

많지는 않지만 이런 기존 연구는 공정성 인식이 행복감 및 주관적 안녕감과 밀접한 관련을 가질 수 있음을 보여주고, 특히 김재우의 연구는 사회의 공정성 인식에 따라 계층 간 행복감의 차이가 다르게 나타날 수 있음을 보여준다. 후자는 특히 사회경제적 자원의 분배 결과가 사람들의 행복감에 미치는 영향이 공정성 인식에 따라 달라질 수 있음을 시사해 주목할 만하다. 이 절에서는 이러한 기존 연구를 바탕으로 한국 사회에서 공정성 인식과 주관적 안녕감 전반의 관계를 좀 더 심도 있게 살펴본다.

우선 최근 조사 자료들을 활용해 한국 사회의 전반적 공정성에 대한 인식이 어떻게 분포되어 있는 지 알아보고, 다음으로 공정성 인식이 행복감을 비롯한 주관적 안녕감과 어떤 관계를 보이는 지 살펴본다. 또 소득수준과 행복감의 관계가 공정성 인식에 따라서 어떻게 달라지는지도 알아본다. 공정성 인식에는 여러 가지 차원이 있을 수 있는데, 개인이 경험하는 공정성에 대한 인식과 개인의 경험을 넘어선 사회 전반의 공정성에 대한 인식이 각각 행복감과 어떤 관련을 가지고 있는 지도 살펴본다. 끝으로 국가 간 비교를 통해 한국 자료에서 나타나는 공정성 인식의 전반적 수준 및 행복감과의 관계가 다른 나라들과 비교해 어떤 특성이 있는지 분석해본다.

02

....

한국인의 공정성 인식과
주관적 행복감

1. 한국인의 공정성 인식: 누가 더 불공정하다고 느끼나?

한국인들은 한국 사회가 전반적으로 얼마나 공정하다고 생각하고 있을까? 〈그림 11-1〉은 2018년과 2019년 한국학중앙연구원에서 실시한 설문조사에서 한국 사회의 전반적 공정성에 대한 문항에 대해 '공정하다' 혹은 '아주 공정하다'고 응답한 비율과 '불공정하다' 혹은 '아주 불공정하다'고 한 비율을 보여주고 있다. 우선 주목할 점은 대다수의 응답자들이 한국 사회가 공정하지 않다고 느끼고 있다는 것이다. 3,500명이 넘는 응답자 중 9%만이 한국 사회가 공정하거나 아주 공정하다고 답했다. '아주 공정하다'고 응답한 사람은 3,500여 명 중 6명에 불과했다. 반면 불공정하거나 아주 불공

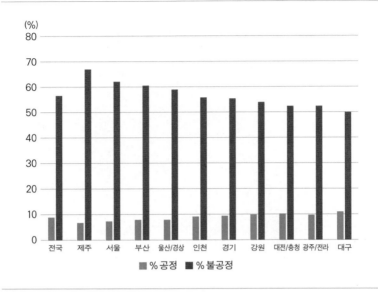

〈그림 11-1〉 한국 사회의 전반적인 공정성에 대한 인식: 지역 간 비교

정하다고 답한 응답자는 57%에 달했다.

지역별로 공정성에 대한 인식에 어느 정도 차이가 있는데, 서울
과 부산 지역 응답자 중 공정치 않다고 응답한 비율이 높게 나타났
다. 경기도의 경우 55%로 전국 평균보다 약간 낮은 비율을 보였다.
호남지역과 대구에서 불공정하다는 비율이 좀 더 낮게 나타나지만
서울과 부산, 그리고 제주를 제외하면 다른 지역 간의 차이가 아주
큰 것은 아니다. 제주의 경우 응답자 숫자가 상대적으로 적어 측정
치에 불확실성이 크다는 점을 고려해야 할 것이다.

〈그림 11-2〉는 응답자 특성별로 불공정하다고 답한 비율을 비
교하고 있는데, 20대가 다른 연령대에 비해 한국 사회의 공정성을

398

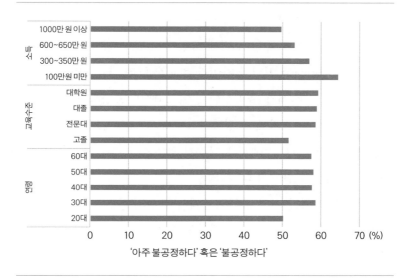

〈그림 11-2〉 응답자 특성별로 본 공정성 인식

조금 더 높게 평가하는 것으로 나타났다. 이는 '금수저·흙수저' 담론 등에서 드러나는 최근 젊은 층의 한국 사회 불평등에 대한 불만을 고려하면 의외의 결과라고 하겠다. 이러한 결과가 이 자료에서만 나타나는 특이한 현상인지 확인하기 위해 2019년 문화일보에서 실시한 '한국 사회 공정성 조사'도 살펴보았는데, 이 자료에서도 젊은 층이 고령층에 비해 한국 사회가 좀 더 공정하다고 평가하고 있었다. 연령대에 따른 차이가 아주 큰 것은 아니지만, 비슷한 시점에 독립적으로 이루어진 여러 조사에서 비슷한 양상이 나타난다는 점을 고려하면 최소한 젊은 층이 특별히 더 한국 사회가 불공정하다고 생각하고 있는 것은 아니라는 결론을 내릴 수 있겠다.

사회경제적 지위와 공정성 인식의 관계는 조금 더 복잡한데, 교육수준의 경우 대학교육을 받은 응답자들이 그렇지 않은 응답자들에 비해 더 불공정하다고 생각하는 비율이 약간 높은 반면 고소득층 응답자들은 저소득층에 비해 그렇지 않다고 생각하는 편이다. 소득에 따른 공정성 인식의 차이가 비교적 큰데, 최저 소득층의 경우 64%가 한국 사회가 불공정한 편이고 6%만 공정하다고 한 반면 최고 소득층의 50%가 불공정하다고 했고 12%는 공정한 편이라고 응답했다. 〈그림 11-2〉에서 보여주지 않았지만 주관적 계층의식에 따라서도 비슷한 경향이 나타났다.

요약하자면 최근 여러 사회조사에서 다수의 응답자들이 한국 사회의 전반적인 공정성을 낮게 평가하고 있는데, 이는 거의 모든 사회집단에서 고르게 나타나고 있다. 하지만 그 정도에서 집단 간 차이가 있는데, 그중 가장 주목할 만한 것은 소득수준에 따른 차이이다. 어쩌면 당연한 결과라고 할 수 있겠지만, 한국 사회의 공정성에 대한 태도와 가장 밀접한 관련을 보이는 변수가 소득 그리고 주관적 계층의식이라는 점은 경제적 기회와 성과의 분배가 공정성 인식에 기여하는 가장 중요한 요인이라는 점을 시사한다.

2. 한국 사회가 공정하다고 생각하는 사람은 더 행복한가?

한국 사회의 전반적 공정성에 대한 인식과 행복감 간에는 어떤 관계가 있을까? 행복 혹은 주관적 안녕감에 대한 연구들은 행복을 크게 두 가지 측면으로 나누는데, 하나는 삶 전반에 대한 평가를 뜻하는 인지적 안녕감(cognitive wellbeing), 다른 하나는 일상에서 느

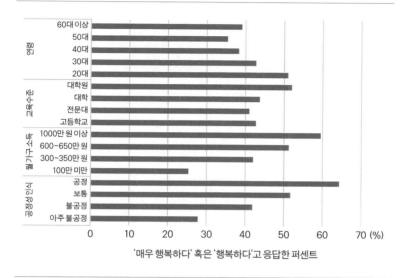

〈그림 11-3〉 공정성 인식 및 주요 응답자 특성과 행복감의 관계

'매우 행복하다' 혹은 '행복하다'고 응답한 퍼센트

끼는 긍정적·부정적 감정의 균형을 뜻하는 감정적 안녕감(affective wellbeing)이다(Kahneman and Krueger, 2006; Diener et al., 2010). 설문조사를 이용한 연구에서 흔히 사용되는 전반적인 행복감을 묻는 문항은 이 두 가지를 다 반영하는 경향이 있는데, 우선 이 문항을 이용해 공정성 인식과 행복감의 관계를 살펴본다.

〈그림 11-3〉은 공정성 인식, 그리고 몇 가지 주요 개인적 특성에 따른 주관적 행복감을 보여준다. 개인 특성에 따라서 행복감에 상당한 차이가 나타나는데, 그중 특히 연령과 소득을 중심으로 살펴보면 우선 젊은 층에 비해 중장년층의 행복감이 상대적으로 낮게 나타난다. 특히 50대에서 낮은데 20대에 비해 행복하다고 한 비율이 16%포인트 낮게 나타난다. 이는 여러 나라에서 나타나는 연령

과 행복감 간의 U자형 관계가 한국에서도 나타나고 있음을 보여준다(Frijiters, 2012). 하지만 가장 두드러진 차이는 가구소득에 따라 나타나는데, 최저 소득층과 최고 소득층에서 행복하다고 한 비율이 각각 25%와 59%로 약 34%포인트 차이가 있었다. 또 최고 소득층에서 행복하지 않다고 한 비율은 10%가 안 된 데 비해 최저 소득층에서는 30%에 달했다.

이 절의 주요 관심사인 공정성 인식과 행복감 사이에도 밀접한 관계가 있는데, 한국 사회가 공정하다고 한 사람의 64%가 행복하거나 아주 행복하다고 한 반면 불공정하다고 한 응답자의 42%, 아주 불공정하다고 한 응답자의 28%만이 행복하거나 아주 행복하다고 했다. 공정성 인식과 행복감의 이런 관계는 다른 개인적 특성들과 비교해도 상당히 강한데, 특히 공정하다고 한 응답자와 아주 불공정하다고 한 응답자 간 행복감 차이가 최고 소득층과 최저 소득층 간의 차이보다 좀 더 크다.

공정성 인식과 행복감의 이런 관계는 주관적 안녕감을 측정하는 다른 문항 들을 이용해도 비슷하게 나타난다. 사람들이 일상생활에서 경험하는 감정적 안녕감을 측정하기 위해 한국학중앙연구원 조사에서는 어제 하루 동안 경험한 여러 가지 긍정적·부정적 감정에 대해 물었다(Krueger and Kahneman, 2006). 구체적으로는 응답자들에게 어제 웃음, 즐거움, 걱정, 두려움을 포함한 8가지 감정을 경험했는지 물어보았다.

〈그림 11-4〉는 한국 사회가 공정하다고 한 응답자들과 아주 불공정하다고 한 응답자들 중 어제 하루 이 8가지 감정을 경험할 일이 있었다고 답한 비율을 비교하고 있다. 우선 대체로 긍정적 감정

<그림 11-4> 공정성 인식과 일상에서의 감정적 경험

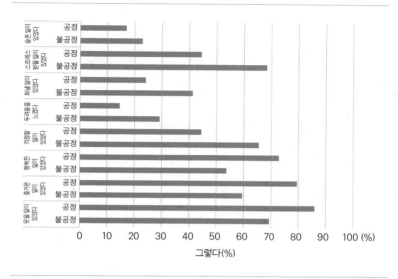

을 경험했다는 응답자가 부정적 감정을 경험했다는 응답자보다 상
당히 높다. 대다수의 응답자들이 어제 웃을 일, 즐거운 일이 있었
고, 또 많은 응답자들이 행복하다고 느낄 일이 있었다고 응답했다.
부정적 감정 경험 중에는 걱정할 일, 그리고 스트레스 받을 일이 있
었다고 한 응답자가 많은 반면, 화날 일이나 슬픈 경험을 한 응답
자는 상대적으로 적은 편이다. 하지만 모든 감정에서 공정성 인식
에 따라 상당한 차이가 있다. 슬픔을 제외하고 다른 모든 감정 경
험에서 두 집단 간에 약 15%에서 24%포인트 정도 차이가 나는데,
긍정적 감정의 경우는 공정하다고 한 사람들 사이에서, 부정적 감
정의 경우는 불공정하다고 응답한 사람들 중에서 그 비율이 더 높
다. 가령 한국 사회가 공정하다고 한 응답자의 86%가 어제 웃을

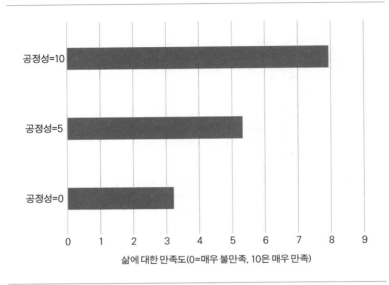

〈그림 11-5〉 공정성 인식과 전반적인 삶에 대한 만족도

공정성=10

공정성=5

공정성=0

0 1 2 3 4 5 6 7 8 9

삶에 대한 만족도(0=매우 불만족, 10은 매우 만족)

일이 많이 있었다고 한 데 비해 불공정하다고 한 응답자 중에는 그 비율이 69%였다. 반면 어제 스트레스를 많이 경험했다는 비율은 각각 45%와 68%여서 불공정하다고 한 응답자 중에서 높게 나타났다.

공정성 인식과 주관적 안녕감의 이러한 강한 상관관계는 다른 자료, 그리고 다른 측정치를 이용해도 일관되게 나타난다. 〈그림 11-5〉는 2019년 '한국 사회 공정성 조사'를 이용해 인지적 안녕감의 척도로 자주 사용되는 삶에 대한 전반적 만족도와 공정성 인식의 관계를 살펴보고 있다. 이 조사에서 삶에 대한 만족도는 0(아주 불만족)에서 10(아주 만족)까지 11점 척도로 측정되었고, 공정성 인식은 한국 사회의 전반적인 공정성에 대해 1(매우 공정하지 않음)에서 10(매우 공정)까지 10점 척도로 물어보았다. 〈그림 11-5〉는 이 두 문항 간에 역시 강한 상관관계가 있음을 보여준다. 한국 사회가 매우 공정하지 않다고 응답한 사람(공정성=0)의 경우 평균 삶의 만족도가 11점 척도에서 3점을 조금 넘었는데, 이는 전체 응답자 중 하위 25%에 속하는 만족도이다. 반면 아주 공정하다고 응답한 사람(공정성=10)의 경우 삶의 만족도가 8점에 가까운데, 전체 응답자의 10% 정도만이 삶의 만족도에서 8점 혹은 그 이상의 점수를 보였다. 이는 보통 삶의 만족도를 가장 잘 예측하는 개인 변수인 가구소득에 따른 차이와 비교해도 더 큰 격차인데, 최저 소득층 응답자(100만 원 미만)와 최고 소득층 응답자의 평균 만족도 점수는 각각 3.9와 5.4로 1.5점의 차이가 나, 공정성 인식에 따른 차이(5점)에 비해 훨씬 작다. 물론 서로 다른 척도를 사용해 측정된 소득과 공정성 인식의 삶의 만족도와의 관계를 직접 비교하기는 힘들지만, 앞에서 살펴본 결과들과 종합해볼 때 공정성 인식과 행복감 및 주관적 안녕감 간의 상관관계가 상당히 강하다는 결론을 내릴 수 있겠다.

3. 공정성 인식, 소득 불평등, 행복감

위에서 우리는 소득과 공정성 인식이 행복감, 그리고 다른 여러 주관적 안녕감 척도와 밀접한 관련을 가지고 있음을 보았다. 또 소득이 공정성 인식을 가장 강력하게 예측하는 변수임도 보았다. 사람들의 공정성에 대한 인식이 중요한 이유 중 하나는 사회의 중요한 정치적·경제적 제도, 즉 '게임의 규칙'에 대한 신뢰에 영향을 줄 수 있기 때문일 것이다. 게임의 규칙을 신뢰하지 못할 때 사람들은

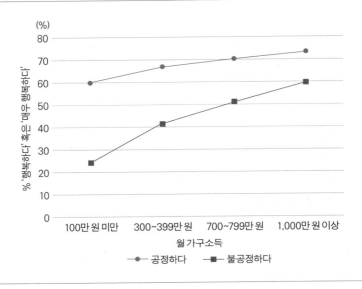

결과의 정당성을 수용하기 어렵다. 따라서 비슷한 소득수준을 가지고 있는 사람이라도 사회가 불공정하다고 생각하면, 그래서 자기에게 돌아오는 몫이 노력에 대한 정당한 대가가 아니라고 생각한다면 자신의 처지에 대한 불만족도 더 클 수 있다.

〈그림 11-6〉은 이러한 추측을 뒷받침하는 증거를 보여준다. 이 그림에서는 한국 사회가 공정하다고 응답한 사람과 그렇지 않다고 한 사람을 구분해 가구소득과 행복감의 관계를 따로 살펴보고 있다. 우선 주목할 점은 가구소득과 상관없이 공정하다고 응답한 사람 중 행복감이 전반적으로 높다는 것이다. 또 공정성 인식과 상관없이 고소득층의 행복감이 저소득층에 비해 높다. 하지만 소득에

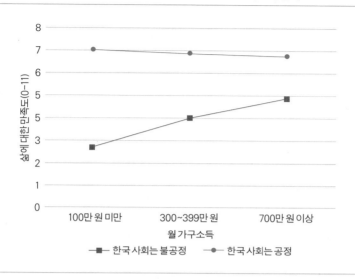

〈그림 11-7〉 공정성 인식에 따른 가구 소득과 삶에 대한 만족도의 관계

따른 행복감의 격차는 한국 사회가 공정하지 않다고 인식하는 응답자 중에서 더 크게 나타난다. 한국 사회가 불공정하다고 한 응답자 중 최저 소득층의 경우 24%만 행복하다는 응답을 한 데 비해 최고 소득층의 60%가 행복하다고 했다. 반면 공정하다고 응답한 사람 중에서는 그 비율이 각각 60%와 73%였다. 이런 결과는 같은 수준의 소득 불평등이 있어도 사람들의 공정성 인식에 따라 행복감의 분포가 크게 달라질 수 있음을 보여준다.

비슷한 결과를 2019년 '한국 사회 공정성 조사' 자료에서도 확인할 수 있다. 〈그림 11-7〉은 가구 소득과 11점 척도로 측정한 삶에 대한 만족도의 관계를 공정성 인식 수준에 따라 보여주고 있다. 파란 선은 10점 척도로 측정된 한국 사회의 전반적 공정성에 대한 평가에서 7에서 10점을 준 응답자들 중 소득과 삶에 대한 만족도의 관계를 보여주는데, 소득수준에 따라 삶의 만족도에 거의 차이가 없음을 알 수 있다. 반면 회색으로 표시된 공정성 평가에서 1에서 4점을 준 응답자들 중에서는 고소득층의 만족도가 저소득층에 비해 높다.

이런 결과는 김재우(2019)가 다른 자료를 이용해 공정성 인식에 따라 주관적 계층의식과 삶에 대한 만족도의 관계가 다르게 나타나는 것을 보여준 것과 일관된 것인데, 유사한 패턴이 세 가지 다른 자료, 그리고 공정성 및 계층에 대한 다른 측정치를 이용한 분석에서 모두 확인되어 한 자료에서만 확인되는 우연한 결과가 아님을 알 수 있다. 이는 공정성 인식이 사람들의 주관적 안녕감과 직접적인 관련을 가질 뿐 아니라, 소득과 계층 간 불평등이 주관적 안녕감에 미치는 영향을 증폭시키거나 완화시켜주는 조절 작용을 하고 있음을 시사한다.

4. 어떤 공정성이 중요한가?

공정성은 추상적이고 복합적인 개념이다. 사회의 공정성에 대한 인식도 당연히 여러 가지 차원으로 나누어 생각해볼 수 있다. 지금까지는 주로 한국 사회의 전반적인 공정성에 대한 인식을 포괄적으로 묻는 문항을 이용해 분석해보았지만, 좀 더 구체적으로 어떤 차원의 공정성에 대한 인식이 사람들의 행복감과 좀 더 밀접한 관련을 가지는 지를 살펴보는 것이 정책적 방향을 설정하는 데 중요할

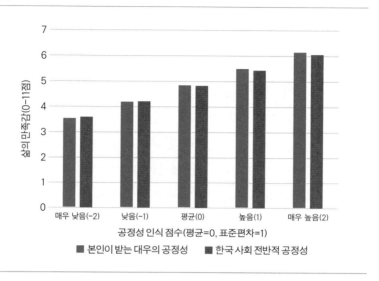

〈그림 11-8〉 본인이 받는 대우의 공정성과 사회의 전반적 공정성의 삶의 만족도와의 관계

[세로축] 삶의 만족감(0~11점)

[가로축] 공정성 인식 점수(평균=0, 표준편차=1)
매우 낮음(-2)　낮음(-1)　평균(0)　높음(1)　매우 높음(2)

■ 본인이 받는 대우의 공정성　■ 한국 사회 전반적 공정성

것이다. 여기에서는 사회 전반에 대한 공정성 인식과 본인이 얼마나 공정하게 대접받고 있다고 생각하는지를 구분해 살펴보려고 한다. 물론 이 두 가지 차원의 공정성 인식이 독립적인 것은 아니고 개인의 상황에 대한 인식이 한국 사회 전반적 공정성에 대한 인식을 형성하는 데 기여할 것이다. 하지만 스스로는 공정하게 대우 받고 있다고 생각하면서도 한국 사회의 전반적 공정성에 문제가 있다고 생각할 수도 있고, 반대로 한국 사회가 전반적으로 공정하지만 자신은 유독 공정치 못한 대우를 받고 있다고 생각할 수도 있어, 각각이 주관적 안녕감과 어떤 독립적 관계를 갖는지 살펴볼 필요가 있다.

〈그림 11-8〉은 '한국 사회 공정성 조사' 자료를 이용해 본인이 얼

마나 공정한 대우를 받고 있는지에 대한 평가와 한국 사회의 전반적 공정성에 대한 인식이 각각 삶에 대한 만족도와 어떻게 관련되어 있는지를 보여준다. 본인이 받고 있는 대우의 공정성은 응답자가 자신의 능력, 노력, 경력 등에 비해 얼마나 공정한 대우를 받고 있는 지에 대한 문항들을 합산한 점수이다. 한국 사회의 전반적인 공정성은 여러 가지 사회·경제적 기회 및 제도와 정책이 얼마나 공정한 지를 묻는 12문항을 합산했다. 비교를 용이하게 하기 위해 두 점수를 표준화해서 평균이 0점, 표준편차가 1점이 되도록 했다. 그림에서 매우 높음은 평균보다 두 표준편차가 높은 공정석 인식 점수를, 높음은 한 표준편차가 높은 점수를 의미한다. 의미 있는 비교를 위해 연령, 성별, 소득 등 주요 개인 특성을 통제하였고, 또 본인이 받는 대우의 공정성과 삶의 만족도의 관계를 볼 때는 한국 사회의 전반적 공정성 인식을 통제했다. 반대로 한국 사회의 전반적 공정성 인식과 삶의 만족도의 관계를 볼 때는 본인이 받는 대우의 공정성 점수를 통제하였다.

〈그림 11-8〉은 두 가지 공정성 점수가 삶에 대한 만족도와 아주 비슷한 관계를 가지고 있음을 보여준다. 본인이 받는 대우의 공정성 점수가 매우 높은 응답자의 삶에 대한 만족도 점수는 6.1, 매우 낮은 응답자의 만족도 점수는 3.6이었는데, 한국 사회의 전반적 공정성 점수의 경우 이에 해당하는 만족도 점수가 각각 6.1과 3.5로 거의 동일했다. 이는 공정성 인식의 이 두 측면이 각각 독립적으로 삶에 대한 만족도와 상관관계가 있음을 보여준다. 여기에서 보여주지는 않았지만 삶의 만족감 대신 행복감 문항을 이용해도 거의 동일한 결과가 나온다. 이는 공정성 인식과 주관적 안녕감의 관계가

본인이 경험하는 불공정성에만 한정된 것이 아니며, 본인의 경험과 상관없이 한국 사회의 전반적 공정성에 대해 어떻게 느끼는지도 중요한 역할을 하고 있음을 시사한다. 물론 두 공정성 인식 간에 높은 상관관계가 있음을 기억할 필요가 있겠다.

5. 공정성 인식과 행복감: 비교적 시각

지금까지 이 절에서는 한국인들이 전반적으로 한국 사회가 공정하지 않다고 느끼고 있고, 공정성과 행복감 및 주관적 안녕감 사이에 밀접한 관련이 있음을 보았다. 그러면 한국인은 언제나 한국 사회가 불공정하다고 생각해왔을까? 아니면 최근에 들어 불공정하다는 인식이 더 심화되었을까? 또 한국인의 공정성 인식이 다른 나라들에 비해 어떤 수준이며, 또 공정성 인식과 행복감 간의 밀접한 관계가 다른 나라에서도 나타날까? 이 질문들에 답하기 위해 마지막으로 '세계 가치관 조사 자료(World Values Survey)'를 살펴보기로 한다. 1980년에 시작된 '세계 가치관 조사'는 현재까지 모두 일곱 차례 이루어졌는데, 2017~2020년에 실시된 조사에는 모두 80개국이 참여했다. 한국은 일곱 차례 조사에 모두 참여했다.

안타깝게도 '세계 가치관 조사'는 이 장에서 지금까지 사용한 사회의 전반적 공정성에 대한 평가를 묻는 문항이 포함되어 있지 않다. 대신 이 사회에서 열심히 일하면 성공할 수 있는지(10점), 아니면 연줄과 운이 있어야 성공할 수 있는지(0점) 묻는 문항을 이용해 공정성 인식을 측정한다. 이 문항은 공정성의 특정 측면에 초점을 맞

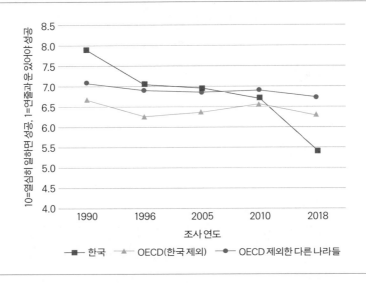

〈그림 11-9〉 공정성 인식: 한국, OECD 회원국 및 비회원국 간의 비교

세로축: 10=열심히 일하면 성공, 1=연줄과 운 있어야 성공

가로축: 조사 연도

1990 1996 2005 2010 2018

범례: ━■━ 한국   ━▲━ OECD(한국 제외)   ━●━ OECD 제외한 다른 나라들

추고 있어 앞에서 사용한 전반적 공정성 인식에 대한 분석과 직접 비교가 힘들지만, 1990년 조사부터 가장 최근 조사까지 한국을 비롯한 여러 국가의 설문에 포함되어 있어 한국인의 공정성에 대한 인식이 어떻게 변화해왔는지, 또 한국인의 공정성 인식의 수준이 다른 나라와 비교해 어떤지를 살펴볼 수 있는 좋은 기회를 제공한다.

〈그림 11-9〉는 이 문항의 각 조사 연도별 평균 점수를 한국, OECD 회원국 (한국 제외), OECD 비회원국으로 나누어 보여준다. 좀 더 의미 있는 비교를 위해 연령, 성별, 교육수준, 소득수준 그리고 결혼 여부를 통제한 평균 점수를 비교했다. 우선 지난 30여 년간 한국인들의 공정성 인식에 상당한 변화가 있었음을 볼 수 있다. 1990년 조사에서는 평균점이 8점에 가까워 다른 국가에 비해 열심

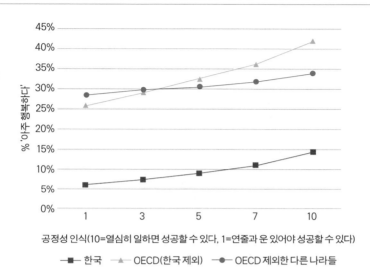

공정성 인식(10=열심히 일하면 성공할 수 있다, 1=연줄과 운 있어야 성공할 수 있다)

■ 한국　▲ OECD(한국 제외)　● OECD 제외한 다른 나라들

히 일하기만 하면 성공할 수 있다고 믿는 한국인들이 많았던 것으로 나타난다. 하지만 1990년 이후 그 점수가 지속적으로 하락해 가장 최근 조사에서는 5.5점 아래로 떨어져 OECD 회원국이나 비회원국에 비해 더 낮은 점수를 보이고 있다. 가장 최근 조사에서는 참여한 모든 OECD 회원국 중 가장 낮은 점수를 보이고 있다. 이는 다른 나라들에 비해 높은 공정성 인식을 보였던 1990년 조사에 비해 비교적 짧은 기간에 일어난 큰 변화라고 하겠다.

〈그림 11-10〉은 '세계 가치관 조사' 자료에서 열심히 일하기만 하면 성공할 수 있다는 데 동의하는 정도에 따라 '아주 행복하다'고 응답한 사람의 비율을 한국, OECD 회원국, OECD 비회원국으로 나누어 살펴보고 있다. 우선 한국뿐 아니라 다른 국가들에서도 공

정성 인식이 높은 사람들이 더 높은 행복감을 보인다. 공정성 인식에 따른 행복감의 차이는 OECD 회원국들이 비회원국들에 비해 조금 더 큰 것으로 나타난다. 한국의 경우 공정성 인식에 따른 행복감의 차이는 OECD 회원국들과 비슷한데, 다만 전반적인 행복감이 다른 나라들에 비해서 상당히 낮게 나타난다. OECD 회원국이나 비회원국에서는 공정성 인식과 관계없이 25% 이상의 응답자들이 아주 행복하다고 응답한 반면, 한국에서는 그 비율이 15% 미만이다. 여기에서 보여주지 않았지만 행복감 대신 삶에 대한 전반적 만족도 문항을 이용해 분석해도 거의 동일한 결과가 나타나, 한국인들의 주관적 안녕감이 다른 나라들에 비해 많이 낮지만 공정성 인식과 행복의 관계는 여러 나라에서 비슷하게 나타난다는 결론을 내릴 수 있다.

03
····

요약과 결론

 이 절에서는 최근에 실시된 여러 설문조사 자료를 활용해 한국인의 공정성 인식과 행복감 및 주관적 안녕감의 관계를 살펴보고, 또 '세계 가치관 조사' 자료를 이용해 다른 나라들과 비교해보았다. 우선 최근 여러 조사에서 공통적으로 한국인들이 한국 사회의 공정성에 대해 매우 박한 점수를 주고 있음을 보여주었다. 가령 2018년과 2019년 실시한 조사를 결합한 자료에서 전체 응답자 3,517명 중 한국 사회가 아주 공정하다고 답한 사람은 단 6명에 불과했다. 반면 60%의 응답자가 아주 불공정하거나 불공정하다고 답했다. '세계 가치관 조사' 자료를 보면 한국인의 공정성 인식이 1990년 이후 지속적으로 악화되어 최근 조사에서는 다른 국가들에 비해 한국 사회가 불공정하다고 생각하는 한국인의 비율이 상대적으로 높았다. 이는 한국인들의 사회의 공정성에 대한 불만이 1990년대 이후 악화되어 이제 심각한 수준에 이르렀음을 보여준다.

이런 한국인의 낮은 공정성 인식이 꼭 한국 사회의 객관적 현실을 정확하게 반영한다고 할 수는 없다. 가령 한국인의 공정성 인식이 1990년 이후 악화되었고 OECD 회원국이나 비회원국과 비교해도 많이 낮게 나오는데, 이는 한국의 소득분배나 세대 간 사회경제적 이동 통계에 나타나는 분배 및 기회의 공정성의 현실과 한국인들이 체감하는 공정성 간에 상당한 거리가 있음을 시사한다(정인관 외, 2020; 이성균 외, 2020; 이수빈·최성수, 2020). 하지만 한국인의 낮은 공정성 인식이 객관적 현실을 정확하게 반영하지 않는다고 해도, 그 자체로 중요한 사회적 현실이고 중요한 사회적 결과를 초래할 수 있다. 공정성 인식과 행복감의 강한 상관관계는 이 점을 잘 보여준다.

이 절에서 우리는 한국 사회가 불공정하다고 생각하는 사람은 주관적 행복감이 낮고, 삶에 대한 만족감도 낮으며, 일상생활에서 긍정적인 감정 경험을 하는 비율은 낮은 반면 부정적인 감정 경험을 하는 비율은 높음을 보았다. 이런 관계는 여러 가지 개인 특성을 통제해도 변하지 않았는데, 특히 '빅5' 성격 요인을 통제해도 마찬가지였다. 실제로 공정성 인식과 주관적 행복감의 관계는 행복감의 가장 강력한 예측변수인 외향적 성격요인과 비교해도 큰 차이가 없고 가구소득과 견줄 수 있거나 오히려 더 강한 것으로 나타난다. 공시적 자료로 인과관계를 입증할 수는 없지만 적어도 현대 한국 사회에서 공정성 인식이 주관적 행복감과 가장 밀접한 관련을 가지는 요인 중 하나라는 결론을 도출할 수 있다.

가구소득과 여러 가지 주관적 안녕감 척도 간의 강한 상관관계도 주목할 만하다. 특히 다른 나라의 자료에서는 일상적인 감정 경험과 소득 간에 관계가 없거나 약한 것으로 나타나는 경우가 많은데, 이 장에서 살펴본 한국 자료에서는 그 관계가 강하게 나타난다. 또 주목할 만한 것은 소득과 행복감의 관계가 전반적 공정성에 대한 인식에 따라 달라진다는 점이다. 한국 사회가 대체로 공정하다고 느끼는 사람들 중에서는 저소득층과 고소득층 간 주관적 행복감이나 삶에 대한 만족감의 차이가 거의 없거나 크지 않은 반면, 공정치 않다고 느끼는 사람들 사이에서는 그 차이가 크게 나타난다. 대다수 한국인이 한국 사회가 대체로 불공정하다고 느끼는 현실에서, 이는 소득 불평등이 한국인의 주관적 안녕감에 미치는 부정적 영향이 낮은 공정성 인식 때문에 더 증폭될 수 있음을 시사한다.

공정성 인식이 한국인이 느끼는 행복감이나 삶의 만족감과 가지는 이런 직간접적 관계를 고려할 때, 공정성 인식에 영향을 미치는 요인을 좀 더 정밀하게 분석해볼 필요가 있겠다. 또 '세계 가치관 조사'에서 나타난 1990년대 이후 공정성 인식의 추세를 다른 시계열적 자료를 사용해 다시 확인하고, 특히 어느 시점에, 또 어떤 집단에서 공정성 인식이 먼저 변화하기 시작했는지를 추적해보는 것도 한국인의 낮은 공정성 인식의 원인을 파악하는 데 도움이 될 것이다. 이 절의 분석은 공정성 인식이 여러 가지 사회·경제적 지표에 비해 낮은 한국인의 행복감 및 주관적 만족감을 설명하는 중요한 단서를 제공할 수 있음을 시사한다.

제12장

•

공정성, 지속가능성장의 조건

김석호

현 서울대학교 사회학과 교수. 서울대학교 사회발전연구소장. 정치사회학, 시민사회, 이주사회 등 연구. 논문으로 「한국사회 세대 간 공정성」, 저서로 『민주주의의 질』 외 다수.

내용 요약

공정성, 지속가능성장의 조건

지금까지 우리는 최근 한국 사회 공론장에서 가장 중요한 이슈로 떠오른, 그리고 한국인이 가장 민감하게 반응하는 공정성의 여러 측면에 대해 이론적 관점과 구체적 현상을 살펴보았다. 우선 이론적인 측면에서는 공정성의 개념과 가깝지만 분명히 구분되는 정의, 공평, 평등, 형평 등의 개념들이 분명한 이론적 구분 없이 혼용되고 있는 상황에 대해 생각해보고 공정에 대하여 철학적·사회학적·정치학적 관점에서 조명하고 재구성을 시도하였다. 그런 후에 과거의 역사를 바탕으로 한국 사회가 공정성을 확보할 수 있는가에 따라 지속가능한 성장을 좌우할 수 있는 핵심 주제들에 대해 논의하였다. 여기 결론에서는 지금까지의 논의를 통해 드러난 함의를 주제별로 정리하고, 한국 사회의 지속가능한 성장에 필수적인 공정의 회복과 확립을 위한 제언을 종합적으로 제시한다.

01

....

사회적 합의와 다양성 존중에서
시작해야 한다

　이 책에서 여러 필자가 공정성에 대한 상이한 관점을 가지고 다양한 주제에 대해 각자 논하지만, 모두가 동의하는 지점이 있다. 공정성은 무엇보다도 사회적 협력에 참여하여 자원과 노력을 헌신한 대가에 대한 보상의 약속이며, 그런 만큼 그 약속이 지켜지지 않을 경우 사회 구성원들은 사회에 대해 실망하고 분노해 사회에 대한 신뢰, 존중, 소속감을 철회할 것이란 점이다. 그리고 이와 같은 상황이 나아지지 않으면, 사회 전반의 협력이 약해지고 무질서와 혼란이 초래될 것이라고 경고한다. 따라서 한 사회의 공정성에 대한 개념과 기준은 어느 정도 합의를 이루고 안정성을 유지할 필요가 있다. 그러나 공정성에 대한 사회적 합의를 이루는 것은 많은 이론적·기술적 난제를 극복해야만 하며 결코 쉬운 일이 아니다. 한국 사회를 비롯한 산업사회에서 집단 간, 개인 간 가치가 다르게 나타나는 것은 돌이킬 수 없는 현상이며, 공정성의 영역에 있어서도 가치와 동기가 다양하다. 즉 공정성에 대한 통일된, 하향식 개념의 주입은 더는 작동하지 않는다.

오재호와 박효민의 글에서 제시된 바와 같이 한국 사회를 포함한 모든 사회에서 공정성의 문제는 물론 부분적으로 한국 사회의 시스템 자체가 불공정한 요소를 가지고 있기 때문에 발생하지만, 다른 한편으로는 공정성에 대해 서로 다른 개념과 기준이 난립하고 있기 때문이다. 공정성 인식과 관련해 공통분모가 없으므로 사회의 각 기관들은 사회적 자원과 부담의 분배의 정도를 결정하는 데 있어 여론에 떠밀리거나, 임시방편적 처방으로 모면을 하고, 이는 다시 공정에 대한 불신을 키운다. 따라서 이와 같은 혼란을 줄이기 위해서는 정치, 경제, 사법, 문화 등 각 제도 내에서 자원을 분배하는 주체들이 공정한 분배에 대한 보다 분명한 원칙을 수립하고 이를 사회 구성원에게 공개하여 검증을 받으며 조정할 필요가 있다.

공정성에 대한 합의를 만들어가는 과정에서 중요하게 고려해야 할 사항은 공공성의 확보이다. 즉 얼마나 형식적으로 완전한 공정성이냐 하는 점도 중요하지만 공정성의 원칙과 결과가 얼마나 공공성을 띠어야 하는가가 지속가능하고 수용가능한 공정성 개념을 공유하는 데 필수적이다. 공정성에 대한 판단에서 나에게 도움이 되는 일은 공정하고 나에게 해가 되는 일은 불공정하다는 식의 개인 중심적 공정성의 발상에서 벗어나는 것이 우선이다. 공정성에 대한 사회적 논의에서 공공의 가치를 지향해야 한다는 점을 분명히 한다면, 구성원들이 공유하는 가치에 기반한 다양한 방식의 공정성 기준의 설정과 적용이 가능할 것이다.

다양성에 대한 존중 또한 중요하다. 공정성의 논의를 보다 생산적이고 건전하게 이끌기 위해서는 공정성이 여러 측면이 있다는 것을 인정하는 것이 필요하다. 공정성 개념을 하나로 정의하기는 어렵다. 모든 사람의 입장을 만족시킬 수 있는 공정성 개념 정의도 불가능하다. 공정성과 관련된 의미 있는 논의를 진행하기 위해서는 오히려 공정성을 통일시키려는 노력보다는 개념의 다양성을 인정하려는 시도가 필요할 것이다.

하상응에 따르면, 사회의 공정성 수준 그리고 사람들의 공정성 인식은 시장, 시민사회, 국가 영역에서 서로 다른 모습으로 나타난다. 시장 영역에서의 공정성은 능력, 기여에 따라 사람들을 차별적으로 대하는 행위가 정당하다는 형평 원리, 즉 능력주의 원리에 기반하고 있다. 시장 논리에 따르면 불평등은 자유로운 경쟁 상황에서 능력과 노력의 차이에서 비롯되는 자연스러운 현상이며, 오히려 불평등을 지나치게 인위적으로 재조정하려는 노력은 또 다른 불공정을 야기할 수 있다. 반면 시민사회 영역에서의 공정성은 공동체 구성원들 간의 신뢰에 기반한 호혜성 원리로 구현된다. 공동체의 정체성을 공유하는 구성원들은 서로 인정해주고 존중해주어야 하고, 어려움을 겪는 구성원이 있으면 도움을 주어야 한다는 기대를 한다. 최소한의 '필요'를 충족시켜야 한다는 인식이 시민사회 영역에서의 공정성 인식의 핵심이다. 한편 국가 영역에서의 공정성은 모든 국민들을 동등하게 대해야 한다는 평등 원리에 기반을 두고 있다. 시장에서는 생산 능력과 소비 능력이 없는 사람들이 소외되고, 시민사회에서는 공동체의 일원으로 받아들여지지 않는 사람들이 배제된다. 이렇게 소외되고 배제되는 사람이 국민의 일원이라면 국가는 적극적으로 이들을 다른 국민들과 동등하게 대하는 정책을 펴야 한다. 예를 들어 우리 헌법에 보장된 바와 같이 국민 혹은 인간으로서의 기본적 권리는 각 개인이 가지고 있는 특성과 상관없이 보장된다. 만약 국가가 소외되고 배제되는 사람들에 관심을 두지 않으면 소외와 차별은 제도화된 차별로 정착된다. 제도화된 차별이 정착되면 1등 국민과 2등 국민으로 쪼개지는 상황이 발생하게 되어 갈등과 분쟁의 씨앗이 되며, 이는 공동체의 지속에 치명적인 결과를 초래하게 된다. 따라서 국가는 평등 원칙을 활용하여 제도화된 차별의 가능성을 줄임으로써 공정성을 실현시키는 것이다.

그러나 만일 국가가 평등 원칙을 획일적으로 시장과 시민사회에 강제하게 되면 전체주의의 위험이 발생한다. 마찬가지로 시장의 능력주의의 논리가 국가 공동체를 구성하는 사람들에게 과도하게 적용되어 차별이 제도화되거나, 시민사회의 공정성 논리가 시장을 지배하는 논리로 자리 잡게 되어 시장의 효율성이 저해된다면, 공정성의 영역 간 균형이 깨질 수 있다. 이는 그 사회의 지속가능성을 낮춘다. 즉 시장, 시민사회, 국가의 세 영역에서의 공정성 간에 합의가 가능한 우선순위는 존재하지 않으며, 상황과 맥락에 따라 형평, 필요 혹은 평등 원칙에 근거한 공정성이 유연하게 적용되어야 한다.

02
····

불평등 해소가 공정성 복원의 핵심이다

그렇다면 논의를 조금 더 구체적인 사회 현상으로 좁혀 한국 사회 공정성의 모습을 살펴보자. 현재 한국 사회에서는 각계각층에서 여러 측면의 공정성 요구가 빗발치고 있어 혼란스럽기까지 하다. 그러나 이러한 와중에서도 한국인이 근본적으로 추구하는 공정성은 좁은 의미에 있어서의 공정성이 아니라, 사회경제적 격차를 줄이고, 경제적 하위 계층에 속하더라도 타인으로부터 존중을 받고 큰 불안감 없이 살 수 있는 것과 관련되어 있다고 보는 것이 타당하다. 사회의 여러 구성원들이 표면적으로 입시나 취업에 있어서의 공정성을 요구하는 목소리가 크지만, 그 이면을 들여다보면 전반적인 사회 시스템의 재정비를 요구하는 목소리가 여러 색깔로 나타나고 있다는 것을 알 수 있다. 따라서 정부나 정치권에서 각 집단의 공정성에 대한 다양한 요구에 지나치게 매몰되기보다는 보다 큰 틀에서 입시나 취업 문제의 공정성 자체가 크게 불거지지 않을 수 있는 기본적인 사회 시스템을 마련하는 데 주력해야 할 것이다. 즉 지속가능성장에 필요한 '공정성'은 좁은 의미나 협소한 영역에서의 공정이 아니라 사회 전체적인 질의 향상과 제도 개선을 의미하는 것이며, 이는 전반적으로 사회경제적 격차 감소를 통해 실현된다고 볼 수 있다.

이 책에서 여러 차례 지적한 것처럼 불평등과 불공정은 개념적으로 엄밀하게 구분된다. 하지만 현상적인 측면에서 불공정과 불평등은 밀접하게 작동한다. 즉 불평등의 완화를 통한 불공정의 해결이 가능하고 필요하다. 특히 불평등의 여러 측면 중에서도 경제적 불평등을 감소시키고 사회적 이동성을 강화하며, 그리고 생애 과정 전반에 걸쳐 존재하는 불안감을 경감시키는 것이 중요하다. 불평등이 커지면 건강, 교육, 보건, 기회의 분배, 정신적 문제 등 삶의 질과 사회적 질을 나타내는 매우 다양한 지표들이 모두 악화되는 것으로 나타난다(Wilkinson and Pickett, 2009). 불평등의 심화는 이와 같은 사회의 제반 조건을 악화시키며, 이러한 조건 속에서는 한 사회의 지속가능한 성장이 불가능하다.

한국 사회에서 공정성 회복을 위해 불평등 완화가 핵심적이라는 점은 분명해 보인다. 그렇다면 수십 년에 걸친 경제 발전 과정에서 분배 불평등이 재생산되고 강화되는 데 결정적 역할을 한 것으로 알려져 있는 교육 불공정에 대해 짚고 넘어갈 필요가 있다. 즉 사회경제적 지위가 높은 부모를 둔 자녀들이 명문대학에 진학해 취업 경쟁에서 유리한 위치를 점함으로써 불평등과 분배 불공정을 재생산한다는 상식처럼 수용되는 주장을 점검할 필요가 있다. 과연 교육이 부와 가난의 대물림이라는 불공정한 상황의 주범인가에 대한 질문이다.

자유주의와 공동체주의의 논의가 공정성 담론에서 중요한 이유 중 하나는 경제적 자원과 기회의 분배 문제가 이 둘 간의 논쟁과 유사하기 때문이다. 개인의 자유와 권리를 중요시하는 자유주의적 입장은 무엇보다 개인의 재산권을 중요시하며, 이에 대한 처분의 권리는 다분히 개인에게 귀속한다고 주장한다. 경쟁에서 승리한 자가 누리는 혜택은 정당하다. 따라서 세대 간 인위적인 부와 자산의 전이는 바람직하지 않다는 게 이들의 기본 입장이다. 하지만 공동체주의적 입장은 공동체의 일원으로서 책임을 강조하고, 공동체 전반의 선을 위해 개인의 권리나 자원을 제한할 수 있다고 주장한다 (Roemer & Suzumura, 2007). 이와 같은 공동체 정체성의 지속과 공동체 번영의 우선성 등은 현재 불평등과 불공정을 해결하는 단초를 제공한다. 즉 현재의 경제적 자원과 기회의 불평등 수준이 우리 공동체 전체의 존속과 발전을 저해한다면 공동체 차원에서 이루어지는 이에 대한 규제나 조정은 정당하다. 출발선이 다른 경쟁은 박탈감을 낳고 사회통합을 저해하기 때문에 이를 교정하기 위한 정책적 개입은 불가피하다.

최성수는 이에 대해 그것이 전부는 아니라고 주장하면서, 불평등한 분배 구조가 재생산되는 핵심 메커니즘은 교육기회의 불균등이 아니라 출신 대학에 따른 차별을 제도화한 노동시장에 있음을 보여준다. 그의 주장처럼, 한국 사회의 만성적 사회 불평등을 완화하기 위해서는 교육 공정성 확보도 중요하지만, 노동시장에서의 왜

곡을 바로잡는 개혁이 중요하다. 노동시장 개혁은 크게 두 가지 방향으로 생각할 수 있다. 우선 현재 한국에서는 학력이나 시험을 통한 지위 획득이 능력의 지표로 인식되지만, 그것 자체가 본인이 통제하지 못하는 타고난 배경과 운의 결과라는 사실을 모두가 인식하는 것이 중요하다. 그리고 그 인식을 노동시장에서의 제도로 연결하는 작업이 필요하다. 학업 성취의 결과가 개인의 노력만으로 이루어진 것이 아니라 출발선상의 차이 때문임을 인정한다면 노동시장에서의 능력에 따른 격차도 조정해주는 것이 중요하다. 이는 정책의 방향을 교육을 통한 기회균등 추구에서 노동시장에서 결과의 격차를 줄이는 것으로 바꿔야 함을 의미한다.

다른 하나는 '능력'에 따라 성취한 지위가 폐쇄적이고, 배제적으로 운영되는 것을 막는 정책이 필요하다. 즉 학벌과 취업 경쟁의 결과가 신분제도로 변질되는 것을 막아야 한다. 현재 한국 사회는 20대 중·후반까지 엄청난 경쟁에 노출되지만, 일단 학력과 취업 경쟁에서 이기지 못하면, 아무리 노력해도 이를 극복하기 어렵다. 즉 학력과 취업 시험에서의 성취의 결과가 돌이킬 수 없는 신분의 차이처럼 작용한다. 사정이 이러함에도 최근 교육 공정성 논의에서 교육개혁에 대한 목소리만 높다. 이 노력도 중요하지만, 한국 사회가 포용성과 다양성을 바탕으로 능력주의적 규범에 매몰되지 않도록 하는 교육제도를 만드는 것으로 정책 방향을 설정하는 것이 더 중요하다. 그렇지 못하다면 교육 공정성을 높이고자 하는 교육은 오히려 능력주의 규범을 더욱 강화하는 역효과를 가져오게 될 가능성이 크다.

결론적으로 공정성 회복의 첫째 조건은 성장과 복지가 상호 보완적 관계에서 선순환할 수 있는 구조를 만드는 것이다. 한국 사회는 실업 상태에 있는 대다수가 빈곤에 고통받고 있고, 일하는 사람들도 불안정한 고용이나 상대적 박탈감에 시달리고 있다. 사회 안전망은 가난한 개인들을 보호하기에 여전히 취약한 상태에 있으며, 이들은 자신들이 열심히 사는데 가난해지는 이유를 납득하지 못하며 불공정하다고 느낀다. 이 상태의 지속은 사회 갈등과 불안을 야기하고 결국 지속적인 국가발전의 동력을 잃게 할 것이다. 따라서 지속가능한 성장을 위한 공정성 복원이 가능하려면 '복지친화적 성장'이 필수적이며, 소득 불평등, 실업, 빈곤 등을 완화하기 위한 정책들이 동시에 적절히 운영되어야 한다. 이러한 복지친화적 성장과 같은 맥락에서 교육 문제에 접근하는 것이 공정성 관점에서 바람직하다. 즉 열심히 공부하고 노력해 뛰어난 능력을 갖춰 좋은 일자리 경쟁에서 이기라는 능력주의에 대한 찬미보다는 능력의 차이가 불평등한 출발선에 있었기 때문에 노동시장에서의 조정이 필요하다는 공감대가 우리에게 더 필요하다.

03
....

공정성은 미래로 연결되어야 한다

한국 사회 공정성 담론의 중심에는 세대 문제가 존재한다(김석호, 2017). 세대 간 공정성도 문제이지만 청년세대 내 공정성 문제가 더 심각하다. 최근 청년세대는 기존의 사회질서가 붕괴한 상태에서 새로운 규범이 필요한 전환기를 맞고 있다. 20세기적 사회질서가 유동하면서 기존의 사회에서 구성되었던 정상적 삶의 경로가 쇠퇴해 가고 있는 시점이다. 이는 청년들의 삶의 조건이 다각적으로 취약화되는 상황을 창출한다. 기존 세대가 누리는 직업적인 안정성과 취업 여건, 그리고 친밀성 영역에서의 규범적 정상성이 흔들리는 새로운 환경이 이들에게 펼쳐지고 있다. 이에 따라 청년은 자신의 삶을 영위하기 위한 최선의 조건이 공정한 경쟁을 보장받는 것이라고 여긴다. 청년세대에게 공정성은 노동시장에서 생존 확률을 높이기 위한 물리적 및 심리적 안전판이다.

정고운의 관찰에서 흥미로운 지점은 청년 남성과 여성의 현실 진단이 두 집단 모두 공정성을 추구함에도 불구하고 매우 다르다는 것이다. 특히 성평등을 위한 적극적 우대 조치에 대한 의견이 매우 다르며 서로를 적대적으로 인식한다. 남성과 여성이 각기 다른 이유로 자신들에게 불리하고 불공정한 환경이 제도적으로 고착되고 있다고 생각한다. 젠더 이슈에 대해 청년 남성과 여성은 서로 다른 '렌즈'로 젠더 공정성을 인식하는 것이다. 청년 남성은 교육, 취업에 있어 전 세대 여성에 비해 '밀레니얼 세대(20~30대)와 Z세대(10~20대) 여성이 더 이상 차별받지 않는다고 인식한다. 이는 청년 남성이 주로 가시적·제도적 변화(교육기회 및 노동시장 진입 확대)에 초점을 두고 젠더 공정성을 인식하기 때문이다. 반면 청년 여성은 높은 수준의 교육 경험과 자기표현 및 정체성 실현에 대한 욕구에도 불구하고, 취업 이후 작동하는 문화적 불평등을 문제라고 생각한다.

청년 남성과 여성이 젠더 갈등과 관련 정책에 대해 공정하다는 인식을 촉진하기 위해서는 무엇보다 문화적 차원의 젠더 규범 변화가 부정적 현상이 아님을 공감해야 한다. 성역할 기대와 변화를 규범적인 관점에서 바라보며, 이를 옳고 그름의 절대적인 문제나 도덕의 몰락으로 접근하기보다는 이 또한 시대적·문화적 산물임을 인지하고 유연한 관점을 가질 수 있게 해야 한다. 전통적인 젠더 규범에 균열이 오고 있다는 점을 납득시키기 위해서는 서로 다른 생각을 가진 청년 남성과 여성이 젠더 간의 공정성을 둘러싼 갈등이 표출되고 조정되는 사회적 기제들을 활용해야 한다. 그러나 이를 위한 공론장은 잘 마련되어 있지 않다는 점은 한계이다. 차이를 인식하고 존중하며 그 차이를 좁힐 수 있는 대화가 가능한 제도적 공간이 필요하다.

　한국 사회에서 공정성 인식은 자신의 핵심 정체성(core identity, master identity)과 관련된 영역의 이해관계와 관련될 때 보다 첨예하게 나타난다. 즉 사람들은 자신이 소속된 집단의 불이익이나 고통에 더 큰 연민을 가지게 되며, 소속 집단이 이해관계에서 상대적 박탈감을 느낄 때 무기력이나 허탈감을 표현하기 위한 수사(rhetoric)로 공정성의 개념이 사용되기도 한다. 이러한 수사적 의미의 공정성 담론이 현 세대의 도덕적 몰락이나 이기적인 측면으로 설명되기도 하지만, 이로는 설명되지 않은 복합적 요소들이 존재한다. 한 개인의 주된 정체성이 이를 넘어서 더 큰 집단으로 확대될 수 있다면 타 집단에 대한 동일시의 상상력을 발휘할 때 포용과 균형을 이룬 사회로 나아갈 수 있을 것이다. 이와 같은 공동체성의 확장을 위해 한국 사회는 각자 다른 집단 간의 '듣기의 윤리학'이 전제된 토론과 의견 개진 과정이 보장되어야 한다. 서로의 문제를 자신의 것으로 상상하고 공감할 수 있는 경청의 자세가 전제될 때 여성과 남성이, 그리고 현세대가 기성세대를 타자화시키기보다 가치의 공감과 공유를 바탕으로 서로의 고통을 발견하고 냉소적 시선을 넘어설 수 있을 것이다.

　공정성은 현재의 문제에 기반해 진단되고, 해석되고, 설명되는 경향이 있지만 엄밀한 의미에서 보면 항상 미래를 지향한다. 그런 의미에서 한국 사회에서 공정성 화두의 핵심에 있는 노동, 소득, 교육, 주거와 부동산 등의 문제들은 모두 현재의 공정성 강화를 위한 목적으로 논의되지만, 사실 공정성은 다음 세대를 위한 더 괜찮은 지속가능한 사회를 지향한다. 그런 의미에서 최근의 급격한 과학기술의 변화와 발전은 앞서 여러 차례 지적한 청년세대의 일과 삶에서의 공정성과 밀접한 관련이 있다. 김지영은 공정성의 판도에 영향을 미치는 또 하나의 변화는 인공지능과 지식정보산업의 발전이라고 주장한다. 이 큰 변화의 물줄기 가운데서 인공지능은 노동의 수요와 공급을 결정하는 고용의 단계뿐만 아니라 기업의 인사 등 분야 모두에서 강력한 영향력을 행사하고 있다. 인공지능을 이용한 자원과 자격의 분배는 지금까지 인류가 겪지 못했던 새로운 방식의 분배 체계를 구성할 것으로 보이며, 이를 통해 인간의 한계를 넘어선 효율성과 공정성을 보장해줄 것으로 기대되고 있다. 그러나 다른 한편으로 인공지능 역시 어떤 데이터를 투입하는가, 어떤 알고리즘을 만드는가에 따라 분석 결과의 편향은 언제든지 나타날 수 있으며, 이는 불공정이 과학기술에 의해 더 심화될 수 있음을 의미한다. 따라서 한 사회의 윤리관과 가치관의 체계를 포괄적으로 반영한 인공지능을 위한 '윤리 가이드라인'이 만들어져야 할 것이다.

채용과 인적자본의 관리 측면에서 활용되는 인공지능의 경우 기계에 투입되는 정보가 항상 '과거'의 정보라는 점에서 인공지능을 통한 공정성의 확보는 더욱 주의를 요한다. '과거'를 분석하여 도출된 개개인에 대한 평가는 '과거와 다른 미래'를 만들어낼 가능성이 높은 인간을 충분히 고려하지 못한다는 맹점을 가지고 있다. 과거에 받았던 평가가 끊임없이 미래의 나를 평가하는 데 쓰이기 때문에 인공지능의 결과를 맹신하면 할수록 인간이 갖는 주체성은 점점 힘을 잃고, 기계적 인간관의 인과법칙에 매몰된다. 여기서 중요한 것은 인공지능이 도출한 결과를 현실에 비추어 평가할 수 있는 존재는 인간뿐이라는 사실을 잊지 않는 것이다.

노동시장 구조의 변화는 인공지능뿐만 아니라 인구구조의 변화에서 나타나기도 한다. 최근 빠르게 변화하는 인구구조는 한국 사회의 큰 사회문제로 대두되고 있다. 한국은 OECD 국가 중 가장 낮은 출산율을 보여주고 있으며(OECD, 2021), 통계청의 자료에 따르면 2018년 이후에는 합계출산율이 1명 이하로 떨어졌다. 이러한 추세가 지속된다면 2075년에는 인구가 절반 수준으로 줄어들 것으로 예상된다(최슬기, 2015). 저출산뿐만 아니라 한국은 OECD 국가 중 가장 빠른 속도로 고령화가 진행되고 있는 나라이며, 2050년에는 생산가능연령인구(15~64세) 대비 약 70%가 노인인구일 것으로 추산된다(OECD, 2018). 저출산과 고령화로 인한 인구구조 지형의 변화는 생산가능인구의 감소, 경기침체, 노인인구 부양 부담 증가 등을 야기시켜 한국 사회의 지속가능한 성장에 위협으로 작용할 수 있다. 이러한 문제들에 대응하고 각 지역과 국가의 지속가능한 성장을 위해서는 생산 가능한 인구가 필수이고, 그를 위해서는 출산율 증가뿐만 아니라 이민도 하나의 선택지가 될 수 있다.

장서현이 앞에서 지적한 것처럼, 이민을 받는 것만이 능사는 아니다. 이주민에 대한 차별과 불공정이 만연한 사회에서는 오히려 이주민과 선주민과의 갈등으로 인한 또 다른 사회문제가 야기될 수 있다. 앞서 장서현의 글에서 살펴본 바와 같이 이주민 공정성에 대한 사회적 논의와 합의를 통해 이주민도 사회 구성원으로 받아들이며, 차별을 줄이고 신뢰를 쌓는 것이 이주민도 공정한 사회에서 살아가기 위한 기반이 될 것이다. 또한 1세대 이주민(first-generation immigrants)뿐만 아니라 다문화 자녀들을 포함한 2세대 이주민(second-generation immigrants)이 한국 사회에 뿌리내리고 살아가기 위해 맞춤형 교육 프로그램 등을 통해 한국 사회 적응에 기반이 되는 언어 적응을 적극적인 정책과 지원으로 도와야 한다. 이주민의 인권이 존중되고 사회적 권리가 보장받는 사회에서, 또한 사회 구성원과 국가 정책이 그들의 사회 적응을 적극적으로 돕는 사회에서 이주민들은 사회의 구성원으로서 책임과 의무를 다하며 제 몫을 다할 수 있을 것이고, 이는 한국 사회의 지속가능한 성장의 동력이 될 수 있을 것이다.

인공지능과 같은 과학기술의 급격한 발전과 각종 기술이 우리의 일과 생활에 빠르게 적용되면서 앞으로의 세상은 훨씬 더 가파르게 변할 것이다. 이 과정에서 뒤처지거나 실패하는 사람들은 늘어날 것이며 준비가 더 필요한 사람들에게 기회를 주는 기본소득과 같은 복지제도에 대한 논의도 뜨거워질 것이다. 기본소득을 한마디로 정의할 수는 없지만 출발선, 과정, 결과에서 완벽한 공평과 정의의 원칙을 실현하는 것이 불가능하다는 현실을 인정하고 공동체의 취약한 부분에 대해 배려를 제도적으로 마련하는 것으로 볼 수 있다. 그런 의미에서 현재 한국 사회는 코로나19 위기를 지나면서 재난지원금 또는 재난기본소득으로 불리는 거대한 사회적 실험을 갑자기 수행하게 되었다고 할 수 있다. 이 제도의 시행을 앞두고 벌어진 논란에서 경험한 것처럼, 복지 재원과 국가 재정에의 영향, 수혜 범위, 실효성 등에 대한 공론장에서의 치열한 논쟁이 필요하다. 모든 제도의 성패는 국민의 이해와 수용성에 의해 결정되기 때문이다.

04
....

포스트 코로나는
공정성과 지속가능의 원칙에서

정치권, 관계, 학계, 시민사회 모두 코로나19 이후 한국 사회에 대해 고민하고 논한다. 하지만 우리가 명심해야 할 점은 모든 사회 문제를 코로나19의 탓으로 돌려서는 안 된다는 것이다. 사실 한국 사회에서 코로나19 이전에는 좋았는데 코로나19 때문에 급격하게 나빠진 사회문제는 별로 없다. 단지 코로나19 사태를 맞이하면서 우리 사회의 가장 취약했던 고리들이 끊어지고 문제를 일으키고 있는 것일 뿐이다.

공정성 역시 마찬가지다. 2019년에도 공평과 정의, 공정의 관점에서 보면 한국 사회에 높은 점수를 주기 어려웠다. 주로 2019년에 작성된 통계자료와 심층면접 자료에 기반해 작성된 언론 기사들은 2019년 한국 사회의 모습이 2020년 현재 모습과 다르지 않다는 사실을 보여준다. 교육정책과 입시제도는 잘 살고 더 배운 사람들이 자녀들에게 부와 지위를 물려주는 수단이다. 좋은 대학을 나오고 대기업이나 공공기관에 취업할 수 있는가가 여생의 삶을 결정하고 경쟁에서 탈락한 사람들에게 기회는 다시 주어지지 않는다. 여성 청년과 남성 청년은 각기 다른 이유로 취업과 승진, 그리고 보육에서 차별받고 있다고 여기며, 상대 집단에 대한 혐오를 키워간다. 노인은 빈곤의 일상화에 시달린다. OECD 국가 중 노인 자살률은 압도적인 1위다. 비정규직, 최저임금 수준의 일자리는 중년과 노년에게 집중되고 있다. 2019년에도 이미 우리가 안고 있던 아픔은 코로나19와 관계없이 2021년에도 여전히 우리의 아픔이다.

이에 더해 굳이 이미 많이 나타난 국내외 연구 결과를 인용하지 않더라도, 우리가 사는 일상생활에서 누가 코로나19의 피해를 가장 많이 보았으며, 누가 가장 회복하기 힘들 것인가를 살펴본다면 재난의 여파 역시 공평하게 영향을 미치지 않는다는 것을 쉽게 알 수 있다. 사회적 약자 계층은 경제적으로, 물리적으로, 그리고 심지어 사회의 차별적 시선과 언행에서도 가장 취약한 집단으로 다시한 번 고통을 겪게 된다. 그리고 설령 이 코로나가 종식된다 할지라도 이들이 코로나 이전의 일상으로 돌아오는 데는 사회적으로 안정된 집단들보다 훨씬 더 오랜 기간이 걸리거나, 끝내 제자리로 돌아오지 못할 가능성도 높다. 이렇듯 재난마저 불공평하게 영향을 미치는 사회적 환경에서 공정성의 문제를 단순한 여러 정치적 수사 중 하나로 치부하거나, 집단의 이기심을 충족시키는 도구로 사용하는 것은 한국 사회의 지속성에 큰 장애물이 될 것이다.

감염병이 일상이 된 시대는 의료·방역이 일상이 되는 시대이다.

그런데 의료와 일상은 결코 쉽게 섞이지 않는 영역이기도 하다. 따라서 감염병 시대 의료의 문제란 결국 일상과 의료 간 경계설정의 문제를 의미한다. 일상과 의료를 동시에 살아내는 문제를 의미한다. 따라서 공정의료란 일상의 자유와 의료·방역의 구속 간 섞임과 공존의 모습으로 구체화된다. 심재만은 감염병이 일상이 된 시대에 의료체계와 일상의 지속가능성을 확보하기란 난망해 보인다고 우려하면서도, 그래서 더욱 지속가능성의 가치가 중요해진다고 주장한다. 이때 지속가능성은 단순히 의료자원과 의료체계의 지속가능성만을 의미하지 않는다. 거기에는 항상 일상과 일상적 자유의 지속가능성이 묻어 있다. 어쩌면 의료의 지속가능성은 항상 그와 같은 이중적·다중적 지속가능성을 담는 말일 수 있다. 심재만은 코로나 이전 시기에 잠시 잊었던 사실을, 어쩌면 코로나19 시대가 환기하고 있다고 말한다. 자유와 구속의 동시 경험으로서의 건강, 그리고 이를 뒷받침해내는 의료가 공정하고 지속가능하다고 강조한다.

　문제는 공정성이다. 코로나19 대처의 예에서 알 수 있는 것처럼, 공정함이 공공과 민간 부문에 뿌리내리고 우리 사회가 공정하다고 생각하는 사람이 늘어날수록 삶은 윤택해지고 함께 잘 사는 공동체로 가는 길이 보인다. 공정성은 교육 불평등, 세대 간 격차와 세대 내 불평등, 저출산과 성평등, 교육과 부의 세습, 취약한 노동시장과 일자리, 행복과 삶의 질 등 거의 모든 층위에서 결정적인 작용을 한다. 다른 OECD 국가에서 40대 중반까지 행복감이 감소하다가 중년 이후에 행복감을 회복해 노년까지 이어가는 것과는 달리, 한국에서는 행복감이 20대에 최고를 찍고 이후 생을 마감할 때까지 떨어지기만 한다. 연령이 높아질수록 공정성 인식이 낮아지기 때문에 행복감도 낮다는 것이 확인된다. 이렇듯 실재하는 공정과 공정성 인식은 시민의 태도와 행위에 변화를 만들고 사회 각 부문에서의 성패를 좌우한다. 그런 의미에서 코로나19 이후라는 절박한 상황에서 내놓는 정책과 제도가 특정 집단의 이기심과 탐욕에 의해 또 다른 불공정을 낳지 않도록 경계해야 한다.

05
....

지속가능한 성장을 위한 공정성

지금까지의 논의를 바탕으로 한국 사회의 공정성 회복을 위한 필요조건 몇 가지를 지적하며 마무리하고자 한다. 첫째, 청년을 위한 정책적 지원을 강화해야 미래가 열린다. 빈곤과 불안전한 고용은 청년에 집중되는 경향이 있다. 특히 대졸 청년층을 위한 노동시장은 지속적으로 축소되고 있으며, 비정규직화가 빠르게 진행되어 일자리의 질이 낮아지고 있다. 청년의 일자리 기대치와 실제 노동시장에서의 수요 간 괴리로 인해 청년실업 문제는 고학력에서 더욱 심각하다. 청년의 삶의 질을 위협하는 또 다른 요인은 높은 주거비다. 주거 문제가 한국 사회의 고질적인 문제로 자리 잡으면서 상대적으로 자원이 부족한 청년이 가장 큰 고통을 받고 있으며, 결국 이들은 결혼과 출산을 미루고 주택 구입을 포기한다.

둘째, 사회적 이동성과 공정성 간 선순환 체계를 구축해야 한다. 부모 세대보다 더 잘 살 수 있다는 희망이 사라진 사회에서는 공정성이 형성될 리 없으며 공정성 없이는 능력에 의한 사회경제적 지위는 변화 불가능한 신분이 된다. 부모에게서 적절한 투자와 지원을 받지 못하는 자녀는 사회가 요구하는 적합한 역량을 기르지 못하고 취업 경쟁에서 밀려나 부모의 낮은 사회경제적 지위와 가난을 탈출하기 어렵다. 이와 같은 부모의 낮은 사회경제적 지위와 가난이 자녀 세대로 대물림되는 현상은 모든 사회에서 관찰되는 문제이다. 그런데 경제가 꾸준히 성장하고 공정한 게임의 규칙이 작동해 상향 이동의 기회가 끊임없이 창출되는 곳에서는 개인의 노력으로 다른 출발선의 문제를 어느 정도 만회할 수 있다. 하지만 현재처럼 경제성장이 정체와 퇴보를 거듭하는 시기에는 과거와 비교해 상향 이동의 기회가 줄어든 환경(세대 간 공정성 약화)이 조성되고 청년세대 내의 기회도 부모 세대의 능력에 의해 좌우되어(세대 내 공정성 약화) 전반적인 사회 이동성은 낮아지는 악순환이 발생하게 된다. 따라서 사회 이동성 약화는 세대 간 불공정과 세대 내 불평등이 빚어내는 필연적 결과이다. 부모가 사회경제적 지위가 낮고 자산이 많지 않은 이상 대부분의 청년은 자신의 힘만으로 더 나은 삶을 살 수 있다는 희망을 품기 어렵게 된다. 따라서 사회 이동성의 개선은 세대 간 공정성을 복원하기 위해 반드시 필요하다. 세대 간 공정성의 약화는 세대 내 불평등과 밀접한 관계가 있으므로 부모 세대 내 불평등에 의한 자녀 세대 내 불평등의 재생산이라는 악순환의 고리를 끊는 대책이 필요한 것이다. 2021년 대한민국의 청년은 미래의 불확실성이 높고 경쟁의 질곡이 깊어진 시대를 살아가고 있다.

따라서 당장 경쟁을 소거하거나 완화할 수 없다면 공정한 과정이라도 보장해야 한다.

셋째, 미래 발전의 동력이 건강한 시민사회에 있음을 인식해야 한다. 우리는 고등교육을 통한 인적자원의 생산과 효과적인 경제계획의 수립과 실행을 통해 한국 사회를 재건할 수 있다고 확신했다. 그러나 한국이 지속적 경제 발전을 성취하고 선진국 대열에 합류하기 위해서 절실한 것은 건강한 시민사회라는 사실이 서구 선진국의 경험을 통해 확인된 바 있다. 우리의 현실은 어떠한가? 정치 참여의 저하, 낮은 신뢰, 낮은 공정성 인식, 부패라는 고질병에 발목이 잡혀 있다. 즉 사회통합을 촉진할 수 있는 제도와 문화에 대한 진지한 성찰은 부재하고, 이를 이끌고 갈 만한 정치적 리더십은 실종되었으며, 능동적 시민의 출현은 요원하기만 하다. 이제 지속가능한 국가 발전을 시장에서만 찾아서만 안 된다. 해답은 시민사회와 시민에 있다. 시민정신이 시장과 정부의 폭주를 경계하고 적절히 제어할 수 있어야만 경제도 살고 정치가 살기 때문이다.

마지막으로, 지속가능한 성장을 위해 필요한 기본 조건이 신뢰할 만한 양질의 통계를 구축하는 것이라는 점을 밝히고 싶다. 최근에 여러 정부 부처들과 기관들에서 사회의 상태와 변화를 객관적으로 측정하기 위한 시도가 이루어지고 있으며, 그 대부분이 삶의 질, 사회의 질, 사회통합, 지속가능성 등과 같은 지표체계로 구현되고 있다. 이 과정에서 공통적으로 드러나는 문제는 신뢰하고 활용할 만한 양질의 자료가 부족하다는 것이다. 정부는 주요 통계를 안정적으로 생산할 수 있는 체계를 보다 조직적으로 갖추어야 할 것이다. 국민이 통계를 믿지 못할 때 정부의 정책은 그 정당성을 상실한다. 최근 한국 사회의 공정성에 대한 불만은 현실에 기반한 부분 이상으로 사회 비판적 담론 혹은 지나치게 추상적이어서 실체가 없이 나타나는 경향이 두드러진다. 공정성 담론에 대한 정책적 대응이 필요한 것은 사실이지만, 담론 자체에 대한 대응보다는 그 실체를 경험적 근거를 바탕으로 차분히 분석하고 이를 바탕으로 근거 기반적 정책을 만드는 노력이 필요하다.

제2장 공정성과 인간 본성

Aristotle, 최명관 역(1984). 『니코마코스 윤리학』, 서울: 서광사.

Axelrod, Robert M., 이경식 역(2009). 『협력의 진화: 이기적 개인의 팃포탯 전략』, 서울: 시스테마.

Corning, Peter A., 박병화 역(2011). 『공정 사회란 무엇인가』, 서울: 에코리브르.

Dowrkin, Ronald, 염수균 역(2005). 『자유주의적 평등』, 파주: 한길사.

Gauthier, David (1984). *Morlas by agreement*, Oxford: Clarendon Press; New York: Oxford University Press.

Huxley, Thomas Henry (1985). *Evolution and ethics and other essays*, New York: D. Appleton and Co.

Jean Decety,* Philip L. Jackson, Jessica A. Sommerville, Thierry Chaminade, and Andrew N. Meltzoff (2004). "The neural bases of cooperation and competition: an fMRI investigation", *Neuroimage*, 23(2): 744–751.

New Series, Vol.211, No.4489.(Mar. 27, 1981), p.1392.

Rawls, John (1999). *A theory of justice*, Oxford: Oxford University Press.

Robert Axelrod & William D. Hamilton, (Mar, 27, 1981). "The Evolution of Cooperation", Science, New Series, Vol.211, No.4489.

제3장 공정성의 사회적 의미

센, 아마티아, 김원기 역(2013), 『자유로서의 발전』, 갈라파고스.

영, 마이클, 유광은 역(2020), 『능력주의』, 이매진.

플라톤, 박종현 역(1997), 『국가』, 서광사

Adams, J. Stacy. (1963). "Towards an Understanding of Inequity." *The Journal of Abnormal and Social Psychology* 67(5): 422–36.

Axelord, R. (1984). *The evolution of cooperation.* NY: Basic Books.

Blader, S. L., & Tyler, T. R. (2009). Testing and extending the group engagement model: Linkages between social identity, procedural justice, economic outcomes, and extrarole behavior. *Journal of applied psychology*, 94(2), 445.

Cohen, Ronald. 1985. "Procedural justice and participation." *Human Relations*, 38(7): 643–663.

Gürerk, Ö., Irlenbusch, B., & Rockenbach, B. (2006). The competitive advantage of sanctioning institutions. *Science*, 312(5770), 108–111.

Homans, G. C. (1974). *Social behavior: Its elementary forms.*

Leventhal, Gerald. (1980). "What Should Be Done with Equity Theory?" Pp.27–55 in *Social Exchange*, edited by K. Gergen, M. Greenberg and R. Willis. NewYork, NY: Springer.

Skarlicki, D. P., & Folger, R. (1997). Retaliation in the workplace: The roles of distributive, procedural, and interactional justice. Journal of applied Psychology, 82(3), 434.

Thibaut, J., & Walker, L. (1978). *A theory of procedure.* Calif. L. Rev., 66, 541.

Tyler, T. R. (2010). *Why people cooperate: The role of social motivations.* Princeton University Press.

Tyler, T. R., & Lind, E. A. (2002). Procedural justice. *In Handbook of justice research in law* (pp. 65–92). Boston, MA: Springer.

Van Lange, P. A., Balliet, D. P., Parks, C. D., & Van Vugt, M. (2014). *Social dilemmas: Understanding human cooperation*. Oxford University Press.

Walzer, Michael. (1983). *Spheres of Justice: A Defense of Pluralism and Equality*, NY: Basic Books.

Zelditch Jr, M., Berger, J., Anderson, B., & Cohen, B. P. (1970). Equitable comparisons. *Pacific Sociological Review*, 13(1), 19–26.

제4장 공정성과 국가의 역할

Bloom, Paul (2017). *Against Empathy: The Case of Rational Compassion*. New York: Random House.

Jost, John T. (2019). "A Quarter Century of System Justification Theory: Questions, Answers, Criticisms, and Societal Applications", *British Journal of Social Psychology*, 58(2): 263–314.

Lane, Robert E. (1986). "Market Justice, Political Justice", *American Political Science Review*, 80(2): 383–402.

Mankiw, N. Gregory (2013). "Defending the One Percent", *Journal of Economic Perspectives*, 27(3): 21–34.

Markovits, Daniel (2019). *The Meritocracy Trap: How America's Foundational Myth Feeds Inequality, Dismantles the Middle Class, and Devours the Elite*. New York: Penguin.

van Parijs, Philippe (1998). "The Disenfranchisement of the Elderly, and Other Attempts to Secure Intergenerational Justice", *Philosophy & Public Affairs*, 27(4): 292–333.

Portes, Alejandro (1998). "Social Capital: Its Origins and Applications in Modern Sociology", *Annual Review of Sociology*. 24: 1–24.

Sandel, Michael J. (2020). *The Tyranny of Merit: What's Become of the Common Good*, New York: Farrar, Straus, & Giroux.

Trivers, Robert L. (1971). "The Evolution of Reciprocal Altruism.", *Quarterly*

Review of Biology. 46(1)˸ 35−57.

Walzer, Michael. (1983). *Spheres of Justice: A Defense of Pluralism and Equality*, New York˸ Basic Books.

제5장 한국 사회 불평등과 양극화는 공정성을 허물고 있나?

박해남(2018). "발전국가 한국의 사회정치와 스포츠", 『한국여가문화학회』, 2018.4 콜로키엄 발표문.

송호근(2006). 『한국의 평등주의, 그 마음의 습관』, 서울˸ 삼성경제연구소.

한완상·권태환·홍두승(1987). 『한국의 중산층』, 서울˸ 한국일보사.

Bourdieu P. (1977). *Outline of a Theory of Practice, Cambridge*˸ Cambridge University Press.

_____ (1985). *The forms of capital. In Handbook of Theory and Research for the Sociology of Education, ed. JG Richardson*, New York˸ Greenwood

Chang, Ruth (1997). *Incommensurability, Incomparability, and Practical Reason*, Cambridge˸ Harvard University Press.

_____ (2001). *Making Comparisons Count*, New York˸ Routledge.

Chang, Yu−tzung, Zhu, Yunhan and Pak, Chong−min (2007). "Authoritarian Nostalgia in Asia", *Journal of Democracy*, 18˸ 66−80.

Grafen, A. (1990). "Biological Signals as Handicaps", *Journal of Theoretical Biology*, 144˸ 517−546.

Kalleberg, Arne L. (2017). *Precarious Lives: Job Insecurity and Well-Being in Rich Democracies*, Geary Lecture. Dublin. ESRI. November 16, 2017

_____ (2018). *Precarious Lives: Job Insecurity and Well-Being in Rich Democracies*, Cambridge˸ Polity Press.

Kerwin Kofi Charles, Erik Hurst, Nikolai Roussanov (2009). "Conspicuous Consumption and Race", *The Quarterly Journal of Economics*, 124(2)˸ 425−467.

Mauss, M. (1954). *The Gift: Forms and Functions of Exchange in Archaic Societies*,

London: Cohen and West

Merton RK (1968). "The Matthew effect in science. The reward and communication systems of science are considered.", *Science*, 159(3810): 56–63.

Sandel, Michael J. (1984). "The Procedural Republic and the Unencumbered Self", *Political Theory*, 12(1): 81–96.

_____ (1996). *Democracy's Discontent: America in Search of a Public Philosophy, Cambridge*, MA: Harvard University Press.

Sayer, Andrew (2010). *Class and Mobility. In Handbook of Sociology of Morality*, eds. Steven Hitlin and Stephan Vaisey, Berlin: Springer.

Schelling, T. C. (1978). *Micromotives and Macrobehavior*, New York: Norton.

Tilly, Charles. (1999). *Durable Inequality (Irene Flecknoe Ross Lecture)*, Cambridge: University of California Press.

Veblen, Thorstein (1899). *The Theory of the Leisure Class: An Economic Study in the Evolution of Institutions*, New York: Macmillan.

Wright, E. O. (2010). *Envisioning Real Utopias*. New York: Verso.

_____ (2012). "Transforming capitalism through real utopias", *American Sociological Review*, 78(1): 1–25.

Yu–tzung Chang, Yun–han Chu, Chong–Min Park (2007). "The Democracy Barometers(Part I): Authoritarian Nostalgia in Asia", *Journal of Democracy*, 18(3): 66–80.

Zahavi, A. (1975). "Mate Selection: A Selection for a Handicap", *Journal of Theoretical Biology*, 53: 205–214.

제6장 교육과 공정성: 능력주의와 기회 불평등 사이의 흔들림

김도균(2018). [한국 복지자본주의의 역사: 자산기반복지의 형성과 변화], 서울: 서울대학교출판문화원.

448

김도영·최율(2019). "대졸 청년의 공무원 시험 준비 및 합격에 나타난 계층수준과 교육성취의 효과", 『경제와 사회』, 123: 40-74.

김위정(2012). "계층간 학력 격차의 변화: 학교정책의 영향을 중심으로", 『교육사회학 연구』, 22(3): 49-75.

김준형(2018). "부모배경에 따른 교육불평등은 심화되었는가?: OECD 5개 국가의 교육불평등 비교 분석", 『교육사회학 연구』, 28(1): 1-34.

김창환·신희연(2020). "입시 제도에서 나타나는 적응의 법칙과 엘리트 대학 진학의 공정성", 『한국 사회학』, 54(3): 35-83.

마이클 샌델, 함규진 역(2020). 『공정하다는 착각: 능력주의는 모두에게 같은 기회를 제공하는가』, 서울: 와이즈베리.

마이클 영, 유강은 역(2020). 『능력주의: 2034년, 평등하고 공정하고 정의로운 엘리트 계급의 세습 이야기』, 서울: 이매진.

문정주·최율(2019). "배제의 법칙으로서의 입시제도: 사회적 계층 수준에 따른 대학 입시제도 인식 분석", 『한국 사회학』, 53(3): 175-215.

박남기(2018). 『실력의 배신: 왜 우리는 열심히 노력해도 여전히 불행한가?』, 서울: 샘앤파커스.

변수용(2020). "학업성취에 있어 교육 불평등: 최근 경향과 시사점", 2020년 불평등연구회 연례심포지엄 발표문.

서동진(2009). 『자유의 의지 자기계발의 의지: 신자유주의 한국 사회에서 자기계발하는 주체의 탄생』, 서울: 돌베개.

신명호(2011). 『왜 잘사는 집 아이들이 공부를 더 잘하나? 사회계층 간 학력자본의 격차와 양육관행』, 서울: 한울아카데미.

이수빈·최성수(2020). "한국대학들의 사회이동 성적표: 경제적 지위의 세대 간 이동과 유지에서 대학이 하는 역할", 『한국 사회학』, 54(1): 181-240.

장상수(2016). "벌어지는 틈새 :부모의 사회경제적 지위가 자녀 성적에 미치는 영향의 증가", 『한국 사회학』, 50(5): 107-140.

장제우(2020). [장제우의 세금수업: 당신의 세금이 우리 모두의 삶을 책임진다면], 서울: 사이드웨이.

정인관·최성수·황선재·최율(2020). "한국의 세대 간 사회이동과 교육 불평등: 2000년대 이후 경험적 연구에 대한 종합적 검토", 『경제와 사회』, 127: 12–59. 최성수·이수빈(2018). "한국에서 교육 기회는 점점 더 불평등해져 왔는가? 부모 학력에 따른 자녀 최종학력 격차의 출생 코호트 추세", 『한국 사회학』, 52(4): 77–113.

Arcidiacono, P., J. Kinsler, and T. Ransom (2019). "Legacy and Athlete Preferences at Harvard," National Bureau of Economic Research Working Paper, No.26316.

Alon, S. (2009). "The Evolution of Class Inequality in Higher Education Competition, Exclusion, and Adaptation", *American Sociological Review*, 74(5): 731–755.

Alon, S. and M. Tienda (2007). "Diversity, Opportunity, and the Shifting Meritocracy in Higher Education", *American Sociological Review*, 72(4): 487–511.

Autor, D. H. (2014). "Skills, Education, and the Rise of Earnings Inequality among the "Other 99 Percent"", *Science*, 344(6186): 843–851

Belsky, D. W., B. W. Domingue, R. Wedow, L. Arseneault, J. D. Boardman, A. Caspi, D. Conley, J. M. Fletcher, J. Freese, P. Herd, T. E. Moffitt, R. Poulton, K. Sicinski, J. Wertz, K. M. Harris (2018). "Genetic analysis of social–class mobility in five longitudinal studies", *Proceedings of the National Academy of Sciences*, 115(31): E7275–E7284.

Breen, R. (2010). "Educational Expansion and Social Mobility in the 20th Century", *Social Forces*, 89(2): 365–388.

Breen, R. and J. H. Goldthorpe (1997). "Explaining Educational Differentials: Towards a Formal Rational Action Theory", *Rationality and Society*, 9(3): 275–305.

Breen, R. and J. O. Jonsson (2005). "Inequality of Opportunity in Comparative Perspective: Recent Research on Educational Attainment and Social Mobility", *Annual Review of Sociology*, 31: 223−243.

Byun, S−y., E. Schofer, and K−k. Kim (2012). "Revisiting the Role of Cultural Capital in East Asian Educational Systems: The Case of South Korea", *Sociology of Education*, 85(3): 219−239.

Chetty, R., J. N. Friedman, E. Saez, N. Turner, and D. Yagan (2020). "Income Segregation and Intergenerational Mobility Across Colleges in the United States", *The Quarterly Journal of Economics*, forthcoming.

Chiang, T. (2019). "It's 2059, and the Rich Kids Are Still Winning," *The New York Times*, 2019. 5. 27.

Choi, Y. (2015). "The Effects of English Training Abroad on Labor Market Outcomes in Korea", *Research in Social Stratification and Mobility*, 41: 11−24.

Chung, I., and H. Park (2019). "Educational Expansion and Trends in Intergenerational Social Mobility among Korean Men", *Social Science Research*, 83: 102307.

Corak, M. (2013). "Income Inequality, Equality of Opportunity, and Intergenerational Mobility", *The Journal of Economic Perspectives*, 27(3): 79−102.

Duckworth, A. (2016). Grit: *The Power of Passion and Perseverance*,. New York: Scribner.

Grodsky, E., and C. Riegle−Crumb (2010). "Those Who Choose and Those Who Don't: Social Background and College Orientation", *The ANNALS of the American Academy of Political and Social Science*, 627(1): 14−35.

Grusky, D. B., and K. A. Weeden (2011). "Is Market Failure behind the Takeoff in Inequality?" in D. B. Grusky and S. Szelenyi (eds.) *The Inequality Reader: Contemporary and Foundational Readings in Race, Class, and Gender*, Westview Press. Pp. 90−97.

Heckman, J. J. (2006). "Skill Formation and the Economics of Investing in Disadvantaged Children", *Science*, 312(5782): 1900−1902.

Jackson, M.(2013). *Determined to Succeed?: Performance versus Choice in Educational*

Attainment, Stanford, CA.: Stanford University Press.

Lareau, A. (2012). *Unequal Childhoods: Class, Race, and Family Life, Second Edition with an Update a Decade Later*, Berkeley: University of California Press.

Markovits, D. (2019). *The Meritocracy Trap: How America's Foundational Myth Feeds Inequality, Dismantles the Middle Class, and Devours the Elite*, New York: Penguin Press.

Mijs, J. J. B. (2016). "The Unfulfillable Promise of Meritocracy: Three Lessons and Their Implications for Justice in Education", *Social Justice Research*, 19(1): 14–34.

Mijs, J. J. B. and M. Savage (2020). "Meritocracy, Elitism and Inequality", *The Political Quarterly*, 91(2): 397–404.

Reeves, R. V. (2017). *Dream Hoarders: How the American Upper Middle Class Is Leaving Everyone Else in the Dust, Why That Is a Problem, and What to Do About It*, Washington, D.C: Brookings Institution Press.

Torche, F. (2011). "Is a College Degree Still the Great Equalizer? Intergenerational Mobility across Levels of Schooling in the United States", *American Journal of Sociology*, 117(3): 763–807

Van de Werfhorst, H. G., and J. J. B. Mijs (2010). "Achievement Inequality and the Institutional Structure of Educational Systems: A Comparative Perspective", *Annual Review of Sociology*, 36(1): 407–428.

Watts, T. W., G. J. Duncan, and H. Quan (2018). "Revisiting the Marshmallow Test: A Conceptual Replication Investigating Links Between Early Delay of Gratification and Later Outcomes", *Psychological Science*, 29(7): 1159–1177.

제7장 90년대생 남자와 여자는 왜 불공정을 이야기하나?

김경희·신현옥(2004). "정책과정을 통해 본 젠더와 평등개념의 제도화: 양성평등채용목표제와 국공립대 여성교수채용목표제를 중심으로", 『한국 여성학』, 20(3), 171-206.

김경희·마경희(2019). "새로운 세대의 의식과 태도: 2030세대 젠더 및 사회의식 조사 결과", 대통령직속 정책기획위원회 기획토론회: 포용국가와 청년정책: 젠더 갈등을 넘어 공존의 모색. 2019년 2월 22일.

김영미(2016). "계층화된 젊음: 일, 가족형성에서 나타나는 청년기 기회불평등". 『사회과학논집』, 47(2): 27-52.

김혜경·이순미(2012). "'개인화'와 '위험': 경제위기 이후 청년층 '성인기 이행'의 불확실성과 여성내부의 계층화", 『페미니즘 연구』, 12(1): 35-72.

김홍중(2015). "서바이벌, 생존주의, 그리고 청년세대: 마음의 사회학의 관점에서", 『한국 사회학』49(1): 179-212.

김수아·이예슬(2017). "온라인 커뮤니티와 남성-약자 서사 구축 : '여성혐오' 성차별 사건 관련 게시판 토론의 담론 분석을 중심으로". 『한국여성학』, 33(3): 67-107.

마경희·김문길·추지현·김선기(2020). "청년 관점의 '젠더 갈등' 진단과 포용국가를 위한 정책적 대응 방안 연구". 『경제인문사회연구회 협동연구총서』20-05-01. 한국여성정책연구원.

박경순(2008). "여성을 위한 적극적 우대 조치에 관한 연구", 『 서강법학』, 10(1): 117-150.

박기남(2011). "20-30대 비혼 여성의 고용 불안 현실과 선택", 『한국여성학』, 27(1): 1-39.

박효민·김석호(2015). "공정성 이론의 다차원성". 『사회와 이론』, 219-260.

배은경(2009). "'경제위기'와 한국 여성: 여성의 생애전망과 젠더/계급의 교차", 『페미니즘 연구』, 9(2): 39-82.

신경아(2014). "들어가는 글", 『젠더와 사회: 15개의 시선으로 읽는 여성과 남성』, 한국여성연구소편, 동녘.

신경아·김영미·김진·남우근·오민홍(2013). "비정규직 여성근로자 임금실태 조사", 국가인권위원회.

신광영(2009). "세대, 계급과 불평등". 『경제와사회』, 35-60.

신광영(2011). "한국의 성별 임금격차: 차이와 차별". 『한국 사회학』, 45(4): 97-127.

안상수·김금미(2008). "성평등 정책에 대한 태도: 성평등의식, 적극적 조치, 공정성 지각의 관계", 『한국심리학회지』, 13(3): 299-324.

엄기호(2014). "남성성의 위기와 한국의 남성문화", 『젠더와 사회: 15개의 시선으로 읽는 여성과 남성』, 한국여성연구소편, 동녘.

유정미(2012). "적극적 고용개선조치 (AA 제도) 정책형성과정에 나타난 성평등 가치의 희석". 『젠더와 문화』, 5(2): 147-184.

윤평중(2012). "'정의란 무엇인가' 신드롬의 담론분석과 공정한 사회", 사회통합위원회·경제인문사회연구회 공편. [한국에서 공정이란 무엇인가]. 서울: 동아일보사.

이정현(2018). "성인 80.7% "남혐·여혐 심각"…여성·젊은층일수록 체감" 『연합뉴스』 2018년 7월 31일

이철승(2018). 『불평등의 세대』, 서울: 문학과 지성사.

임홍택(2018). 『90년생이 온다: 간단함, 병맛, 솔직함으로 기업의 흥망성쇠를 좌우하는』, 서울: 웨일북.

정고운·정우연(2020). "女, '사적 영역' 불공정 피부로 체감… 男, '공적 제도'에서 역차별 불만", 『문화일보』, 2020년 3월 23일.

정지우(2020). 『인스타그램에는 절망이 없다: 밀레니얼 세대는 세상을 어떻게 이해하는가』, 서울: 한겨레출판.

조순경(1998). "경제 위기와 여성 고용 정치", 『한국 여성학』, 14(2): 5-33.

조혜정(2019). "차별은 남성이 받는데, 혜택은 왜 여성이 받나?". 『한겨레신문』, 2019년 2월 22일.

천관율·정한울(2019). 『20대 남자: '남성 마이너리티' 자의식 의 탄생』, 서울: 시사인북.

한병철(2012). 『피로사회』, 서울: 문학과지성사.

말컴 해리스(2019). 『밀레니얼 선언: 완벽한 스펙, 끝없는 노력 그리고 불안한

삶』. 서울: 생각정원.

Barsky, A., Kaplan, S. A., and Beal, D. J. (2011). Just feelings? The Role of Affect in the Formation of Organizational Fairness Judgments. *Journal of Management*, 37(1), 248–279.

Bacchi, C. L. (1999). Women, Policy and Politics: The Construction of Policy Problems. Sage.

Mazur, A. G. (2002). *Theorizing Feminist Policy*, OUP Oxford.

Choo, H. Y., and Ferree, M. M. (2010). "Practicing Intersectionality in Sociological Research: A Critical Analysis of Inclusions, Interactions, and Institutions in the Study of Inequalities", Sociological Theory 28(2), 129–149.

Fiske, S. T., and Taylor, S. E. (2013). Social Cognition: From Brains to Culture. Sage.

Kravitz, D. A., and Platania, J. (1993). Attitudes and Beliefs about Affirmative Action: Effects of Target and of Respondent Sex and Ethnicity, *Journal of Applied Psychology*, 78(6): 928.

Leventhal, G. S., Karuza, J., and Fry, W. R. (1980). "Beyond Fairness: A Theory of Allocation Preferences", Justice and Social Interaction 3(1), 167–218.

Mills, M., Blossfeld, H. P., and Klijzing, E. (2005). Globalization, Uncertainty and Youth in Society: The Losers in a Globalizing World. Routledge.

Sidanius, J., Pratto, F., and Bobo, L. (1996). Racism, Conservatism, Affirmative Action, and Intellectual Sophistication: A Matter of Principled Conservatism or Group Dominance?. *Journal of Personality and Social Psychology*, 70(3): 476.

Tougas, F., Brown, R., Beaton, A. M., amd St-Pierre, L. (1999). Neosexism among Women: The Role of Personally Experienced Social Mobility

Attempts, Personality and Social Psychology Bulletin 25(12), 1487–1497.

제8장 일상이 된 코로나19, 우리는 공정한 의료를 누리고 있나?

Clarke, Adele E., Janet K. Shim, Laura Mamo, Jennifer Ruth Fosket and Jennifer R. Fishman. (2003). "Biomedicalization: Technoscientific Transformations of Health, Illness, and U.S. Biomedicine", *American Sociological Review*, 68: 161–94.

Conrad, Peter. (1992). "Medicalization and Social Control", *Annual Review of Sociology*, 18: 209–32. doi: 10.1146/annurev.so.18.080192.001233.

Douglas, Mary. (1966). *Purity and Danger: An Analysis of Concept of Pollution and Taboo*, London: New York: Routledge.

Freese, Jeremy and Sara Shostak. (2009). "Genetics and Social Inquiry", *Annual Review of Sociology*, 35: 107–28. doi: 10.1146/annurev-soc-070308-120040.

Freidson, Eliot. (1970). *Profession of Medicine: A Study of the Sociology of Applied Knowledge*, New York: Harper & Row.

Glaeser, Andreas. (2016). "Action in Society: Reflexively Conceptualizing Activities", pp.63–84 in Handbook of Contemporary Sociological Theory, edited by S. Abrutyn: Springer.

Joas, Hans. (1996). *The Creativity of Action*, Chicago: The University of Chicago Press.

Kalberg, Stephen. (1980). "Max Weber's Types of Rationality: Cornerstones for the Analysis of Rationalization Processes in History", *American Journal of Sociology*, 85(5): 1145–79.

Lamont, Michèle and Virág Molnár. (2002). "The Study of Boundaries in the Social Sciences", *Annual Review of Sociology*, 28: 167–95. doi: 10.1146/annurev.soc.28.110601.141107.

Martin, John Levi. (2011). The Explanation of Social Action: Oxford University Press.

Mauss, Marcel. (1990[1950]). *The Gift: The Form and Reason for Exchange in Archaic Societies*, Edited by W. D. Halls. New York: W. W. Norton.

Parsons, Talcott. (1951). "Social Structure and Dynamic Process: The Case of Modern Medical Case", pp.428–79 in The Social System. Glencoe, Illinois: The Free Press.

Schreier, Margrit. (2012). Qualitative Content Analysis in Practice: Sage Publications.

Shim, Jae–Mahn. (2017). "The Coordination of Plural Logics of Action and Its Consequences: Evidence from Plural Medical Systems", PLoS ONE 12(12): e0189841. doi: 10.1371/journal.pone.0189841.

Shim, Jae–Mahn. (2018). "Three Plural Medical Systems in East Asia: Interpenetrative Pluralism in China, Exclusionary Pluralism in Korea and Subjugatory Pluralism in Japan", Health Policy and Planning 33(3): 401–10. doi: 10.1093/heapol/czy001.

Shim, Jae–Mahn and Jibum Kim. (2020). "Contextualizing Geneticization and Medical Pluralism: How Variable Institutionalization of Traditional, Complementary, and Alternative Medicine (Tcam) Conditions Effects of Genetic Beliefs on Utilization", Social Science & Medicine: 113349. doi: https://doi.org/10.1016/j.socscimed.2020.113349.

Star, Susan Leigh and James R. Griesemer. (1989). "Institutional Ecology, Translations' and Boundary Objects: Amateurs and Professionals in Berkeley's Museum of Vertebrate Zoology, 1907–39", Social Studies of Science, 19(3):387–420. doi: 10.1177/030631289019003001.

Turner, Victor. (1967). "Betwixt and Between: The Liminal Period in Rites De Passage", pp.93–111 in The Forest of Symbols: Aspects of Ndembu Ritual, edited by V. Turner. Ithaca, NY: Cornell University Press.

Zola, Irving Kenneth. (1972). "Medicine as an Institution of Social Control", *The Sociological Review*, 20: 487–504. doi: 10.1111/j.1467-954X.1972. tb00220.x.

제9장 이주민에게도 공정한 사회인가?

권아연·조삼섭(2014). "국내 거주 외국인 근로자 공중과 법무부 간 공중관계성이 이민 만족도 및 한국 사회 신뢰도에 미치는 영향: 사회통합프로그램 참여자 중심으로", 『홍보학 연구』, 18(4), 119–168.

김계형·박상민(2014). "국내 이주민을 위한 정착 시기에 따른 보건의료 접근성 개선 방안", 『다문화사회 연구』, 7(2), 29–59.

김두섭(2014). "거주지역의 민족구성이 혼인이주여성의 사회활동과 적응유형에 미치는 영향", 『한국 인구학』, 37(1), 1–29.

김미선(2014). "이주노동자 건강과 의료실태", 『월간 복지동향』, (190), 15–22.

김윤태(2013). "토마스 험프리 마셜의 시민권 이론의 재검토 – 사회권, 정치, 복지국가의 역동성", 『한국 사회역사학회』, 16(1): 5–32.

김찬중(2020). "외국인 이주민 관련 긍정적 뉴스 보도가 부정적 태도 감소에 미치는 효과: 준사회적 접촉과 대리 접촉 이론을 중심으로", 『언론정보 연구』, 57(2): 50–92.

나영희·김기덕(2009). "마셜 사회권의 정치철학적 해석을 통한 사회복지 레짐 분석에 관한 탐색적 연구", 『한국 사회복지학』, 61(4): 265–285.

노성훈(2013). "외국인의 증가와 범죄에 대한 두려움", 『형사정책 연구』, 95: 151–184.

문석우(2010). "다문화가정의 한국어교육 및 한국문화적응 실태조사: 광주, 전라도지역의 러시아 및 CIS국가 출신 이주여성을 중심으로", 『중소 연구』, 34(1): 233–265.

박재윤(2020). "상호문화교육의 개척자 뒤브아의 집단대화를 활용한 정주민과 이주민의 관계 개선 방안 모색", 『다문화사회 연구』, 13(2): 209–248.

박효민·김석호·이상림(2016). "이주민 주거 밀집지역 내 내국인 인식 연구", 『한국정당학회보』, 15(2): 105-138.

보건복지부(2005). "여성 결혼이민자 생활실태 조사결과 및 보건복지부 대책방안".

서울여자대학교 산학협력단(2012). 『국내 체류 이주민의 사회복지지원체계 개선을 위한 실태조사』, [NHRC] 국가인권위원회 발간자료.

송유진(2012). "소수자는 과연 공정하게 살아가는가?", 『우리사회는 공정한가: 통계와 사례로 바라본 한국 사회의 공정성』, 경제·인문사회연구회.

신유나·하세가와 사오리·최규진(2019). "미등록 이주민의 건강 현황 분석과 보건의료서비스 접근성 향상을 위한 제언", 『공공사회연구』, 9(1): 40-84.

심규선·이윤석·김두섭·김석호(2017). "한국인과 외국인의 상호 접촉 경험과 신뢰", 『다문화사회연구』, 10(2): 85-117.

양재영·최명섭·고진수(2017). "외국인 이주민에 대한 사회적 거리감과 지역특성에 관한 탐색적 연구", 『주택연구』, 25(4): 159-180.

오윤수(2017). "이주외국인의 사회권 기반으로서의 시민권과 인권 그리고 분배정의에 대한 논의", 『사회과학연구』, 28(1): 117-132.

오혜민(2019). "혐오가 된 '충분한 근거가 있는' 불안: 난민과 여성의 공포 인정 논의를 중심으로", 『젠더와 문화』, 12(2): 157-191.

윤인진(2016). "다문화 소수자에 대한 국민인식의 지형과 변화", 『디아스포라연구』, 10(1): 125-154.

이재산(2014). "이주노동자의 주거권 보장이 인권보호 첫걸음", 『월간 복지동향』, 190: 4-9.

이재완(2013). "외국인 신뢰가 다문화정책지지에 미치는 효과분석: 서울시의 외국인 이주정책과 다문화정책을 중심으로", 『한국정책학회보』, 22(4): 285-315.

이중희·구은미(2016). "이주아동의 인권에 대한 연구", 『공공사회연구』, 6(4): 297-323.

이혜원(2010). 『이주아동의 교육권 실태조사』, [NHRC] 국가인권위원회 발간자료.

이희창(2018). "국민 정체감과 이주민에 대한 태도: 사회단체 참여의 조절효과", 『국가정책연구』, 32(2): 79-107.

정기선·이선미·김석호·이상림·박성일(2010). 『한국인의 국민정체성과 이민 관련 태도 연구』, IOM 이민정책연구원 연구보고서 시리즈 No.2010-06.

정영태(2016). "이민자의 사회신뢰에 영향을 미치는 요인에 관한 연구: 국내 체류 결혼이민자와 외국국적동포를 중심으로", 『인하사회과학논총』, 31: 63-89.

지방자치단체 외국인주민현황 설명자료(2018). https://www.mois.go.kr/frt/bbs/type001/commonSelectBoardArticle.do?bbsId=BBSMSTR_000000000014&nttId=73857

최종렬(2004). "신뢰와 호혜성의 통합의 관점에서 바라본 사회자본", 『한국 사회학』, 38(6): 97-132.

통계청(2020.10.15). 「2019년 장래인구특별추계를 반영한 내·외국인 인구전망: 2017~2040년」, http://kostat.go.kr/portal/korea/kor_nw/1/1/index.board?bmode=read&aSeq=385624

한국보건사회연구원(2020). 「사회배제 대응을 위한 새로운 복지국가 체제 개발 – 이주노동자 연구」.

황민철(2016). "결혼이주여성의 한국어 능력 영향 요인에 대한 연구", 『다문화콘텐츠연구』, 21: 43-81.

Brubaker, W. R. (1989). Immigration and the politics of citizenship in Europe and North America. University press of America

Brubaker, R. (1992). *Citizenship and nationhood in France and Germany*, Harvard University Press.

Fukuyama, F. (1995). "Social capital and the global economy", Foreign Affairs, 89-103.

Van Gunsteren, H. R. (2018). A theory of citizenship: Organizing plurality in contemporary democracies. Routledge.

Lister, R. (2007). "Inclusive citizenship: Realizing the potential", Citizenship studies, 11(1), 49-61.

Marshall, T. H. 1963. "Citizenship and Social Class and Other Essays", In Citizenship and Social Class. Cambridge: Cambridge University Press.

Marshall, T. H., & Bottomore, T. B. (1992). Citizenship and social class (Vol. 2). London: Pluto press.

Morgan, R. M., & Hunt, S. D. (1994). "The commitment-trust theory of relationship marketing", Journal of Marketing, 58, 20-38

Pettigrew, T. F. (1998). "Intergroup contact theory", *Annual Review of Psychology*, 49 (1), 65-85.

제10장 인공지능은 즐거운 노동을 가능하게 할까?

고용노동부(2018). 『블라인드 채용 가이드북』, 서울: 고용노동부, 한국산업인력공단, 대한상공회의소.

권현지·강이수·권혜원·김서경·김석호·박명규·박명준·박종식·양종민·이병훈·이정희·허재준(2017). 『21세기 디지털 기술변동과 고용관계: 이론과 현실』, 서울: 한국노동연구원.

김동배·김기태(2008). "연봉 차등폭이 보상수준 만족에 미치는 영향", 『노동정책연구』, 8(4): 29-54.

김영진(1996). "인사관리체계 공정성에 대한 노동자의 인식과 태도: 제조업체 남성 사업장의 생산직 노동자를 중심으로", 『산업노동연구』, 2(2): 89-123.

대니얼서스킨드(2020). 『노동의 시대는 끝났다』, 서울: 와이즈베리.

박영숙·제롬 글렌(2020). 『세계미래보고서 2035-2055』, 서울: 교보문고.

오계택·윤정구(2008). 『직장인들의 공정성 인식 변화에 대한 연구: 1990년에서 2005년까지의 추세를 중심으로』, 서울: 한국노동연구원.

이학기·이경남·김수현(2018). 『기술 발전으로 인한 업무 자동화의 일자리 대체 가능성 추정 및 정책 방안 연구』, 충북: 정보통신정책연구원.

인사혁신처(2018). 『공정 채용 가이드북』, 세종: 인사혁신처. 정이환(2009). "임금 분배의 공정성에 대한 노동자 의식과 결정요인", 『산업노동연구』, 15(1): 191-220.

캐시오닐(2017). 『대량살상 수학무기』, 서울: 흐름.

하라 준스케·세이야마 가즈오(2002) 『일본의 사회계층: 풍요속의 불평등』. 파주: 한울.

한국고용정보원(2019). 『2019년 한국직업전망』, 충북: 한국고용정보원.

한국보건사회연구원(2017). "4차 산업혁명과 평생학습", 『글로벌 사회정책 브리프』, Vol.60: 1-4.

허재준(2019). "인공지능과 노동의 미래: 우려와 이론과 사실", 『한국경제포럼』, 12(3): 59-92.

홍두승(2005). 『한국의 중산층』, 서울: 서울대학교출판부.

홍두승·구해근(2008). 『사회계층 계급론(제2판)』, 서울: 다산출판사.

OECD (2019). *Artificial Intelligence in Society*, Paris: OECD Publishing.

Recruit Works Institute(http://https//www.works-i.com/リクルートワークス研究所) (2019). "人事の AI 原則", works No.156: 4-39.

기본소득한국네트워크

https://basicincomekorea.org/

통계청

www.kosis.kr

한국언론진흥재단 빅카인즈

https://www.bigkinds.or.kr/

제12장 공정성, 지속가능성장의 조건

김재우(2019). "한국인의 주관적 사회계층, 기회공정성 인식, 그리고 삶의 만족도: 성별·연령집단별 매개과정과 조절작용", 『행정논총』, 57(4): 97-127.

이성균·신희주·김창환(2020). "한국 사회 가구 소득과 자산의 불평등: 연구 성과와 과제", 『경제와 사회』: 60-94.

이수빈·최성수(2020). "한국 대학들의 사회이동 성적표: 경제적 지위의 세대 간 이동과 유지에서 대학이 하는 역할", 『한국 사회학』, 54(1): 181-240.

정인관·최성수·황선재·최율s(2020). "한국의 세대 간 사회이동과 교육 불평등: 2000년대 이후 경험적 연구에 대한 종합적 검토.", 『경제와 사회』: 12–59.

Alesina, A., R. Di Tella, and R. MacCulloch (2004). "Inequality and happiness: areEuropeans and Americans different?", *Journal of public economics*, 88(9–10): 2009–2042.

Bj rnskov, C., A. Dreher, J.A. Fischer, and J. Schnellenbach (2009). "On the relation between income inequality and happiness: Do fairness perceptions matter?", *CEGE Discussions Paper*, (91).

Diener, E., D. Kahneman, W. Tov, and R. Arora (2010). "Income's Association with Judgments of Life VersusFeeling", In *International Differences in Well- Being*, edited by E.Diener, J. F. Helliwell, and D. Kahneman, pp.3–15. New York: Oxford University Press.

Dolan, P., T. Peasgood, and M. White (2008). "Do we really know what makes us happy? A review of the economic literature on the factors associated with subjective well–being." *Journal of economic psychology*, 29(1): 94–122.

Kahneman, D, and A. B. Krueger (2006). "Developments in the measurement ofsubjective well–being." *The Journal of Economic Perspectives*, 20: 3–24.

Sun, F. and J.J. Xiao (2012). "Perceived social policy fairness and subjective wellbeing: Evidence from China", *Social Indicators Research*, 107(1): 171–186.

Thomas, W. I. and D. S. Thomas (1938). *The Child in America*. Knopf.

T rnblom,K. Y. and R. Vermunt (1999). "An integrative perspective on social justice: Distributive and procedural fairness evaluations of positive and negative outcome allocations", *Social Justice Research*, 12(1): 39–64.

공정한 사회의 길을 묻다

2021년 6월 28일 1쇄 발행
2021년 7월 15일 2쇄 발행

기　획 | 이한주 · 오재호
지은이 | 김석호 외
발행인 | 윤호권 박헌용
본부장 | 김경섭

발행처 | ㈜시공사
출판등록 | 1989년 5월 10일(제3-248호)
브랜드 | 시공사

주소 | 서울특별시 성동구 상원1길 22 7층(우편번호 04779)
전화 | 편집(02)2046-2864 · 마케팅(02)2046-2800
팩스 | 편집 · 마케팅(02)585-1755
홈페이지 www.sigongsa.com

ISBN 979-11-6579-618-1 (04300)
세트 ISBN 979-11-6579-616-7 (04300)